当代湖湘伦理学文库
主编 李建华

唐凯麟集

唐凯麟 著

岳麓書社·长沙

图书在版编目(CIP)数据

唐凯麟集/唐凯麟著.—长沙:岳麓书社,2022.1
(当代湖湘伦理学文库)
ISBN 978-7-5538-1454-4

Ⅰ.①唐… Ⅱ.①唐… Ⅲ.①伦理学—文集 Ⅳ.①B82-53

中国版本图书馆 CIP 数据核字(2020)第 232458 号

TANG KAILIN JI
唐凯麟集

作　　者:唐凯麟
责任编辑:彭卫才
责任校对:舒　舍
封面设计:刘　峰

岳麓书社出版发行
地址:湖南省长沙市爱民路 47 号
直销电话:0731-88804152　0731-88885616
邮编:410006

版次:2022 年 1 月第 1 版
印次:2022 年 1 月第 1 次印刷
开本:710mm×1000mm　1/16
印张:25.75
字数:365 千字
书号:ISBN 978-7-5538-1454-4
定价:98.00 元

承印:长沙超峰印刷有限公司
如有印装质量问题,请与本社印务部联系
电话:0731-88884129

“当代湖湘伦理学文库”编辑委员会

“当代湖湘伦理学文库”总序

万俊人

夫伦理者，伦之序，礼（理）之分，道之德也。而伦理学之所谓者，乃关乎伦理道德之哲学学问也。汉语中，“伦”“理”二字初见于《尚书》《诗经》《易经》诸典，而后《礼记》首次以“乐通伦理”将之连用，始成一词，其义理生焉。与之相关者，当谓“道德”一词，始出不一而义理相较近之莫若。“道德”之用始于老子《道德经》，其意较“伦理”远为广泛，后与之趋近，深蕴自然人伦之达道、天地本性之大德也。凡此种种，唯古希腊先哲之“mose”“ethos”二词之理式用法庶几近之。然，古希腊先哲虽多以“礼仪”“风俗”“习惯”等概念释义于“道德”“伦理”，却同时赋予后者以“近神而居”“幸福生活”“本真存义”等诸多义理，从而将关乎道德伦理之研究或学问亦即伦理学或道德哲学之谓者，界定为“幸福之学”（亚里士多德）、“伦理秩序之问”（苏格拉底、柏拉图）。迨至近代，东洋学人借诸吾国元典中“伦理”一词，移译西洋英文之“ethics”，将之译为“伦理学”。此今人所谓伦理学之概要也。

伦理学之为哲学或人文学之一部，固有其义理与论理体系，因之有其作为人类普遍知识之特性在焉。如此识见，自是诚然而当然无疑。然则，伦理学所致力研究之道德伦理却并非必然而然。盖因伦理道德与特定社会或社群之礼仪、风俗、习惯等诸多文化要素间存在千丝万缕之关联及纠葛，且无法脱出其文化或文明之相对性限制，故而道德之理暨伦理之论常常千差万别而难以归宗矣。试举一例：即令在最具民族文化多样性和现代普世价值观念确信之美利坚合众国，对于堕胎、同性恋等行为之礼法约束，亦非国家本一而各州通行，反而各行其是，甚或相互迥异，不可同日而语者甚矣。所谓文化者，本乃寄居于不同地缘环境，拥有不同文明之历史际遇，创造不同语言、艺术、宗教（或信仰体系）之诸多民族文明创化之成就者也，其间纷纭繁复，不亦纷纭杂多乎？夫复足言哉？职是之故，现代文化人类学者竟生多达数百种之“文化”定义。或可极而言之，有多少民族，便有多少种文化或文化传统。不仅国际如此，一国内部之不同区域间亦复如此。人类世界诸不同民族之所以承诺不同之“图腾”与“禁忌”，究其本原，盖因其文化或文化传统之多元分殊使然矣。

或曰：既定文化多元论荦确无疑，伦理学之普遍知识诉求又当如何可能？是耶非耶？难以一言以蔽之！姑且借文学艺术界一名言以答之：“愈民族者则愈世界。”或以现代知识社会学之术语而详说之，可得一论：以人文学暨文化学之视角观之，大凡关于道德伦理之知识首先且必定为某一“地方性知识”，当且仅当其所反映、阐释、论证之“道”理与“伦”理在某种程度上或某种范围内可为其他地方或民族所理解、所认同甚或所接受并践行之，则其“地方性伦理学知识”庶几可逐渐演化扩展为具有“普遍性”——普遍之知识解释力与实践有效性——之伦理学识矣。诚然，某一“地方性伦理学知识”能否且在多大程度上可为“文化他者”所理解、认同、接受，其所需诉诸条件或前提委实甚多，难以尽言。所需明乎其要者或在于，文化——更遑论道德伦理文化——之知所能“普遍化”者，远难于科学技术之知者矣。此所谓意识形态——关于人类意识、观念之学——之争常甚于其他论争之根本缘由所在。以吾陋见，非不可也，实难能可贵也！俟乎时，仰乎势，依乎人，在乎理也。

由是观之，湖湘伦理暨湖湘伦理学实乃中华伦理暨中华伦理学之一部，亦堪称湖湘文化之精髓，其与自由浪漫之楚风文韵、清新厚实之湘派理学、威武勇猛之湘军精神实可谓群峰丛立，合为壮景，共同构成湖湘文化之基本内核与风骨，于中华文化版图中久居显赫之位，常享英华之荣。然而，上溯三千年前之湖湘面貌，唯现巫楚蛮荒，“三苗”（亦谓之“三蛮”）散居，“餐菊饮露、披花戴草、折琼枝而驷飞龙”（借引韩少功《巫楚之野》，《湘水》第二辑，岳麓书社2014年10月），居洞穴而茹野毛，汲汲于湖泽之畔，悠悠乎岭岳之间。不亦蛮乎？不亦苦欤？自然而生息者然也。

冥冥间，忽见楚天灵光闪耀，有屈子自荆楚呼之而来，两千多年阵阵浩叹沉吟，竟引来八方诸贤流寓，四海九派文脉汇融，真可谓四面八方，绵绵不绝，风劲云漫，激流浩荡；五彩纷竞间千秋各显，三教会通后一脉新来。于是乎，楚风生焉，流韵悠焉，文脉畅焉，理学盛焉。熊熊乎篝火燎燃，突突然蒸蒸日上。其势仿若四水汇合于八百里洞庭，“浩浩汤汤，横无际涯”（范仲淹《岳阳楼记》），蔚然而成千年湖湘文化，继之一泻千里，直奔东海，敞开现代湘学湘军湘人之三湘气象。虽难免“长太息以掩涕兮，哀民生之多艰”之《离骚》古调重唱，其悠其厚亦不及中原文化等“地域文化”，却也就此铸就千年湖湘文化暨湖湘伦理之独特大局，之高远格调，之特立精神，之不凡气象。如是可闻：家国不可忘乎？民众不可欺乎？犹听楚汉之屈贾！高洁不能染乎？威武不能屈乎？敢问濂溪周子与船山宏学！忧乐不改其先后天下乎？是非当分于毫厘即时乎？借闻杜诗范记！善恶不与共乎？爱憎必分也明乎？当看曾左谭毛！此吾之谓湖湘伦理精神之大要也。然耶忽耶？吾不敢私裁也，唯三声叩问，百家求教，或可得其法门，入其堂奥，揭橥其隐幽莲香之所谓者也。

然则，吾欲言且敢冒昧直言者，乃在乎湖湘伦理（学）之未竟者、阙失者、不良者种种。作为一独特之地域文化或“地方性知识”，湖湘伦理虽兼综“流寓诸贤”之宏学高义，亦有南人北风、南“腔”北“调”或南北通透之文化品格，可先“苗”后“汉”、开化滞后、久居中华文明之边缘、文明暨文化生长流动不居且多灾多难之地缘文明生成性或文化构成性之特征，遂使其伦理多具某种“文化杂交”（cultural hybridization）之品性，此一品性又或多或少，或直接或间接导致湖湘伦理时常游离于主流正宗之外，纠结于多向头绪之间，曰情与理，曰自由浪漫与规则理性，曰刚毅果断与谨慎从事，曰剑走偏锋与循规蹈矩，以及更紧要者，曰个体自由与群体合作，曰边缘豪气与中心正谋。凡此种种，固大有裨益于湘人成就其“敢为天下先”之英雄壮举，以致千百年来之湖湘大地英雄豪气涌动，然亦埋下过度理想浪漫、两极发力而失之于激进任性，大事当前而无以致“中道”从容，反倒是时生“霸蛮”恣意而弗能自已矣。即令是为时下备受推崇之曾文正公等，虽堪称近世儒家伦理之楷模，却并非湖湘伦理之一般范例。质言之，若以现代科学理性检视其表里，则湖湘伦理（学）尚待改善者多矣，曰自由理性之不足，曰浪漫激情之有余，曰意气豪情之过度种种。阙如若此，倘若多些知行合一之船山理学暨经世致用之曾公日用伦理，少些“霸蛮”或“蛮干”之孟浪意气；或云，若更多借援于康德式或近代德意志之启蒙理性，更少感染卢梭式或近代法兰西之浪漫情绪，则湖湘伦理文化暨湖湘伦理学之当代复兴与未来新生更堪期待。此吾之私见，未知今日湖湘伦理学同仁以为如何？知我罪我，一任诸君，唯盼唯祈是幸！

湖湘伦理自是湖湘文化精神乃至中华伦理文化精神之胜果无疑，本当自珍弘扬以为上策。然近代百年以降，文化自怨甚或文化自虐之风甚嚣尘上，语言与道德之革命自弃者尤盛，自“打倒孔家店”至史无前例的“文化大革命”，文化道德革命之洪流一浪高过一浪。急急乎如天崩地裂，熊熊矣若电闪雷鸣；摧枯拉朽，何其汹涌！不独湖湘文化道德，亦复整个中华文化道德均陷入风雨飘摇、“花果飘零”（唐君毅、牟宗三等新儒家语）之窘境矣。其所以如是，盖因近代国运多舛，中华文明暨文化之现代“大变局”所使然哉！

幸逢时来运转，仰改革开放之力，中华重新崛起于二十暨二十一世纪之交，再接千载，振兴中华，得其时也。开放学习海外新知之余，悉心梳理国故始成当务。批判扬弃其糟粕，吸收赓续其精华，“弘扬优秀文化传统”，已然成为海内外华人世界之文化共识。值此时刻，有自觉自为之当代湖湘伦理学人如李氏建华教授者甚众，皆欲追根溯源，疏流开引，借编辑出版“当代湖湘伦理学文库”之机缘，重新梳理湖湘伦理学之渊源递嬗，检视当代湖湘伦理学人之创新成就，以祭先进，以启后来，以续绵长之流者，以成蔚然之大焉，宗其旨曰：“传承湖湘伦理学之大统，创中国伦理学之湖湘学派，立中国伦理文化传播之高地。”其志可谓高矣，其功堪乎善哉！华民慈善公益基金会董事长卢氏德之先生欣闻兹事体大，决意慷慨助之，共襄此举，其情其怀，令人感佩。吾有幸忝列湖湘伦理学人之末，焉敢不鼓呼在前，趋步在后乎？是故，一俟建华教授示下为序，且命吾以文言简略述之，虽深感难以奉承于万一，亦不敢怠慢些微少顷，又岂敢坚拒一词尔？呜呼，勉力为序者如斯，窃望殷殷，或庶几不负建华、德之等诸位湖湘伦理学同仁之美意矣。

噫嘻！喃喃呓语，不知所云，且当抛砾石以引幽谷玉璞，点爝火而引满天繁星也罢。至所望焉！

戊戌立秋日凌晨于京郊悠斋

目　　录

试论道德的特殊性

道德是一定社会经济基础决定的社会意识形态、上层建筑，那么，这种社会意识形态的特殊性是什么？目前国内伦理学界主要有两种看法：一种认为，道德是以善恶为评价标准的，依靠社会舆论、内心信念和传统习俗来维持的人们之间的行为规范和准则的总和；另一种则认为，道德的特殊性就在于它有自觉性、利他性和理想性。前者是把道德同其他社会意识形态，特别是同法律进行比较的结果；后者则是从道德的作用来立论的。我以为，这两种观点并不错，但还只是阐述了问题的表征，并没有深入到问题的核心，那么，道德的特殊性到底是什么呢？本文想就这个问题，试述管见，以期指正。

一

马克思主义经典作家并不否认人类掌握现实世界的方式的多样性。马克思曾经指出，人类除了用科学的方式来掌握现实世界之外，还有“对世界艺术的、宗教的、实践——精神的掌握。”道德的特殊性就在于它是一种“实践—精神”的掌握现实世界的特殊方式。

现实生活中的真、善、美是统一的。它们互相联系、相互作用，但又有各自的特点，不能互相代替。正因为如此，作为人类掌握（除了虚幻的宗教的掌握方式外）现实世界的方式也就分成了各种不同的分支。真理是科学地掌握现实世界的中心问题；审美是艺术地掌握现实世界的中心问题；而善恶则是道德掌握现实世界的中心问题。人类掌握现实世界的这几种方式，也是相互联系、相互作用，但又毕竟相互区别，各有自己的特点，不能互相代替的。科学借助抽象思维来掌握世界，它通过真理和谬误的矛盾运动，向人们提供关于对象的不以人的意志为转移的知识；艺术通过形象思维来反映和认识世界，它是在美与丑的对立方面的运动中进行的；而道德掌握现实世界则是用评价、用“应该不应该”的方式。这种方式从善与恶的对立的观点来调节人们的行为，推动人们的行为从“现有”到“应有”的转化。所以道德是作为一种行为的准则而出现的。

一提到善与恶，很清楚，它们是离不开人们的利益、希望和理想的。这就是说，它们是一种价值。所谓价值是物质客体和社会现象的一种属性，这种属性标志着这些物质客体和社会现象对一定的社会、阶级或个人的意义。所以马克思指出，价值就是主体的人的需要同外部世界的一种关系。物质客体、社会现象有各种不同的属性，因而它有各种不同的价位。一般说来，价值可分为物质的、经济的和精神的。善就是一种价值（道德价值），它属于精神价值的范畴。当人的行为和社会现象成为人们用善恶标准来评价的时候，那么就进入道德的领域。道德所表现的人和现实世界的关系首先是一种价值关系。

这种价值关系是怎样形成的呢？马克思主义坚持人类掌握现实世界的不同方式都是以社会实践作为基础的，正是社会实践本身才使人类掌握现实世界所用的不同方式发生作用。列宁指出：“实践＝要求（1）和外部现实性（2）。”列宁又说：实践“作为真理的标准，也作为事物同人们需要它的那一点的联系的实际确定者”。由于实践本身这种两重性，人在实践基础上形成的与客观世界的关系也就必然表现为两种相互联系又相互区别的关系：

一种是人对客观世界的关系。在这种关系中，人是作为主体去改造客观世界的。这就要求人取得不以他自己的意图、希望、理想为转移的关于对象的本质和规律的知识，也即提供关于对象是怎样的知识，而不以人对它的态度为转移。不如此，人就不能达到改造客观世界的目的，就会在实践中失败。因此，在实践的基础上形成的这种人对客观世界的关系中，实践“作为真理的标准”被提到首位。当然，在这种关系中，实践“作为事物同人所需要它的那一点的联系的实际确立者”，也不是不起作用的。但起决定作用的还是前者，因为人对客观对象的需要的方面本身要受实践的检验。否则，人的需要就会变成主观的幻想。这样，自然达不到改造客观世界的目的。

实践的两重性也决定了人同客观世界之间还有另一种关系，这就是客观对象对人的关系。在这种关系中，被提到首位的则是实践“作为事物同人所需要它的那一点的联系的实际确定者”。具体说，在这种关系中人作主体同客体联系是一种价值的联系。在这里起作用的是把客观对象分为有利的和有害的，把行为分为善的和恶的，正义的和非正义的等等。所以，在实践基础上形成的这种客观世界（具体说是现实社会）对人的关系问题。在这种关系中，实践“作为真理的标准”仍在起作用，但这种作用的发挥却是在价值的范围内进行的。它的作用的结果首先不是人改变客观对象，而是客观对象对人自身的改造。因为人要从自己利益、意图、希望，即从精神上去占有对象，但对象却是有它自己的客观规律，人要去占有它，其结果就必然是使人自身受到改造才有可能。客观的辩证法就是如此：在前一种人对客观世界的关系上，人要服从客观现实，而其结果是客观世界受到人的改造，在这种实践基础上形成了改造和被改造的关系中，人变成改造的主体；在后一种客观世界对人的关系中，人力图使客观对象服从自己，但这种在实践基础上形成的改造和被改造的关系中，人却成了被改造的对象。总的说来，人类在实践中形成的主体和客体的关系都是人类既改造客观世界，又改造自己的主观世界的过程，但由于上述主体和客体的具体联系不同，在客观世界对人的关系中，在道德中，起主要作用的则是人类的主观世界得到改造。道德就是通过改造主观世界，从而才达到改造客观世界的目的，这种对客观世界的改造的结果，就是人对客观世界的精神上的掌握和占有。

具体地说来，这个过程一般情况是这样的：人们在特定的实践基础形成了自己的利益、意图、希望，它根据这些去评价事物，确定自己对它们的态度，以便把握它们。但是人毕竟“不是单个人所固有的抽象物，在其现实性上，它是一切社会关系的总和”。他必然要受到他所处的一定社会关系的制约；而客观事物的本身又毕竟有它自己的规律，这是不以人的意志为转移的。主客这两个方面都决定了如恩格斯指出的，个人的利益、意图、希望，不是任何时候都能如愿以偿的。因此个人在实践中必然要遇到各种各样的外部冲突，也要在他的思想中产生各种各样的矛盾斗争。正是通过这些外部的冲突和内心的斗争，他才取得了一定的社会经验、价值观念和认识过程，使他逐步地意识到自己同他人（以及一定的阶级、社会、民族）的依赖性；人与人之间的彼此的社会结合性，以及人们的共同利益和不同利益。因此，他必须作出抉择：到底应该怎么对待这种依赖性，社会结合性，以及同他人的共同利益和不同利益，这就形成了他的道德立场、道德观念、道德感情和道德信念。所以道德的基本问题是个人同他人、个人同集体、社会的利益关系问题。道德向人们提出并要求解决的问题是：人在世界上的地位、人的生命活动的意义和价值，人对他人、社会的应有的态度，人的责任和他对自己的最终目的——人生理想的选择。这些就是人们在道德中，对现实世界所要把握的特殊内容。正是在这个意义上，我们说，道德是一种精神地掌握和占有现实世界的方式。当然，人们对这些特殊内容的把握是在具体的历史条件下，在一定的阶级实践的基础上进行和实现的。这就决定了他的道德立场，道德观念，道德感情和道德信念的历史性和阶级性。但不管怎的，对这些问题的解决过程也就必然是对他自身的改造过程，也即是他作为个体而被社会化的过程。道德之所以具有自觉性、利他性、理想性，其深刻的根源就在这里。

那么，道德所要掌握现实社会上述特殊内容是怎样实现的呢？如前所述，它不是用理论思维的方式，而是用善恶评价的方式进行的，或者说它不是以“是不是”、而是以“该不该”的方式进行的。这就是说，道德总是作为实践、行为的问题提出来的，并且是通过对行为评价的方式来实现的。因此，它广泛地包含在人们的日常生活中，具体地体现在人们的行为的选择上。人们通过一系列的关于行为的方针、准则、戒律、理想等来选择自己的行为，评价他人的行为，以调节个人和他人、个人同集体、社会的利益关系。这就是道德所固有的使人识别社会环境的方式。所以，道德具体表现为一种行为的方式，是人的实践活动的一个方面。可见，道德对现实世界的掌握不仅是精神的，也是实践的，道德是一种“实践—精神”地掌握现实世界的特殊方式。正因为如此，所以道德同其他社会意识形态相比，特别是与同是作为行为规范的法律相比，它的不同之处就在于，它是以善恶为评价标准，依靠人们的内心信念、社会舆论和传统习俗来维持的行为规范。道德作为一种行为方式，作为人的实践活动的一个方面，内心信念就是其个人的内在的机制，而社会舆论和传统习俗则是其外在的表现，离开了内心信念、社会舆论和传统习俗，道德就不可能成为现实。

二

为了进一步说明道德的特殊性，还有必要对道德的产生、结构和职能作一个简略的考察。因为，道德作为人类对现实世界“实践—精神”地掌握和占有的特殊方式，在其产生、结构和职能中充分地表现出来。

道德的产生和存在，可以说是同人类共始终的。当原始人还“刚刚脱离动物界”，还“没有脱离自发发生的原始共同体的脐带”的时候，当原始人还不知道政治、法律等为何物的时候，道德就产生和存在了。道德的产生和存在仅仅决定于下述事实：出现了个人利益（首先表现了单个家庭的利益）同整体利益的矛盾；人们也意识到了这种矛盾并需要对其加以调节。尽管那时原始人的社会意识和个人意识还浑然一体，个人意识还处于朦胧的状态之中，但道德却就在原始人的风俗、习惯、传统中存在着，并调整着他们的行为，维系着当时的原始的生产关系，保证着人们简单的社会生产和生活的正常进行。历史表明，在原始人那里，道德并不是在理性形式（概念、原则、论证）中形成的，而是在感情直观的形式中形成的。原始人的道德经验最初甚至不是在口头上传授的，而是直接在共同的行动中世代相传的，模仿在原始人的道德生活中具有重大的意义。尽管这时的道德还没有摆脱原始的直观性、狭隘性、外部性，但并没有因此减低原始人的道德所具有的纯朴有力的性质。这些都说明，道德开始就是作为人们的一种实际行为的准则，作为人类“实践—精神”的把握现实世界的方式而产生、存在和发生作用的。

随着生产力的发展，私有财产和阶级的出现，道德便分裂为阶级的道德。但不论是哪个阶级的道德，其结构都包括三个方面：道德意识、道德关系和道德活动。道德关系、道德活动是道德的客观方面，道德意识是道德的主观方面。就整个而言，道德是主客观两个方面在一定的社会经济关系的制约下，在人们的社会实践中的统一。道德的这种结构，正是道德作为人类“实践—精神”的把握世界的特殊方式所决定的。

人们的实际的道德关系、道德活动是道德赖以存在的“活生生的肉体”。道德具有知和行统一的特点，离开了对一定道德关系的实际处理，离开了实际的道德行为，再好的道德格言，道德戒律，都是不成其为道德的。当然，在道德结构中，道德关系、道德活动作为构成人们行为和社会联系的客观的道德方面，仅仅是相对道德意识而言的。所谓道德关系是人们社会关系的一种特殊的形式和相对稳定的体系。任何道德关系都是“通过人们的意识而形成的关系”，都是在一定的道德意识（主要是一定的道德原则和规范）的支配下形成的关系，都表达了人们的道德动机、欲望、情感，来自人们的义务感和良心。因此，道德关系有其主观的一面，相对一定的社会经济关系而言，它是第二性的，是“思想的社会关系”。但道德关系又是客观的，因为它反映着社会、阶级、集体、个人的客观的利益，它在实践中使稳定的行为方式巩固下来，因此它表现为涉及他人、社会利益的现实的物质的行动，它的形成是不以个别人的意志为转移的，是人们在社会生活中稳定的联系的一个侧面。它不仅是每个人都能看得见的关系，而且人们一生下来就碰上现成的、已经形成的道德关系的体系，因而人们总是被客观地、历史地决定生活在一定的道德关系的体系中。所以，道德关系是主观同客观的联系，它既不是作为某种脱离主观的事物属性或行动本身而存在，它的存在又不能归结为纯粹的个人的主观世界。同样，道德活动也是主观同客观的辩证统一。它是在一定的道德意识——道德原则和规范指导下的行动，因而它是道德意识的客观化，又是一定的道德关系的实现，正是通过人们的道德活动，才使道德意识和道德关系得以实现、巩固和发展。至于道德意识则是对一定的道德关系、道德活动的反映、概括和总结，道德意识一经形成，便支配和指导人们，它或者促使一定的道德关系、道德活动的保持、再现和巩固；或者引起一定的道德关系、道德活动的变化、改造和更新。道德就是这样通过它赖以构成的主观的和客观的诸要素的内部矛盾运动，去反映一定的经济基础的要求，去把握现实世界的。这就是说，道德把握现实世界的方式是“实践—精神”的。

正因为如此，道德尽管有多种职能，诸如调节职能、教育职能、认识职能、激励职能和沟通职能等等。但在许多职能中，调节职能却始终处于主导的地位，是道德最主要的职能，其他职能的发挥都要通过并服从于调节职能。所谓道德的调节职能，是指道德具有通过评价等方式来指导和纠正人们的行为和实际活动，以协调人们之间的利益关系的能力。可见，道德的各种职能的发挥，归根到底，都是通过对人们的行为的评价的方式来实现的，道德借以发生作用的这种方式，也集中地体现了道德作为“实践—精神”把握现实世界的方式的特性。为了具体地说明这一点，我们且分析一下道德的认识职能是怎样实现的。它表现为道德反映自己的特殊对象——个人同他人、个人同社会的利益关系。这种反映的结果凝结在人们的道德判断、道德标准、道德理想等道德所特有的各种形式中。所以如前所述，道德的认识职能不同于科学的认识，它向人们提出的不仅仅是关于客体本身的知识，而且主要的是向人们指出其在与现实世界的价值关系中的方向，决定对那些符合他们的利益、愿望和需要的价值的重视。这就是说，道德知识所取得的是那些能够向人们指明进行道德行为选择的条件的知识。在这里，道德的认识职能也始终是服从于道德的调节——评价职能的。因为在人们的道德判断、道德标准、道德理想中，道德认识所获得的知识已经被改造成人们的内心命令、信念，成为人们在感情上对某种道德关系和道德行为的必然性的承认和肯定。可见，道德的认识不是别的认识，而是一种人类对现实世界的“实践—精神”的掌握和占有。

三

道德作为一种人类对现实世界的掌握和占有的特殊方式，有没有可靠性呢？包不包括真理呢？这是需要进一步回答的问题。

不错，由于道德对现实世界的这种特殊的“实践—精神”的掌握和占有，使它一般地处于生活经验的水平上，但是绝不能因此而否定它对现实世界掌握的可靠性，这种可靠性具体表现在：道德能够通过推动人们的行为从“现有”到“应有”的转化，去把握现实的客观必然性和历史发展的脉搏。

事实上，人们的道德经验本身就是一种特殊历史的“实验室”。在道德这个历史的“实验室”里，要探索的实质上是使个人完善化和社会发展的途径。恩格斯曾经指出：“道德上的愤怒，无论多么入情入理，经济科学总不能把它看作证据，而只能看作象征。”很清楚，恩格斯的这一论断主要是针对道德决定论提出的。如果从道德决定论的立场来考察道德的掌握现实世界的可靠性，当然是完全错误的。但是，就是在恩格斯的这一论断中，我们恰恰可以看到关于道德同科学不同的掌握现实世界的作用的特殊表述。道德评价——即善恶评价本身就包含着认识的意义。这种认识的意义甚至可以预见社会发展的远景，只不过如前所述，它是用道德判断、道德要求、道德理想的语言来表达的，而不是用科学的论证来表达的。历史表明，在人类社会发展中的新旧制度的转折关头、新旧事物进行决战之前的一段相当长的时间里，人们对将要到来的变革，对新制度、新事物代替旧制度、旧事物的必然性并不能就作出科学说明和论证，但是这时道德的愤慨、善恶的评价却成了这种将要到来的变革的报晓者。这就是说，当人们还没有从理论思维上把握这种变革的必然性、规律性的时候，人们都在自己的生活中、行动中，已经实际地感到了旧制度、旧事物的不公正性。历史上出现的各种启蒙思想之所以往往最初是从实践道德，从道德评价开始的，其深刻根源就在这里。当然，道德评价的这种预见性，还多半是生活经验的直接感受。就其准确性、严谨性、论证性来说，不能同科学的预见相比。因此恩格斯说：道德的愤慨不能看作“论据”，但恩格斯却肯定了它毕竟是“象征”。它能够发挥积极的作用，激励和推动人们去行动，去进行社会的和自身的改造。列宁就充分肯定了对资本主义制度的非正义性的道德义愤，在马克思、恩格斯的世界观的转变中，在马克思主义科学学说的创造中的重大作用。恩格斯也曾指出：如果社会舆论把社会现实中的某一现象、某一经济事实评价为不公正的，那么就说明这个事实已经过时了。可见，道德评价虽然还不是科学的论证，但它在客观实践意义上毕竟是可靠的。它是一种用行为的准则和评价，推动人们从“现有”到“应有”转化的特殊的掌握现实世界的方式。它是社会前进和人的完善化的一种特殊的探测器。

正因为如此，在道德上就不能回避运用真理的范畴，尽管真理在道德上是在评价、调节的形态上存在的。如前所述，真、善、美是统一的。人们虽然对它们的掌握用的是不同的方式，但进行善恶评价道德也不能排斥“真”，只不过这是一种与善相联系的真，即善的真。

这里，也许有人要问：把真理的范畴运用于价值的领域是不是会否认真理的客观性呢？因为弄清知识的正确与否，必须有精确的方法，必须把知识同它所反映的对象做比较，但“善”和“恶”，并不反映对象的明确的确定的属性，“善”和“恶”是同人们的利益密切相关的，而利益并没有真假之分，它从来因人（一定的阶级、阶层、社会集团）而异。

这种观点是似是而非的。在马克思主义看来，既然社会的发展以及由此而决定的人们社会关系是客观的，有规律的，那么人们的利益也就不是纯主观的东西，它既有主观性又有客观性，利益的客观性取决于作为利益的体现者的主体对增进和完善社会的整体性，并在此基础上促进个人活动的发展的保证能力。这种能力归根到底是由主体是否反映以及在何种程度上反映社会物质生活条件和社会关系的客观要求决定的。因此，“善”绝对不是纯主观的、同任何利益相联系的，利益只有同历史发展的客观要求，同能够改善和提高人们的物质和精神文化，同造福人类的必要性相联系的时候，它才能称之为“善”的东西。因此，根据道德属于价值关系的领域而拒绝运用真理的范畴，那只能得出“善”“恶”是一种纯粹主观自生的东西的结论。显然，这是和历史唯物主义的基本原理毫不相干的。

道德上同样必须运用真理的范畴，这说明道德虽然是人类“实践—精神”的掌握现实世界的特殊方式，但绝不能因此而否认它的可靠性，也不能因此而把它和人类掌握现实世界的其他方式绝对地对立起来，和同样是作为社会经济基础的反映的其他社会意识形态绝对地对立起来。因此，对道德的特殊本质的全面的科学规定应该是：道德是社会意识形态和人们对现实世界的“实践—精神”地掌握与占有的统一。道德的这种特殊的本质充分地说明，我们只有在建设高度的社会主义的物质文明的斗争实践中，才能有效地建设以共产主义思想为核心的高度的社会主义的精神文明，也只有努力地建设和自觉地发挥以共产主义思想为核心的社会主义精神文明的巨大作用，才能不断地推动高度的社会主义物质文明的建设。这就是我们正确地认识道德的特殊本质在今天的重大的现实意义。

（原载于《湖南师范大学学报》1983 年第 1 期，署笔名：朱家龙）

道德思维引论

道德活动是伴随着人类社会活动的一种相对独立的活动形式，它和人类的科学活动和审美活动一样，也应该有自己相对独立的特有的思维形式；揭示其思维的结构模式、理性特征及其价值把握方式，是确证道德思维存在的依据，也是完善道德运行的内部机制、激发人们的道德需求、促进个体道德完善和社会道德发展的重要条件。

一、“人我类同”的结构模式

所谓道德思维，是指根据道德感知而进行的理性思考和推理，是对道德现象的本质、特征、内部联系和发展规律的认识过程。道德思维的形式是判断和推理。所谓道德判断，是指对对象包含有道德意义上的善、恶、正当、义务、责任、幸福等概念的陈述。它表示道德认识主体与对象之间的某种联系，既是主体的一种价值取向，同时也是一种知识形态。所谓道德推理，则是从已知的道德前提推导出某个结论的认识活动。道德认识主体正是借助于归纳推理或演绎推理来加深自己思考的深度和广度，增加自己的道德知识的。道德思维是从道德感知到道德观念、从外在要求到内心信念的桥梁，它使主体摆脱片面性、偶然性而进入全面性、必然性领域，它是人的主体性、能动性在道德上的集中体现，是人类完善自身、发展自身的必经途径。

道德思维与科学思维和艺术思维（审美思维）不同，就其形式结构而言，它是以思维主体的“我”为轴心，将“我”纳入思维统摄的范围之内，使之成为思维对象的一部分或全部，或者把思维的对象“人”纳入主体“我”之内，使对象成为主体“我”的一个组成部分，从而建立起以主体为中心的主——客共在的结构，并在其中实现主体自为、协调人我、物我关系的心理过程和心理活动。这就是说，道德思维具有一种“人我类同”的特殊结构。在这个意义上，我们也可以说，道德思维乃是一种类我思维。

所谓“人我类同”包括三层含义：一是指人我同类。作为道德思维主体的“我”和作为道德思维客体的或对象的“人”，都是以个体形式存在着的，但他们都是人类的一员，都把自己和他人看作同类，“名叫彼得的人把自己当作人，只是由于他把名叫保罗的人看作自己的同类”。正是因为人我同类，不同的个人才有相同的普遍类特性。这种类特性既非中国儒家所主张的人天生就有善性，又非西方伦理学家所普遍认为的人生来就有恶性。也正是因为人我同类，康德所说的“无论是对你自己或对别人，在任何情况下，把人当作目的，决不只当作手段”，才是可能的。二是指人和我都有着相同的物质需要，而且任何人的物质需要都要求得到满足。“由于他们的需要即他们的本性，以及他们求得满足的方式，把他们联系起来（两性关系、交换、分工），所以他们必然要发生相互关系。”这就必然要处理相应的人我利益关系。三是指人和我有着相同的心理状态和精神需求。人们在身临困境时都有相同的心理体验，都有希望得到他人帮助的心理，在发觉他人处于不幸状态时也都会油然而产生同情心或恻隐之心。同样，人们也都有受到他人或社会的尊重，自由地追求更高精神境界等需求。

“人我类同”是道德思维得以顺利进行的前提。众所周知，道德思维具有一种“为我”的性质，其功能在于，在道德思维的主体——“我”同“我”所关心的“人”之间架起一座由此达彼的桥梁，以形成正确、合理的道德意识，承担对他人的道德责任。如果“人”“我”不类同，“我”就不能在思维中用“我”来替换他人进行思考，不能实现角色互换，“我”也就无法了解他人的真正的物质需要、精神需求和心理状态，或者无法从“我”的物质需要、精神需求和心理状态推出他人的这些方面，“我”也就不会去关心他人，或者不知道应该从哪些方面去关心他人。一句话，“人”“我”不类同，道德思维就无法进行，因而也就难以激发起“我”的道德需求。“人我类同”的道德思维是通过推己及人的方法来实现的，其实质在于确定“我”对他人的态度和行为的应当性。在道德思维中，由于有了“人我类同”的前提的存在，就可以合乎逻辑地进行思维上的转换：思维的客体——“人”换成了“我”，也就是发生了客体上的角色替换，这样，道德思维中的主体和客体都是“我”，“我”成了道德思维的中心。中国儒家关于“己所不欲，勿施于人”（《论语·卫灵公》），“己欲立而立人，己欲达而达人”（《论语·雍也》），“我不欲人之加诸我也，吾亦欲无加诸人”（《论语·公冶长》），“老吾老以及人之老，幼吾幼以及人之幼”（《孟子·梁惠王上》），“视人之国若视其国，视人之家若视其家，视人之身若视其身”（《墨子·兼爱中》）等论述，就是对道德思维的特质的最早揭示。英国17世纪著名哲学家洛克也说：“以己所欲于人者施于人，是一切道德的不可动摇的规则和一切社会德性的基础。”

道德思维必须有“人”与“我”在客体上的角色替换，也必须有推己及人。问题在于推己及人是否合理，是否正确。有人曾对“己所不欲，勿施于人”提出质疑，认为“己”欲与“人”欲是有差异的，甚至是根本不同的，“己”之所欲未必是“人”之所欲，“己”之所不欲未必就是“人”之所不欲，因而不能由“己”之所欲或不欲推出“人”亦有此欲或此不欲，并认为将“己所不欲，勿施于人”改造为“人所欲，施于人”和“人所不欲，勿施于人”，才是合理的、正确的。这一看法的关键在于对“人”“己”“欲”如何理解。按照这一看法，“人”与“己”都是个体的、有个性的，他们之间存在的是差异性而不是同类性，“欲”是主观的而非客观的物质需要，当然就不可推己及人了。诚然，道德思维是“我”之思维，是以“我”为中心、为对象的思维，但这种“我”并非具有特殊功利和独特主观因素的私

"我"，而是普遍之"我"（非"大我"），它相当于西方伦理思想所讲的"公正旁观者"。在此前提下，"我"之思就是人类之思，是探求一般的普遍的东西之思，是符合人类本性、更准确地说是发现人类本性之思；"我"之欲非一己私欲，而是所有人生存发展的基本需要，或者说是对人类生存发展的必需条件的表达。在此意义上，推己及人就是可行的。

事实上，在道德活动中人类思维的这种"人我类同"的结构模式是植根在人的二重存在的本性之中的。我们知道，任何人既是一种"个体的存在物"，同时也是一种社会的存在，即社会成员的存在，是这两个矛盾的方面的对立统一。正是这种对立统一为类我思维提供了深刻的人学基础。由于任何一个人都是一个个体的存在物，它的思维活动总是要以他自己为出发点和归宿点的，否则就成了一种没有主体的思维。没有主体的思维是不存在的。但这个主体（即个体）又本质地包含着他的对立面——即他作为社会存在物的社会成员，因此他在思考时又不能摆脱同样是社会成员的他人的存在，他必须在自我中去关涉他人，在他人中去思考自我。正是这种矛盾的统一，揭示了人在道德活动中"人我类同"的类我思维的必然性。

"人我类同"的类我思维的发生学根据，可以追溯到原始人的原始思维。人类进入文明社会以后，在思维上也实现了对原始思维的超越，但是这种超越并不是抛弃，而是"扬弃"，原始思维的某些成果在文明人的思维中仍然保留下来，并得以理性的升华。人类在道德思维中这种"人我类同"的类我思维，就是如此。

在原始时代，由于实践水平和智力水平的限制，原始思维的一个特殊机制就是，它的活动目标不是把感觉材料最后加工成抽象概念，而是如有的学者指出的，将其加工成类化意象。意象在类化过程中，由于它把一些自然对象和人引以为"同类"，便使得意象所反映的对象人格化。故有的学者又把原始思维称之为拟人化思维。英国人类学家泰勒则把原始人的这种人格化思维特征称之为"万物有灵论"。

我们知道，任何思维活动都必须以感性材料为基础，人脑通过感觉从外界获得各种信息，才能对这些信息进行进一步地加工。对于文明人来说，这种加工主要是逻辑抽象，由此构成概念，再通过概念的活动去把握对象。然而对原始人来说，虽然同样能够通过感觉获得外界的各种信息，但原始人却不能进行进一步的逻辑加工，不能构成抽象概念，不能像文明人一样，以逻辑的形式去把握对象；因为逻辑加工需要有较高的抽象思维能力，才能从个别中分离出一般并摄取一般。可是原始人的抽象能力还很低下，即使有所抽象也摆脱不了对对象的“象”的直观。那么，原始人对感觉材料如何处理呢？就是根据对象的“象”的某些相似性构成类化意象，对各种意象初步进行分类整理，从而整体地或部分地去揭示对象在“象”上的某些特征，其结果就是类化意象。类化意象虽然来自感性直观，但已经过了一定的概括，因而可以突破个别对象的限制，能够把握某一类或某一系列对象。原始人没有抽象概念，正是通过各种各样的类化意象及其拼接活动来把握周围的人和物的。关于这一点，我们可以在人种志学和原始思维研究的大量材料中得到证明。

任何思维活动都必须有自己的模式，因为只有凭借一定的模式，人脑才能吸收和同化各种感觉材料，才能对其进行各种各样的加工。文明人的思维模式主要是知识经验模式。这种模式是在反复实践和认识的过程中长期积淀下来的一种知识经验结构。反过来，这种结构对于文明人的进一步的实践和认识又具有方法性和工具性的功能。文明人靠这种模式构成概念，并把各种概念纳入自己已有的知识经验系统之中，从而使整个知识经验有序化。原始人由于知识经验还极为贫乏，这种模式尚未定型和稳固，其容量也是十分有限的。由于原始思维尚未形成明显的逻辑结构，尚未掌握逻辑推理的方法，因而原始人的贫乏的知识经验模式很难吸收和同化与日俱增的感觉材料。可是，实践活动和思维心理活动的协调化的需要，又使得这些感觉材料不能杂乱无章地堆积起来，而要求按照一定的模式把它们系统化、有序化，这也就是现代科学揭示的所谓人类心理的“自组织功能”。那么如何解决这个矛盾呢？原始思维不能不在知识经验模式之外去寻找另外的模式，这就是自我体验的模式。

原始人的这种意象类化思维和自我体验的模式，在人类进入文明社会后，虽然被抽象思维和知识经验模式所取代，但并未因此而消失，而是作为一种重要的成分存在于人类复杂的思维系统之中，继续发挥着它的功能。其实，仔细分析就可以看出，文明人除了知识经验模式之外，都还同时存在一种自我体验模式。每一个正常的人，不仅在感知和思考对象时总是伴随着一种自我的心理体验，而且都有一种“内感觉”和“内意识”，能够感知到自身的各种器官和各种部位的冷热痛痒，能够意识到自己的目的、愿望、感情和意志等等。这种自我体验在人类的意识中经过长期的积淀以后，也会形成一种具有一定结构的思维心理模式。反过来，这种模式在人类的思维活动中同样有一种吸收、同化和自组织的功能，这种模式便成了人类思维活动的一种特殊的模式，这也就是我们所说的“人我类同”的类我思维模式。这种思维模式虽然存在于人类的一切思维活动之中，但它却在人类的道德活动中凸显出来，成为道德思维的一种特有的模式。之所以如此，是因为道德始终是以人与人的利益关系为中心展开的，而道德作为一种“为己”之学，它所关注的是善，善是人们对自身活动和关系的必然性的把握和升华，是推动人们去不断地把现有的“我”提升为理想的“我”的精神力量。这就是为什么一个讲道德的人，一个道德高尚的人，他总是一个对别人的感受、对社会的责任和义务有着强烈的自我意识和心理体验的人。

二、“情理交融”的理性特色

人们在认同、接受某种道德要求，在履行某种道德义务时，总是以自己的思维活动为前提的。前者要求必须晓之以理，动之以情，而后者则表现为理为情动、情为理发的过程。这说明情和理是构成道德思维的两大要素，“情理交融”乃是道德思维的理性特征。从这个意义上说，道德思维又可以说是一种情理思维。正是这种情理交融的理性特征，才为“人我类同”的道德思维提供了心理学上的根据，也才使道德地把握世界的方式同科学的、艺术地把握世界的方式区别开来。科学借助于抽象思维，可以说它是纯理性的活动及其产物；艺术借助于形象思维，可以说它是一种情感的宣示；而道德作为一种“实践——精神”把握世界的特殊方式，它是一种理性的活动，但它又把人们的情感、意志、信念等非理性的因素包含于自身。在社会生活中，一种行为是合理的，但不合情，未必是道德的；一种行为合情而不合理，也未必是道德的。只有合情合理、情理交融，才能显示出行为的道德本性。当然，在人们的道德生活中，也常常会出现情和理的矛盾，诸如良心和法律的冲突、必然和应然的对立等等，但这些矛盾乃是道德思维的内部矛盾性的反映，正是情和理的对立统一，才推动了人类道德思维的发展。

道德思维中的“情”，即情感。情感是人类反映客观对象的一种特殊形式，是人对客观对象是否能够满足主体需要的一种心理体验。情感和需要密不可分。从心理学上讲，需要乃是主体的某种欠缺状况。由于需要的一般本质是主体对外界的依赖性，所以需要对主体来说意味着某种被动性或受动性。正因为如此，主体在其满足需要的过程中就会产生相应的感情。所以马克思说：“人作为对象性的、感性的存在物，是一个受动的存在物；因为它感到自己是受动的，所以是一个有激性情的存在物。”情感具有这样一些特征：1. 主体能动性。不论是个体还是群体的活动都是由作为活动的主体的需要所发动和推进的，需要是人的积极性主动性的动力源泉。需要是情感的基础，因而情感具有主体能动性。2. 随机性。人的内在需要丰富多彩，外在刺激因素千变万化，内外因素交互作用必然产生情感的多端变化；因此，情感带有暂时性、偶然性、具体可感性的特征。正是在这里表现出机遇、机会，提供了自由选择的多种可能和变革现实的契机。3. 无意识冲动性。情感同人的本能需要相连，同人的至上性要求相通，贯穿于生命活动的全过程。它虽不与理性绝对对立，但又不能为自觉理性所包揽，带有自发性、潜意识冲动性的特征。所有这些都说明，情感毕竟是一种主观的东西，受到各种主观因素的影响，可能产生“人情蔽于所信，阻于所疑，急于所轻，溺于所欲”（《新唐书·陆贽传》）的情况。任情驰骋是不可能形成道德理性，产生道德行为的。情感只有经过理性的过滤，才能成为道德的情感。

道德思维中的“理”，即理性。对于“理性”，人们可以从不同的角度来理解和把握。它可以指认识过程中的理性认识阶段，可以指运用概念、判断、推理的抽象思维能力，可以指人类行为的自觉性、计划性、目的性和预见性，可以指人规约自己的自控制的能力，可以指理性认识的产物，也可以指真理性，还可以指人的审时度势的能力、主体尺度和评价原则，甚至可以指理性精神，等等。道德思维中的理性，主要是指探求真理的理性认识、抽象思维能力、自控自制的能力和理性精神。这些理性也具有一般理性的基本特征。即：1. 普遍必然性。理性是事物发生、发展及其规律的体现和要求，事物固有的内在必然性是理性的本源所在。2. 内在辩证性。表现在能够运用逻辑判断和数学算计，能够通过法理控制，能够实现程序化、层次化和体系化等等方面的内容。3. 自觉意识性。表现为行为的意图意向、目的性和计划性等等。

情理交融和互动是道德思维运行的实在内容。我们知道，自我价值的实现是道德的核心内容。但自我实现不是一个抽象、空洞的纯粹原则，它不仅是一种理想，而且具体落实于主体行为活动之中，是主体通过自身本质力量的对象化，从而建立起一个“属我的”价值世界以达到主体需要满足的过程。它体现于动机、目的、手段的选择，行动方案的制定，行为过程的操作，相应行为引起的权利义务的承担等诸多环节之中。

人有多种需要。按照恩格斯的讲法，人既有生存的需要，享受的需要、发展的需要，又有表现自己的体力和智力的需要。人的诸多需要只有不断得到满足，才能健康成长；而这一切又只有通过自身的行动和自由选择来实现。需要发生于主体，依赖于满足这些需要的客观对象。主体的需要与客观情境提供的多向可能性“相遇”，主体需要对客体对象的同化，在心理上便表现为情感运动。这里蕴含着创造价值活动的全部环节。

对于诸如求食、保暖、性、安全、归宿、相爱、尊重、劳动、求知、审美等等需要，研究者一般把它分为两类：一是保证自身安全和种族延续的生物性需要；一是人们在生产劳动和社会交往中形成的、为了共同利益、体现共同发展的社会性需要。对不同需要及其满足与否产生不同的情感。对应生物性需要的是“自然情欲”，对应社会性需要的是“社会情感”。“自然情欲”蕴含着生命的目的，潜藏着丰富的能量，是人们进取、开拓、探索、创新的动力源泉之一。“社会情感”是人“自身的自然”，是积淀了理性的情感，为人类所特有，表现为同情、友爱、推己及人等多个方面。不论是自然情感还是社会情感，都内涵着价值因素。人的情感运动内含着道德运动，人类道德思维体现于并受制于情感的运动。这是一方面。

另一方面，情感运动过程并非就是道德思维的过程。首先，从作为情感运动的发动因素的需要来看，需要有内在和外在之分。内在需要即体现人的本质的需要，是与人的本质相通的需要。外在的需要则是指偶然的，并不体现人的本质的那方面的需要，如吸毒、酗酒、纵欲等。体现外在需要的那部分情感不具有道德的意义或具有不道德的意义，只有体现人的内在需要的情感才可能是道德的。相对于内在需要而言，同一需要可以引发出情感的积极的和消极的双重效用，只有积极的情感才能是道德的。所以只有肯定人的内在需要的情感运动才可能是道德思维运动。

从满足需要的情感对象来看，情境中的外部刺激因素也有不同的性质。有肯定主体需要的生长性、建设性、积极健康的“活性因素”，也有否定主体需要的消亡性、破坏性、消极不健康的“死性因素”。尤其值得注意的是，其中某些因素虽然包含一定的破坏性内容，但它整体上是对人的需要肯定的东西。某些因素虽然包含满足需要的成分，但就整个而言，它又是同人的需要相敌对的因素。因此，只有那些活性因素并从总体上是对人的内在需要的肯定所表现出来的情感运动，才可能是道德思维运动。

从情感运动过程看，满足主体需要的客体对象必须能够保证主体自由。如果在情感运动中，主体需要被客体所异化，那么人就物化成被奴役的对象，人的主体性失落是无道德可言的。

因此，为了保证主体情感运动的道德性质，就必须辨别主体需要和外在刺激物的性质，使主体总是依据自身的内在需要选择活性因素，考察主体选择的能力，确定冲突情境中价值的等次，辨别目的的正当性和手段的有效性及其相互关系，制订严整可行的行为方案，操作行为的过程，排除行为过程的干扰因素，预测行为的后果，承担行为产生的权利义务，等等。这一切都需要敏锐的观察、深刻的分析、数学的计量、理性的权衡、主体的自觉意志等参与和作用。所以情感只有在理性思维的作用下，才能走向道德思维。

人是有情感的动物，是一个拥有多种需要的自由存在，同时人又是环境和文化作用的结果，社会生活、社会发展同时就是人的本质形成的过程。人处于自然和社会的运行过程之中，必须遵循环境、社会中的必然要求和运行规律，服从一定的价值准则和行为规范体系，依据一定的文化指令而行动。人类的创价活动是一个客体主体化过程，它以主体客体化为前提。科学的理性是进行创价活动的基础，而客体主体化则是主体自觉控制的过程。人正是在环境和社会及其运行规律中提出自己的目的的，环境、社会及其运行规律是人类创价活动的物质前提。这些物质前提一旦以社会人的需要和利益出现，就获得目的和价值的表示，进而给予人类活动以一定的方向。而社会、环境又为人的本质力量的发展开辟了场所，人的有目的的活动总是依赖其客观环境及其规律，这就像人的“呼吸方式”一样不可摆脱。

人的本质形成过程既是自然历史发展过程又是自觉的有目的的活动过程。人就是在被创造和创造中，在适应和变革环境中把活动的意义带进世界。人对环境适应的不是动物式的消极适应，而是同环境中的异己因素不断斗争和对理想的积极追求的变革性适应；而变革则是对环境中消极因素的革除和积极方面的建设，其目的在于满足人的健康生长的需要，更好地使环境适应人的需要。人类有目的的创造活动伴随的思维是以道德思维为主干的理性思维过程。在这中间，展现出诸如生活的意义，人的使命和尊严，人对自然、对社会的态度、荣誉、幸福等等世界观问题，这些问题以目的—理想的形式存在，并在实际行为中才能得以解决。

当然，理性思维并不完全就是道德思维。首先，从理性所包含内容的性质看，理性有存在于客观事物中的“事理”和与主体需要相契合的“性理”（以主体尺度为内容），单纯的“事理”是一种“实然”或理论形式。任何理性只有同时以目的形式出现，也即服从于人的内在需要，成为目的和价值的环节，表现为“性理”时，理性思维才表现为道德思维。其次，从理性思维的对象及其运动过程看，不论是适应环境还是变革环境，都必须以主体需要为前提，服从主体需要，受主体需要所制约；只有这样，理性思维才表现为道德思维。消极地适应环境，听从命运的摆布，或者变革超出主体承受力，破坏主体需要的结构，都是非道德或不道德的。因此，要使理性思维成为道德思维就必须体现主体的内在需要，理性思维只有在情感作用下，使理性思维与自由选择相协调，才能走向道德思维。

从以上分析可知，道德思维既是情感思维又不全是情感思维，既是理性思维又包含非理性思维因素，作为情感思维必须同时是理性思维，作为理性思维必须同时是情感思维，情感思维必须体现理性的要求，理性思维必须服从情感的需要。单纯的情感思维即使是积淀了理性的社会情感，如果情感支配了理性，理性最终屈从于情感；或者单纯的理性思维，理性宰制着情感，情感为理性所消解，都不是道德思维。科学思维本质上是理性思维。虽然科学活动总是人类有目的的活动，但这些价值性的内容服从理性原则。科学的任务在于对事物做判断，揭示事物的本来面目。艺术思维包含着各种心理因素，其机制相当微妙，但它是借助主体想象力、通过设置情境、烘托气氛、塑造典型等方式，创造形象，美化生活，在这一意义上，艺术思维可以说是一种情感思维，其中所包含的科学、道德因素都服从于形象创造的情感运动。

情理交融和互动也是道德思维的心理机制。我们知道情感本质上属于感性冲动的领域，是自由和需要的心理形式，表现为主体“希望怎么样”，是行为的动力，是主体能动性的基础。但是善良的情感要求、美好的希望、良好的动机，如果缺乏理性力量的支配，“希望”就往往代之以“失望”，善意和良愿也可能成为通向地狱的铺路石。理性属于自觉意识领域，是普遍必然性的心理形式。它表现为主体“必然或必须怎么样”，是行为自觉性的基础。但理性少不了情感，如果缺少感性冲动，理性就是空洞的、无活力的。理性只有以情感为基础同时服从于主体需要，才是生动的，也才可能是健全的。那种脱离情感的理性或者与情感相对立的理性，如中国封建社会所谓的“天理”，在“灭人欲”的基础上获得规定，具有无血色、虚幻的性质。如果说它还有什么道德意义的话，那也只是为了服从某种特殊的需要，如封建统治的需要。所以，只有当人们“希望”的同时也是“必须或必然”的，或者反过来，“必须或必然”的同时又是人们“希望”的，才是道德上“应该”的。情境提供选择的可能和契机，情感冲动提供选择的希望和动力；理性提供选择的方向，保证选择的可行性、现实性及其质量。只有同时考虑情境、客观必然性和主体自由、需要等多种因素，思维确定的动机才是应当的。因此，道德思维要求：“合情合理，情理交融”。如果把这一要求整合成一个概念就是“情理思维”。情理思维是道德思维的心理机制，这是道德思维的重要特征。

三、“知行合一”的价值把握方式

在现实生活中，一种道德再好、再高尚，如果它不能体现在人们的行为中，就不是真正现实的道德，也无从发挥它应有的作用与功能。同样，一个人即使能够背诵许多道德的格言和箴语，却将其束之高阁，不去实行，甚至讲的是一套，做的又是另一套，那么，他绝不能被认为是一个有道德的人，相反，只能是一个说教者，甚或“伪君子”。所以，从这方面讲，没有道德行为就没有道德，道德行为是道德的“活生生的肉体”。当然，如果人们不能实现对一定的道德原则和规范的认知，形成相应的道德观念和道德理性，那么也就不可能有什么道德的行为。从这方面讲，道德认知、道德观念、道德理性又是支配道德肉体的灵魂。因此，道德始终是作为一种行为方式而出现、存在着的。这就是说，道德具有“知行合一”的特征。这就决定了相应的道德思维也是一种“知行合一”的价值把握方式。道德思维的这种特征集中地表现为它是人类“实践—精神”把握世界的一种特殊的方式。

这里所讲的人类对世界的掌握，是指人对世界的一种主体关系，即人把现实世界当作对象来思考、认识和把握，驾驭其客观的必然性，实现人对现实世界的本质、力量、特征的实在占有，从而使主体即人自身的本质得到丰富和发展。道德所要掌握的现实世界，主要不是指与人类社会相对立的自然界，而是指人类社会、人的社会关系、人的行为和个性发展等等。道德的这种掌握之所以必要，是因为人类只有结成群体，社会才能进行劳动活动，进行社会生产和再生产，而人类群体和社会只有在一定的社会秩序和行为准则的约束下才不至于分裂，出现混乱。道德就是通过形成特殊的社会秩序和行为准则来实现社会的稳定、和谐与发展的。这也就是说，道德所要掌握的是个人同他人、同社会集体利益关系的必然性，它要使作为主体的人通过对这种社会关系的客观必然性的驾驭，实现对自身的本质、力量、特征的实在占有。这种占有具体表现为人作为“个体的存在物”对他同时也作为“社会的存在物”的认同，实现他自身内在的统一，从而使他自身的社会本质得到丰富和发展。所以，道德所表现的是人通过对他人、对社会集体的关系而实现的人对自身的关系，是一种“为我”的关系。

道德这种掌握世界的方式的特殊性就在于，它是人对世界的一种“实践—精神的掌握”，是实践精神。如前所述，人类掌握世界的方式是多种多样的。马克思曾经指出，人类除了用科学即抽象思维这种方式掌握世界外，还有“对世界的艺术的，宗教的，实践—精神的掌握”。在西方伦理思想史上，古希腊著名思想家亚里士多德就提出“实践理性”的概念，指出实践理性能够指导和支配人的道德行为。德国古典哲学的创始人康德把自己研究道德的著作名之为《实践理性批判》，他认为，道德是解决人的行为的“应当”以求得善的问题，当人类理性表现为理论理性（即他讲的纯粹理性）时，人为自然立法，而表现为实践理性时，则是“人为自己立法”（即道德自律）。显然。马克思讲的“实践—精神的掌握”，就是指“实践理性”这种道德掌握世界的特殊方式。所谓“实践理性”或“实践精神”，正如有的学者指出的，可以从以下三方面来理解：1. 实践精神首先是一种精神或精神活动。说它是精神或精神活动，是因为它是人的知、情、意的综合体，是观念的凝结，是思维或意识活动的结果或形式；说它具有实践性，则是因为它不同于理论思维或理论意识，其内涵不是直观或反映客观现实，而是以指导行为为目的的，是以形成人们特定的行为方式为内容的思维活动或精神活动。2. 实践精神又是一种主体精神，是一种意识到自己的主体地位的人才具有的思维活动和精神活动。因此，它不仅是观念而且还包含着主体的需要、情感和意志。主体将这些内容融合在一起，构成主体的内在尺度。从这一尺度出发来观察、评价、改造世界，使世界成为“为我”需要的世界。这种特殊的主体精神的使命不是以真假范畴来认识世界，也不是以美丑范畴来表现世界，而是以善恶范畴来评价世界，以评价、调节、预测等方式来把握、完善世界。它将世界区分为善的和恶的、应当的和不应当的两个部分，高扬前者，鞭笞后者，从而推动世界走向完善。3. 实践精神还是一种精神实践，即是一种以现实的实践（行为）活动为根据和目的的主观演绎，是在实践之前的观念模拟、预测；实践之中的督促、检查；实践之后的反省、总结。这种思维活动与一般的概念推演、理论分析不同，是以良心、义务感的方式进行的，是以规范、命令的形式发挥作用的。它所指导、评价的实践不仅是人们改造自然的活动，而且更重要的还是改造人们的社会关系、改造自身的行为。它与这些活动或行为常常合为一体，作为行为的目的、方向和灵魂发挥着自己的实践功能。这就说明，道德作为实践精神，是一种价值，是道德主体的需要同满足主体需要的对象之间的一种价值关系。需要是分层次的，在物质需要的基础上产生出来的精神需要是人的一种高级的需要，包括艺术的、宗教的和道德的需要等等。由于道德需要是植根于人的存在及其利益的二重性的本质之中的，因而它能够促使人类结成相互满足的价值关系，推动人们改善这种关系，调节人与人的交往和协作，完善人的人格，也完善他人和社会，从而形成作为一种特殊价值的实践精神。

人类掌握世界的多种方式是随着人类活动日益复杂化而分化，人类精神日益精微且又相对独立而逐渐发展起来的。在人类社会的早期，由于劳动活动的原始状况和意识的混沌统一，决定了人们还不能意识到自己所面对的世界具有的多种本质，也不可能形成自身多层次的精神领域，这时人类对世界的掌握还是处于原始一体化的状况中。当人类走向文明时代时，这种对世界的一体化的掌握方式才发生分化，人们在认识世界的同时，又在艺术地表现世界和能动地评价世界，并因此而形成了科学、艺术、道德等掌握世界的不同方式。这些不同方式是相互联系又相对独立的。真理是科学地掌握世界的中心问题，它借助抽象思维，通过真理和谬误的矛盾运动，向人们提供关于世界的不以人们意志为转移的客观知识。审美是艺术地掌握世界的中心问题，它通过形象思维用典型形象来反映和认识世界，它是在美与丑的对立运动中进行的。而善和恶则是道德地掌握世界的中心问题，它运用善恶对立的观点来评价人的行为，揭示人的社会关系的必然性，推动人们的行为从现有到应有的转化。真、善、美是统一的。真是善和美的前提，不真就不可能有善和美，而真的本身又包括了道德价值和审美价值的因素。善是对真的特定价值把握，是美的构成因素。而美则是真和善统一的感情显现。真、善、美的统一是多样性的统一，它们各自都有自己的相对独立性，是不能相互取代的。道德作为实践精神，其掌握世界的方式有着自己特有的规定性。

行为评价和选择是道德掌握世界的基本手段。评价不同于一般认识或思维形式的特点就在于，它把认知和态度结合为一，包含着主体的需要、愿望、情感、意志等因素，是从认识到行为实践的一个必要的中介和环节。道德评价是以一定的善恶观念为标准的。人们通过体现一定善恶观念的行为方针、准则、戒律、理想等价值“符号”或价值“等价物”，借助风俗、舆论、信念的力量，来评价他人或自己的行为，以调节个人同他人、同社会集体的关系，这就是道德所固有的识别环境的方式。这种方式向人们提供的不是有关客体本身的知识，而是向人们提出他们同现实世界的价值关系的方向。这就是说，道德向人们提供关于社会现实和人自身的知识，但这种知识不是理论知识，而是以善恶形式表现出来的价值知识，是人们进行道德行为选择的知识。所以，道德向人们提出并要求解决的是：人的价值、人在这个世界上的地位，人的生命活动的意义，个人对他人、对社会的态度、个人的责任和对人生理想这个最终目标的选择，等等。这些问题就是人们在道德中对现实世界所要掌握的特殊内容。道德就是通过对这些问题的解决，推动人们审查、过滤自己的行为动机、愿望、需要、意图，使之符合社会的价值要求，指向社会的价值目标，以把握现实世界前进的脉搏，实现个人同社会的统一。所以道德始终是作为一种行为准则、规范的形式出现的，它广泛地渗透在人们的日常生活中，具体地体现在人们的行为选择上，集中地表现为一种行为方式。

道德掌握世界还是通过促使人们行为从现有到应有的转化而实现的。道德评价以人们现有的行为或行为的事实为对象，它向行为者传递关于行为应当的信息。应当立足于现有和实有，但又不等于现有和实有。应当是对现有的肯定和否定的统一，是从现有向应有的过渡。道德作为一种实践理性，本身就包含着现有和应有的辩证法，它是以推动人们行为从现有到应有为目标的。应当不是任何时候都能产生的，只有人们对社会发展的必然性达到自觉时，才能发现应当的关系，形成应当的意识；也不是所有的可能性都可以转化为应当的，只有那些既具有现实基础又符合社会内在必然的可能才能成为应当，才能作为引导人们达到某一特定境界而为人们所认同。可见，道德作为一种行为应当的准则，具有现实性、理想性、义务性等多重品格。正是这些品格，使它能够推动人的行为从现有到应有的转化；从而调节人们的社会关系，预测社会的发展趋势，改善和改变现实世界。所以，尽管道德掌握世界与科学的掌握世界相比，一般都处于生活经验的水平，是轮廓性的、感受式的，但仍然是可靠的。它是社会前进的一种特殊的“指示器”，也是个人完善化的一个特殊的“实验室”。

（原载于《湖南师范大学社会科学学报》2002 年第 2 期）

论伦理学的逻辑起点

——一种依据马克思主义文本的阐释

伦理学作为一门对道德现象进行理论考察的科学，不能停留在对道德现象的一般描述上，而是要通过自己特有的概念、范畴、规则和规律的体系及其逻辑运动，从理论上再现道德，帮助人们深入到道德生活的内部，把握道德运行的深层脉搏，认清道德发展的内在规律，以自觉地进行道德行为选择，实现自己行为的道德价值，完善自己的道德人格。为此，它就必须准确地把握自己的逻辑起点。这是一个需要探讨并逐步求得共识的问题。本文试图依据马克思主义的文本，对这个问题做一些初步的阐释。

一

既然伦理学是一门研究道德的学问，那么就应该肯定伦理学乃是一门特殊的价值科学。所谓“价值”，是指物质客体和社会现象的一种属性和功能，这种属性和功能标志着这些物质客体和社会现象对一定社会、阶级和个人的意义。价值是一个十分广泛的范畴，它深深地植于人类社会实践的本质之中。列宁曾经揭示了实践的二重性，这就是实践既是检验“真的标准”，又是“事物同人所需要它的那一点的联系的实际确定者”。正因为如此，人类的社会实践就是一个不断地把“自在之物”转化为“为我之物”，以满足自己的需要的发展过程。这个过程也是人类对客观世界的认识和把握的过程。它内在的包含着两种相互联系又相互区别的认识机制：一是真理的认识，即对客观事物的本质和规律的把握，它表现为是非、真假、对错的事实判断；二是价值认识，即揭示客观事物中所具有的能够满足人类需要的属性和功能，它表现为好坏、善恶、美丑的价值判断。真理认识是价值认识的前提和基础；价值认识则是真理认识的必然发展和归宿。人类通过实践而发现客体具有能够满足自身需要的属性和功能，即“价值对象性”。同时，也是通过实践而使之与主体的需要相符合，以满足主体的需要，使价值从可能性转化为现实性，这就是价值的实现。可见，价值是一个关系范畴，它是客观事物中所具有的价值对象性（属性和功能）与主体需要的关系。当客观事物中的属性和功能能够满足主体的需要，对主体的生存和发展具有肯定的意义，就表现为正价值，反之，则表现为负价值。价值的确定和实现，是通过价值评价和价值判断来进行的。价值评价和价值判断是价值认识的主要方式。而为了进行价值认识，就得有一定的评价尺度或价值标准，它们是价值符号，是价值对象的“等价物”，或者是价值的观念凝结体。在人类道德生活中，道德原则和规范，以及由此而形成的道德信念和道德理想、道德品质和道德人格，就是这种价值符号，即价值对象的“等价物”或价值的凝结体，也即价值。选择和确定什么样的道德价值，即道德原则和规范体系，以培养人们的道德信念和道德理想、道德品质和道德人格。这是伦理学研究的重要任务和重要内容。正是在这个意义上，我们说伦理学也是一门特殊的价值科学，一门研究道德价值的科学。

一讲到价值，自然就离不开作为价值主体的人。价值虽然不是人的主观臆断的产物，但它却是人创造的，是人的社会实践的产物。没有人的社会实践，人就无法确定他同物质客体和社会现象的价值关系，也无法发现物质客体和社会现象能够满足自身需要的属性和功能，更无法做出肯定的或否定的价值评价和价值判断。中国古代儒家把伦理学说成是一种“为己”之学，现在也有的学者明确地宣称伦理学是一种特殊的“人学”。如果是在对人的本质作出科学的理解的前提下，应该说，这种说法是有一定的道理的。因为道德作为一种价值乃是人之为人所必需的：既然人是生活在社会中并且只有在社会中才能生存和发展，那么他就必须获得社会群体的认识，为社会群体所接纳，成为其中的一员，这就是所谓人的社会化。而道德既是人的社会化的重要内容，又是人的社会化的重要力量和方式；人们之所以要讲道德，追求道德善，并为此而约束自己的某种任性和偏执，或多或少地放弃甚至牺牲自己的个人利益，就在于舍此就无法肯定自身的价值，实现自身的发展和精神完善化。这些都是关于人的生存的意义和人生价值的重大问题。所以，任何一个时代的伦理学，实际上都是那个时代关于人的生存意义和人生价值的理论表现，都是对人的生存、发展和精神完善化的理论反思。这就无怪乎有人说，伦理学是一门使人光荣的科学。其含义就在于，人的存在、发展及其精神完善化乃是伦理学的主题，换句话说，伦理学的一切问题就是围绕人的生存和发展这个方面而展开的。因而，人或者社会实践着的人，就应该是伦理学的逻辑起点。

当然，这里讲的“人”不是费尔巴哈式的感性实体，也不是脱离社会而孤立存在的单个“原子”，而是一个对象化、客体化了的哲学——伦理学的范畴，是对具体人的抽象把握，或者是对人的“一般”的理论概括，一句话，是一种在科学抽象意义上的“人”。

关于社会科学研究的逻辑起点的确定及其重要性问题，马克思主义经典作家有着许多科学的论述。列宁在揭示马克思《资本论》所使用的从抽象到具体的科学抽象的研究方法时指出，构成一门科学的逻辑起点的东西，必须是该学科研究的一种最简单、最常见、最一般、最基本的规定或细胞，这个规定或细胞包含着往后发展的一切矛盾胚芽，而往后的一切逻辑发展都是它的矛盾的展开。为此列宁指出，必须进行科学的抽象。他说：“如果不先解决一般的问题，就去着手解决个别的问题，那么随时随地都必然会不自觉地‘碰上’这些一般的问题。”马克思也强调这种抽象的极为重要性。他在《资本论》第一版

“序言”中说：“分析经济形式，既不能用显微镜，也不能用化学试剂。二者必须用抽象力来代替。”在谈到对“生产”的抽象时，马克思又指出，好像一说到生产，总是在一定社会发展阶段上的生产，“可是，生产在一切时代有某些共同的特征，共同的规定。生产一般是一个抽象，但是只要它真正把共同点提出来，定下来，免得我们重复，他就是一个合理的抽象……没有它们，任何生产都无从设想。”在马克思主义看来，抽象或一般作为一种理论形态，它的发生具有历史的规定性，是历史发展的产物。所以马克思说：“最一般的抽象总是产生在最丰富的具体的发展的地方，在那里，一种东西为许多东西共有，为一切所共有，这样一来，它就不再只是在特殊形式上才能加以思考的了。”他举例说，在美国，个人很容易从一种劳动转到另一种劳动，因而一定种类的劳动对人们来说是偶然的，是无差别的。所以“在这里，‘劳动’、劳动一般，直截了当的劳动这个范畴的抽象，这个现代经济学的起点，才成为真正实际的东西。”从马克思的这些论断我们可以看出，科学的、合理的抽象对于科学研究来说，不仅是必需的，而且也是历史发展的必然。按照马克思的观点，当人（其他事物也一样）的具体发展还处在十分简单的时候和地方，对人的抽象由于还没有客观真实性而很难产生。例如，在奴隶社会和封建社会，人还在分散的孤立的小农经济的基础上存在和生活着，宗法等级的社会结构还使人与人之间存在着巨大的差别，因此人的许多共同的东西还很难进入人们的思考的范围，为人们所认识，这时来谈论“人的一般”、人的抽象，显然不可能“成为真正实际的东西”。可是，随着社会化的大生产的出现和发展，人与人的社会关系、交往日益频繁，而与此相联系的诸如人人平等，人的自然、价值和尊严等成为一种社会的要求，一种人们的共识，这样人的某些无差别的同一性便历史地显现出来，逐渐地被人们所认识和确立，于是对“人的一般”的理论抽象就不仅有了可能，而且“成为真正实际的东西”。这种对具体的人的一般抽象，首先作为经济学的范畴，尔后作为哲学——伦理学的范畴，便实际地被提了出来。

综上所述，现代伦理学要真正成为一门科学的关于道德的价值科学，要真正能够根据人类道德生活历史经验和发展规律，科学地阐明道德在人的发展和精神完善化中的地位和作用，揭示人的发展和精神完善的道德机制，指出人的发展和精神完善化的道德目标，就应当以马克思《资本论》的研究方法为典范，把“人”或“实践着的人”作为自己的逻辑起点。

二

那么，作为伦理学的逻辑起点的“人”或“实践着的人”，也即作为哲学——伦理学范畴的人，是什么呢？人类起源的历史表明，人和社会是同时诞生的、不可分割的。人是在社会生产劳动中形成的；社会则是人们在劳动生产中分工协作的产物。“人在积极实现自己的过程中创造、生产人的社会联系、社会本质，而社会本质不是一种同个人相对立的抽象的一般力量，而是每个人的本质，是他自己的活动，他自己的生活，他自己的享受，他自己的财富。”人和社会不仅是同时形成的，也是不可分割地联系在一起的。具体地说，人是处于“一定历史条件和关系中的个人”“人的本质是人的真正的社会联系”，而社会则是在一定的生产方式的基础上形成的众多的个人之间持续不断地相互联系、相互影响和相互作用的特殊的物质机体。“社会本身，即处于社会关系中的人本身”“正像社会本身生产作为人的人一样，人也生产社会”。可见，人“不是单个人所固有的抽象物”，人的存在具有内在的二重性。一方面，任何人都是一个个体的存在物，正像世界上找不到两片相同的树叶一样，世界上也找不到两个完全相同的人，这是由每个人都是作为一个独立的自然机体所决定了的；另一方面，任何人又不是“纯粹的个人”，而只有在社会中才能存在，这就是说，人同时又是一定社会的成员，是一种社会的存在物。因此马克思指出，人既是“个人的存在”“同时又是社会的存在物”，人把这矛盾着的两个方面内在地集于一身，因而成为“只有在社会中才能独立的动物”。人的这种二重性正是个人同社会的必然关系决定了的，它反映了这样一个基本事实：社会是由人组成的，没有个人就无所谓社会；而社会又是各个个人之间的一切社会关系构成的有机整体，如果否认个人同社会的这种内在的、必然的联系，那么也就否认了人之所以为人的最一般的规定。我们说，作为哲学——伦理学范畴的“人”，就是这种最一般规定的“人”，伦理学的一切原则和规范、概念和范畴及逻辑运动，都是“人”的这种内在二重性的矛盾的展开、深化和具体化。

人的存在的二重性决定了人的需要或利益的二重性。人作为一种个体的存在物，每个人都有维持自己的生存和发展的需要，这就是我们平时讲的个人利益。所以，个人利益从来都不是一个道德戒律，而是一个科学事实。同时，人作为一个社会的存在物即社会成员的存在，每个人又有维持社会共同体的存在和发展的需要，这就是我们平时讲的社会共同利益。人的这两重需要或利益，不管自觉与否，都是客观存在的、必然的，只不过在不同的历史时期，有着不同的内容和性质。正因为如此，所以，马克思指出，人的需要或利益表现为两种形式：一是“自然主体的那种个人需要”；二是“表现为社会需要的个人需要”。与此相适应的，满足人的需要和途径和方式也有两条：一条是直接满足个人的需要，另一条是满足“表现社会需要的共同需要”，这样，人的需要或利益总是呈现为个体性和整体性的二重特点。正是这种特点就使得任何人都有一个如何处理他的需要或利益的个体性和整体性的相互关系问题，这就决定了道德的需要也是人的最本质的需要之一。因为道德作为人类社会生活的一个方面，就是适应处理个人利益和社会共同利益的关系这一人类社会生活的必然要求而产生的。如何处理这种利益关系乃是道德的中心问题，历史上出现的各种类型的道德，说到底，都不过是对这个中心问题的不同处理和调节的方式罢了。

关于人有道德的需要，古代的思想家们就有了清醒的认识，并把道德作为人类区别于动物的主要标志之一。古希腊的著名思想家亚里士多德就说：“人类不同于其他动物的特征就在于他对善恶和是否合乎正义以及其他类似观念的辨认。”在中国，从先秦时期的著名思想家孟子到明清之际的著名思想家王夫之，也都强调“德之不好”“人之所以异于禽兽几希”。那么，为什么人会有道德的需要呢？历代思想家作出了各种各样的诠释，但都未达到真正科学的高度，这里有历史的原因，也有方法论上的局限性。要对这个问题作出科学的解答。就必须采取马克思主义的从抽象到具体的方法，并把逻辑的东西和历史的东西结合起来。

总的讲来，人的道德需要既是人的多层次的需要中的一种高级的需要之一，是人作为一种有理性的社会动物的精神规定，又是人的行为的社会规定。因为任何一个成熟的人都通过其行为目的（这种目的是由他的需要决定的）把自身体现于行为之中，但同时人的行为又必然同他人发生各种各样的联系，包含着某种社会关系、社会意义，这就是说，人在自己的行为中又把他作为一个社会成员的存在体现于其中。可见，人作为社会的产物，作为由一定需要而推动起来从事一定社会实践的人，他必须把道德的需要纳入他的本质的规定之中。

那么，是什么原因把人变成了二重性的存在，并使得道德的需要成为人的一种本质的需要呢？要回答这个问题，还得追源溯本，搞清人是怎么产生的。我们知道，人不是神创造的，也不是纯自然生成的产物。胚胎学、解剖生理学、考古学、古生物学和人类学的大量资料证明：人类是自然界长期进化的结果，它起源于动物界。达尔文的进化论更确凿地揭示了人类是由高度发达的类人猿进化而来的，而类人猿之所以变成了人，不是别的，是劳动。动物只能消极地适应外部自然，单纯的以自己的存在来改变自然，而不能通过劳动生产使自然界为自己的目的服务，来改造自然界。而所谓劳动生产，说到底，不过是人为自身生存和发展需要所决定和驱使，以满足这些需要的必然的或一般的方式。劳动生产根源于人的需要和自然的矛盾。正是这种矛盾，使人投入劳动创造的实践，不断地改造自然，获得必需的生活资料，以便保存和发展自己。在这个过程中，“人自身作为一种自然力与自然物质相对立。为了在对自身生活有用的形式上占有自然物质，人就使他身上的自然力——臂和腿、头和手运动起来。但当他通过这种运动作用于他自身外的自然并改变自然时，也就同时改变了他自身的自然”。历史事实证实，由于劳动生产，才逐渐地使猿的形体、结构产生了一系列的根本变化，形成了人的手、足、大脑和感官，所以，“劳动创造了人本身”，劳动使“人猿揖别”，使人从自然界分离出来，开始了自己独特发展的历史。因此，人既是“以往全部世界历史的产物”，而“整个所谓世界历史不外是人通过人的劳动而诞生的过程”。

人类通过劳动生产改造自然、利用自然的能力，便是我们通常讲的生产力。生产力是在人的需要向劳动转化中形成和发展起来的。但是，人的需要向劳动的转化，一开始就是在人们的联合中即生产关系中实现的。之所以如此，是因为人和自然的矛盾本身就表明了人的能力的有限性。当人一开始面对这个矛盾时，便必然地发现个人力量的弱小，因此，人们只有联合起来，共同与自然作斗争，才能弥补个体力量的不足，于是人们便形成了一定的生产关系。所谓生产关系，就是人们在物质生活资料的劳动生产过程中所结成的一定社会关系。它是同生产力一起形成和发展起来的，它构成了生产力的必然的社会存在形式。因此，马克思说：“人们在生产中不仅仅同自然界发生关系。他们如果不以一定方式结合起来共同活动和互相交换其活动，便不能进行生产。为了进行生产，人们便发生一定的联系和关系；只有在这些社会联系和社会关系的范围内，才会有他们对自然的关系，才会有生产。”马克思又说：“一切生产都是个人在一定社会形式中并借这种社会形式而进行的对自然的占有。”马克思在这里揭明了生产关系和生产力的统一，这种统一构成了社会物质生产方式，它是整个人类社会生活的“现实基础”，人类的其他一切社会联系或关系就是在这个基础上并适应这一基础的需要而形成和发展起来的。

由上分析可知：第一，当劳动生产把动物变成人的时候，它也就同时把人变成了二重存在物，即既是“个人的存在”“同时又是社会的存在物”；当我们说人就是把矛盾着的两个方面统一于自身时，那么这种统一的基础不是别的，乃是社会生产方式。因此，我们可以说，人乃是既作为“个人的存在”“同时又是社会的存在物”这两个矛盾着的方面在一定的社会生产方式的基础上的具体的、历史的统一。第二，道德的需要之所以是人的本质需要，与其说是决定于人自身，还不如说是决定于一定社会的生产力和生产关系、经济基础和上层建筑的矛盾运动。当然，这绝不意味着我们可以离开人及人的内在矛盾这个中介，就可以直接从这一矛盾中引申出道德来。如果是这样，那只能就是一种无主体的道德。同样，也不能反过来脱离生产力和生产关系、经济基础和上层建筑的矛盾运动，直接从人及其内在矛盾自身引出道德来，如果是这样，那只能是无道德的主体。无论是无主体的道德，还是无道德的主体，虽然在中外伦理思想史上屡见不鲜，但它们都是同马克思主义伦理学格格不入的。

三

如前所述，既然人是一种二重的存在物，人总是要把个人利益和社会共同利益的二重需要内在地集于一身，他就必须始终面对这二重利益之间的相互关系问题，形成调节和处理它们相互关系的客观需要。道德就是在一定社会物质生活条件下人对这种客观需要及其必然性的有意识地把握。伦理学作为关于道德价值的科学，它必须聚焦于人自身，以探寻人存在的意义和人生的价值为职志。

人的需要是人的行为活动的基本动因。人们总是为了满足自己的各种具体需要（首先是物质生活的需要）而进行着各种活动。而所谓需要，就其一般本质来说，乃是人对外界对象一种依赖关系。人有物质生活的需要，就要同自然界进行物质交换，因而也就依赖于自然界；人有友谊、爱情的需要，就得有朋友、异性对象，人的这种精神生活的需要所表现的则是人类在社会生活中个体对他人、群体的依赖关系。所以，需要不是纯主观的东西，而是客观世界和客观过程中引起的一种必然性，人的活动也必然是一个个人同他人、个人同群体直接或间接的交往和联系的过程。从发生学的视角看，这个过程在人类社会长期发展中，就必然会逐渐地、不可避免地形成一定的秩序、节奏；在个人同他人、个人同群体相互交往的关系中产生某种相应的要求。这些秩序和要求是在人们的实践活动中产生的，因而也是人们能够自觉意识到的。一旦人们自觉意识到这些秩序和要求，那么这些秩序和要求就会转化成为人们行为活动的“应当”，获得了普遍的意义。于是，人们的行为活动便出现一个矛盾：即现有与应有、事实与应当的矛盾。因为，人们一开始总是根据自己的具体需要去进行自己具体的、个别的、特殊的活动的。既然任何需要都是人对外界对象、对他人和社会群体的一种必然的依附关系，他就不得不考虑自己现有的活动与秩序所要求的应有的活动、自己行为的事实与行为的应当之间的关系，否则，他的活动就无法顺利进行，需要就不可能得到满足。因此，人们必须适应、遵循这种“应当”，使自己的行为活动不断地实现从现有到应有、从事实到应当的转化。这种转化乃是人类行为活动的必然要求，其内在的根据就是人的存在及其需要或利益的二重性，是决定人的这种二重性的社会生产方式、经济关系。

可见，“应当”首先是一种关系。它把人的存在及其需要或利益的二重性之间的内在关系，通过人的行为活动外在地显现为个人同他人、个人同社会群体之间的关系；“应当”也是对行为主体而言的，但它的指向却是行为活动的客体，即与主体的行为活动相互联系、相互依赖的他人或社会群体。这就是说，“应当”是他人或社会群体对主体的行为活动所提出的要求，在这里，行为活动的主体又变成了客体。所以，在“应当”中，行为活动者既是社会又是客体；既是主体对自身的一种内在的关系，又是对他人或社会群体的一种客观的社会关系。“应当”正是通过主体对客观的关系来表现的主体和主体自身的关系。其次，“应当”也是一种“客观的”力量，具有普遍性的规定，是人的意识的对象。应当本身就包含了人的自觉认识，是伴随着人的物质活动的一种精神活动的产物。虽然在其未被人们意识的时候，它还是一种潜在的、无所依托的东西，既不为人们理解，也得不到自觉地遵守，但人们一旦达到了自觉，认识了“应当”的关系，“应当”作为人与人的关系的客观需要和必然性，就会逐渐地成为人们的共识，使人们这种关于“应当”的意识成为一种客观的精神力量、制约着人们的行为和生活，它要求人们放弃自己的某些任性和偏执，按照“应当”的行为模式、生活模式去行动、去生活，因而具有了一定的强制的性质。这就是说，“应当”又成为一种普遍的规范性，成为人的意识的对象，“个人只是作为一种偶然的东西同它发生关系”。再次，“应当”对人来说，不仅具有某种强制性，更重要的具有有用性。“应当”的强制性不是纯外在地加给人的，是人自己发现了、认识了的“应当”。人们之所以愿意放弃自己的某些任性和偏执，按照“应当”去行动、去生活，从直接或者具体层次上讲，是因为它能保证人们的行为活动的方向性、效用性。从间接或者抽象层次来说，“应当”是联系社会生活的必要纽带，它一方面能够把人与人、人与社会联系在一起，以维持社会的存在，保证社会生活的正常进行；另一方面也能够把人既作为个人的存在物，同时又作为社会成员的存在物这两个矛盾方面联系在一起，实现人的内在统一，促进人的精神的完善和人格的发展。这就正如亚里士多德指出的，人作为主体，他不会满足于自发的生活过程，而是尽力使自己的活动服从于自己的理想，使自己获得作为人的幸福。所以，“应当”是一种价值。我们已经知道：所谓价值就是客体即价值对象物能够满足主体需要的有用性。“应当”作为一种通过主体对客观的关系而表现出来的主体对主体自身的关系，作为一种“客观的”精神力量和人的意识的对象，它能够满足人的上述需要，是一种有用的普遍规定，因而它乃是一种人类所特有的精神价值。

列宁说：“人的实践活动必然亿万次地使人的意识去重复不同的逻辑的格，以使这些格能够获得公理的意义。”人类认识的这一特点表明，人们一旦达到了对“应当”关系的自觉，“应当”一旦获得人们的共识，它就成为人类行为逻辑的“格”，获得了公理的意义，成为人们行为的规范。这种行为规范，可能首先是通过个别先进的人物的率先垂范而出现的，也可能是经过一定集团、阶级、国家等群体有意识地总结、提炼、概括而提出的，但它们都是人类行为活动“应当”的价值的凝结物。当然，人类行为活动的多样性和统一性，决定了行为规范不只是单一的个别的要求，而是包括理想、准则、戒律、标准等多层次、多方面要求在内的规范体系，是一些特定的行为方式和生活方式。它们共同地组成一个规范的网络，覆盖着人和社会联系的方方面面。

从由于需要而启动的人的行为活动，通过秩序和要求，到转化为“应当”，再凝结为行为规范，这是一个相当长的历史过程。恩格斯对这一过程的原初状况曾经做过如下概括，他说：“在社会发展某个很早的阶段，产生了这样一种需要：把每天重复着的生产、分配和交换产品的行为用一个共同的规则概括起来，设法使个人服从生产和交换的一般条件。这个规则首先表现为习惯，后来便成了法律。这里讲的法律，最初是指习惯法，它和习俗一起构成了古代氏族社会无所不包的统一的意识形态的重要内容，是人类社会最初出现的行为规范体系。这种情况是和那时社会生活的原始性、单纯性相适应的。可是后来，随着私有制的产生，阶级的形成，氏族制度的瓦解，人类便产生了分化和对立，于是为人们共同遵循的、服务于全社会的原始行为规范也发生了分化和对立，出了道德、法律、政治等各种相互联系又相互区别的行为规范，这时道德作为一种特殊的社会意识形态，才获得了相对独立的发展。同时，如果说氏族社会以习俗和自然法为特征的行为规范更多地具有道德意义，曾经是人类道德发生的原始类型，那么到这时，道德本身也发生了分化，产生了相互对立又相互联系的各个阶级和各种社会集团的不同的道德。但是，不管怎样分化和对立，道德总是作为一种特殊的行为规范而存在，离开了规范就无所谓道德。道德与法律、政治相比，它的规范性本质更明显、更突出。这种特殊规范性集中地表现在它继续保持着行为“应当”的价值内涵，始终以行为“该不该”的评价方式而存在和发展着。它借助于人们的传统习俗、社会舆论和内心信念来维系，表现在人们的视听言动、行为品格和习性之中，并通过人们的义务感和良心感，构成人们自我调节、自我约束和自我评价，从而发挥自己特有的社会作用，成为人类社会生活的一种特殊的规范调解方式。正是这种特殊的规范调解方式凝结为人们的善恶价值观念和价值标准。

综上可知，道德是人的一种特殊的社会规定性，是社会的一种特殊的关于人的价值观念。道德既是社会调节的一种特殊手段，又是个人实现自身内在统一和精神完善的一种特殊方式，它始终植根在人和社会不可分割的联系之中，植根在人存在的二重性及其需要或利益的二重性之中。

道德价值作为一种特殊的价值形态，其特点就是在于它是功利价值和精神价值的统一，是外在的社会价值和内在的主体价值统一。如前所述，在社会生活中人们的行为（包括行为的动机、行为选择的方式、行为的后果）总是要对他人或社会产生一定的影响，因而这些行为也就成了他人或社会进行价值评价或判断的客观对象。当人的行为具有“利”人的属性和功能，能够满足他人或社会的需要时，他人或社会就会予以肯定，并通过“善”的评价而获得行为的正价值（包括功利价值和精神价值），反之，他人或社会就会予以否定，并通过“恶”的评价而表明其负价值。在这里，善和恶即是道德的和不道德的总称。道德的行为由于获得他人或社会的褒奖的“善”的评价，因而表明其行为的外在的社会价值。而主体的行为在获得道德的这种外在的社会价值的同时，主体自身也会因此得到精神上的满足和升华，从而体现行为的主体的内在的道德价值。道德价值这种功利价值与精神价值、外在的社会价值和内在的主体价值的统一，始终是与对行为的善恶评价紧密相连的。善和恶虽然在不同的时代和阶级那里，总是有其特定内涵的，但它们都是以一定的社会或阶级的道德原则和规范为其载体的。这些道德原则和规范就是道德价值对象性的“凝结”，所以道德原则和规范以及其由此而产生的道德信念和道德理想、道德品质和道德人格，作为人们行为的“应当”的问题，也就是道德价值问题。对个人而言，它们构成了人的行为的价值指向或价值方针；对整个社会而言，则是社会的价值导向问题。它们对于社会及其成员个人的道德实践具有极为重要的意义。人们高尚的道德行为、崇高的道德品质、完善的道德人格、良好的社会道德风貌、优良的道德传统、和谐的人际关系，等等，都是在“应当”指导下，通过人们的道德实践所创造的道德价值。道德之所以具有诱人的魅力，成为人们追求的目标，成为激励人们奋发向上的精神力量，从而发挥其所特有的功能，是因为道德就是这样一种特殊的社会价值形态。马克思主义伦理学所要选择的价值，也即要确定的道德原则和规范的体系，从根本上讲，就是要在当代社会历史条件下，帮助人们适应社会和人的发展的客观必然和需要，实现其作为二重存在的内在和谐统一，把握其生存意义之所在，以获得高尚的人生价值。这就是马克思主义伦理学的最高旨归。

（原载于《湖南社会科学》2004 年第 4 期）

论现阶段我国人民精神生活的矛盾和加强社会主义价值导向

社会主义初级阶段的社会主要矛盾，是人民群众日益增长的物质和文化生活需要同落后的社会生产之间的矛盾。这个矛盾在人民精神生活中有何反映？其具体表现是什么？这是一个需要探讨的问题。弄清这个问题，关系到认真贯彻党的两个文明一起抓的方针，是我们正确地认识和加强社会主义价值导向的重要依据。

一

精神是人的内心世界的现象，是人的意识、思维活动和其他心理状况的总称。人的精神生活就是人的精神活动、交往的方式和过程。精神是由人脑机能的实现所引起的，是物质的派生物。人的精神生活作为人类特有的生活内容，是以人的物质生活为基础的，是社会存在的反映。当然，正如精神不是物质的简单的摹写，人的精神生活也不是物质生活的机械的复印或延伸，而是对物质生活的一种能动地反映、把握和升华。在这里，需要是一个中介。需要既是人的精神生活的重要内容，又是从物质生活到精神生活转化的机制。因此，考察和研究人的精神生活，不能离开一定的社会物质生活条件，也不能离开基于社会实践而造成的人的需要。

马克思谈到人的需要时说过：“他们的需要即他们的本性。”马克思这里是从人追求自己对象的本质力量、人类特有机能的视角界定人的本性的。联系马克思关于“人的本质不是单个人所固有的抽象物，在其现实性上，它是一切社会关系的总和”与“人的类特性恰恰是自由自觉的活动”等著名论断，在一定意义上可以说，所谓人的本性，就是由人的社会关系总和所决定的、通过人的自由自觉的实践活动而不断产生和满足的人的需要。这就说明，人的需要是人的极为丰富多样属性中最基本、最一般的属性，是人的各种质的规定中最原始、最简单的规定。因而，它也是人所特有的精神生活的基本出发点。

所谓人的需要，乃是人对外部世界的一种特殊的摄取状态，它一方面表明人对外部世界的一种客观的、必然的依赖关系，另一方面又表明人具有能动地改造、获取和享用外部世界的“本质力量”。当人们谈及人的需要时，一个基本而不可忽视的历史事实是：人和社会不仅是同时产生的，而且是不可分割的。人是处于“一定历史条件和关系中的个人”，而社会则是在一定的生产方式的基础上形成的众多的个人之间的持续不断地相互联系和相互作用的特殊的物质机体。“社会本身，即处于社会关系中的人本身，“正像社会本身生产作为人的人一样，人也生产社会”。因此，任何时代、任何社会的人，他既是一种“个人的存在”“同时又是社会的存在物”。人就是把这矛盾着的两个方面内在地具于一身，因而成为“只有在社会中才能独立的动物”。人存在的这种矛盾性或二重性，正是个人同社会的必然联系和关系所决定了的，或者说，是人同社会的必然联系和关系在个体身上内在化的规定。否定了人同社会的这种必然联系和关系，否定了人的存在的二重性，也就否定了人之所以为人。

人的存在的二重性决定了人的需要的二重性。人作为一种“个人的存在”物，每个人都有维持自己生存和发展的需要，这就是我们平常讲的个人利益，所以马克思曾经提醒人们，“首先应当避免把‘社会’作为抽象物同个人对立起来”。个人利益从来都不是一个道德的诫命，而是一个科学的事实。同时，人作为一种“社会的存在物”，即一定社会成员的存在，每个人又有维持社会共同体的存在和发展的需要，这就是我们平时讲的社会利益。人的这种二重需要或利益，不管人们自觉与否，都是客观存在的、必然的。所以马克思指出，人的需要或利益总是表现为两种形式：一是作为“自然主体的那种个人需要”；二是“表现为社会需要的个人需要”。与此相适应的，满足人的需要的途径也有两条：一条是直接满足个人的需要；另一条是满足“表现为社会需要的共同需要”。这样，人的需要或利益总是呈现出个体性和整体性的双重特点。正是这种特点，决定了任何人都有一个如何处理他的需要或利益的个体性和整体性的关系问题。这个问题便构成了人类精神生活得以展开的纽结。

应该指出的是，人的存在及其需要或利益的二重特点及其相互关系，总是历史的、具体的，在不同的历史时期，有着不同的社会内容、性质和发展方向。因为“个人是什么样的，这取决于他们进行生产的物质条件”。在原始公有制社会，由于人的二重存在还处于天然纯朴的原始同一之中，人的二重需要或利益也直接地融合在一起。可是随着私有制的出现、阶级的产生，造成了人们之间的分裂和对抗，因而人的原始同一及其二重需要或利益的融合也随之而被分解。于是，与人作为“个人的存在”相适应的个人需要或利益，便变成了私有者的私人利益，形成了私有的观念，这就使得与人作为“社会成员的存在物”相适应的社会需要或利益，只有通过阶级的对立和斗争才能曲折而隐晦地表现出来。在以私有制为基础的阶级社会里，阶级斗争制约着人们的精神生活，并使之打上深刻的阶级烙印。人类的精神文明的发展也因之陷入了深刻的矛盾之中。这就是社会主义社会以前人们精神生活的一般性和总的发展过程。

社会主义制度的确立，开辟了人的发展的新方向，也使人的精神生活进入到了一个崭新的阶段。在社会主义社会，由于生产资料公有制的主导地位的确立和剥削阶级的消灭，人的个人需要或利益同社会需要或利益的关系发生了与私有制社会情况完全不同的变化。在这里，一般说来，社会成员已不再是私有者，而是社会主义的劳动者，个人的需要或利益也已不再是私有者的自私的需要或利益，而是劳动者的需要或利益。国家也不再像马克思所说的那样是维护少数剥削阶级的阶级私利并据以统治被剥削阶级的“虚幻共同体”，而是代表全体劳动人民共同利益的政治形式，第一次成为了“真实的共同体”。到了这个时候，也只有到了这个时候，人既作为“个人的存在”“同时又是社会的存在物”这两个矛盾的方面才获得了消除其分裂和对抗的社会基础，产生了实现其和谐统一的现实可能性。在社会主义社会，国家利益、集体利益和个人利益在根本上的一致性，人与人之间同志式的互助合作关系的形成和发展，更成了人们精神生活深刻的基石和社会主义精神价值认同的直接源泉。当然，社会主义社会还存在矛盾，也有一个发展和逐步完善、成熟的历史过程。特别在我国社会主义初级阶段，各种社会矛盾不仅仍然客观存在，而且还十分复杂尖锐，人们的精神生活也不可能例外，只不过它同以私有制为基础的阶级对抗的社会相比，性质和发展趋势都发生了根本的变化罢了。

二

在社会主义社会，人的二重性具体表现为劳动者的双重身份。一方面，社会主义制度的建立，广大劳动者成了国家的主人，因而也成了自己生活的主人。这一基本事实决定了即使在我国现阶段，献身四化，振兴中华，建设有中国特色的社会主义，并在这一历史性的伟大斗争中不断发展和完善自身，乃是我国各族人民的内在需要和根本利益，构成了我国民族精神的主要内涵，成为我国人民精神生活的主旋律，另一方面，劳动者又是他自己、他的家庭的行为主体。由于劳动仍然是人们谋生的手段；又由于社会主义经济仍然是商品生产和市场经济，它是以商品生产者利益上的深刻差别和需求上的相互依赖为前提的，是受价值规律支配的，是以市场交换和竞争为主要机制的。因此，就劳动者这一重身份而言，又使得个人利益的实现和满足成为人们的切身利益，具有更实际的驱动力和感召力。社会主义社会劳动者的这两种身份、两种需要和利益在根本上是一致的，但又有其对立的方面，正是这种统一和对立便构成了现阶段我国人民精神生活发展的主要矛盾。这一矛盾从根本上讲，是社会主义初级阶段的主要社会矛盾在精神生活领域里的反映。它也是在我国现阶段国内国际的客观环境中展开的。

在当代，一个世界，一个市场，两种制度并存和竞争的格局，全球性的新技术革命的兴起，和平和发展的主题的转换，及其所造成的精神生产和物质生产日益接近的趋势、科学技术革命和精神生活相互作用不断加强的趋势、人们的精神需要越来越增长的趋势、以及精神生活逐步国际化的趋势等等，这些都将间接或直接影响和制约我国人民精神生活和发展。不仅如此，我国人民精神生活的主要矛盾还是在源远流长、根深蒂固的中国民族传统文化心理结构的背景下展开的。我国历史上长期以来单一小农经济的孤立、分散、自给自足的状况，以及大一统的中央集权的国家政体和儒家思想的统治，一方面使中华民族具有凝聚力强、崇尚群体、刻苦耐劳、朴实宽厚、和谐谦逊、注重精神价值等优良传统；另一方面，又养成了因循守旧、不思进取、消极依赖、追求绝对同一、不倡个性、排斥创新的传统心理和旧的习惯势力。这些也都将成为我国人民精神生活发展中的有利和不利条件。加之我国的改革开放还没有现成的经验可循，必须在探索、开拓、实践中前进。因此，在社会主义初级阶段，我国人民精神生活中的矛盾发展就不能不呈现出一幅复杂多维的图像。

现阶段，我国人民精神生活的主要矛盾往往比较集中地通过人们的日常意识和社会主义意识、消费意识和创造意识、个体精神和民族精神矛盾表现出来。这些矛盾的会集和交错，便形成了一种新和旧、先进和落后，真善美和假恶丑等多种思想成分的并存，新思想、新道德在斗争中逐步战胜和取代旧思想、旧道德的多元的动态的网络形的社会精神结构。

在我国现阶段，社会主义制度的逐步完善，马克思主义的理论指导和社会主义意识形态的主导地位，是确保我国人民的社会主义思想和主人翁意识增长和发展的重要条件。只有社会主义才能救中国，也只有社会主义才能建设和发展中国，这已经成了我国各族人民的共识。然而我国当前社会生产的落后状况，政治体制的不完善，民主生活的不健全，加之中西文化的碰撞特别是东欧的剧变、苏联的解体、国际范围内社会主义遭受到严重挫折，处于暂时的低潮，又将影响人们，削弱人们的社会主义意识，甚至产生某种离心的倾向，人们的日常意识总是通过个人利益的棱镜来反映现实的，我国改革开放的发展、深化和加快，人们的个人利益得到了极大的关注，合理地满足个人正当需要的可能性在日益增长，这将大大地增强人们对马列主义的信念，提高人们的社会主义思想觉悟。但是，人们的日常意识又往往容易停留在事物的现象表层，停留在某些暂时的、偶然的东西上面，而使本质的规律性的东西得不到相应的反映。改革中的暂时曲折和个别失误，生活中的各种实际困难和麻烦、党内和社会上的官僚主义、家长制、特权思想和不正之风，社会主义同资本主义在生产发展和生活水平上的较大反差，等等，又都可能使人们产生某种精神的困惑甚至逆反心理，因而造成人们的社会主义意识和日常意识的冲突和矛盾。近年来，随着改革步伐的加快，新旧体制的胶着和对峙更为复杂，经济生活、社会生活中的动荡、矛盾、摩擦更大、更多，由此引起的物价的不稳定、钱权交易的盛行、利己主义、拜金主义的猖獗，更加剧了这一矛盾的发展。这是值得我们高度重视的。

我国社会主义现代化建设的加速，人们的物质文化生活水平的提高，不仅必然唤起人们的创造热情和进取精神，同时也必然促进人们消费意识的增长和对更高生活水平的追求，但是应该看到，这两者又并不是在任何情况下都能同步发展的。在正常情况下，人们的消费水平和消费能力的提高，是个性形成和发展的重要条件，有利于人们按照社会主义准则的要求来提高对自身欲望的自我控制和自我调节的能力，因而成为发展人们的创造意识和进取精神的机制。在我国一些经济发展较快的地区，人们所出现的积极进取的精神风貌，就证明了这一点。但是，人们的消费意识又是由许多条件来支撑、许多因素而构成的。在这里，剥削阶级旧思想、旧道德的影响，资本主义社会消费主义的侵袭，以及在文化素质普遍较低的情况下，物质生活迅速地改善甚至超常的提高，又可能把某些人引向玩物丧志、成为物的奴隶的地步，因而阻碍人们的创造意识的发挥，泯灭人们的进取精神。目前，我们某些新闻媒介、舆论导向中不适当的高消费的宣传、某些地方或人们中产生的攀比风，铺张浪费风等等，已经和正在造成这种极为不良的负面效应，导致了享乐主义的滋生，加剧了人们的创造热情、进取精神同消费意识之间的矛盾。它说明，我们艰苦奋斗的优良传统不能丢，勤俭建国的方针必须坚持，只有在这个前提下，人们的创造意识和消费意识才能同向增长，相互促进，相得益彰，沿着社会主义方向同步发展。否则，我们就可能重蹈西方发达国家的覆辙，在畸形的消费主义的支配下，造成人的精神失衡和空虚，出现物质生活的繁华和精神生活的荒园。

至于在社会主义社会，社会主义商品经济的发展，人们的“个人感”的增强，个性的发展，无疑是对不倡个性、追求绝对同一的旧的封建传统影响的冲击和否定，是个人精神解放和主观能动性发挥的重要前提。在我国，社会主义的民族精神同人民群众的个性发展在本质上是一致的，因为民族精神作为一种群体意识，是由个体的独创性活动来推动的。我国社会主义的改革开放本身就包含着强化人们的个性追求、促进人们的内在尺度对象化进程的目标，没有人们的个性发展，就不会有改革、开放、创新的社会主义民族精神的弘扬。但是，在社会主义初级阶段的条件，人们的个性发展的方向又可能被扭曲，成为个人主义、自由主义、无政府主义的衍生物。这不仅是由于我国历史上长期小生产的消极影响在现阶段还有生存和发展的土壤，同时也是由于西方敌对势力“和平演变”攻势的实施，资产阶级腐朽生活方式、价值观念的腐蚀，这些都可能而且正在强化着这种可能性。自由化思潮曾经泛滥于一时，就是证明。这说明在我国现阶段，个体精神和民族精神之间的矛盾冲突也不仅是不可避免的，而且还将是长期的、复杂的。

总之，如果说在社会主义初级阶段，社会生产力还不发达，存在着以公有制为主体的多种经济成分，以按劳分配为主要方式的多种分配方式，那么反映到人们的精神生活中，就必然出现一个多层次、多形式、多向度的复杂状况。因此，我国现阶段精神生活领域绝不是一个纯而又纯的理想圣地，而是一个新和旧、先进和落后、真善美和假恶丑同生共长的现实世界。在这个世界里，各种思想组成的社会主义和非社会主义两个基本方面同时并存，共属于一个统一体。在这个统一体中，社会主义的一方在地位、力量和作用上占着明显的优势，但非社会主义一方也并不缺乏其生存和发展的条件。而这两个方面的并存和对立的深层基础，便是由于上述人们的两重身份所决定的两种需要或利益所引发的两种精神需求之间的对立和统一在特定历史条件下的反映。我国现阶段人们精神生活领域里的各种复杂的矛盾，就是围绕着这根主轴展开的。因而虽然这些矛盾中的某些方面仍然带有阶级斗争的性质，但在总体上讲，却不能简单地归结为阶级斗争，而是属于人民内部的矛盾。

三

上述分析表明，为了保证现阶段我国人民精神生活的健康发展，促进非社会主义方面向社会主义方面转化，建设有中国特色的社会主义，加强社会主义价值导向不仅是必需的、重要的，而且是可能的、现实的。那种忽视或否认加强社会主义价值导向的思想和行为，在理论上是站不住脚的，在实践上也是极端有害的。为了加强社会主义价值导向，我们必须切实加强思想政治工作，深入进行思想道德建设，努力建立一个以“三个有利于”（有利于社会生产力的发展、有利于综合国力的增强，有利于人们生活水平的提高）为总体坐标，以弘扬“三种精神”（即江泽民同志倡导的爱国主义、集体主义、社会主义精神）为具体评价标准，以促进社会主义市场经济的健全发展为现实目标，能够覆盖全社会，且方向一致，形式多样、渠道畅通，切合实际，生动活泼的社会主义价值导向体系。这涉及许多现实问题和理论问题，是一个复杂的社会系统工程。但在当前，正确认识和处理下述两个问题则显得更加重要、更加突出。

第一，市场经济和观念变革的关系。建立社会主义市场经济体制是党的十四大关于我国经济体制改革目标的科学表述。随着市场经济的发展，必然造成人们观念的变革。但应该看到，并不是所有冒出来的观念都是新的，观念变革从来就有一个性质问题、标准问题和方法问题。现实表明，有的观念确实是符合社会主义市场经济发展需要的新观念，但有的则相反，实质上是旧观念的复活，诸如个人主义、拜金主义、享乐主义等等，就是与我国发展市场经济的社会主义性质格格不入的资产阶级腐朽观念。就是符合市场经济需要的观念中，其中有不少，例如功利观念、效率观念、自主观念、竞争观念等等，也可以具有不同的甚至根本对立的价值属性，它们既可以归属于社会主义价值体系，也可以归属于资本主义价值体系。如果离开了社会主义的价值定向，那么，所谓“功利观念”，就可能走向以追求个人或小集团利益为目的的狭隘的功利主义，所谓“效率观念”，就可能走向以追求金钱为唯一目标，即“一切向钱看”的拜金主义；所谓“自主观念”则必然导致“自我中心”，以“个人为本位”的利己主义，这样，也不可能有真正的社会主义的竞争而只会出现资本主义社会的尔虞我诈，弱肉强食的局面。这是我国现实生活的事实所充分证明了的。因此，对于这些观念，必须具体分析，区别对待，严格区分新观念的变革和旧观念的复活的不同性质，坚持以上述“三个有利于”“三种精神”来予以评价，反对一切抽象地谈论个人和个人的价值、欲望、自由等唯心论和形而上学的方法，坚持唯物论和辩证法，在调查研究的基础上，对历史和现实、思想和理论，作出客观的全面的分析和评价，然后再决定观念变革的取舍。目前社会上所出现的各种似是而非的“正名”风，近乎盲目的“更新热”，已经导致资产阶级腐朽思想和价值观念的泛滥，只会造成社会主义市场经济的无序和萎缩，阻碍我国人民精神生活的健康发展。

第二，市场经济和道德建设的关系。市场经济作为一种以市场为资源配置和经济活动、经济过程的主要调节者的经济运行模式，虽然不能同商品经济概念等同起来，但它与商品经济有着必然的联系，是商品经济发展到一定阶段的一种经济体制。同时，市场经济既有一般的规定、共同的特性，又有特殊的规定，存在着不同性质和形式的市场经济。党的十四大报告指出，我国的“社会主义市场经济体制是同社会主义基本制度结合在一起的”。它的显著特点是：以公有制为主体，其他经济成分互相补充，共同发展，多以按劳分配为主要分配方式，其他分配方式为补充，兼顾效率和公平；国家利用宏观调控手段把人民群众的当前利益与长远利益、局部利益与整体利益结合起来，等等。这些都决定了在建立和发展社会主义市场经济的同时，必须加强社会主义精神文明建设，特别是思想道德建设，坚持“两手抓”“两手都要硬”的方针。在社会主义道德建设中，必须以坚持和弘扬集体主义为核心的社会主义道德精神。然而，对于集体主义至今仍然存在一个如何正确理解，求得共识的问题。毛泽东曾经指出：要“提倡以集体利益和个人利益相结合的原则为一切言论行动标准的社会主义精神”。毛泽东这一论断就是对集体主义的科学概括。他不仅肯定了集体主义是社会主义的精神价值，而且揭示了集体主义作为一种行为选择的价值方针和行为评价的价值标准的科学内涵。这就是坚持把社会集体利益摆在第一位，同时充分肯定个人利益的合理性，努力把社会集体利益同个人利益结合起来，以促进个人同社会的和谐发展。这个原则内在地包含下述三个相互联系、层次递进、有机统一的重点：(1) 社会集体利益的权威性。当然，这里讲的社会集体已经不是维护少数剥削阶级利益、以牺牲大多数被剥削阶级劳动群众的利益为存在条件的“虚幻的共同体”（这种“虚幻共同体”在历史上表现为否定个人的利益和价值的“君权至上”的整体主义）；也不是由于血缘、地缘而自发发生的、往往表现为群体和个体双重价值取向对立的“群体”，而是代表人民群众根本利益的“真实的共同体”即“革命无产者的集体”。这种“真实的共同体”是以组织的有序性、根本利益一致性和义务的双向性为本质规定的。正是这种集体的利益才为个人利益的实现奠定了坚实的基础，提供了可靠的保证。因而相对于组成集体中的个人来说，它理所当然地是一种权威的道义力量，个人应该对它承担道德义务和责任。(2) 个人利益的合理性。既然集体主义所讲的集体是“真实的共同体”，那么它就本质地包含个人利益，如果忽视或者抹煞正当的个人利益，它就会失去它的感召力和生命力，就不是社会主义的集体主义，而可能蜕变成小生产的群体主义或封建主义的整体主义，所以，肯定个人利益的合理性也是集体主义原则的重要的价值取向。(3) 个人利益和集体利益的结合性或协调性。这就是说，当两者发生冲突的时候，集体主义首先要求个人顾全大局，自觉地作出必要的自我牺牲，以维护社会集体利益，但同时它又要求对二者的矛盾作具体的分析。如果集体由于某种政策的不当和工作的失误而使其利益确实妨碍或有损于大多数个人的正当利益，就应该对集体利益作出必要的调整，以保障个人正当利益的合理满足，求得社会集体利益和个人利益的协调发展。所以集体主义作为一个社会主义道德原则，在实际操作中要求：要正确认识正当的个人利益的伦理意义，划清正当的个人利益和自私自利的界限；要多努力寻找集体利益同个人利益的最佳结合点，要像毛泽东所强调的那样，对于国家、集体、个人的利益分配，善于掌握一个“合理的比例”；要制订切实可行的集体和个人维护集体利益和个人利益和谐发展的具体行为规范。把握了集体主义这些科学的内涵和实际操作的准则，就不难看出，它也应该是发展社会主义商品经济的特殊调节原则，因为社会主义商品经济也具有一般商品经济的共性，存在着商品生产者、经营者追求商品的价值和可能忽视商品使用价值的矛盾；商品生产者、经营者的特殊利益和社会主义公有制所决定的社会共同利益的矛盾；商品生产和交换中个别劳动和社会劳动的矛盾。集体主义原则可以为发现和调节这些矛盾，提供特殊的视角，造成良好的社会舆论环境，形成道义的力量，以促进商品经济的有序发展，成为发展社会主义商品经济的重要的动力机制。事实上，历史上出现的任何一种商品经济都有相应的道德调节手段，这是道德的广泛社会渗透性的重要表现。社会主义商品经济一旦离开集体主义的道德调节，就可能偏离社会主义方向，这是为无数现实的事实所证明了的。同样，坚持集体主义的价值导向也可以减少或克服市场经济所可能造成的负面效应，保证市场经济的健康发展。不可否认，社会主义市场经济要比计划经济更能确保个人的自主权和个人的利益的实现，但是，它并不是脱离社会主义公有制的主体和国家宏观计划调控的，也决不能离开大多数人民群众利益的标准和共同富裕的根本宗旨。同时，在企业成为市场经济的主体情况下，则更要加强企业内部的凝聚力，强化劳动者的主人翁地位，发挥劳动者的艰苦创业精神，才能增强企业市场竞争的能力，这些都需要道德的参与，都离不开集体主义的价值导向。所以把发展市场经济同道德建设割裂开来，对立起来，是十分错误的。

现在有一种“道德重建论”认为，我们在革命战争年代便形成，1949 年后得到人民群众广泛认同的集体主义道德传统，同中国古代的传统道德一样，都是使人们“倍受压抑”的，“旧道德樊笼”“锁链”，因此必须推翻重建。只有建立一种以人性为基础，以个人为本位，充分发展个人私欲的道德，才能“把人的私人欲望当作推动经济发展的根本动力”，适应市场经济的要求，带来“经济的繁荣和财富的巨大积累”。这种观点的错误是显而易见的。它以极端地反传统主义为特色，是民族虚无主义在新形势下的变种；脱离一定社会关系的规定，抽象地谈论人性和人的私欲的无善恶性，否认任何人的私欲都离不开一定价值观念的支配；它还有意地混淆社会主义市场经济体制同资本主义市场经济体制的质的区别，以为只要采取市场经济模式，就是实行“自由、平等、所有权和边沁”式的资本主义规式，因而在道德上也必然要求与集体主义道德相反的个人主义道德。这就不难看出，所谓“道德重建论”实际上就是资产阶级道德论。的确，人的欲望本身并无善恶之分，但在一定的价值观念支配下就带上了善恶倾向，可能为善，也可能为恶，也可以像黑格尔说的，“处于转向作恶的待发点上”。事实是，并非任何“个人私欲”都如“道德重建论”者所说的，都能够成为经济发展的动力，也并非任何不道德和违法行为都仅仅是“缺乏合理的市场机制和法律规范”造成的。相反，在个人私欲温床上膨胀起来的极端个人主义、利己主义的危害，用当代美国经济学家哈耶克的话说，“已使带有良好愿望的人们在自由社会中求得秩序的可能性感到绝望”。就连资本主义的狂热鼓吹者、美国前总统卡特的国家安全顾问布热津斯基，在他的新著《失去控制：21 世纪前夕全球混乱》一书中也指出，在美国，由于“物质第一主义的自我放纵”，人们只知追求个人意愿，不考虑任何社会利益，使“道德上的腐败大规模蔓延”，精神上的空虚已经削弱了美国的内聚力，使西方面临价值观念的危机。因此他要求对此作出“哲学上的反省和文化上的自我批判”，以使美国摆脱“困境”。布热津斯基这一席话，对我们的“道德重建论”者可谓开了一个不大不小的玩笑。它从反面告诉我们，为了保证我国市场经济发展的正确方向，促进我国人民精神生活的健康发展，加强以集体主义为核心的道德建设，坚持社会主义价值导向，是何等重要！

（原载于《湖南日报》1993 年 8 月 10 日第 6 版，获中宣部 1993 年度精神文明建设“五个一工程”优秀论文奖）

社会主义社会初级阶段的伦理学问题

依据社会主义社会初级阶段的理论，加强对现实道德关系的研究，改革伦理学的现状，克服脱离实际的倾向，以充分发挥伦理学在加强社会主义精神文明建设中的功能和作用，这是一个十分迫切的任务。当然，不能把这一任务仅仅归结为对现实道德关系的描述，伦理学是对社会道德现象的哲学思考，它应当为当代中国人提供关于道德的真正反映时代精神的科学的价值观念、思维方式和行为评价标准的体系，而这一切又必须符合广泛性和先进性、现实性和理想性，整体性和层次性相统一的要求。因此，我们有必要对伦理学工作进行深刻的反思：伦理学是一门什么样的学问？马克思主义伦理学体系的逻辑起点是什么？在社会主义社会初级阶段它应当具有什么样的理论形态？本文想就这几个问题略述管见。

一

有人说，伦理学是一门使人类光荣的科学，我以为这个说法不无道理。任何一个时代的伦理学，都是那个时代关于人的生活意义和人生价值的理论表现，都是时代精神的曲折反映。新科学技术革命的兴起和共产主义潮流的汇合，是我们时代的主要特征。我国社会主义经济政治体制的全面改革，就是这两大潮流汇合的“浪潮前峰”。“开放、改革、创新”这六个大字，从来没有像今天这样头角峥嵘，牵动着我国各族人民的身心，引起了世界各国的关注。它是马克思主义同中国具体实际相结合而凝练成的新的时代意识和民族精神的体现。我们必须从这个大趋势、大背景出发，来加强伦理学的研究，开创伦理学发展的新局面。

当代科学技术革命的发展表明，衡量社会财富的尺度已经不是劳动的耗费即劳动时间的数量，而是组成为社会的个人发展的程度。社会的进步在很大程度上已经越来越取决于人的全面发展和精神完善化的进程。在当代条件下，精神生产和物质生产接近的趋势；科学技术革命和人的精神生活相互作用加强的趋势；精神需要日益增长的趋势；精神生活国际化的趋势等等，都是这一历史性转折的具体表现。

马克思、恩格斯曾经尖锐地揭露了资本主义文明的实质，指出资本主义“总是把生产看成人的目的，又把财富看作生产的目的”。与此相反，他们强调：“工人们在自己的共产主义宣传中说：任何人的职责、使命、任务就是全面地发展自己的一切能力。”长期以来，人们总是讳言人的全面发展和精神完善化是社会主义的最高目的，然而，如果把人的本质如实地理解为“一切社会关系的总和”，肯定个人解放同社会解放的不可分割性，那么人的全面发展和精神完善化，不正是意味着旧的经济关系的变革和人的社会关系的改造吗？马克思又说：“所谓财富，倘使剥去资产阶级鄙陋的形式，除去那在普遍交往里创造出来的普遍个人欲望、才能、娱乐、生产力等等，还有什么呢？财富不就是充分发展人类支配自然的能力，既要支配普通所说的自然，又要支配人类自身的那种自然么？不就是无限地发掘人类的创造天才，全面地发挥，也就是说要发挥人类一切方面的能力，发展到不能拿任何一种旧有尺度去衡量的那种地步么？不就是不在某个特殊方面再生产人，而要生产完整的人么？”可见，把尽快地提高社会生产力同人的全面发展和精神完善化对立起来，也是没有根据的。我国社会主义经济改革的实践也证明，提高全民族的素质，造就一代“四有”新人，是何等重要！因此，人的全面发展和精神完善化应当成为伦理学的主题。马克思主义伦理学应当根据人类道德生活的历史经验和发展规律，阐明道德在人的全面发展和精神完善化中的地位和作用，揭示人的全面发展和精神完善化的道德机制，指出人的全面发展和精神完善化的道德目标。

二

在现行的伦理学教科书中，通常都是把道德和经济基础的关系作为马克思主义伦理学体系的逻辑起点的，把道德的本质规定为是一定的社会物质生活条件的反映，是由一定的社会经济关系决定的社会意识形态。这种关于道德本质的规定，一般讲来并没有错，但它又确实没有揭示道德同其他社会意识形态的区别，不能使人形成关于道德的完整概念。这种关于道德本质的规定，是道德的社会学的定义，而不是道德的伦理学的定义，是关于道德研究的方法论，而不是关于道德的本体论。近年来也有人对现行关于道德本质的概念提出质疑，有人主张把行为作为马克主义伦理学的逻辑起点，这种意见是值得重视的。但是，道德行为固然是道德“活生生的肉体”，但它毕竟只是肉体而不是灵魂，人类的行为也并不都是道德行为，道德仅仅是人类某些特定行为的属性。因此，把行为作为马克思主义伦理学体系的逻辑起点，这本身就需要说明，它未必合乎马克思的关于从抽象到具体的逻辑方法要求。既然人的全面发展和精神完善化是马克思主义伦理学的主题，那么社会实践着的人，就应该是马克思主义伦理学体系的逻辑起点。当然，这个“人”不是费尔巴哈式感性实体，而是科学抽象意义上的“人”。

人作为一定的社会关系的承担者，在任何时候都既是一个“个体的存在”“同时又是一个社会存在物”，即社会成员的存在。人就是把这两个矛盾着方面内在于自身的矛盾体。人的这种两重性或矛盾性决定了人的需要和利益的两重性或矛盾性：每个个人都有维持自己生存和发展的需要，即通常所讲的个人利益，但同时又有维持社会共同体存在和发展的需要，即通常所讲的社会共同利益。所以马克思曾经指出，人的需要表现为两种形式：一是“自然主体的那种需要”，二是“表现为社会需要的个人需要”。与此相适应的是满足人的需要的途径也有两条：一条是直接满足个人需要；另一条是满足“表现为社会需要的共同需要”。这就使人的需要和利益呈现出个体性和整体性的双重特点。这种特点决定了道德的需要也是人民的最本质的需要之一，道德是植根在人的社会本性之中的。现在人们热衷于谈论人的各种需要，但却很少谈到人的道德需要，这是片面的。古希腊大思想家亚里士多德说：“人类不同于其他动物的特征就在于他对善恶和是否合乎正义以及其他类似观念的辨认。”中国明清之际的著名思想家王夫之也说：“善不知好，即便无异禽兽。”这些古代的思想家们虽然不可能科学揭示道德的根源和本质，但就其看到道德的需要也是人的本质的需要，是把人和物区别开来的重要的标志来说，无疑是可取的。

需要推动人们行动，产生了人类社会实践。列宁说：“实践=要求（1）和外部现实性（2）。”正因为道德的需要是植根于人的社会本性之中的，而社会生活的本质是实践的，因而使道德成为人在社会实践的基础上掌握现实世界的一种特殊的方式。人类道德中所发生的主体与客体的关系是一种价值关系。所谓价值是作为主体的人的需要同外部世界的一种关系，是客体能够满足主体需要的一种肯定性。所以道德地把握世界的方式不同于科学地把握世界的方式，也不同于艺术地把握世界的方式，而是旨在通过善恶（道德价值）评价，用应该不应该的方式来调节人的行为，推动人的行为从现有到应有的转化。道德是作为一种行为准则而存在的，它具体地表现为一种行为方式。这种特殊方式，既是实践的，又是精神的。作为一种实践，它是在一定的准则性意识指导下的行为活动；作为一种精神，它包含着对一定行为的意志指向，是实践精神。因此，道德有其特有的主体性，它始终是人类按照自己的需要而形成的一定的道德观念、价值标准去自觉而又能动地反映、把握世界的方式。道德又有其特有的规范性，因为需要本身就是对行为的某种规范，离开一定规范就无所谓道德可言。人类只有依从一定的规范，才能使自己的行为具有方向性、目的性和主动性，才能自觉地、能动地去把握世界；也只有在自觉地、能动地把握世界的过程中，规范才能成为人自身的需要，才能保证自己需要的现实性、行为的有效性。任何道德规范之所以都是他律和自律的统一，道理就在这里。所以，正是由于道德是人类“实践—精神”地掌握现实世界的一种特殊的方式，才决定了它具有主体性和规范性辩证统一的特征，而这一切又都离不开对于人的社会本性、社会生活的实践本性的考察。可见，伦理学界目前的一些的争论，都直接或间接地牵涉到对马克思主义伦理学的逻辑起点的科学确定，涉及对伦理学主题的科学理解。

正如马克思说的：“需要是同满足需要的手段一同发展的，并且是依靠这些手段发展的。”人的需要尽管有其主观的方面，但本质上是人对外界对象的一种依赖关系，是客观世界和客观过程引起的一种必然性。人需要吃、穿、住，就得依赖于自然界，人需要友谊，就得依赖于朋友。同时，需要不论是由自然形成的还是由社会形成的，从根本上说，都是“社会创造的需要”。因为在社会存在及其不断发展的条件下，即使原先的一些纯粹的生存或生理的需要，也逐渐地、必然地失去其自然色彩，进入“社会创造的需要”的范围。事实上，需要只有进入“社会创造的”范围，才能成为人的实际的需要。普列汉诺夫说：实际的需要“在我们的哲学家看来，首先是生理的需要，但是人们为了满足生活的需要，必须生产某些物品，而这种生产的进步，又使另一些需要发生，这些需要和原有的那些需要同样地实际，不过他们的性质不再是生理的了，它们是经济的，因为这些需要是生产发展所引起的后果，是人们在生产进步中必须进入的相互关系所引起的后果。”可见，前面讲的人的双重的需要，无论就其具体内容、联结的形式还是得以满足的程度，始终是由当时的社会生产力的发展和生产关系的性质决定了的。如果说，人的本质是人既作为一个个体存在物，同时又作为一个社会成员的存在这个矛盾的双方在一定的社会生产方式的基础上的具体的、历史的统一，那么，人的道德需要也始终是历史的、具体的，在阶级社会里是具有阶级性的。可见，社会物质生活条件、经济关系对道德的制约是通过其对人的社会本性的决定作用这个中间环节来实现的，越过这个中间环节，把经济关系“归根到底”的决定作用这个层次变成直接的通道，显然是违背恩格斯晚年关于历史唯物主义的教导的，是一种把马克思主义经济决定论简单化的倾向。目前学术界的一些争论，如把作为道德概念和道德命题的“大公无私”，同经济政策上的“公私兼顾”混为一谈，与这种倾向不能说是没有关系的。

需要（包括道德需要）是人的需要，又是社会创造的。正如人创造了社会，社会又创造了人一样，道德生活始终是人的内在本性的表征，又是人自身被社会化的过程，道德是人的发展的尺度，人的发展又是社会发展的道德尺度。人类道德进步的历史过程，就是一个道德对社会解放和个人精神完善化产生良好影响的可能性不断增长的历史过程。人类文明发展的历史就是一个在道德上充满了矛盾和斗争的个人同社会逐渐趋向统一的辩证历史过程。社会主义制度的确立，剥削阶级作为一个阶级被消灭，改变了几千年私有制条件下那种个人同社会相分离和对抗的状况，创造了个人同社会和谐一致的物质基础和社会前提。因此，伦理思想史上长期存在的利己主义和利他主义的争论和对立，在社会主义社会的发展中将越来越失去它的根据。社会主义、共产主义道德的形成和确立，就是自有人类历史以来第一次对个人利益和社会共同利益的有机结合、个人同社会的和谐一致的道义上的肯定。因此，个人自由全面发展成为他人自由全面发展的条件，就是社会主义、共产主义道德的最高价值目标。这就充分说明，社会实践着的人，或者组成为社会的个人，应该是马克思主义伦理学的逻辑起点。离开了社会来讲个人，是抽象的道德，离开了个人来讲社会，是无主体的道德。马克思主义伦理学应该是唯物史观的道德论，而不是道德的唯物史观，更不是十七八世纪资产阶级启蒙思想家的抽象人道主义的简单的延续和反刍。

三

在社会主义社会，人的二重性具体表现为劳动者的双重身份。一方面，社会主义制度的建立，广大劳动者成了国家的主人，因而也成了自己生活的主人。这一基本事实决定了献身四化、振兴中华，并在这一伟大斗争中不断地发展和完善自身，成了我国各族人民的内在需要和根本利益；另一方面，劳动者又是他自己、他的家庭的行为主体。因为社会主义经济仍然是商品经济，它是以商品生产者利益上的深刻差别和需求上的内在联系为前提的，是受价值规律支配的。劳动仍然是人们谋生的手段。就劳动者的这一重身份而言，又使得个人利益的获得成为人们的切身利益，具有更实际的感召力。社会主义社会劳动者这两重身份、两重需要和利益在根本上是一致的，但又有对立的一面，正是这种统一和对立构成了我国人民精神生活发展的主要矛盾和内在机制。社会主义道德就是在这种统一和对立的矛盾运动的基础上存在和发展的。马克思主义伦理学必须依据我国社会主义发展的现状和实际进程来揭示这个矛盾，分析这个矛盾，指明这个矛盾运动的客观规律和必然趋势，并在此基础上概括出社会主义道德的思维方式和行为评价标准。

我国人民精神生活的上述主要矛盾，从根本上讲，是社会主义初级阶段的主要矛盾，即人民日益增长的物质和文化的需要同落后的社会生产的矛盾在精神领域里的反映。但它又是在当代国际社会发展的大环境中展开的。在当代条件下，无论是精神生产和物质生产接近的趋势，科学技术革命和精神生活相互作用加强的趋势，还是精神需要增长的趋势，精神生活国际化的趋势等等，都将直接间接地影响和制约我国人民的精神生活的发展。不仅如此，我国人民精神生活的主要矛盾还是在源远流长、根深蒂固的中华民族传统文化心理结构的背景下展开的。我国历史上长期以来单一小农经济的孤立、分散、自给自足的状态，以及大一统的集权的国家政体和儒家思想的统治，一方面使中华民族具有凝聚力强、崇尚群体、刻苦耐劳、朴实宽厚、和谐谦逊、注重精神价值等优点；另一方面，又养成了因循守旧、不思进取、消极依赖、追求绝对同一、不倡个性、排斥创新的传统心理结构和旧的习惯势力，这些也都将成为我国人民精神生活发展中的有利和不利的条件。因此，在社会主义社会初级阶段，我国人民精神生活的矛盾发展将不能不呈现出一幅复杂的多维的图景。

我国人民精神生活的主要矛盾往往会比较集中地通过人们的日常意识和社会主义意识、消费意识和创造意识、个体精神和民族精神的矛盾表现出来。马克思主义的理论指导和社会主义意识形态的主导地位，是确保我国人民主人翁意识发展的重要条件。然而社会生产的落后，政治体制的不完善，民主生活的不健全，又将削弱这种意识，甚至产生某种离心的倾向。人们的日常意识总是通过个人利益的棱镜来反映现实的。改革、开放的发展和深化，人们的个人利益得到了极大的关注，合理满足个人需要的可能性在日益增长，这将极大地增强人们对马克思主义的信念，提高人们的社会主义觉悟。但是人们的日常意识又容易停留在某些暂时的、偶然的东西上面，而使本质的、规律性的东西得不到相应的反映。改革中的暂时曲折和个别失误，生活中的实际困难和麻烦，党内和社会上的官僚主义、家长制、特权思想和不正之风，都可能使人产生某种逆向心理，因而造成人们的社会主义意识和日常意识的冲突和矛盾，并反映到人们的道德生活中来。同时，社会主义现代化建设的发展，必然唤起人们的创造热情，促进人们的消费意识的增长，但这两者又并不是在任何情况下都能同向发展的。在正常情况下，人们的消费能力的提高，是个性形成和发展的重要条件，它将有利于人们按照道德准则的要求提高对自身欲望的自我控制和自我调节的能力，因而成为发展人们的创造意识的机制。但是人们的消费意识又是由许多条件和因素支撑的，剥削阶级旧思想的影响，资本主义消费主义的侵袭，在缺乏文化素质的情况下的物质生活的不断提高，都可能把某些人引向玩物丧志，成为物的奴隶的地步，阻碍着人们的创造意识的发挥。至于人们个性的发展，无疑是对不倡个性的封建传统影响的冲击，是个人精神解放和能动性发挥的重要条件。我国社会主义的民族精神同人们个性的发展本质上是一致的，民族精神作为一种群体意识，是由个体的独创性活动推动的，社会主义社会应当强化人们的个性追求，促进主体内在尺度对象化的进程。没有人们的个性发展，就不可能有改革、开放、创新的社会主义民族精神的张扬。但是在社会主义社会初级阶段的条件下，它又可能被扭曲，成为个人主义、无府主义的衍生物。总之，如果说社会主义社会初级阶段生产力还不发达，存在着以公有制为主体的多种经济成分，以按劳动分配为主要形式的多种分配形式，那么反映在人们的精神生活和道德生活中，就必然出现一个多层次、多形式的复杂的状态。这里有两种道德观的斗争，又存在着基于现实矛盾的各种必然的道德冲突。我们必须坚持用社会主义精神来教育群众，克服旧思想、旧传统的影响，抵制资产阶级腐朽道德的侵袭。但在很多情况下，问题并不这么单纯。政治、经济目的和道德目的的暂时不一致，功利和道义的某种背离，理和情的冲突，将随处可见。这是社会主义社会初级阶段不可避免的。马克思主义伦理学必须面对这个现实。

为此，马克思主义伦理学应该摈弃对社会主义道德的形式主义、教条主义的理解。因为它漠视道德规范和要求的层次性的意义，否认对实际的道德情境和道德冲突的具体分析，没有从根本上摆脱传统义务论伦理学的影响。诚然，道德是讲人们行为的“应当”的，是“以或多或少地自我牺牲为前提的”，但是这种“应当”“自我牺牲”必须是建立在社会主义的公正的基础之上的，必须是以义务的“双向性”

为条件的。只有这样，义务才不会成为人们的“道德包袱”，束缚人们的主动性和积极性，而能转化为人们内心的需要，并使人们因为履行了义务而获得内心喜悦。“自我牺牲”也才能获得应有的道德价值，成为个人精神完善的手段。黑格尔说过：“义务仅仅是限制主观性的任性……义务所限制的并不是自由，而是自由的抽象，即不自由。”事实上，义务一旦成为限制人们真正自由的道德障碍，那就不是社会主义的道德义务，而是“君要臣死，不得不死”“父要子亡，不得不亡”的封建教条的死灰复燃。试想，如果我们对社会主义道德的基本原则集体主义的理解，只是停留在个人利益绝对地服从集体利益，停留在个人利益和集体利益一致性的抽象议论上，而不具体分析集体主义形成的条件和途径，不讲集体对个人利益的实际的尊重和关注，不揭示集体主义原则同实现人的价值、人的全面发展的辩证关系，那么，一旦这个“集体”被少数特权主义者所把持，他们处处以“集体”的名义来谋取个人的私利，就必然要解除人们的精神武装，剥夺人们对这种不公正的现象进行斗争的道德手段。又如，如果我们对行为的评价只讲应当，而不讲正当、失当，不分析具体道德情境中的应当、正当、失当之间的复杂的关系，那么这种“应当”就会徒具空文，不可能成为人们行为选择的自律性的准则。可见只有摈弃形式主义和教条主义态度，摆脱传统义务论的影响，才能真正站在社会主义社会初级阶段这个现实的基地上来。马克思主义伦理学不是康德式的义务论，而是社会主义的公益论。它是以社会主义公正为前提的。这种社会主义公正，彻底地否定了以往那种以牺牲大多数人的利益和发展为代价来换取极少数人的发展和社会进步的奴役的实质，摈弃了资产阶级公正观的徒具形式的说教，在新的历史条件下把公正和平等、权利和义务、公正和效益统一起来。社会主义的公益论所阐发的一切道德要求，都是为了个人道德上的自由和精神完善化。它强调道德义务的双向性，道德准则在具体道德情境和冲突中的相对性，对人的行为评价标准的多层次性，它始终坚持以个人利益同社会整体利益相统一，个人同社会的相一致的观点去评价现实的社会现象，因此它能够推动人民群众去发现现实的各种社会矛盾，使其在先进的社会舆论中敏锐地反映出来，对社会不断变化着的需要作出监督性的反应，并提供调整这些需要的特殊方面。它也能够激发人民群众的社会主义积极性和首创精神，自觉地参与各种社会矛盾的解决过程，成为解决这些社会矛盾不可缺少的道义的力量。

总之，马克思主义伦理学作为一种科学的价值观念、思维方式和行为评价标准的体系，就是社会主义公益论。这种社会主义公益论是对形形色色的剥削阶级教条式的义务论和狭隘的功利论的辩证否定。社会实践着的人是它的逻辑起点；促使个人的全面发展成为他人全面发展的条件是它的最高的价值目标，推己及人、合情合理、情理交融是它特有的思维方式；而以个人利益同社会整体利益相结合、个人同社会相一致的观点去评价各种社会现象，揭示各种社会矛盾，提出解决这些矛盾的价值方针，以调整不断变化的人们的需要，促进社会主义现代化事业的发展，则是它的特有的社会功能。正因为如此，所以它才能够成为我国现阶段推动社会的解放和人的精神完善化的强大的思想武器。

（原载于《湖南师范大学学报》1988 年第 3 期，《中国哲学年鉴》（1988）“论文选介”）

关于剥削阶级道德能否批判继承的几个理论问题

一

如何看待阶级斗争？这是一个关系到如何正确理解道德的阶级性和继承性的关系的关键问题。长期以来，人们一提到对立阶级之间的阶级斗争，就自然想到两者是绝对对立的，似乎除此以外再没有别的了。认为剥削阶级道德不能批判继承的同志，其一切推论正是基于这个前提；就是主张剥削阶级道德可以批判继承的同志，在这个前提面前也只好退避三舍，于是便用“特殊条件下”“阶级斗争的复杂性”来论证自己的观点，结果仍然得不出令人信服的结论。

那么，对立阶级之间的阶级斗争的全面的真实的关系到底是什么？这里有两个问题是需要搞清楚的。

第一，在人类社会发展中，阶级斗争是决定的东西，还是被决定的东西？我们知道，阶级斗争并不是马克思、恩格斯首先发现的，马克思主义只是进一步科学地揭示了阶级斗争的社会经济根源。恩格斯指出：“根据唯物史观，历史发展过程中的决定因素归根到底是现实生活的生产和再生产。”这就是说，阶级斗争始终是受社会经济发展制约的，即使社会主义时期的阶级斗争也不例外。所以，列宁曾指出：“从马克思主义的基本思想的观点看来……社会发展的利益高于无产阶级的利益。”因此，那种不加分析，离开历史，带着伤感的眼光来看待阶级社会的阶级斗争和阶级利益的观点，是不正确的。同样，那种认为阶级斗争就是一切，否认由于共同的社会背景，社会发展的一般条件而造成的同一社会不同阶级的道德之间的某些共同之处，也是和恩格斯关于道德的阶级性的论述相违背的。

第二，剥削阶级同被剥削阶级之间的阶级斗争是只存在绝对对立这一个方面，还是也存在着相互联系、相互制约这个方面？通俗地说，就是也存在对剥削阶级来说，为了他们能够更好地活，也不得不让被剥削阶级能够勉强活下去这种情况？谁都不会否认，阶级矛盾既有斗争性，又有统一性。但是人们在谈到阶级矛盾的统一性时，却只停留在一般地承认矛盾双方互为前提，互相联系的抽象的规定上。然而，既然如恩格斯说的“经济关系首先表现为利益”，那么就要承认对立阶级之间这种互为前提，互相联系的关系，在经济利益上也必然表现为两者之间存在着一种为了我更好地活也不得不让你能够活的实际的关系。这种实际关系的存在，正是一定的社会经济的发展对阶级斗争的制约性的具体表现之一。不管人们是怎样否认或回避这种关系，但是，社会物质生活的生产和再生产，人类本身的生产和再生产不能停止，必须继续下去，这却是事实。

事实上，我们说对立阶级之间的阶级斗争是根本对立的，这只是指两者的利益是不可调和的，斗争的结局只能是一个消灭另一个，或者同归于尽。但是在两者斗争的过程中，就剥削阶级来说，如果它不受到为了我更好地活也不得不让对方活下去这种情况的制约，那就根本无所谓斗争可言。这种制约性，当阶级和阶级斗争在人类历史上第一次出现时就明显地表现出来。原始社会的杀俘现象之所以到奴隶社会被废除，当然不是由于奴隶主同情和爱护俘虏，而是由于保存俘虏能给他们提供剩余劳动，让他们活得更好。历史上的任何阶级斗争，当发展到一方不得不冲破“为了我更好地活也得让你活下去”这个堤防的时候，那也就是列宁所说的，到了统治阶级不能照旧统治下去，被统治阶级不能照旧生活下去的时候。这时新的阶级斗争必然代替旧的阶级斗争，或者新的统治集团必然代替旧的统治集团。当社会生产力发展到为了我更好地活也能成为其他一切人更好地活的条件的时候，那时阶级斗争不仅会成为一种荒谬的现象，而且也会在人们的记忆中永远消失。可见，社会经济的发展，一定的社会经济关系，不仅作为一种盲目的强制的力量统治着历史上的被剥削阶级，而且也同样地制约着历史上的剥削阶级。

我们说，就剥削阶级的阶级本质而言，它必然把同被剥削阶级的你死我活的关系提到首位，它总是要打破那种我活也让你活的局面，这是毫无疑义的。但是社会经济的发展却不容许它这样为所欲为。只有这样，下述历史现象才能得到合理的解释：各个历史时期的统治阶级中，总是存在着一些“杀鸡取卵”“竭泽而渔”的集团。但他们的所作所为，恰恰违背了他们本阶级的长远的根本的利益，他们不仅遭到被统治阶级的坚决反抗，而且也遭到他们本阶级中另一部分人的反对，而这一部分人却恰恰是他们本阶级的长远的根本利益的代表者。中国历史上那些“好皇帝”、革新派、“清官”，就是这样一些统治者。尽管这些统治者是出于关心他们本阶级的长远的根本的利益，但是，他们为此所提出的一些主张和政策，在客观上却又的确有利于被统治阶级，或者说容纳了被统治阶级的某些非根本的利益。这个历史事实的存在，充分说明只要剥削阶级赖以存在的经济关系还没有完全腐朽，新的生产关系还没有足够成熟的时候，它的阶级斗争总是要受到为了我更好地活也得让你能够活下去这个方面的制约。同样，为什么在中世纪普遍混乱的状况下，“皇权是进步的因素”呢？这是因为当时的皇权是国家统一的象征，而这种统一是社会经济得以继续发展的前提。为什么当一个国家遭到外族侵略时，国内的阶级矛盾能够退居次要地位，而爱国主义成为被统治阶级同统治阶级的某些阶层，甚至整个统治阶级的共同旗帜呢？其根源也还在于：外族的入侵将危及该国家内部整个民族的生存，将使统治阶级和被统治阶级的关系不能继续保持在原来所形成的那种“‘秩序’的范围以内”。总之，中世纪的普遍混乱状况和异族的入侵都破坏了阶级斗争的那种既是根本对立的，又是相互联系、相互制约的关系。

当然，对立阶级之间的阶级斗争的这样矛盾着的两个方面，并不是平行的。前者是斗争的本质，后者是斗争的条件，前者决定着后者，但后者又制约着前者。阶级斗争的这种制约性，是社会经济发展制约性的反映。如果从恩格斯讲的对立的阶级为了“不至于在无谓的斗争中把自己和社会消灭”这个意义上讲，也可以叫作社会的制约性。正是这种社会制约性提供了剥削阶级的道德可以批判继承的客观依据。

二

持剥削阶级道德不能批判继承观点的同志最注重的是道德的特殊性。在这些同志看来，道德是一种行为规范，剥削阶级的道德集中地反映了剥削阶级的阶级利益，是其从精神上奴役、压迫劳动人民的最有效的武器，因此，尽管剥削阶级的其他意识形态可以批判继承，唯独道德必须例外。

这实际上是一种倒果为因的观点。如果真的搞清了道德的特殊性，结论会恰恰与此相反。那么，什么是道德的特殊性？剥削阶级的道德是怎样从自己的特定的方面去反映其阶级斗争，并为其阶级斗争服务的呢？

首先，道德是与人类社会共存亡的。在原始社会，当政治、法律等还不存在时，道德就产生了，并且是那时调整人们行为的主要规范。到了共产主义社会，随着政治、法律等的消亡，它将越来越起着重要的作用。在原始社会中，道德一产生就是以整个社会为对象的。尽管后来随着阶级的分裂，道德分裂为阶级道德，但道德一产生时的这种特点，作为一种传统的力量，不能不对后来的阶级道德的形成和发展发生重大的影响。

其次，在阶级社会中，道德作为调整人们之间行为的规范，同其他行为规范，如政治的、法律的规范相比较，它不是靠强制的力量，而是靠人们的社会舆论、内心信仰和传统习俗的力量来维持和发生作用的。统治阶级可以直接凭借手中的暴力机构把自己的阶级意志通过政治、法律等规范强加于被统治阶级，但是，在道德上却不能完全如此。这就是说，同样是统治阶级的利益和意志的体现，在道德上，只有当其造成了社会舆论，化成了人们的内心信仰，形成为社会的传统习俗的时候，才能成为在实际生活中起作用的行为规范。这就决定了统治阶级在创造自己道德体系时，除了必然要尽量利用它所掌握的各种舆论机器的力量外，还必须考虑到被统治阶级以及全社会的可接受性。因此，在道德上，统治阶级不仅要赋予他们的阶级意志以全社会的外观，而且还必须实际地容纳某些全社会的内容。如果以为只要掌握了舆论机器就可以在社会上造成某种为人们接受的道德来，这在理论上和实践上都是说不通的。

正因为道德的上述特点、决定了剥削阶级的道德在其反映它的阶级斗争时必然要从阶级矛盾的统一性方面着眼，以便赋予它同被剥削阶级相对立的阶级利益和意志以“你活我也活”的“道德”的外观。如果不是这样，那么道德就不能称其为道德，而变成了只能靠强力维持的政治和法律了。历代剥削阶级之所以重视道德，道德之所以成为他们有效的阶级统治工具，能起到使民“有耻且格”，甚至“人死于法犹可怜之，死于理其谁怜之”的作用，其深刻的原因就在于此。

在道德上，剥削阶级为什么能够做到这一点呢？主要的原因就是我们前面讲的，阶级斗争本身就客观地存在着为了我更好地活下去也得让你活这种制约性。同时，历史的根源也是不能忽视的。任何剥削阶级，并不一开始就是统治阶级和反动阶级，“在它们取得统治权力以前和取得统治权力以后一段时间内，它们是生气勃勃的，是革命者，是先进者”。这时，正如马克思、恩格斯所说的，“仅就它对抗另一个阶级这一点来说，从一开始就不是作为一个阶级，而是作为全社会的代表出现的，它俨然以社会全体群众的姿态反对唯一的统治阶级。它之所以能这样做，因为它的利益在开始时的确同其余一切非统治阶级的共同利益还多少有些联系，在当时存在的那些关系的压力下还来不及发展为特殊阶级的特殊利益”。列宁也曾指出，资产阶级的启蒙思想家是“真诚地期望共同的繁荣昌盛”“并没有表现出任何的自私性”。事实上，历史上每一个统治阶级的道德体系的基础，正是它们的早期思想家所奠定的。

正因为上述，所以任何剥削阶级的道德体系都同时具有两重性质：阶级性和社会性。剥削阶级道德都是阶级性和社会性的统一。这表现在其道德的结构上，无论是其整个体系，还是一些主要的原则和规范，都是多层次的，它既包括处理本阶级和被剥削阶级之间关系的内容（这是其核心部分），也包括处理它阶级内部的关系的内容，还包括处理这个剥削阶级所赖以生活于其中的国家、民族同其他国家、民族之间的关系，乃至处理同自然界的关系的内容。只有这样，它才能成为社会上占统治地位的道德。

剥削阶级道德的阶级性和社会性的统一，是对立的统一。随着剥削阶级同被剥削阶级矛盾的加剧，两者的对立将越来越尖锐。所谓剥削阶级道德的虚伪性就是这种对立的表现。如果剥削阶级道德仅仅是它的阶级利益的单纯的赤裸裸的表现，那就根本不存在什么虚伪性的问题，如果把这种虚伪性仅仅看作是剥削阶级任意地为其道德装饰的自欺欺人的词句，那就不仅离开了马克思主义的基本原理，而且也无法解释道德发展史上许多历史事实。历史上的劳动人民的确接受了占统治地位的剥削阶级的道德，这难道是纯粹欺骗宣传的结果吗？当然不能这样看。例如，封建道德的主要规范之一的“孝”，诚然是为维护封建宗法关系、巩固封建统治服务的，但“孝”也毕竟是多层次的。《大戴礼记·曾子大孝》说：“孝有三：大孝尊亲；其次不辱；其下能养。”这里，就其子女应该赡养父母这一层意义来讲，它毕竟反映了封建社会那种以家庭为社会经济的基本单位，父传子继才能维持社会生产的连续进行的经济要求。没有这种社会内容，劳动人民是不会如此长久地受封建统治者那种子女要对父母绝对服从，并由此而推导出“忠臣出于孝子”，对封建君主要绝对服从的宣传的欺骗。“孝”这种封建道德规范的虚伪性不仅在于封建统治阶级并不是真正用它来规范自己，而且还在于封建的剥削必然要剥夺劳动人民赡养父母的可能性。所谓“忠孝不能两全”，孝亲必须从属于忠君，就是“孝”这种封建道德规范的阶级性和社会性矛盾对立的表现。

还有一个问题：在阶级社会中，被统治阶级的确有自己的同统治阶级相对立的道德。但是，被统治阶级的道德到底采取什么形式而存在，并同统治阶级道德相斗争呢？事实是：在一般情况下被统治阶级并不创造与当时的统治阶级不同的道德规范和范畴，而是对当时流行于社会的道德规范和范畴作出自己的解释，并以此同统治阶级的道德进行斗争。这种斗争经常以揭露和反对统治阶级道德的虚伪性为主要手段。只有如恩格斯讲的，“当被压迫阶级变得足够强大时”，才能鲜明地提出“代表被压迫者对这个统治的反抗和他们的未来利益”的道德体系来。

总之，剥削阶级的道德是充满了内在矛盾的。它是阶级性和社会性在一定历史条件下的对立统一。在这个对立统一体中，阶级性是其本质和基础，社会性则是其外观和补充，阶级性否定社会性，社会性又制约着阶级性。因此对于无产阶级来说，必须彻底地批判它的阶级本质，而拯救出通过这种阶级的道德所包含的社会内容。这绝不是一个人们主观上愿不愿意这样做的问题，而是一个道德发展的客观延续性同无产阶级主观上自觉选择相统一的辩证过程。无产阶级革命斗争实践的需要就是这个辩证统一过程的基础。在这里，只讲批判，否定继承，是虚无主义的观点，只讲继承，放弃批判，是复古主义的观点。这两者都是同马克思主义对待文化遗产的科学态度背道而驰的。

三

在关于剥削阶级道德批判继承问题的讨论中，普遍被人们遗忘的是：道德也是一种社会认识。而忽视道德的认识作用，就不能真正全面地解决对剥削阶级道德的批判继承这样一个复杂的问题。

道德是一种社会意识形态，是一定的社会存在和经济关系的反映。那么，这种“反映”有没有认识的意义呢？

列宁说：“人的认识反映不依赖于它而存在的自然界，也就是反映着发展着的物质，同样，人的社会认识（就是哲学、宗教、政治等各种不同的观点和学说）也反映社会的经济制度。”这里，列宁没有直接提到道德，但道德也是“人的社会认识”这层意思是很清楚的。列宁这一思想同马克思在《政治经济学批判》导言中，把艺术、宗教和道德等看作是“实践—精神的掌握世界”的方式的思想完全一致。正是在这个意义上，恩格斯把道德称之为人类的认识的一个特殊的分支。

事实上，任何阶级的道德都不是什么“阶级本能”或生活实感的简单的自发的表现，而是基于它的阶级利益对一定的社会物质生活条件和社会关系的客观要求的能动的认识的结果。道德原则和规范的产生是社会经济的客观要求和主观认识的统一，它们既是价值的范畴，也是认识的范畴，它们是人类对客观世界认识的一个重要的方面。

如此说来，那么在道德上能不能运用真理的范畴呢？恩格斯对此做了肯定的回答。在《反杜林论》一书中，恩格斯并没有一般地批判杜林的“道德真理”的提法，而只是批判了杜林的所谓“永恒的道德真理”的奢望。恰恰是在论述道德的阶级性时，恩格斯说：“……因为直到现在社会是在阶级对立中发展，所以道德总是阶级的道德……自然，谁也不会怀疑在道德上也和人类知识的所有其他领域一样，一般地说有着进步。”这里，恩格斯实质上明确地肯定了道德上相对真理的存在。

也许有人要问：把真理的范畴运用于价值的领域是不是会否认真理的客观性呢？因为弄清知识的正确与否必须有精确的方法，必须把知识同它所反映的对象做比较，但道德规范、范畴、诸如“善”的范畴等，并不反映对象的明确的确定的属性，道德是同人们的利益密切相关的，而利益没有真假之分，它从来因人（阶级、级层）而异。

这种观点是似是而非的。在马克思主义看来，既然社会的发展，以及由此而决定的人们的社会关系是客观的、有规律的，那么人们的利益也就不是纯主观的东西，它既有主观性又有客观性。利益的客观性就在于它是否正确地反映并在何种程度上正确地反映社会物质生活条件和社会关系的客观要求。因此，诸如“善”等绝不是纯主观的，也不是同任何利益相联系的。利益只有同历史发展的客观要求，同能够改善和提高人们的物质和精神生活，同造福于人类的必要性相联系的时候，它才能称之为善的东西。如果根据道德属于价值关系的领域而拒绝运用真理的范畴，那只能得出道德规范、范畴是一种纯然主观自生的东西的结论。显然，这是和历史唯物主义的基本原理毫不相干的。

当然，道德作为一种社会认识在剥削阶级那里是被其狭隘的阶级利益束缚着的，只有无产阶级才能充分发挥其道德的认识作用。但是，能不能因此而得出结论，剥削阶级的道德就不包含任何真理的颗粒呢？显然不能。剥削阶级当其处于上升时期，它的阶级利益总是这样或那样地同当时社会发展的利益相联系的。尽管这个时期它的利益也是同劳动人民相对立的，但正如恩格斯所指出的，劳动人民宁肯要新的剥削，因为这种剥削与旧的剥削相比，毕竟给劳动人民的发展提供了新的条件。因此，这个时期的剥削阶级道德也是人类认识自身关系的一个新的进步，它必然包含着某种历史的真理。从认识上讲，它是人类的认识从相对真理不断地走向绝对真理的一个必然的步骤和必经的阶段。

有的同志认为：尽管上升时期的剥削阶级的道德起过进步作用，无产阶级也只能给予其一定的历史地位。这是纯粹的评价问题，不能同继承问题混为一谈。有的同志虽然承认无产阶级的道德同历史上剥削阶级的道德有着一定的历史联系，也主张剥削阶级的某些道德规范可以批判地继承，但又认为剥削阶级道德的基本原则、主要规范只能全盘否定。这两种观点看来是对立的，却有一个共同之点，就是把道德和认识割裂开来，否认人类在道德上也有一个从相对真理走向绝对真理的辩证过程。因此，这里有必要简单地谈一谈无产阶级的道德原则同历史上剥削阶级的道德原则之间的关系问题。

道德的基本问题是个人同整体、个人利益同社会利益的关系问题。在人类道德发展史上，这个问题只有在无产阶级的道德原则集体主义中才第一次得到了科学的解决。共产主义道德之所以成为人类历史发展中最崇高、最革命的道德，其根本原因正在这里。

所谓集体主义原则就是：从无产阶级和劳动人民的根本利益出发，坚持集体利益高于个人利益，个人利益无条件地服从集体利益，并在这个前提下把集体利益同个人利益结合起来。不言而喻，无产阶级集体主义的道德原则是对历史上一切剥削阶级的道德原则的最坚决最彻底的否定。它是为了消灭私有制，建立社会主义的公有制这种经济关系的反映。但是，如果因此而否定无产阶级集体主义的道德原则同历史上合乎规律的出现的剥削阶级道德原则的辩证联系，看不到它的确以扬弃的形式包含了剥削阶级的道德原则所获得的历史内容和认识成果，这也是片面的。事实上，在这里辩证唯物主义关于高级运动形态必然以扬弃的形式包含着低级运动形态的因素的原理，同样地起着作用。正是在这个意义上，我们才可以说共产主义道德是人类道德发展的最高阶段。

集体主义原则，我们在原始社会里就可以看到它的最初的原始表现形态。维护氏族和部落的共同利益是原始社会道德的基本原则，氏族和部落的利益高于一切，无条件地服从和维护共同利益是每一个氏族成员和家庭的最高的神圣职责。但是，这个原则由于当时人们还“刚刚脱离动物界”，文明尚未发展，还只是在原始人的自发的习惯中存在，还带着极大的朴素性和狭隘性。氏族内部的自由平等并“没有脱掉自发发生的共同体的脐带”，个人的独立意识和存在还处于朦胧的状态之中，而作为这个原则的补充是，杀掉俘虏，处死老人等。这一切同当时极为低下的生产力是相适应的。随着社会生产力发展和阶级、阶级对立的产生，原始社会的无条件服从共同利益的原则并没有被抛弃，它在维护奴隶对奴隶主的绝对服从，农民对地主的人身依附和等级服从中得到了自己的阶级表现。于是体现社会共同利益的“自发发生的共同体”，被奴隶主和地主阶级的国家这种“虚幻的共同体”所代替。在这里，奴隶主、地主的个人意识、个人地位是得到发展了，但它却是以剥夺广大奴隶和农民的个人独立、个人的生存条件为代价的。这看来是人类道德的堕落，但它却在奴隶社会和封建社会发展的前期成为社会进一步向前发展的条件。它的结果之一是使绝对服从的原则不再是原始社会那种自发的习惯，而变成了理性的原则。这个古老的历史的真理是如此充满了矛盾，以致奴隶主和地主阶级及其思想家们愈是证明绝对服从的合理性、必要性，广大奴隶和农民便愈是丧失他们作为人的生存条件，因而也愈是促进了奴隶和农民的个人意识的醒觉，最后终于不得不走向它的反面。

资本主义社会的极端个人主义的道德原则就是作为封建主义的人身依附、等级服从的对立面而产生的。它把社会分解成为相互对立的个体，把社会利益必须服从个人利益，不择手段地追求个人的幸福和自由都看作是人的天性和美德。但它又毕竟获得了“人是目的，不是手段”的历史成果。作为这个成果的具体体现的人的价值和尊严，个人的自由和平等，毕竟是获得了社会的抽象的承认。尽管它的实在内容是把个人重新束缚在金钱上，成为资本家榨取工人剩余价值的装饰品，但在社会的另一端，它却又为无产阶级争得真正的人的价值和尊严，争得事实上的自由和平等，创造了社会的前提。随着资本主义社会化的大生产的高度发展，历史又一次把否定变成了新的否定。

无产阶级集体主义道德原则就是这个伟大的否定之否定的成果。这个伟大的否定看来似乎是向起点的回复，社会共同体不再是“虚幻的”了，而是像原始社会那样成为真正体现人们共同利益的“真实的集体”，但它却已集中了人类几千年历史发展的成果。代替原始人的那种自发习惯的是人们对个人利益和社会利益统一的自觉的认识和高度的信念，原始社会的那种朴素性和狭隘性被排除了。无产阶级集体主义原则是不是彻底否定了奴隶社会那种奴隶对奴隶主的绝对屈从，和封建社会那种农民对地主的人身依附的等级服从呢？是的，但又不完全是。它彻底否定的是这种服从的阶级压迫的性质和反人道的本质，但它却把这种服从变成了消灭私有制消灭阶级的手段和个人自由地全面发展的条件。因此服从不是被简单的否定了，而是辩证地“扬弃”了。服从获得了全新的社会内容，变成了人们的自觉要求。同样，无产阶级集体主义也彻底否定了资产阶级极端个人主义，但它又保留了这个原则所获得的“人是目的，不是手段”的历史内容，它使人的价值、尊严、个人的自由、平等第一次被奠定在真正现实的基础上。这就是说，无产阶级集体主义不但不否定个人利益，相反地它正是为了创造使个人利益的满足、个人全面的自由的发展成为一切人全面的自由的发展的条件。所以，当我们揭示无产阶级集体主义道德原则的具体内容时，我们便看到它绝不是一些抽象的规定，而是经历了一个漫长而又充满矛盾的历史的发生、发展的过程，它集中了人类几千年来道德实践和道德认识的发展成果，如果不是这样，它就不是一个道德原则，而是一种纯粹经济上的抽象物。

马克思说：“个人的这种发展是在历史上前后相继的等级和阶级的共同的生存条件下产生的，也是在由此而强加于他们的普遍观念中产生的，如果用哲学的观点来考察这种发展，当然就不难设想，在这些个人中有类或人在发展，或者是这些个人发展了人。”（《德意志意识形态》）如果不把批判继承简单地理解为“移用”，而是如实地理解为辩证地否定，那么，就得承认历史上相继出现的剥削阶级的道德原则，绝不是道德发展史上的纯粹的荒谬，而是历史地决定了的“人的一些发展阶段”，共产主义道德原则的产生是对它们的“积极的扬弃”，它“保存了以往发展的全部丰富成果”。

（原载于《湖南师范学院学报》1982 年第 2 期，《新华文摘》1982 年第 6 期全文转载）

对理想和道德关系的伦理思考

理想和道德，是一对古老的伦理范畴。正如知识和德行、幸福和道德一样，历来的智者和贤哲都为之思索探寻，企图把握它们的真谛，可谓历数千年而不衰。那么理想和道德的关系到底是什么呢？历史的辩证法回答了这个问题。总的讲来，二者是相互联系、不可分割、互为机制的。任何理想都具有道德的属性，有什么样的道德就有什么性质的理想，只有高尚的道德，才能有崇高的理想，对于我国人民来说，只有具有社会主义道德，才可能有崇高的理想。为什么呢？可以从下面三个方而来思考。

第一，从理想的本质来看。所谓理想就是人们对未来的希望、追求和向往，是人们生活和奋斗的目标。理想的本质就在于：它是作为社会活动主体的人，从自己的根本的、长远的利益出发，对待现实的一种标准，是反映人们的社会生活和个人生活某些方面达到完善程度的一种意识的和实践的形态，也是衡量人的本质力量的丰富程度和自由程度的一种尺度。而道德呢？是调整个人同他人、个人同社会利益关系的社会意识和行为规范的总和。人们如何对待、理解自己长远的、根本的利益，用什么样的观点来对待现实，就不可避免地有一个道德问题。因为世界上没有抽象的、孤立的利益，一讲到利益，就有一个如何处理个人同他人、同社会的利益关系问题，也就是有一个道德问题。再进一步讲，理想是人的理想，人只能按照人的方式去思想。人这个东西，正如马克思说的：“是最名副其实的社会动物，不仅是一种合群的动物，而且是只有在社会中才能独立的动物。”这就是说，人本身就包含着这两个矛盾着的方面：一方面，他是一个“个人的存在物”，即马克思讲的“独立的动物”，另一方面，它又同时是一个社会成员的存在物，即马克思讲的人是一种“社会动物”。这两个方面合二而一，也就是马克思讲的，人是“只有在社会中才能独立的动物”。关于人是一个“个体的存在物”，这一点不难理解，因为世界上不存在一个一般的抽象的人，人总是具体的活生生的个体。关于人同时又是一个社会成员的存在，恐怕也不难理解。例如，我们的祖先原始人对这一点就“体会”得很深。人种志学表明，在原始社会，如果有一个原始人违反氏族、部落共同的风俗习惯，对他的最严厉的惩罚是什么呢？不是判无期徒刑也更不是枪毙，而是把他驱逐出这个氏族、部落。原始人一旦被驱逐出自己的氏族、部落，就意味着要成为野兽的食物。所以，原始人宁肯死，也不愿意离开自己的部落。这不是说明原始人对自己同时是一个社会成员的存在物实际体会最深吗？总之，人既是一个个体的存在物，同时又是一个社会成员的存在，人就是把这两个方面内在地包涵于自身的一个矛盾体。这也就是说，人的存在具有两重性，因此，他的需要和利益也就具有两个方面：一方面，人作为一个个体存在物，他有维持自己的生存和发展的需要，这种需要也就是我们通常讲的个人利益；另一方面，他又有维持社会共同体的存在和发展的需要，这就是我们通常讲的社会集体的利益。社会集体利益不是什么个人利益的简单相加。因为社会尽管离不开众多的个人，但社会又不是个人的简单相加，任何社会都是按一定方式组织起来的众多的个人的有机体。因此，所谓社会集体的需要和利益，是作为一定有机体发挥它的各种职能的需要。它是一种不同于个人利益的利益，但每一个人，不管你自觉不自觉，作为一个人又都有这种需要和利益。所以，作为一个人由于他本身就是一个矛盾体，即既是个人的存在物，又是社会成员的存在物这两方面的统一。因此，他的需要和利益也就包括这两方面：即个人利益和社会集体利益。这就是说，人的两重性决定了人的需要和利益的两重性，即个体性和整体性。至于这两种需要和利益的具体内容是什么，它们之间的相互关系怎样，那就决定于一定历史时期的社会物质生活条件、生产方式。因为人作为一个矛盾体，本身就是社会物质生活条件、生产方式的派生物，人是“同他们的生产是一致的——既和他们生产什么一致，又和他们怎样生产一致”。这个我们且不去论它。但是，任何时代，你作为人，就历史地注定要处理这两个方面、这两种需要和利益的关系。你只有在处理这两种需要和利益的关系中，去确立自己生活奋斗的目标，去追求自己的理想。怎样处理这两种关系，遵循什么样的行为准则，就是道德。可见，理想离不开道德，理想作为人的本质力量的丰富程度和自由程度的一种尺度，是以道德为前提的，理想的性质决定于道德的性质。个人至上，金钱第一，吃喝玩乐，不顾社会和他人，这是一种利己主义的庸俗的低级的道德。抱这种道德观念的人，他的理想必然是庸俗、低级的；他人第一，社会集体第一，抱这种集体主义道德观念的人，那么，他的理想才是符合人的社会本性的，也才是高尚的。

第二，从理想的结构来看。人的理想是多种多样、丰富多彩的，它是一个多层次的有机联系的复杂系统。例如，在社会主义社会，理想就大致可以分为三个大的层次：社会理想——这是一种对社会发展的将来的瞻望和追求，它体现社会共同体的需要；集团理想——这是一定集体（单位或部门）的全体成员为着共同利益而奋斗的目标，它体现这个集体、集团的共同需要；个体理想——它是特定的个体对未来的向往和追求，体现了个体生存和发展的需要。这三个大的层次中，每一个层次又可分为若干个小层次或因素。例如，个人理想又可分为道德理想——你将来要做一个什么样的人；职业理想——你希望从事什么工作，干出什么事业；生活理想——你向往找到一个什么样的爱人，缔结什么样的婚姻，建立一个什么样的家庭，等等。人的理想就是这么一个由复杂的、多层次的、多因素组成的系统。之所以如此少就是我们前面讲的人本身就是一个矛盾体，它具有两重性的缘故。在现实生活中，具体到不同的人，可能对未来有不同的理想：有的想得远些，有的想得近些；有的想得宽些，有的想得窄些；有的只想到自己，有的仅想到家庭、子女，也有的想到别人，还有的想到整个国家、民族和人类的命运。但是不管怎么的，上面讲的那个系统是客观存在的，只是你突出什么，注意什么，重点放在哪里的问题。可能有的人会说，我是一个老百姓，想自己和家庭怎么样就行了，至于什么集体理想、社会理想，那是单位头头、国家领导人的事，用不着我去想，我想多了也无用。其实不然。当你在想自己将来怎样的时候，你已经涉及集体、甚至整个社会了，只不过你不自觉罢了。例如，你想自己成为个正派的人，你就必然同现在单位上、社会上存在的不正之风发生矛盾，你要做一个正派的人就不容易。又如，你想你的孩子学习成绩好，长大成才，这就涉及学校办得怎么样，社会风气对你孩子影响怎样的问题。这就逼得你去想集体应该怎么样，社会应该怎么样。所谓理想，本来就是人们从现实条件的比较中产生的。可以说，理想就是对现实不满足的哲学的、伦理的反思。列宁说："世界不会满足人，人决心以自己的行动来改变世界。"生活的逻辑就是这样，只是因为现实不够理想，才会产生人的理想。除了什么也不想、心如死灰、形如槁木的人，他就可以不去想集体、社会，但这种人是不存在的。所以，人的任何理想都客观地存在着个人理想、集团理想、社会理想三个层次，以及这三个层次的各个方面和各种因素，差别只在于你自觉不自觉，你的注意力、立足点放在什么地方的问题。

既然理想是一个多层次、多因素构成的系统，它就有一个系统内部的结构关系，就构成一种系统的功能。例如，立足于社会这个层次，那么社会理想就是一个"巨系统"，而各集团理想和个人理想就是构成这个"巨系统"中的不同层次的"子系统"（即要素）。如果立足于集团这个层次，集团理想就是一个"巨系统"，个体理想就是它的"子系统"（要素）。每一个层次自身也构成一个相对独立的系统。就个人理想这个层次而言，它其中组成的个人的道德理想、职业理想、婚姻家庭理想就是它的子系统（要素）。现代系统论告诉我们，任何一个层次的系统功能的发挥，都取决于系统内部的组织状况；每个系统的各要素之间只有一方面处于一个最优的结构，彼此协调一致，指向统一；另一方面又保持各自的独立性和最佳水平，才能使系统的功能得到充分的发挥。否则，就会导致系统内部的内耗，破坏系统功能的发挥。理想的这种层次性和系统性的统一的特点表明，一个人的社会理想、集团理想和个人理想是相互依存，不可分割的。事实上，任何社会理想都是一定的集团理想、个人理想的概括、集中和综合；而各种集团理想、个人理想不过是社会理想的特殊的和个别的体现。因此，个人理想、集团理想只有依存于、服务于社会理想，才能保持自身的最佳水平，并得以实现；反之，社会理想也只有深入到人们的意识和行为中，变成每一个集团、个人的理想，才能和谐、协调，发挥它的作用。可见，理想作为一种复杂的系统，它的功能的充分发挥，就在于实现社会理想、集团理想和个人理想的统一，也就是实现社会的需要和利益、集体的需要和利益与个人的需要和利益的统一，这就需要进行道德的调整。历史上出现的各种不同类型的道德，都是为了调整这三者关系的产物，只是由于社会经济关系不同、社会制度不同，这三者的关系也不同，因而道德也不同。历史上出现的奴隶社会、封建社会、资本主义社会，由于都是建立在私有制基础上的，都是阶级对抗的社会，因此，个人利益同社会集团的利益便出现了一种复杂的情况：总的讲来，劳动阶级的利益同社会发展的利益相一致，但又同作为剥削统治阶级的国家相对抗，而剥削阶级的利益同维护它的国家的利益相一致，但又同社会发展的利益相对抗。因此，反映这种利益关系的道德，不论是资产阶级的道德，还是奴隶、农民阶级的道德，由于都打上私有观念的烙印，因而也都不能保证个人利益、集团利益同社会利益真正和谐的统一，使社会理想、集团理想和个人理想这个复杂的系统内部协调一致，充分发挥它的系统功能。只有到了社会主义社会，消灭了阶级对抗，消灭了剥削制度，劳动者既是生产资料的占有者，又不是生产资料的独有者；国家成了整个社会利益的代表者，成了维护劳动者利益的工具，劳动者成了国家的主人，劳动者的劳动可以直接地表现为社会的劳动。因此，在社会主义社会，个人是社会的，社会也是个人的，这就奠定了个人、国家同社会的统一。而反映这种统一的社会主义、共产主义道德，在于其集体主义的基本原则要求人们在保证社会整体利益的前提下，把个人利益、集体利益和国家利益结合起来，所以当个人利益同社会集体利益发生冲突的时候，他就能够自觉地坚持先集体后个人，先国家后集体，为了维护社会集体的利益，能够牺牲个人的利益，乃至自己的生命。这就说明集体主义道德原则既肯定了社会整体对个人的道德权威，个人对社会整体的道德责任，又肯定了个人利益的合理性，强调社会整体对个人利益的关注，它是一个以求得个人同社会和谐一致地发展为价值目标的高尚的道德原则。可见，社会主义、共产主义道德从道义上保证了国家、集体、个人的统一，因而也就是为了保证理想的系统结构处于最佳状态，保证构成理想各层次、各因素协调一致的需要，它是理想系统充分发挥功能的精神的、道义的基础，因而应该成为人们树立自己理想的总的出发点，成为衡量人们理想的性质的价值标准。

第三，再从理想的作用来看。理想有什么作用呢？它至少具有两种作用：一是导向的作用，二是驱动的作用。而这两个作用的发挥都离不开道德。

首先来看一看理想的导向作用。所谓导向作用，这是指它能给人们思想的发展、能力的培养、行为的目标提供一种方向性的指导。爱因斯坦说：“每一个人都有一定的理想，这种理想决定着他们的努力和判断的方向。”爱因斯坦的这句话是有真知灼见的。因为理想作为人们对未来的向往、希望和追求，它有如人的灵魂，联结着人们的意识的所有组成部分，成为人的意识的统帅。理想可以使人的意识服从于一个根本的目的，因而加强人的意志，使人的意志具有明确的方向性，使人的行为具有坚定的一贯性和彻底性。据此，人们在生活中便能自觉地偏重满足自己的某些需要，而放弃另一些需要；便有力量保护“自我”，不使自己在当前的情况下随波逐流，而能够看准自己的方向，勇往直前，矢志不渝地为自己的既定目标而奋斗。但是，理想的这种导向作用情况是不同的，这决定于理想的道德性质。不同道德性质的理想，影响人的思想、能力、行为发展的不同方向。例如，在社会主义社会，以社会主义、共产主义道德为精神基础的理想，它就指引着人们朝着有益于国家的富强、人民的富裕、社会主义四化事业的方向去想问题，发挥自己的聪明才智，确定自己的行为路践；相反，以个人主义、利己主义为精神基础的理想，它就会引导人们鼠目寸光，一切围绕着“我”，服务于“我”来想问题，发挥那种投机取巧、弄虚作假、沽名钓誉的能力，确定一条损人利己的行为路线。这样，两种不同道德性质的理想就导致出两种不同的思想、能力和行为发展的方向。

其次，再看一看理想的“驱动”作用。所谓理想的“驱动”作用，是指理想能够为人们的思想、能力、行为的发生发展提供一种强大的精神动力。因为理想之所以是理想，就在于它不仅来源于现实，更重要的还在于它高于现实，优于现实，它能够在主观和客观之间架起一座由此及彼的桥梁，而这个由此及彼的过程是通过理想和现实的矛盾运动来实现的。有矛盾就会有斗争，有斗争就能推动人们不断前进。事实上，一个有理想的人，它总是不会安于现状，满足于现状，而要改变现状的，因而他总是在追求，也总是在创造。正是创造的活动，把人们的全部的意志和心理的力量高度地聚集起来，把人的聪明才智升华到一个新的高度，使人充满着激流勇进、所向披靡的勇气和力量。清代著名思想家颜元指出，一个有理想的人，它总是要做一个“转世之人”，而不做一个“世转之人”。所谓“世转”就是迁就眼前的现状，随波逐流，无所作为；所谓“转世”，就是要改变现状，为使现状合乎自己的理想而斗争。理想就给人这种“转世”的力量，也就是积极进取、不断创造的力量。生活中，我们常常看到一个有理想、有抱负的人，他总是如饥似渴地在学习，在磨炼自己的意志，增长自己的才干，充实自己的本领，总是力图不断地缩小自己的素质与实现自己理想所需要的条件之间的差距，不断地接近自己的理想，实现自己的理想，而在这个过程中，他自己也就变成了充满力量的人。

但是，理想这种“驱动”的“功率”的发挥，也决定于理想的性质和水平。首先是决定于理想的道德属性。一般说来，只有具有高尚道德性质的崇高理想，它的“驱动”作用才能巨大、稳定而持久。这是因为，例如实现祖国四化的崇高理想，它有益于社会的发展，能够得到社会的广泛支持，具有强大的生命力，它符合社会发展规律，能够激励一代乃至数代人前赴后继、不屈不挠，去为实现这一崇高理想而奋斗。而具有这种理想的人，由于他意识到自己的追求能够对社会的发展带来利益，受到社会的普遍重视，因而他自己也就会增进信心，始终不渝地朝着这个目标前进。夏明翰烈士说：“砍头不要紧，只要主义真，杀了夏明翰，还有后来人。”你看，人一旦具有崇高的共产主义理想，他就具有何等巨大的力量！对着屠刀，他可以面不改色心不跳，视死如归。不仅如此，而且具有高尚道德性质的理想，对主体活动的推动力量是经久不衰、与日俱增的。所谓“锲而不舍”，所谓“孜孜以求”，所谓“鞠躬尽瘁，死而后已”，都是来自高尚的理想。

相反地，那种为了个人的名利、个人的飞黄腾达的理想，在一段时期也可以为怀抱这种理想的人提供动力，这就是人们常说的“小马达”；但是这种“小马达”的功率毕竟有限，也不可能长久。生活的规律告诉我们，怀抱这种理想的人，或者一旦私利到手，功成名就，就可能不思进取，理想的动力便会因之而减弱，努力奋斗的活动便会因之而停顿，给果是思想将逐渐麻木，能力将不断萎缩；或者由于这种理想本身的不道德，它的驱动力的发挥反而会使人贪得无厌，不择手段，到头来，由于其和社会发展的利益相违背和人民群众的愿望相抵触，理想不但会成泡影，自己也会落得一个“机关算尽太聪明，反误了卿卿性命”的下场。可见，尽管不道德的理想对个人的活动也起一定的推动作用，有时甚至这种作用还不小，但由于这种作用本身的消极性质，它终究是有限的，是会枯竭的。其结果或者是蚕子吐丝，作茧自缚；或者是飞蛾扑火，自取灭亡。

总之，正如高尔基说："一个人追求的目标越高，他的才力就会发展越快，对社会就越有益。"高尔基这里讲的"越高"，一是指高尚，即出于高尚的道德动机；二是指高远，就是能够站得高，看得远，目标宏大，胸怀开阔。可见，不能笼统地说"理想是巨大的精神动力"，只有崇高的理想才是巨大的精神动力。理想的崇高性质，来自高尚的道德，能不能真正发挥理想的巨大精神动力的作用，很大程度上取决于理想的道德性质。

上面，我们从理想的本质、理想的结构、理想的作用等三个方面，说明了道德对理想的作用。当然，这里要说明的是理想和道德的关系是相互的。崇高的理想要有高尚的道德作为精神基础，但高尚的道德也必须由崇高的理想来指明方向。关于理想对道德的作用，我们这里只好存而不论了。总之，当前，我们在社会主义现代化建设中，必须理想和道德并重，把共产主义理想教育同道德教育有机地结合起来，这样才能落到实处，收到成效。有段时间，在我们的宣传工作中，特别是学校教育中，只谈理想，要学生努力做这个"家"，那个"家"，这固然是必要的，但却是片面的。我始终认为，要当好"家"，首先必须做好"人"，只有做好"人"、才能当得"家"，当好"家"。所谓做好"人"，在当代，就是要做一个具有高尚的社会主义、共产主义道德的人，也就是毛泽东同志提倡的白求恩那样的人："一个高尚的人，一个纯粹的人，一个有道德的人，一个脱离了低级趣味的人，一个有益于人民的人。"

（原载于《湖南师范大学学报》1988 年第 6 期）

论个体道德

道德这种特殊的社会现象，就其表现形式而言，可以从社会和个体不同角度的主客体关系，相对地区分为社会道德和个体道德。所谓个体道德，是指在一定社会生活中起一定社会作用的个人，为自我实现、自我完善而具备的、并适应一定社会利益关系客观要求的道德素质和指导自身行为选择的内心道德准则的总和。揭示个体道德的社会本质和社会功能，是进一步完善、深化马克思主义伦理学体系的需要，也是澄清在这个问题上的一些理论混乱，并使我们的伦理学更加贴近现实生活，充分发挥其在社会主义精神文明建设中的功能的需要。本文拟就这个问题谈点看法，以就教于大家。

一

个体道德和社会道德的关系是怎样的呢？所谓“主体论伦理学”论者认为，道德产生于个人的需要，是个人自我实现、自我完善的一种形式。因此，个体道德才是“道德坐标的原点”，至于社会道德那不过是个人为了满足自身的需要，实现和完善自我而不得不与他人、社会发生关系所达成的一种默契。这就把个体道德看作是独立于社会道德之外并支配社会道德的东西，而把社会道德说成不过是个体道德的一种协调性功能的表现或工具而已。这种观点从根本上颠倒了个体道德和社会道德的关系，其实质在于否定道德的社会规范本质，宣扬所谓“个人本位”的资产阶级个人主义的道德价值观。

个体道德和社会道德是不可分割的，社会道德是构成个体道德的本质内容，而个体道德则是社会道德在个体身上的内化和个性化。这是科学地理解个体、个人同社会的关系必然要得出的结论。

马克思说："个人……无论如何也是社会的动物。"这就是说，不能离开社会而抽象地谈论个人、个体，只有在社会中，个人的存在才是现实的，离开了社会，离开了他人，个人是无由确证的。个人、个体是社会历史发展的产物，只有从社会物质生产和交往活动中，从"全体性的社会结构"中，才能确定个人、个体的本质。

当然，个人之所以成为个人，还在于他与别人存在着差别，这种差别就是我们通常讲的"个性"。各个人都有自己不同于他人的个性，这种个性的差异性和丰富性，是个人特殊存在的经验证明。那么这种个性的差异是否就是脱离社会的纯自然的东西呢？当然不是。我们不能否认人的个性存在的自然因素，人的饮食男女等本能需求，思维、记忆、语言、行动等基本功能，这些自然素质既是人的"类"特性，又在个体身上展现出千姿百态的个性特征。但是这些自然素质在人这里已经是被社会化了的存在。所以马克思说：人"是一个特殊的个体，并且正是他的特殊性使他成为一个个体，成为现实的单个的社会存在物。"可见，个人绝不是抽象物，而是一定社会关系的载体，他的个性特征也是与他们的社会关系、他们生活的社会情境不可分割的。

伦理学所讲的个体就是这种"现实的、个性化的社会存在物"。这种个体是作为社会道德主体的一分子而生活于社会的道德环境中的。他之所以成为个性化的道德主体，并不是由他个人来确定和推动的，而是由社会来确定和推动的。因为只有作为社会的个人，他才必须面对他赖以存在的社会和由社会道德造成的道德环境，只有在这种社会道德环境中，他才能确证自己是作为道德主体的存在，并显示出他的道德个性。可见，个体道德绝不是什么抽象个人需要的产物，而是社会道德个性化的一种具体的表现形态。

所谓个人要确证自己是道德主体的存在，显示他的道德个性，也就是我们通常讲的个人道德上的自我实现，这本身就是一个个人道德社会化的过程，这个过程就是通过社会道德在个体身上内化即道德内化来实现的。

"内化"一词在社会学、心理学、教育学等许多学科中得到广泛的使用。它的一般含义是指社会行为方式或社会机能向个体心理机能的转化。伦理学中的所谓道德内化，是指个体在社会实践中，通过对社会道德的学习和认同，将其转化为自身内在的行为准则和价值目标，形成相应的个体的道德素质。个体道德就是这种道德内化的产物。这是一个客观的必然的过程，因为个体的存在和发展是以社会为必要形式和基础的；而社会又不是个体的简单相加，而是具有单个个体所不可能具有的共同意志、共同目标指向的新质的人类存在和发展的形态，并且它只有在有序运行中才能存在和发展，这就从主客两个方面决定了社会道德内化为个体道德的必然性和必要性。

首先，社会道德必然要向个体道德运动，转化为个体自觉的道德活动，这样才能发挥其自身的作用。一般地说，社会道德是社会共同利益、要求、意志的反映，它作为人类追求、发展和完善的活动，具有高于个体目标的理想，是以达到个体与个体、个体与整体的共同完善为特殊指向的，它可以形成不同于任何个体的社会群体的动机、情绪和活动，因此相对而言，社会道德具有普遍的性质。普遍寓于特殊之中，这个特殊就是各个社会成员的个体道德。事实上，社会道德的产生和发展不是离开人而独立存在的，它并不具有外在于人的性质，而是在一定社会历史条件、经济关系中生活的人的道德需要的产物，是个人道德需要所蕴含的共同性和普遍性的社会化形式，因此，它本身就包含着向个体道德运行的可能性和契机。同时，社会要有序地运行，也必然使每个社会成员自觉遵循基于社会共同利益、共同理想的行为准则和价值目标，否则社会就不能有序运行。社会道德就是适应这一客观要求而产生的。因此它如果不能内化为个体内在的行为准则和价值目标，它就不可能发挥其自身的功能，完成它的使命。

社会道德向个体道德运动，是通过社会角色而实现的。我们知道，任何个体总是处在一定现实的社会关系之中，个体的一生就是在各种不同的社会群体中度过的。群体是个人同社会发生联系的中介，也是个体从事其活动的场所。个体通过归属于群体而意识到他归属于社会，个体也是通过参与群体而参与整个社会生活。同时群体又是个体从社会获取和满足自身需要，实现其理想的环境。任何社会群体都是社会关系的类似物和特殊模型，其成员的组合都是有机的、秩序化的，个人一旦参与这种组合便在其中占有一定的位置，即某种社会地位，这就是社会角色。角色代表一种社会期望，这种社会期望是群体为了保障社会有序运行而制定的任务、社会规范（包括道德规范），以及群体在社会体系中的特殊地位、利益，而对其成员提出的权利和义务要求，即角色的规定责任。角色是社会关系的投射点，角色期望是社会道德要求具体化的表现，个体必须遵守社会角色的责任规定。正是在实现角色的过程中，个体一方面满足自身的需要，另一方面则不断内化角色期望，将它所代表的社会要求逐渐融入个体之中，成为个体的行为准则。如果说，每一个个体在社会生活中都必然扮演一定的社会角色，那么他就必然在实现这些社会角色中把社会道德的各种要求内化为自身的行为准则和价值目标。可见社会角色及其角色实现的客观规律性，使得社会道德内化为个体道德的必然性能够转化为现实性。

其次，把社会道德内化为自身的行为准则和价值目标，也是个体的内在要求。因为个体作为一个社会成员，他要获得社会的认同，参与社会生活，才能存在和发展。而社会道德就是个体社会成员的认同、参与社会生活，从而实现其作为获得社会成员的规定性的重要途径和形式。事实上，个体的生活史，就是一个积极地了解和掌握社会道德要求，实现个人同社会具体的、历史的统一过程。当然，这是一个充满矛盾的过程。一般说来，当个体的行为符合社会道德的要求时，他就能获得社会的认同，产生一种归属感和安全感，正是这种积极的心理状态，使之积极地投身于一定的社会生活之中。反之，当个体行为背离社会道德的要求时，他就无法获得社会的认同，不能顺利地参与社会生活，就会产生一种失落感和遗弃感。个体就是在对自己行为的社会信息反馈的这种正反内心体验的支配下，才逐渐认清自己对社会的依赖性，自己的个人利益同他人、同一定群体乃至整个社会利益的一致性和差异性，自觉地选择某种社会道德的要求，将其内化为自身的行为准则和价值目标，因而形成相应的个体道德。

总之，社会道德的内化，个体道德的发生，乃是社会与个体互动的产物，这是一个社会实践的过程，这个过程是深深植根于人类社会经济关系之中的。因此，当我们肯定个体道德是社会道德的内化时，我们绝不能忘记，这种内化总是在一定的社会历史条件下进行的，是一个历史的、具体的过程。

二

个体道德作为社会道德内化的产物，是以个体的自我意识为主观前提的：自我意识也是个体道德形成和发展的心理机制。个体道德成熟和完善的程度是与个体的道德自我意识成熟和完善的程度同步运行的。

自我意识是人类所特有的意识形式。它的一般含义是：个体对自身的认识和态度，包括对自身生理状况的认识和体验；对自身心理状况的认识和体验；对自身价值、自身与外部世界（包括他人、集体和社会）的关系的认识和体验。

个体的自我意识是一个复杂的、有机的系统。它由下述三个子系统构成：(1) 自我调节系统，它包括自我认识、自我辨析、自我监督和自我控制等四个要素。(2) 自我导向系统，它又包括两个部分，一是由人的需要、动机和兴趣等要素构成的动因部分，二是由人的理想、信念、世界观、人生观等要素构成的人追求的方向部分。在这两个部分中，需要是自我意识产生的源泉，理想是自我意识顺利发展的方向。(3) 自我功能系统，它主要包括人的气质、性格、态度、意志、情绪、理智、能力等要素。这三个子系统及其各构成要素之间，纵横交错，相互联系，相互制约，使自我意识成为一个系统整体，这个系统整体作为一种内在心理结构，构成了人类所特有的相对稳定的主观世界。人类就是通过对外部不断输入的信息进行选择、加工、转换和输出，来实现其对现实的反映和把握的。当外部环境发生变化时，它也随之而发生变化，以维持主体和外部环境的动态平衡。

自我意识，是个体在社会实践中，通过与他人、与社会群体的交往而形成和发展起来的。各个人的自我意识虽然千差万别，要受到他个人自然素质的影响，但归根到底，都是他个人生活的特定的社会关系、社会情境、社会经历的产物。社会心理学研究表明，正是在社会互动中，个体通过扮演他人的角色，把自己置于互动对方的位置，才逐步形成自我意识。也正是随着个体扮演各种角色能力的逐步提高，扮演角色范围的不断扩大，个体的自我意识才逐步发展起来。可见，个体自我意识的形成发展过程也就是个体道德的形成发展过程。组成自我意识系统的各个子系统及其诸要素都要参与个体道德的形成和发展，成为个体道德形成和发展的心理机制。不过其中起主导作用的乃是个体自我道德意识，它包括个体的自爱心、自尊心、羞耻心、自信心、义务感和良心等等。这些道德心理因素渗透在个体自我意识的各个组成部分，在一般自我意识内部形成相对独立而又自身有机联系的道德自我调节系统、自我导向系统、自我功能系统。

一般说来，个体的道德活动过程也是自我道德意识活动的过程。这时，个体便在观念上一分为二，把我这个统一体分解为“主体的我”和“客体的我”，前者是道德认识的主体，后者是道德认识的客体（即我的道德行为和思想），这两者之间始终存在着一种“有距离”的联系。因为“主体的我”在看待“客体的我”时，往往有预先设定的宏观参照系（“我的理想”或“理想的我”）和微观参照系（行为规范）。宏观参照系使“主体的我”借以确定自己在外部世界的方位；微观参照系则作为对自己的言行进行评价的标准，作为观照自己的活动状况对外部世界的适应性而存在于自身，正是这两种参照系的存在，使“主体的我”可以衡量“客体的我”是否达到了自我预定的要求。这种性质使得“主体的我”可以直观自己（“客体的我”）的精神面貌，监督与鉴定自己思想和行为的可行性和成熟性。“主体的我”总是按照反馈原则持续不断地对“客体的我”进行探索，不断地进行自我认识和自我辨析，并向“客体的我”不断发出信息，帮助和指导“客体的我”愈来愈接近预定参照系的要求，以达到自我的和谐，这就是自我意识的矛盾运动的过程和自组织功能。而在这种运动和功能的发挥的过程中，组成自我意识的三个系统会同时在个体的大脑中发挥作用。所谓道德内化，就是要通过各种渠道（例如角色）、各种方式（如教育、舆论、习俗的影响），把社会道德要求的信息输入到主体的自我意识系统中去，转化为其自身的宏观参照系和微观参照系，这是一个主体的自爱心、自尊心发挥作用的过程。它们一方面推动着主体按照参照系进行自我认识、自我辨析、自我监督和自我控制；另一方面又向“客体的我”不断发出信息，帮助和指导“客体的我”去接近参照系的要求，唤起自我的责任心、义务感和自信心，而当“客体的我”偏离参照系的要求时，“主体的我”便会感到内疚、耻羞，受到良心的谴责，从而使“客体的我”改弦更张，重新朝着参照系的要求前进，以达到道德上的自我和谐。

正由于社会道德内化是通过个体的自我意识，特别是个体的自我道德意识这种心理机制来实现的，这就使个体道德具有如下的特征：

第一，受动性和主动性的统一。个体道德的发生，既然是社会或群体对个体施加道德影响，是个体学习和认同社会道德的结果，这对个体来说，是一个受动的过程。但是每一个个体又是在自身社会实践的基础上通过自我道德意识这个心理机制来实现的。自我意识是个体相对稳定的主观世界，是个人主体性的表现，具有选择的功能，它使个体能够对社会道德进行主动的选择，并用自己的方式进行积极的加工，以便将社会道德内化为自己的道德素质和道德人格。这就使个体道德的产生又具有能动性的一面。

第二，共有性和独特性的统一。道德内化意味着一定群体和社会要求生活于其中的个体接受和遵循共同的行为模式和价值观念，并使其转化为个体内在的行为准则和价值目标，这就必然使个体道德具有同它所属的群体和社会在道德上的许多共同成分。而作为道德主体的个人，由于其自我意识的发展所处的阶段、成熟程度、完善程度各不相同，因而又使个体在接受和吸收社会道德的影响中，千差万别，显示出不同的个性特征。因此，即使是在同一社会、阶级或群体中，个体道德总是表现为共有性和独特性的统一。

第三，持续性和反复性的统一。个体的道德内化和个体的自我意识都是社会互动的产物。就社会而言，随着社会经济关系的发展变化，社会道德也必然随之而变化，这种变化既可能表现为同一道德体系的兴衰进退，又可能表现为新旧道德的反复和斗争。这就要求个体持续不断地进行道德内化，不仅要不断地提高自己的道德素质和水平，而且要勇于抛弃旧道德，内化新道德。就个体而言，由于个体的实践地位、社会处境、社会角色是不断变化的，他的自我意识也必须随之而变化。这就使得社会和个体的互动既是一个持续的过程，又是一个充满了矛盾和斗争的过程，这个过程不可避免地会出现各种曲折和反复。正因为如此，个体道德的存在和发展必然是一个持续性和反复性相统一的过程。

三

由上述分析不难看出，个体道德虽然同社会道德本质上是一致的，但又不是社会道德的消极表现或简单的类似物，而是具有极大的能动性。这种能动性从根本上讲取决于这样一个基本事实：道德与其他社会现象的重大区别在于，它要通过个体的道德心理并形成相应的义务感和良心来发挥作用，没有大多数个体的道德自觉，没有他们自我实现、自我完善的活动，就难以为社会的有序运行提供道德上的保证，更不可能有社会的道德进步。

个体的道德活动是人类道德生活中最活跃、最生动、最有生命力的内容，它内在地包含着向社会道德发展的趋势。正是这种趋势，使个体不仅能够接受、内化社会道德，而且“再生产”社会道德。个体道德活动，既是社会道德再现的承担者、实践者，又是社会道德更新的推动者、创造者。

社会道德的再现必须具备有两个条件：一是扬弃社会道德的抽象性，把具有普遍意义的社会道德律令同特殊的道德情境结合起来，实现对行为活动的操作，将社会道德具体化；二是超越道德冲突，在相互矛盾的社会道德价值中，区分其道德性质和价值等级，实现行为选择，把社会道德价值现实化。而这两个条件的创造都要靠个体的道德活动来承担和实践。一个社会的道德水平怎样，一种群体的道德状况如何，不在于它们有多少道德规定和律令，而在于这个社会或群体中的个体在自己的行为活动中遵循和实践这些道德规定和律令的广度和深度。而个体要在自己的行为活动中将一定社会道德规定和律令具体化、现实化，一方面既需认清个人的利益同这种道德规定和律令要求的一致性，扬弃个体需要的盲目性和偏执性，实现理性和感性的统一，又要分析具体道德情境的各种条件，扬弃自己作为活动主体的主观性、随意性，实现主观和客观的统一；另一方面还要面对不同道德体系之间的矛盾和斗争，以及同一道德体系在特定情境中不同准则及其价值的冲突和两难处境，确定自己行为选择的价值方向和价值等级，解决或超越各种道德的矛盾和道德冲突，实现理和情的交融，意志和信念的统一。可见，社会道德的再现，绝不是一种照章办事的刻板的过程，而是一个个体进行积极活动的过程。它也不是对社会道德简单的复制，而是一个在新的基础上把社会道德“再生产”出来的过程。这是个体道德能动性的重要表现之一。

个体作为道德实践的主体，不仅是社会道德再现的积极的承担者和实践者，而且是社会道德更新的能动的推动者和创造者。所谓社会道德的更新，包括量的积累和质的飞跃两个方面。前者是指在一定社会道德总体不变的情况下，个体根据社会现实利益的变化和社会生活的需要，在自己的道德活动中创造部分新的道德成分，如开拓新的道德领域，建立新的道德关系，形成新的道德规范，达到新的道德境界等等，以发展和完善已有的社会道德体系。后者是指当某种社会道德成为社会前进的障碍时，个体通过对社会基本矛盾的分析和认识，把握人类经济关系、利益关系发展的趋势，抛弃旧道德，创造符合社会发展需要的新道德。马克思在论述个人同社会不可分割的联系时，就肯定个体能够通过其道德活动“改变自身也改变自己的社会”。实践证明，一定历史时代的大多数个体道德活动的水平，标志着整个社会已达到的道德高度，而少数个体的道德活动的超前，如果不是虚伪的或外在强加的，而是这些个体把握道德发展的必然性，自觉努力所达到的道德境界，那么他们便能“斩榛辟莽，前驱先路”，起到“振聋发聩”的作用，唤来社会道德发展的新的时期或新的形态，成为激励多数人为实现这种道德理想和社会理想的榜样和力量，站在了社会道德进步的前列。资本主义社会中的无产阶级先进分子的道德活动就是实现社会道德质的更新的推动者和创造者，而社会主义社会像周恩来、焦裕禄、雷锋等崇高道德典范，就成为推动社会主义道德发展和完善的强大动力。

总之，人类道德传承、发展和更新的过程，就是一个个体道德与社会道德矛盾运动的过程。在这个过程中，社会道德不断内化为个体道德，个体道德又能动地作用于社会道德，因而使两者呈现出鲜明的辩证的性质。因此，把两者割裂开来，对立起来的观点是错误的。二者这种辩证关系也说明，在我国社会主义道德建设中，既要从宏观上改善整个社会的道德风尚，以促进社会主义道德不断地内化为社会成员的个体道德，又要从微观上注意提高社会成员的个体道德素质，以促进整个社会道德风尚的优化，推动社会主义道德的建设和发展。

（原载于《求索》1994 年第 5 期，《哲学动态》1994 年第 11 期重点介绍）

道德人格论

“人格”一词，来源于拉丁文 Persona，其原意为舞台上用的面具。它包括两层含义：一是指一个人在生活舞台上显现出的行为；二是指一个人的真实自我。“人格”作为一个科学的概念，为心理学、法学、社会学、历史学、伦理学、哲学等许多学科所广泛地使用。各个学科都从自己特定的角度来研究人格，因而对其有着不同的理解和诠释，就是在同一个学科里，不同的思想家的理解也大相径庭。伦理学研究人格，同其他学科有相同之处也有不同之处。其相同之处是：首先都是从个人的外显行为和内部本性即真实自我两层含义出发来界定人格的，因而都是直接或间接地与“人格”概述的最初含义相联系的。其次，都是从处在一定社会关系之中，进行着一定社会实践活动的个人的角度来考察人格的。其不同之处是：其他学科的人格概念所强调的是对既成外部现实性的把握和内化，它的本质由过去和现在所规定；而伦理学所研究的人格则既与现实相联系，又超越现实并内含着人类理想成分，它的本质由现在和未来所规定，取向于个人的精神完善与全面发展和社会关系的和谐这一理想目标。在对之加以评价的意义上，心理学等学科的人格由于所揭示的是“人是什么”的问题，说明的是事实，所要达到的是真理性认识。因此，“所有的人格都是相等的，不存在一种人格比另一种人格好或坏的情况”。而伦理学研究人格就是要在揭示“人是什么”的基础上，进一步着重揭示“人应当怎样为人”的问题，着眼的是价值，因而存在着好与坏，善与恶，高尚与卑下的问题；这就是说，伦理学总是把个体同其社会道德关系和道德活动联系起来，从善和恶、高尚和卑下的分别上来研究个体的人格，其目的旨在探讨造成个体人格善与恶、高尚和卑下差别的根源，揭示改变恶的、卑下的人格以归于善的、高尚的人格的规律和条件。所以伦理学的人格概念也就是道德人格的同义语。

那么，伦理学所讲的人格或道德人格是什么呢？它是指个体人格的道德规定性，是一个人做人的尊严、价值和品格的总和。在这个定义中，就个人的尊严而言，它是人区别于动物的规定性。每个人不论其人种的差别和文明发达的程度，也不论其职位的高低、财富的多寡、相貌的美丑和健康状况的好坏，都终有平等意义，都应当在社会中享受到做人的权利，履行做人的义务，以显示人之所以为人的社会规定性。这可视为广义的人格含义。从狭义上讲，人格是指个人的品格，是个人的价值和品格的总和。这是个人从道德上区别于他人的规定性，是每个人所独有的。正是这种个人所特有的道德规定性，构成了一个人比较稳定的内在的精神结构，并由此产生出比较稳定的或一贯的行为倾向和生活态度。人们正是根据个人的这种比较稳定的或一贯的行为倾向和生活态度来确认和判断其人格的。所以，无论从广义或狭义上来看，个体的道德人格都是在个人社会化过程中形成的，是一种“人的社会特质”的表征；都是一定社会道德内化的产物，体现一定社会道德的特质；都是个人所具有的统一的内在精神，是个人对一定社会道德关系、生活方式所持的具有个性特征的确定的态度和立场；也都是支配和决定个人的道德行为并通过一贯性的行为总趋势表现出来的行为整体。从这些方面来看，所谓道德人格，也就是一个人在社会道德生活中的地位和作用的统一。道德人格具有如下特征：

第一，意志自主性。意志独立、自主、自由是道德人格主体成立的必要条件和真正标志。康德曾经指出，道德意志是理性者不依赖于感性世界的自主自决。黑格尔也说：“道德的意志是他人所不能过问的。”如果主体的意志自由被剥夺，那么他就不可能有道德人格。孔子说：“三军可夺帅也，匹夫不可夺志也。”（《论语·子罕》）也强调了主体道德人格的意志自主性特征。

第二，自我同一性。这是指个人在不断变化的社会生活中，始终保持其道德人格或其内在品格的本质方面或基本方面的一致性。它具体表现在：其一，自我对其社会本质的自觉保持。这就是说，道德人格主体能够意识到自己同社会的本质联系，意识到对社会、他人不可推诿的责任，并把自觉地履行这种责任看作自己的使命。其二，自我心理上的认同。这是指道德人格主体在与环境的复杂联系中，对自己所建立的“理想的我”的自我认可和自我肯定，因而“他们自始至终就完全是他所愿望和要实现的那种人物”。其三，自我表现上的自觉调控。这就是说，道德人格主体虽然会由于社会实践的变化，必然要充当各种不同的社会角色，而这些社会角色又都有各自的职责要求和相应的行为模式，但他不会因此而摇摆不定，而能够把握住各种丰富的表现，使其服从自己的意志和目的，从而保证自我的相对稳定性。

第三，主体完整性。这是指构成道德人格主体的各种因素、成分的有机性、全面性和不可分割性。主体的道德人格的完整性，从其内容和形式上看，它是社会和个人复杂的相互影响的独特反映，是个人的社会性和个体性的统一；从其道德价值意义上看，它是内在的人格价值和外在的社会价值、道德意识和道德行为的内在关联和统一。所以，它具体表现着社会性和个体性、内与外、知和行在道德人格主体上的一致和统一。

应该指出的是，上述只是对道德人格的主要特征作的一般性的描述，而且是就健康而成熟的道德人格而言的。这并不排斥在道德上，人的发展也要经历一个由低到高、由他律到自律再到价值目标形成和完善的发展过程。也不排斥在这个过程中会产生种种矛盾，并伴随着矛盾的不断解决，个体的道德人格也会因之而不断地得到发展提高。所以，强调道德人格意志自主性、自我同一性和主体完整性等特征，都应该理解为是一个动态的、开放的、发展的过程。事实上，任何个体的道德人格本身就是一种变化的全体，就是一种动力一致性和连续性的自我。因此，那种担心承认人格的“自我同一性”等特征，似乎就会把人看成铁板一块，就会否定人自身的内部矛盾和发展，因而主张人格多元性的观点，是不对的。这种观点除了对人格的“自我同一性”等特征作了片面的、形而上学的理解外，还混淆了人格的多元性和人格的丰富性这两个不同的概念。所谓多元性人格，也即双重人格或多重人格，其基本特征是：具有多种面具，飘忽不定，没有确定性，不能自我克服和自我整合，因而常常陷入自我分裂当中，这实际上是一种没有完整性的、不健康的病态人格。在现实生活中，那种表里不一、讲的是一套、做的又是一套、对上是一副嘴脸、对下又是一副嘴脸的人，就是这种病态人格的典型表现。这种人格本身就是道德上的虚伪性的代名词。这正是我们所要反对的。与此不同，人格的丰富性则是在自我同一的基础上的丰富性，是健康人格的不同侧面的表现。它是指这样一种人格：它能胜任多种社会角色和家庭角色，他有多种才能、情趣和爱好，甚至他会经历心灵内部各种矛盾冲突，但他始终还是他自己，他的本质不会变，他能够发挥自己意志自主的力量，通过自我调整、自我克服去解决那些矛盾冲突，保持自己主体的完整性和价值取向的一致性。这种人格正是社会主义道德要努力塑造的人格。

道德人格作为一个人比较稳定的内在道德精神世界，也是一个系统，它有着自己的特殊结构和功能，这也是我们全面地认清道德人格的两个重要问题。

需要首先指出的是，道德人格结构与道德品质结构常常被混为一谈，其实这是两个相互联系又相互区别的概念。道德品质是一个人的一系列道德行为所表现出来的比较稳定的特征和倾向，它是个人的道德认识、道德情感、道德意识、道德信念和道德行为习惯等心理要素的表征。道德品质就是由这五种道德心理要素构成的。这五种道德心理要素也是道德人格的心理基础。但是，道德人格，作为一个人做人的尊严、价值和品格的总和，它所要揭示的是个人在道德上的社会规定性或者说是人格道德规定性的社会特质。因此，尽管在日常生活中两者常常有重合之处，但作为科学的概念，却不能把两者简单地等同起来。毛泽东曾经在《别了，司徒雷登》一文中批评过历史上不食周粟、饿死首阳山的伯夷。这个历史人物从道德品质上讲，保持了自己的“晚节”，似乎是无可厚非的，但作为一种人格却是过时了的，没有价值的，不但不值得歌颂和效法，而且还是后人应引以为戒的。可见，必须严格地从道德人格的社会规定性的视角来揭示道德人格的结构。

根据上述理解，应该说，道德人格的结构是由个体的道德准则意识、道德责任意识和道德目标意识这三个要素构成的统一体。其中每一个要素都是以个体道德认识、道德情感、道德意志、道德信念和道德习惯作为其道德心理基础的。

所谓道德准则意识，是道德人格主体依据其对生活的理解而确立的待人处事的原则和根本态度。这是对一定阶级或社会的道德原则内化的结果，但它又扬弃了这些原则和规范的抽象性和普遍性，并与道德人格主体的实际生活经验融合在一起，因而成为他处理个人同他人、同社会利益关系的实际准则。它们不仅体现了一定道德原则和规范的要求，而且已经转化为信奉者的内心的评价——命令，成为信奉者待人处事的原则立场和对待生活的根本态度。正是这种道德准则意识保证着道德人格主体在道德上的自我同一性，成为道德人格的内在构成要素。

道德责任意识是个体自我意识中最核心、最深在的层次。它既是个体的自由意志的最高规定，又是个体道德行为的自觉自主的内在根据。如果说，道德准则意识从个体做人的态度和标准方面表现着其道德人格的特质，那么，道德责任意识则从个体自我调控上表现出其道德人格的特质。在实际生活中，由于具体情境的复杂性，使得个体的“内在自我”和外在行为可能不符合的情况经常发生。

道德责任意识的作用就在于，通过对外在行为的道德调控来达到实现和保持，一定的个体自身的价值。道德责任意识这种自我调控作用表现为自我评价和自我命令两种方式。前者是主体依据自己做人的准则来内省、审视和判定自己的动机和欲望；后者是主体对自己应当作什么、不应当作什么发出的内心指令。所以，道德责任意识是保证道德人格意志自主性和主体完整性的内在机制，也是构成道德人格的基本要素。

道德目标意识是道德人格中的动力因素和导向力量。它的核心是理想。所谓理想是道德人格主体对未来的希望、追求和向往，是其生活和奋斗的目标。它是从现实生活条件的比较中产生的，是对现状不满足的反思的产物因而它成为道德人格主体从自己的根本的、长远的利益出发，对待现实的一种价值标准。它是反映道德人格主体生活的某些方面达到完善程度的一种意识的和实践的形态，也是衡量道德人格主体的本质力量的丰富程度和自由程度的一种尺度。人的理想是多种多样、丰富多彩的，它也是一个多层次的、有机联系的复杂系统，而道德理想则渗透在人的各种理想中，对人们理想的整个系统起着调节、内驱和导向的作用，从而保证理想结构的协调一致和指向统一，是道德主体维护自己的尊严，保持自己的品格，实现自己所追求的价值的巨大精神力量。可见，以理想特别是道德理想为核心的道德目标意识，乃是构成道德人格主体的重要因素。

在道德人格结构中，道德准则意识、道德责任意识和道德目标意识是相互联系、相互制约的有机统一体。其中，道德准则意识是个体的道德责任的直接根据和内容，又是个体的道德目标意识的价值基础；道德责任意识则通过个体自我调控既推动着道德准则意识向行为的转化，又维护着个体行为的价值取向的一贯性；而道德目标意识不仅驱动着主体的心理，而且，激励着个体的道德准则意识和道德责任意识，引起个体的情感震荡，产生意志的行为。

因此，道德人格的结构既是个人道德意识活动系统，又是一种动力——功能系统。道德人格一定要通过个人的对象性活动显现出来，这也是一个道德人格的功能发挥的过程。

道德人格具有对外和对内两种功能。对外功能是指道德人格对周围环境的适应和改造。它具体表现在两个方面：一是对道德人格产生于其中的社会关系、社会生活的影响和作用。高尚的道德人格对社会关系的改善和生产力的发展起着促进作用，卑下的道德人格则对社会的发展起着阻碍作用。二是对社会精神文明和其他个体道德人格的作用和限制。一个人的道德人格总是要通过各种社会途径，例如模仿、暗示等等，对其他个体的道德乃至整个社会道德风貌发生影响。前者以道德人格主体从事社会实践活动的物质形式完成某种社会客观要求或社会道德要求，对社会发生作用；后者则以社会互动的主观形式显示某一道德人格对社会精神文明的发展和他人道德人格塑造的意义。这两者综合起来就构成了道德人格的社会价值。当然，这种社会价值由于道德人格的不同而有正负和大小之分。

道德人格的社会价值是与道德人格的对内功能不可分割的。人格主体对周围环境的适应和改造，是按照自身的道德准则意识、道德责任意识和道德目标意识来实行的，是以实现自身的需要、理想为目的的，这就要求道德人格主体必须对自己的行为实施有效的控制。从这个意义上讲，道德人格的社会价值不过是其对内功能实施的外部结果。对内功能更充分地体现着道德人格的本质力量，具有更重要的意义。这种功能可以概括为如下几个方面。

第一，动机整合功能。这是指道德人格具有依据自己待人处事的原则立场和对生活的根本态度来统一和调适自己各种具体行为的动机的能力。它具体表现为道德人格主体用道德动机把各种具体行为连接成整体，支配或同化它们，使它们统一在同一价值尺度上。这一过程一般都要经历审查、过滤或筛选、整合等三个心理阶段。正是经历这三个心理阶段，主体使各种动机成为一个不存在互相矛盾的动机系统，来支配自己的行为。如果主体不能自觉地或顺利地完成对各种动机的整合，就会在道德人格表现上呈现出矛盾状况，这正是那些道德人格不成熟的人的必然表现。

第二，行为动力功能。这是指道德人格本身就是驱动主体进行对象化活动的动力因。这种动力因是道德人格主体在道德目标意识的支配下所追求的价值。这种价值是主体肯定自身人格价值的需要。因此，它不排斥功利的取向，但又具有超功利的一面，是功利价值和道义价值的统一，它常常表现为主体情感的需要、意志和信念的力量和行为的动力定型。

第三，价值定向功能。这是指道德人格具有规定主体价值行为的统一方向和目的的能力。主体的关于道德价值目标的意识，既作为动力因素而发生作用，又作为方向和目的而存在。这种方向和目的是主体内在具有的。这就是说，道德人格的价值定向功能，不仅规定着主体价值的方式和方法、态度和立场、选择和创造，而且强化主体的意志，使之具有明确的目的性和方向的一贯性。价值定向所指向的目的或目标，虽然表面上以价值客体的形式存在于主体的理想意识中，但它又是以对主体行为的定向限制的方式发生作用，使主体以“应有”的尺度来衡量自己的一切行为。正是由于道德人格的这种价值定向功能，使主体能够保证自身在处理各种利益关系中具有稳定性、倾向性和同一性，同时也使具体的道德行为具有可预测性和可预见性。

第四，自我调控功能。这是指道德人格本身所具有的，为了实现一定价值目标而自觉实施的对主体行为的控制。它是一种与追求一定价值目标的行动有内在联系的主体能力，是主体高度的意志自制力和道德责任意识的综合与统一。主体的意志自制力保证主体实现一定道德价值的行动能够克服各种困难和阻力，坚持不懈地进行；而道德责任意识则表明实现一定道德价值的行动是出于主体的自主和自由意志。道德人格对主体行为的自我调控，一方面抑制主体不正当的欲望和情感，排除可能妨害实现价值目标的障碍，制止可能发生的恶行；另一方面又表现为对主体行为过程的监督，以维护实现价值目标的行为的连续性、彻底性和有效性，确保德行的善始善终。一个道德人格不成熟的人，也是一个缺乏自我调控能力的人。这种人很难把握自己行为的正确方向，因而也很难实现自己行为既定的价值目标，使之获得相应的道德价值。

三

道德自由是个体道德的核心，也是衡量个体道德人格的发展水平和完善程度的重要标尺。因为个体道德的形成和发展的过程，实际体现的正是个体获得道德自由的发展历程；而个体道德人格的完善，归根到底是个体道德自由的实现。

道德自由是相对道德必然而言的。所以，道德自由、道德人格的实现和完善问题，实质上是一个道德自由和道德必然的关系问题。所谓道德自由，是指主体出于其道德人格所自主地作出道德抉择而在道德实践过程中不受任何阻碍地被实现的状况或境界。它包括两个方面：一是主体能够自主自由地作出道德抉择，二是主体将道德抉择付诸实践而无阻碍的现实状态。这两个方面相互联系，共同构成了道德自由的结构。孔子说："为仁由己，而由人乎哉！"（《论语·颜渊》）讲的就是道德自由中的主体意志自主自由的这一方面。但这种自由仅仅是对意志活动的条件和特性的规定，还只是一种心理学意义上的自由。主体依据这种自由可以选择恶，也可以选择善，但他必须因此而对自己的抉择负道德上的责任。恩格斯说："一个人只有在他握有意志的完全自由去行动时，他才能对他的这些行为负完全的责任。"所以主体的意志自由只是与道德责任相关联，它是道德人格的内在要求和基本特征，主体一旦失去意志自主、自由，也就无所谓道德人格可言。但是，这种自由对道德人格主体而言，却只具有形式上的特征。

主体将道德抉择付诸实践过程中的无阻碍状况，是道德自由的实在内容方面。这种自由是客观的道德自由。很显然，这种自由不可能出现在作恶的过程中，而只能出现在行善的过程中，因为在实践中作恶必然要受到人们的抵制和阻碍。然而行善对道德人格主体来说，就意味着要发挥理性的作用，抑制自己不正当的情欲冲动，按道德原则和规范办事，择善而执，从善如流。也只有在这个过程中，主体才能把自己同动物区别开来，显示作为人的尊严和价值。因此，如果说道德自由的主体意志的自主自由的这一方面，表现了主体意识活动的独立性、无条件性和对现实的超越性，那么，主体在道德实践过程中的无阻碍的自由这一方面，则表现了主体活动的相对性、条件性和现实的限制性。前者是主体道德人格形成的前提，后者则是主体道德人格实现的表征。这两者的统一才构成了道德自由的完整的科学内涵。孔子说："七十而从心所欲，不逾矩。"（《论语·为政》）他所讲的道德自由也是包括这两者的统一。而这两者统一则只能建立在对道德必然性的把握和自觉运用的基础之上。

所谓道德必然或道德的必然性，是指反映社会发展客观要求的道德原则和规范的绝对性、无条件性和不可违背性。道德必然性不同于自然的必然性，因为自然的必然性是不依赖主体而独立存在的，人们可以认识它，利用它，却不能创造它。而道德必然性则是依赖于利用它的主体，是一种自觉自为的、与作为主体的人的理性相联系的必然性，它不仅不能离开人而存在，而且还必须通过人的自主行为才能得到体现和实现。道德必然性也与历史必然性有着显著的区别。虽然两者都是人活动的产物，都把人的主观能动性作为一个环节包括于自身，但历史的必然性表现为一个生产力和生产关系、经济基础和上层建筑矛盾运动的客观的自然历史过程。而道德必然性则是与人的价值追求联系在一起的，是借助于历史的客观必然性来实现的价值必然性，是善运动过程中的必然性。这即是说，一方面，道德必然性是根源于历史必然性的，只有以历史必然性为内容的道德必然性，才能成为善，也才能现实地发挥其对社会关系、社会进步的巨大作用；另一方面，"应然"毕竟又不完全等同于"实然"，道德必然性又不完全等于历史必然性，这两者的关系是价值与事实的关系，道德必然性是对社会存在及其必然性规律的价值把握。具体说，道德必然性是通过道德原则和规范这种价值的形式表现出来的，而道德原则和规范既是人的要求、意志的表示、又是知识。前者意味着对人而言的合目的性、有用性；后者则意味着对客观存在而言的合规律性、真理性。所以，作为道德必然性的表现形式的道德原则和规范，是对社会现实存在及其规律的理性认识和价值把握的统一。它们是人们按照自己的需要和价值尺度即“内在尺度”，而不是按照客体对象的“种的尺度”来制定的。这就说明，历史的必然性在道德原则和规范中并不是以直接的形式，而是以间接的形式反映出来，历史必然性内涵于道德必然性之中，道德必然性是对历史必然性的价值意义上的规定。

正因为如此，作为道德必然性表现形式的道德原则和规范必定要对主体发生作用。因为它们本身就是人们按照自己的需要和价值尺度能动地把握社会关系的成果。同时，它们又是人类社会实践的共同创造物，因而是具有普遍意义的道德价值。这就决定它们在对个人的作用中，显示出双重的性质：一方面，它们通过劝阻和范导，即对人的行为“不应当怎样”“应当怎样”的宣示，能够成为一种客观的外在权威，个人只能认同它而不能违背它。道德原则和规范对个人的这种他律性、约束性和不可违背性，正是道德必然性的表征。从这个意义上说，道德原则和规范对个人而言，是一种“自在”的存在。另一方面，由于道德原则和规范又毕竟是人按照自己的需要和价值尺度把握现实关系（主要是现实的利益关系）的产物，而且它们本身就是作为一种行为方式而存在于人的活动之中的，因此，它们又能够转化为个人的行为目的或价值目标，支配个人的行为，因而被现实化，发挥实际的作用。这就是说，个人对道德的必然性来说，并不是完全被动的，消极无为的，而是能够使其从“自在”的存在转化为“自为”的存在，并据其为“自身立法”实现精神的自律。道德必然性及其表现形式道德原则和规范的这种“为人”的性质，这种他律与自律的辩证统一决定了它可能而且必然为个体所把握和运用，成为个体的道德自由的客观基础。

马克思主义指明，自由是对必然的认识和自觉运用。因此，所谓道德自由的本质就在于，它是人们按照对以道德必然性形式出现的历史必然性的认识和采取行动的能力。这里，道德必然性通过一定的道德原则和规范而得以表现，它以人们应当在自己的行动中实现的道德目的在人们的意识中表现出来。个体对道德必然性因而也对历史必然性的把握的广度和深度，就是衡量个体道德人格发展水平和实现程度的尺度。个体道德人格完善的过程，事实上，就是一个道德必然向道德自由的转化过程。不过，这里还必须补充两点。

第一，道德自由和道德人格的完善是一个历史的范畴，自由是一个社会实践的过程。人类历史的发展，就是一个人们在社会实践的基础上不断从“必然王国”走向“自由王国”的永无止境的过程。道德自由就是这一过程的特殊方面，或者说在道德上的特殊表现。因此，个人的人格的完善程度始终是取决于整个社会及其社会关系的完善程度的，并且这两者是同步发展的。所以，道德自由和道德人格的完善总是相对于一定社会历史条件而言的，具有特定社会历史内容的，没有绝对的道德自由，也不可能有什么抽象道德人格的完善。历史上出现的各种道德体系，作为当时社会经济关系客观要求的反映，从历史发展的连续性上看，都是人类道德自由和道德人格完善的一种历史形式和必经的阶段。因而它们曾经都是“善”，它们所获得的道德文明的成果，是不会也不可能被其后续的道德体系所抛弃的。而随着历史的发展，它们又逐渐地失去历史必然性，由“善”转化为“恶”。继之而起并作为它们的对立面的后续的新道德体系较之于它们来说，由于其反映了历史进一步前进的必然趋势，又总是成为人类获得更多的道德自由的新的社会形式，为个体道德人格的完善创造更广阔的社会条件。人类道德发展的历史就是一个人类不断地扩大自己的道德自由度，不断地提高自己的道德人格完善水平的历史过程。而这个过程又是通过各代人的个体的道德自由和道德人格的完善现实地表现出来的。

第二，道德自由和道德人格的完善也是一个社会的范畴，它们是有其特定的社会规定性的。这就是说，在一个社会里，并不是任何一种道德原则和规范都反映或体现了历史的必然性，都是道德必然性的现实形式，都是“善”的。相反地在一个社会里常常会出现这样的现象：具有道德必然性的和不具有道德必然性的道德原则和规范，既表现为一种新的道德原则和规范从旧的道德原则和规范中脱胎出来而又与之共处于某一历史时期的善恶交织的共存和斗争的结构，又表现为新的道德原则和规范力图消除、取代旧的道德原则和规范影响，也即善战胜恶的变易态势。在我国现阶段，社会主义的道德原则和规范对封建主义和资本主义的道德原则和规范的关系，就是这样一种关系。因此，个人认同和尊奉什么样的道德原则和规范，并将其内化为自己的价值目标，就是一个具有原则区别的重大问题。个人只有认同和尊奉那种反映和体现了历史必然性的原则和规范，并将其内化为自己的价值目标，才能获得真正的道德自由，才能使自己的道德人格具有高尚性，并不断完善自己的道德人格。

（原载于《求索》1994 年第 5 期，《哲学动态》1994 年第 11 期重点转介）

论 幸 福

——兼析享乐主义

为什么享乐主义的瘟疫至今仍然在一些人中蔓延，以至大有屡禁不止的势头呢？其中一个重要的原因就是人们划不清享乐和幸福的界线，这就为资产阶级享乐主义的侵袭和腐蚀提供了条件。因此，揭示幸福的真谛，阐明幸福的条件，明确幸福和享乐主义的本质区别，就成为一个十分重要的伦理学理论问题和实际问题。

一

就一般含义而言，幸福就是人们在物质生活和精神生活中，由于感受到或意识到实现了自己的生活目标或理想而产生的一种精神上的满足和愉悦。

应该指出的是，幸福作为一个伦理学的范畴，不是指生活中某一偶然因素所引起的暂时的愉快和满足，而是指对人的生活的某一阶段、某一重大事件或者全部生活所作出的总的评价。这就说明，幸福的概念是同人对生活意义、人生价值的理解紧密相连的，幸福观是人们的人生观、价值观的重要内容和具体表现。

那么幸福这个概念的实质是什么呢？幸福作为对生活的一种肯定的评价，它具有“标准价值”的性质。它同任何价值观念都是主体同客体的关系一样，也联系着主体的需要和客体的状况两个方面，它既以主观方面的生活目标或理想作为前提，又以客观方面的生活过程和生活条件作为基础。幸福是人们按照自己的尺度来权衡的，是人们依据自己对生活意义的理解去评价的，所以它有主观性。但是幸福又是通过对客观的生活过程和生活条件的实际体验，并且是对不同的生活状况相互比较才能判断出来的，所以它又有客观性。这就是说，幸福既是被主观的生活目标或理想所肯定的客观的生活内容，又是客观的生活内容反映在主观意识中所产生的精神上的感受和满足。可见，幸福是人们的客观存在状况和主观的精神状态的和谐与统一。这就是关于幸福的唯物论。

还应该看到，幸福和不幸这两个概念是相比较而存在，相斗争而发展的。幸福作为人们客观的存在状况和主观的精神状况的和谐与统一，不是一种无矛盾、无差别的状况。否则，就会把幸福简单化、庸俗化，这是一种形而上学的观点。恰恰相反，幸福总是把自己的对立面——不幸包含于自身。如果幸福离开了它的对立面，就不能存在；如果没有不幸的存在，人们也就不知道幸福为何物。事实上，如果说幸福是人们对生活的一种肯定的评价和感受，那么不幸则是人们对生活的一种否定的评价和感受。幸福在心理上表现为快乐、愉快、惬意和精神上的充实、欣慰；不幸则是表现为心理上的痛苦、烦恼、悲伤和精神上的空虚、忧郁。老子云：“福兮祸之所倚，祸兮福之所伏。”俗话说：“乐极生悲，悲极生乐”。这说明，幸福和不幸是相互联系、互相包含又互相转化的。生活的事实告诉我们，幸福本身就包含在克服不幸的体验之中。因为幸福作为人类的一种特有的精神上的满足，绝不是毫无波折、绝对宁静、一潭死水式的精神状况。幸福本身就包含着客观存在的反面——悲伤、懊恼、痛苦。幸福本身就产生于克服不幸，顶住恶劣的环境，战胜自己的情绪低落的斗争过程之中，也存在于放弃自己的某种生活的满足，坚持自己的生活理想，成为一个生活的强者的体验之中。可以说，谁没有经历不幸、痛苦，谁就不可能真正懂得和体验到幸福。这就是关于幸福的辩证法。

幸福和享乐并不是一个完全等同的概念。无疑，幸福包含着享乐。

恩格斯也曾肯定人有享乐的需要。在一定意义上讲，享乐的需要乃是构成人们追求幸福的一个重要的内在动因。但人的需要是一个系统整体，它们在一定社会物质生活条件的基础上的相互联系、相互促进、有机统一，才构成真正能称之为“人的需要”。同时，人的需要和满足需要的手段是不可分割的，离开了满足需要的手段，那么人的需要只能是一厢情愿的幻想。而这种手段只能被合理地理解为人们所进行的一定的物质生产和精神生产的社会实践活动。因此，就主体方面而言，人们对幸福的理解、追求和感受，乃是人在这种需要整体的推动下产生和发展的，是人们的社会实践活动决定的。

而享乐主义是一种把享乐同人的其他需要、其他活动分割开来，并使之成为人的“最后的、唯一终极目的”的人生价值观。持这种人生价值观的人由于上述的原因在对幸福的理解上，必然割裂幸福是人的客观存在状况和主观精神状况的和谐统一，把幸福变成一种纯主观的东西；它也不可能懂得幸福本身就存在于克服各种不幸，自觉地放弃某些生活的暂时的满足，坚持自己生活的理想，成为一个生活的强者的体验之中。因为既然享乐主义者把享乐看作是至高无上的，那么他就只能跟着自己的感觉走，为自己的感性欲望所支配，而根本不可能对生活采取这种理性的态度。也正因为如此，他也就必然会不顾社会历史发展的趋势和自己生存的实际状况，而使自己成为寄生于社会机体之上多余的、必须割去的赘瘤。享乐充其量也只是幸福概念的一个构成因素，如果把享乐等同于幸福，这不仅是对幸福的歪曲，也是对人自身的一种践踏。

二

那么，到底如何来把握幸福的真谛呢？这就需要对人们所确立的生活的目标和理想进行深入的考察。很显然，既然幸福是人们在物质生活和精神生活中由于感受到或意识到实现了自己生活的目标或理想而产生的一种精神上的满足和愉悦，那么如何确立和确立什么样的生活目标或理想就构成了人们幸福观的实在内容。

所谓理想，简要地说，就是人们的生活中所为之奋斗的长远目标。理想是反映社会生活和个人生活某些方面达到完善程度的一种理论的、实践的形态，是衡量人的本质力量丰富程度和自由程度的一种尺度，也是作为社会活动主体的人，从自己根本的、长远的利益出发，以一定的价值观点来对待现实的一种标准。因此，幸福作为人们正在实现或者已经实现了自己理想的一种精神体验，它的性质直接地表现了人们的社会本质的丰富程度和精神世界的完善程度。

真正科学的理想不应当是一种单纯的主观愿望，而应当来自对人们的社会存在和社会关系的科学分析。它是从人民群众的根本利益出发的，是从对历史发展规律的客观分析、对人类社会发展前景的科学预见中引申出来的，因而也是具有现实可行性的。马克思、恩格斯在谈到共产主义理想时写道："共产主义对我们说来不是应当确立的状况，不是现实应当与之相适应的理想。我们所称为共产主义的是那种消灭现存状况的现实的运动。这个运动的条件是由现有的前提产生的。"这就说明，包括共产主义理想在内的一切科学的理想，应该是建立在现实的基础上的，是"孕育着未来"现实的实践运动和活动。而这种实践运动和活动由于其是依据着社会生活发展的必然性和客观性规律，能够预见到社会生活发展的主要趋势的，因此它就必然具有目的——理想的形式并获得其实现的现实途径和手段。可见，科学理想的功能就在于，它从根本上保证了人们活动总的正确方向，克服了人类精神发展中所固有的理想与现实、应有和实有之间的矛盾。它能使人们的实践活动获得这样一种形式：现实为理想所照亮，理想在转化为现实；理想给现实注入无坚不摧的力量，现实推动着理想的发展。人在不断地实现自身，又不断地超越自身；人不断地使自身的本质力量对象化，又通过这种对象化使自身获得新的本质力量。这样，人的文明程度和精神世界也随之发展和丰富起来。

与此相反，享乐主义由于把享乐作为人生的最高目的和理想，其固有的虚幻性和特有的无聊性决定了它不仅不能保证它的信奉者的行为活动的正确方向，相反地只会将其引向空想与不可遏制的无穷欲望和有限的实有之间无法调和的矛盾的泥潭之中，其结果只能是使他作为人的本质的丧失和完完全全的精神空虚。所谓“玩物丧志”“欲壑难填”这些自古以来就为人们认同的并世代相传的警语，正是对享乐主义者所必然陷入的窘状的入木三分的揭露和一针见血的贬斥。

从本质上和发展趋势上来讲，在社会主义社会，由于人的理想的历史性变化，幸福就不再是个人私利和欲望得到满足的狭隘意识，也不再是那种毫无波折、绝对宁静的停滞的精神状态，它获得了崭新的含义。这就是，同人民的事业、共产主义的理想生活在一起，同意识到了的崇高目的生活在一起，不断地追求人类美好的未来，克服存在于这条道路上的各种障碍，全面发展个人在争取人类美好未来斗争中的创造才能。这就说明，在社会主义社会，幸福不是别的，而是在为祖国的繁荣、人民的幸福、人类的解放的奋斗中，使个人的才能得到创造性发挥所得到的一种精神满足。雷锋在日记中写道：“我觉得人生在世，只有勤劳，发奋图强，用自己的双手创造财富，为人类的解放事业——共产主义贡献自己的一切，这才是最幸福的。”这就是一个普通的共产主义战士对幸福的最深切的体验。正是这种幸福观，破天荒第一次在广泛的客观社会内容和人的历史主动精神相结合的基础上，为人们提供了实现自由和必然相统一的保证，成为人的全面发展和精神完善化最深刻的内在机制。也正因为如此，在社会主义社会科学的幸福观的发展就不能不是一个引导人们逐步克服狭隘的、残缺的对幸福的理解的过程，更不能不是一个不断地同一切剥削阶级特别是资产阶级的享乐主义斗争的过程。只有通过这种斗争，科学的幸福观才能保持它的现实性和价值意义，成为推动社会发展和人自身文明程度的提高与精神完善化的巨大动力。

三

如果说抽去了生活的目标或理想，幸福将成为空洞的、僵死的概念，那么离开了道德，幸福则将走向它的反面，成为人的真正的不幸。高尚的道德既是真正人的幸福的一个不可缺少的构成因素，又是保证人的真正幸福得以实现的重要条件。

我们已经知道，幸福作为人类的一种特殊的精神上的满足，不是毫无波折、绝对安宁的状态，它本身就包含着它的反面——悲伤、忧郁、懊恼……就是生活中偶然的情况，例如亲人的死亡、疾病的困扰、爱情的失意、家庭的纠纷等等，都可能给人们带来不幸。个人生活的某种不幸和人们对幸福的追求常常如影随形，这是难以避免的。因此，谁如果把幸福仅仅归结为个人的得失、安危和荣辱，那么他就可能永远是一个不幸的人，因为个人的欲望是无穷的，是永远无法完全满足的历史发展的要求，认清他人和社会的需要，把个人的需要同他人和社会的需要结合起来，才能尽量避免那种由于自己的不现实的需要得不到满足而造成的痛苦，而当他个人生活阴云密布、不幸接踵而来的时候，他也就能够正确对待，充满闯过难关的信心。既然幸福本身就包含在克服不幸、坚持自己的生活理想、做一个生活的强者的实际体验之中，那么客观存在就能推动人们把个人的暂时的不幸融化、改造为追求社会幸福的动力，在实现社会幸福的实践中，得到个人最高的精神上的满足。著名作家罗曼·罗兰说："在众人之中活着，就是幸福。为了众人而活着，就是义务。"马克思在评价那些为公共福利而勇于自我牺牲的人时说："历史承认那些为共同目标劳动因而自己变得高尚起来的人是伟大的人物；经验赞美那些为大多数人带来幸福的人是最幸福的人……因为这是为大家而献身；那时我们所感到的就不是可怜的、有限的、自私的乐趣，我们的幸福属于千百万人。"

总之，人任何时候都既是一个个体的存在，同时又是一个社会成员的存在，人的个人需要是以社会需要为前提和基础的，因此，真正的人的幸福，只能被合理地理解为创造和享受、个人幸福和社会集体幸福、物质生活幸福和精神生活幸福的统一。很清楚，这种幸福观只有在高尚的道德园地上才能培植和繁茂地成长起来。

享乐主义者也无法否认幸福与道德不可分割的内在联系，因此，历史上就出现过试图为享乐主义进行道德辩护的伦理学说。所谓“幸福即道德”就是这种伦理学说的典型命题。这一命题包含两层意思：一是幸福等于道德，认为人们获得了幸福也就具有了道德，一个幸福的人也就是一个有道德的人，而不幸的人是谈不上有道德的；二是幸福高于道德，认为幸福是人生至高无上的目的，道德的意义就在于它是达到或增进人的幸福的必不可少的条件，失去了幸福这个参照物，也就无所谓道德。这种观点就是所谓道德工具论或者工具主义的道德论，因为在它看来道德无非只是人们达到幸福的工具或手段。这种理论在中国历史上并不多见，但在西方却一直占着主导地位，成为西方伦理思想史上的一种传统。西方的快乐主义、幸福主义的伦理学都是这种理论的代表。从历史发展看，古希腊罗马的快乐主义是它的最初形态。

“幸福即道德”这种道德工具论观点，作为一种关于道德的理论思维和认识，从历史的观点来看，也曾有其历史的合理性和认识的积极因素：它反对了“来世幸福”的宗教幸福观，批判了那种把道德简单地等同于幸福，即所谓“道德即幸福”的封建禁欲主义的幸福论，肯定了幸福就在现实生活中，强调了物质生活幸福和个人幸福的意义，也在一定程度上看到了幸福靠人们去争取、去斗争，这些都曾经是反封建斗争的思想武器，也曾经促进过资本主义商品经济的发展。但是这种理论一开始在本质上就是不科学的，因为它不仅割裂了道德的道义性和功利性、目的性和工具性的辩证统一，而且把个人幸福同集体幸福对立起来，片面地强调个人幸福的意义。除了其中少数学派，如古希腊罗马的快乐主义者外，它还把幸福归结为只是物质生活的幸福和感官的快乐，否定精神生活幸福的意义。法国哲学家霍尔巴赫就认为，“幸福就是持续的享乐，或者是相继而来的享乐，或者是愉快的感觉”“最愉快的生活就是毫无节制的生活”“幸福就是酒、美女和歌唱”。可见，这种为享乐主义作伦理辩护的道德工具论的观点不是别的，正是利己主义、个人主义的价值论。它在资产阶级的实际生活中则正如前面马克思指出的，只能是拜金主义代名词。试想，一个拜倒在金钱脚下的人，他连自己作为人的本质都丧失了，那还有什么幸福可言。这就无怪乎一位美国作者在谈及当代美国盛行的以拜金主义为归宿的享乐主义思潮时指出：“现在美国生在一个一切价值都是相对于平等的世界里……倒不是人们比以前更重视金钱，而是他们比以前更轻视其他一切事物，也不是因为他们比以前更贪婪，而是没有别的价值来抑制他们的贪婪，正如宾州大学社会学家巴尔赛尔所说的：“在一切都不值得珍视的情况下，就只剩下钱了。”所以对于享乐主义者来说，他们的逻辑必然是：幸福即是享乐，享乐即是金钱，为了享乐就必须把自己和自己的幸福出卖给金钱！

（原载于《求索》1998 年第 3 期，《哲学动态》1996 年第 8 期转介）

构建和谐社会的道德思考

所谓和谐社会，就是全体人民各尽所能、各得其所而又和谐相处的社会。就当代中国而言，社会主义和谐社会则是指经济和社会、城市和乡村、东中西部不同区域，人和自然、国内发展和对外开放等各方面关系良性互动和协调发展的社会。无疑建构这样的社会是一个浩大的系统工程，涉及社会的政治、经济、文化乃至对外关系等方方面面，需要在党的领导下举国上下共同努力，长期奋斗。而在这里，加强与完善社会主义道德建设有着十分重要的地位和作用。

一

和谐也是一个道德范畴。早在我国先秦时期，先哲们就强调“和实生物”“和为贵”。在往后的两千来年的历史发展中，和谐一直是中国传统文化特别是传统伦理道德文化的一个最高的价值目标，追求人与人、人与社会、人与自然、人自身的灵与肉的关系的和谐，成了历代先哲志士伦理致思、治国安邦的重心。在西方，从古希腊柏拉图的“理想国”到晚近的一些思想家和政治家也对社会和谐给予了高度的重视，致力于探讨和谐社会的实现及其维系的途径和方式。美国著名政治学家塞缪尔·亨廷顿就认为，和谐社会是由社会政治、利益和道德共同作用的结果。可见，在古今中外的思想家看来，离开了道德就不可能有社会的和谐，离开了道德认同，社会就会失去亲和力，就不可能有和谐社会可言。道德是社会和谐的重要的道义基础，也是建构和谐社会的精神动力。实践证明，在制约社会和谐的各种力量中，由道德价值观凝聚起来的精神上的和谐具有不可或缺的作用。人们只有有了共同的价值观念和道德诉求，面对社会的诸多矛盾和利益冲突，才能达成谅解、形成共识、理顺情绪、凝结意志和力量、协调行动，步调一致地去化解矛盾，消除冲突。因此，从伦理学意义上讲，可以说，和谐社会乃是社会的多元利益主体通过道德的认同和行为选择的协调而形成的一种有利于满足人的需要、促进人的发展具有良好道德关系和精神氛围的社会。

毋庸讳言，影响当代中国社会和谐的重要问题之一，是如何对待和处理公平、公正和效率的关系问题。这个问题本身就有着深刻的伦理道德内涵。现实表明，由于社会的某些不公造成了人们之间的摩擦、冲突，使社会公平、公正成为了牵动全社会各个阶层的一个普遍的社会问题，也是广大民众的一种强烈的精神诉求。但是，只要仔细地分析就可以发现，这些社会摩擦和冲突有不少并不仅仅就是由于财富分配不公而引起的，在很大程度上也是由于人们的不公平感所使然。显然，财富分配的不公和人们的不公平感并不就是一回事，后者涵盖着诸如文化、心理、传统、习惯等复杂的因素，在一定意义上，它主要取决于人们价值观念和伦理道德意识。事实上，人们的公平、公正的要求和效率意识之间的矛盾常常表现为社会调控和主体意识之间的不和谐，而在现今我国社会转轨时期，这种不和谐又常常具体表现为人们的一种矛盾的心态：一方面总希望自己能够不落入下风，能够平等地获得谋取物质利益的条件和机会，把凡是能够满足自己利益的观念和行为都看成是公平、公正的，反之则视为不公；另一方面又希望改革发展的机遇能格外地垂青自己，希望自己或自己所在的小团体能够独享资源、政策等多方面的优惠，能够享受改革开放发展的成果而不愿意承担其中的风险，目的就是使经济效益在自身获得最大化体现，否则不公平感便油然而生。这说明，我国当前人们的公平、公正的要求和效率意识的矛盾所反映出来的一个重要问题，乃是在对待个人利益同他人利益或社会集体利益的关系的理解和处理上存在着明显的偏颇与失衡。道德是人类精神的自律，是以调节人们的个人利益同他人利益或社会集体利益的关系问题为中心而展开的。在不同的时代，由于历史条件、经济关系、阶级基础不同，对于这两者的关系有着不同的取舍和处理，形成了不同的行为规范和价值方针，社会主义道德则是以协调这两者的关系，实现其和谐一致的发展为基本价值方针和总的价值目标的。因此，加强社会主义道德建设无疑可以为促进化解我国社会当前公平、公正和效率的矛盾，实现社会和谐，提供道义基础和价值导向。

如果说和谐社会是一个公正、公平的社会，是一个人们能够按照社会主义道德精神正确理解和对待公正、公平和效率关系的社会，那么和谐社会也应该是一个诚信社会。诚信历来被说为一切道德规范和德性的基础。中国古代儒家认为："诚者，天之道也；思诚者，人之道也。"（《孟子·离娄上》）强调"民无信不立"（《论语·颜渊》），"事无信不成"，指出它是个人事业获得成功，人际合作得以进行，社会秩序得以维系的基本的道德条件，自然也是建构和谐社会的题中应有之义。特别是在市场经济条件下，诚信是保证市场的秩序和有序的最基本的要求。法国经济学家魁奈说过，如果每个人都把自己的资产负债表写在自己的脑门上，社会福利将会大为增进。诚信之所以能增加社会财富，促进资源的优化配置，创造社会和谐的物质基础，首先在于经济活动中的诚实不欺、讲求信用可以大大降低交易费用。如果人人都诚实守信，社会活动的信息透明度增加，人们行为的确定性增强，就可以大大减少人们在经济活动中获取信息和辨识信息的费用、谈判费用、监督费用，以及由于违约所造成的种种成本。如果一个社会欺诈成风，交易中尔虞我诈，人们将不得不花大量的精力、时间和财力去相互防范和解决各种欺诈造成的纠纷，大量的资源就不能用于生产性活动，从而使社会丧失大量的可以创造出来的财富。其次，诚信也是促成社会财富增长的一个激励条件。社会财富是靠人们的生产性劳动所创造的，如果一个社会中缺乏诚信风气，通过欺诈可以轻易地获得财富，就会使一些人缺乏进行生产性努力和投入的动机，社会财富就必然减少。而且，当一个社会充满道德风险时，人们对未来就必然缺乏稳定的预期，因而使人们或者采取短期化行为，捞一点算一点，而不顾资源的长远优化配置；或者减少和不进行资源投入，以保障已有利益。这些行为也将大大降低社会资源的有效利用率，扭曲资源的配置，造成社会总福利的下降和损失。所以，市场经济要达到有序的最佳状态（即经济学上的帕累托佳境），它也应该是一个“人人诚实的君子国”。在当代中国，如果说市场经济健康有序地发展乃是建构社会主义和谐社会物质的和社会的基础，那么建构社会主义和谐社会也应该是一个加强诚信道德建设的过程。可见，加强社会主义道德建设既是建构社会主义和谐社会的基础性工程，也是建构社会主义和谐社会的最重要的精神基础和道义保证。

二

当然也应该看到，建构社会主义和谐社会，也对社会主义道德建设提出了新的要求，提供了新的契机和推力。和谐社会只能建筑在和谐的道德的基础之上。

孔子说：“君子和而不同，小人同而不和。”（《论语·子路》）这里讲的“和”是以承认差异、矛盾甚至冲突为前提的，并不是要以“同”代“和”。《论语》云：“大德不逾闲，小德出入可也。”（《论语·子张》）孔子在这里所表现的是一种在坚持道德原则的前提下的宽容精神和包容态度。毛泽东也强调在我国社会主义建设中，要形成一种既有民主又有集中，既有纪律又有自由，既有统一意志又有个人心情舒畅的那样一种生动活泼的政治局面。毛泽东这里讲的也同样适应我们今天在建构和谐社会过程中的道德建设。它说明多元化和一元化是辩证统一的，在弘扬主旋律的同时也要尊重多样性。现实的情况是：在我国社会转轨时期，现代化的发展冲破了传统社会那种人的生存空间狭小、职业划分简单、社会结构单一和人们的社会身份稳定的状况，也超越了计划经济条件下来自体制内直接约束力量较大，人们的生活方式和交往领域仍然处于平面化的状况，社会领域的分化、利益主体的多元化，人们生活的公共领域和私人领域的相对分离，已经成为一个不争的事实。与此相适应的，人们的价值观念、道德标准、行为取向也日趋多样化、多元化。在这种情况下，我们的社会主义道德建设如果只是一味地停留在强调要以一种伦理观念、道德规范来取代或置换另外的伦理观念、道德规范，显然会出现力不从心的尴尬。其原因就在于作为一种长期目标的高尚性和纯洁性，并不能为消解现实的多样性提供合理性的依据。而重要的是如何在社会主义道德的基础上把社会的多元价值观念和人们行为的多维的道德取向整合起来，使其得到合理的调适并保持适度的张力，最终能够在整体上不偏离正确的轨道，朝着社会主义方向前进。这是我们社会主义道德建设必须直面的新情况、新问题。社会主义道德建设应该适应这种新情况，面对这些新问题，这样才能实现道德与社会的和谐，也才能为构建社会主义和谐社会提供道义支撑和精神纽带。

事实上，社会主义道德是人类道德发展史上一切合理的、健康的、有利于人的发展和精神完善的积极成果的总汇与升华，它始终是以事实和价值在社会实践的基础上的辩证统一为立足点的。如果说和谐本身就是一种道德要求的话，那么构建社会主义和谐社会就应该是社会主义道德建设的现实的目标指向。我们应该从这一现实的目标指向来思考和改善我们的社会道德建设。具体说来，在我国现今社会转轨时期，我们必须以建立社会主义市场经济新秩序为总体价值坐标来思考社会主义的道德原则规范体系的建构和完善，并由此出发，对于一些长期积郁在人们心头的伦理困惑和道德疑难，诸如功利主义、人道主义、个人主义、集体主义等重大的理论问题和实际问题，作出历史和现实、理论和实践相统一的新的诠释，并引导人们以开放的心态去吸纳和消化西方发达国家在伦理学研究和道德建设中的积极成果，使之能够“以我为主，为我所用”，成为社会主义道德体系的构成因素。为此，我们不妨以社会主义道德的基本原则集体主义为例来做些说明。很显然，社会主义和谐社会应该是一个以集体主义为人们共同信念和行为选择方针的社会。但是也应该看到这个原则在实践中不仅常常受到了来自个人主义、利己主义的挑战，也常常受到了以平均主义和等级服从为特征的传统社会的群体主义和整体主义的挑战；人们不仅曾经把许多未来不属于它的东西附加在它的身上，也给它涂上了某些不切实际的空想的成分。这就需要予以澄清，需要严格地区分集体、群体和整体的本质差别，划清“真实的集体”和“冒充的集体”“虚假的集体”（恩格斯语）的界限，弄清集体主义的真实含义和价值精神，只有这样，才能使它在建构社会主义和谐社会中发挥其巨大的调节功能和凝聚功能。

事实上，集体原则所指称的“集体”是随着近代社会化大生产的产生而产生的，是“控制了自己的生存条件和社会全体成员的生存条件的革命的无产者的集体”。这种集体是自觉形成的，它有着共同的利益和目标，担负着改造旧的社会关系的使命，因此，它不同于传统社会的群体和整体，因而它并不否认组成集体的个体成员之间的差异性和独立性，而是在充分重视和尊重这种差异性和独立性的基础上，根据共同利益，按照一定的组织原则而自觉组成的人们的共同体，因此它本质地区别于按照一姓一族的血缘关系或纯粹狭隘的地域联系而形成的人的集合体即群体，这种群体的联系是自发的、外在的、偶然的，它是以个人和群体的利益相分离甚至对立为基本特征的，所谓“各人自扫门前雪，休管他人瓦上霜”，就是对这种群体的内外关系的典型表达。同时，集体主义所指称的“集体”也是作为按照宗法等级原则组织起来的一家一姓的封建国家整体的对立物而产生的，这种封建整体乃是建立在“人的依赖关系”的基础之上的。构成整体内部人们之间的关系是一种人身依附、等级服从的关系，它是以否定个人、个性、个人利益、个人的价值和尊严为其存在条件的。集体主义所指称的"集体"，在形式上也具体表现为或小或大的有一定组织系统、组织形式和活动方式的个人之间的共同体，如生产单位、事业单位甚至阶级、国家和整个社会，但这种集体的基本结构是：作为集体，它是由各自具有独立性的个体组合而成的；作为个体，它又是集体中相互联系、彼此协调一致的具有独立性的个人。所以集体主义指称的集体，就其基本的结构关系而言，乃是对个人的共同体和具有独立性的个人这两个方面关系的抽象。它的本质就充分地体现在马克思所说的"自由人联合体"之中。因此它具有如下的基本特征：第一，组织的有序性。它有结构严谨和相对稳定的组织系统，依靠系统的整体功能发挥着不同于个体的集体的作用；第二，利益的一致性。这是集体之所以能够形成的根源和基础。这种利益不是被诸如宗法关系或抽象的观念掩盖着的虚幻的利益，而是一种实实在在的经济的和精神的利益。正是这种根本利益的一致，才使集体和组织集体的个体成员相互联系、相互促进、有机统一；第三，义务的双向性。这是说集体同组成集体的个体成员之间在权利和义务上始终是互为对象的，而不是像封建宗法整体的那种以权利与义务相分裂为特征的单方面的片面的义务体系。正是这种义务的双向性才使集体得以存在和发展，并获得其"真实集体"的内涵，而那些形形色色的"虚假的集体"或"冒充的集体"则正是集体主义在其实践的过程中要不断冲破和克服的对立物。

对集体概念本质特征的揭示表明，集体主义作为社会主义道德的基本原则，其价值内涵本身就是一个系统，它主要包括三个相互联系、相互制约、相互补充、相互促进而又层次递进的价值规定。它就是：集体利益的首要性和优先性；个人利益的合理性和正当性；个人利益和集体利益的结合性和协调性。对于集体主义来说，无论是集体利益还是个人利益都是以肯定对方的存在为前提并由此才能确定其价值合理性的根据的。集体利益之所以是首要的、优先的，它不仅是对"私人利益本身已经是社会所决定的利益”这样一个基本的社会事实的客观肯定，它也是对“只有在集体中，个人才能获得其全面发展其才能的手段，也就是说，只有在集体中才可能有个人自由”这样一种人和集体的客观关系的价值升华；而个人利益的合理性、正当性，则不仅内含着对“个人利益不是一个道德戒律，而是一个科学的事实”（普列汉诺夫）的尊重，同时它也告诉我们一旦人们从自己的个人利益出发去行动时，它就必然要形成某种利益关系结构，其行为的有效性就要取决于其利益诉求的合理性和正当性，而这种正当性和合理性不是来自某种主观的臆断或外在特许，它只能取决于它们是否损害他人或社会集体利益。至于个人利益和集体的结合性、协调性则表明，在特定的情境下，当个人利益和集体利益发生某种矛盾、冲突时，集体主义所要求的不是简单地去寻求牺牲某一方面的利益以求得矛盾冲突的解决，而是要努力地寻求两者的契合点、结合部，形成一种互利互惠的矛盾冲突的化解方式，做到如毛泽东讲的“统筹兼顾”“公私结合”。所以，在马克思主义的文本中对集体主义的阐释从来就强调集体主义不是否定个人的合理的、正当的利益，而是要使个人利益和集体利益结合起来。因此，集体主义作为社会主义社会人们行为选择的一种基本的价值方针，始终是以个人与集体、与社会的和谐发展为旨归的，是以最终实现“每个人的自由发展是一切人自由发展的条件”那样一种社会状况为最高的价值目标的。对集体主义的这种价值内涵和伦理精神的彰显表明，集体主义并没有简单地抛弃在农业社会中，在宗法整体主义支配下人类所历史地获得的那种“社会情感”的合理成分，也没有简单地否定人类在工业社会中，在个人主义主导下所获得的那种尊重个人的独立性、重视个人利益、个人的价值和尊严的积极成果，而是在新的基础上，以扬弃的形式综合了这些成果，使其获得更合理、更有利于人的发展与社会的和谐的科学形式。因为无论是传统社会的宗法整体主义，还是近代社会的个人主义，尽管都曾经是人类自身发展的一个必经的阶级，但它们又都是以个人同社会的隔离，人与人之间的利益冲突为其存在条件的。同时，即使是在社会主义市场经济条件下，在商品交换和市场竞争中，集体主义也是一种能够保证其健康有序发展的精神的、道义的基础。总之，如果说要建构社会主义和谐社会就必须加强社会主义道德建设，而要加强社会主义道德建设，那么就必须澄清人们自觉不自觉地附加在以集体主义为基本原则的社会主义道德身上的脱离现实的说教的成分，恢复它的本来面目，真正使其立足于现实的基础之上，这样才能使社会主义道德建设与和谐社会的建构本身和谐起来，充分发挥社会主义道德在建构和谐社会的实践中的应有功能。

三

如果把道德看作是建构和谐社会的精神纽带，是实现人际关系、社会运行的各方面的关系良性互动、协调发展的润滑剂，那么这种道德本身不仅应该是立足现实、贴近生活、合乎人心的，而且在它的功能发挥中，在实际的道德评价中，也应该是实事求是的，能够为民众所认同、所接受的。任何一种道德功能的发挥也有赖于它自身内部的和谐，其中作为精神层面的道德观念和实际生活中的道德评价的一致性就是至关重要的，为此就必须正确地把握行为道德评价的维度，分清“应当”“正当”和“不当”的价值含义。

人们的社会关系归根到底是一种利益关系，人们总是自觉不自觉地在一定利益的驱动下去思考、去行动的。因此，问题不在于人们是否追求自己的利益，而在于怎样去追求自己的利益，对待利益持什么样的态度。道德的要义就在于它要从价值观上解决人们对待利益的态度问题，它通过应当、不应当的评价方式去调节人们的利益关系，和谐人们的社会关系，促进社会的和谐发展。在道德上，一种思想和行为或多或少对他人或社会集体有利，便称之为道德的或应当的行为，反之，则称之为不道德的或不当的行为。然而社会生活是十分复杂的，人们的思想和行为也是丰富多彩的，这就决定了在社会生活中，在道德的或不道德的行为、应当的或不当的行为之间，还会存在大量的虽然是主体出自自身的利益但其并不必然地损害他人或社会集体利益的思想和行为。这种思想和行为是不具有道德的属性的，是一种非道德性的行为，在一般的情况下，它乃是一种正当的思想和行为。这里讲的正当，是指一种追求或维护个人正当利益的思想和行为。所谓正当的个人利益，是指人们在生活和工作中，通过诚实劳动或合法经营的途径或方式所追求和获取的、用以满足个人正常生活和有效工作的物质的或精神的利益。它并不完全等同于个人的需要和欲望。后者要受到社会条件的制约，会因时、因地、因事的不同而不同，它本身不存在正当或不正当的问题。但是，如果只讲求个人的需要和欲望的满足，不顾现实的条件，不做适当的调节，任其泛滥，就可能因此而损害他人或社会集体的利益，这种个人的需要和欲望就成了不正当的了。同时，正当的个人利益也不等于自私自利。自私自利是私有制社会产生和发展起来的一种观念和行为，就其思想体系而言，它属于剥削阶级的意识形态。它具有两大特征：一是损人利己，不择手段地去牟取和扩大个人的私利；二是无视或逃避自己应该履行的对他人或社会应尽的义务。因此，无论从历史的发展还是现实存在的根据来看，它都是社会主义道德必须予以否定的，是一种不道德的或不当的思维和行为。与此不同，个人的正当利益之所以是“正当”的，首先，它是一种通过诚实劳动或合法经营所谋取的利益，它体现了“得所当时”的社会公正、公平和正义的要求，这正是社会主义道德所要追求的目标之一。其次，它是出自人们能够正常生活和有效工作的需要，因而是个人存在和发展的必要前提和基本条件。这种利益在社会主义社会，它理所当然地要受到道德的肯定和保护。

在现实生活中，不少人总是自觉不自觉地从“非此即彼”的思维模式出发，把行为的道德维度二分为“应当”和“不当”，以为人们的思想和行为不是应当，就是不当；不是善就是恶，不是崇高就是卑劣；不是毫不利己、专门利人，就是自私自利、损人利己；等等。这种二元对立的道德思维模式由于夸大了道德存在和作用的范围与限度，取消了人们社会生活的道德边界，只看到“应当”才是合乎道德的，才是善的，实际上使道德成为了一种纯粹理想的东西。这种片面性必然会导致如下不良后果：一是过分地拔高道德的要求，使道德因此而变得高不可攀，很难落实于现实生活，很难充分地发挥其社会功能，人们也会因此而缺乏自觉自愿地践履道德要求的动力，甚至产生某种逆反心理；二是将本来不应该受到谴责的思想和行为简单地归结为不道德的或“不当”的范畴，因而会使人把道德看作是一种人的樊篱，使人们不得不事事小心，处处谨慎，成为谨小慎微的谦谦君子；三是以这种非善即恶的二元对立的思维模式来分析社会道德生活，势必堵塞人们理性地把握现实的道德生活的道路，使人们不能正确地认识道德生活的复杂性、变化性，以致形成盲从的思维定势和行为特征，消解行为主体的道德自律，使道德在泛道德主义的道路上越走越远，甚至造成“道德霸权”泛滥。历史证明，如果我们把人们出于自身正当个人利益的思想和行为也不加分析地、削足适履地纳入道德评价的范围，给予道德的或不道德的、应当和不当、善和恶的价值判定，那么整个社会的道德生活就会缺乏自由的空间和必要的张力，而人们也会因此而变得无所适从。到头来，只能是由于道德自身的越位而失去它应有的权威，变成一种貌似吓人而形同虚设的纯粹形式化的东西。这就势必要影响人际关系的和谐，造成人们之间、个人和社会之间关系的紧张。

摆脱“非此即彼”的二元道德思维模式的束缚，肯定社会生活中在道德的行为和不道德的行为之间存在着大量的非道德性的行为，即在“应当”和“不当”之间存在着大量的“正当”的行为，这不仅是社会生活的事实，而且也是道德功能得以发挥的一个重要的条件。很显然，在一个和谐的社会里，一种健全的道德之所以成为社会的必需，就在于它能够通过倡行“应当”，褒奖善行，遏制“不当”，贬斥恶行，造成一种良好的社会氛围和条件，来保证人们“正当”的利益的实现，使“正当”的行为不受到干扰甚至侵害。生活的事实也告诉我们，一个有德之人，一个行为高尚的人，他们总是能够或多或少地牺牲个人的利益，来维护和保障他人的正当利益的实现，或者他们总是能够同那些“不当”的不道德的行为或恶行进行斗争，来维护或保障他人“正当”利益或社会集体利益的实现。道德并不是一种自在自为、自满自足的东西，道德也不能以自身为目的，道德的高尚性正在于它的为他性，道德只有在维护他人的正当利益和社会集体利益中才能显示其尊严和价值。人们也只有在自己的正当的利益得到道德的呵护中，才能体验到道德的必要性和重要性，才能萌生自己的道德心，因而引发出对道德的向往和追求。假使人们的正当的利益不但得不到道德的呵护，反而为道德所不容，总是这样或那样地受到道德的干涉甚至指责，那么人们就可能把道德视为异己的东西，或敬而远之，或阳奉阴违。所以，从更广泛的意义上来讲，道德的功能的发挥、道德的生命力，正在于对人们的正当行为、正当利益的维护和保障。它之所以要反对“不当”的行为，反对恶行，最终恐怕还是要落实到对人们的正当行为、正当利益的维护上。因此，在道德评价中，我们必须把握好行为“应当”“不当”和“正当”的维度，才能如实地给道德以正确的社会定位。生活的辩证法就是这样，真理再往前跨进一步就成了谬误。强调道德没有必要也不应当去干预人们的正当的行为、正当的利益，正在于提升这种行为和利益，使之由此而上升为应当的行为、道德的行为。事实上，我国改革开放以来，党和政府所做的一切，从一定意义上讲，就是要启动人们正当的个人利益这个杠杆，并把它纳入社会主义现代化建设事业的轨道上，来实现国家的富强、人民的幸福和社会的和谐发展，来推动社会道德的进步。

总之，就整个社会而言，社会主义道德必须是“应当”（即善）行为的引导者和鼓舞者，是“正当”即非道德性行为的鉴定者和保护者，是“不当”（即恶）的行为的鞭挞者和清除者；就个人而言，人们应当用社会主义道德来武装自己，保证自己行为的正当性，追求自己行为的应当性，避免自己行为的不当性。这些正是社会主义道德的先进性和广泛性相结合的要求在实际的道德生活领域里的具体体现，只有这样，人际关系才能亲近融洽，社会才能和谐有序。

（原载于《江苏社会科学》2005 年第 4 期，《光明日报》摘介）

论社会主义道德的核心：为人民服务

党的十四届六中全会第一次以决议的形式，强调“社会主义道德建设要以为人民服务为核心”，明确地肯定了为人民服务是社会主义道德的核心，这是一个极为重要的精神，是社会主义道德建设的新思路。因此，从理论和实践的结合上，认真学习、深入理解这一重要精神，把握这一新的思路，对于加强社会主义思想道德建设，促进社会主义市场经济有序健康地发展，加速我国现代化进程，具有重大的理论意义和实践意义。

一、为人民服务是道德中心问题的科学解决，是区分社会主义道德和一切非社会主义道德的分水岭

道德的中心问题是个人同他人、个人同社会集体的利益关系问题。任何道德都是“以或多或少的自我牺牲为前提”的（普列汉诺夫）。但是如何理解和认识“自我牺牲”？使“自我牺牲”指向何处？对于这些问题的解答，不同时代、不同阶级的人们所持的立场和态度却是大相径庭的。在奴隶社会和封建社会，奴隶主阶级和地主阶级在“宗法整体主义”的道德原则下，把“自我牺牲”视为臣民维护“君权至上”的单纯的片面的义务，使“自我牺牲”在实际中成了否定人们正当的个人利益、抹煞个人存在的意义和价值的精神枷锁；在资本主义社会，资产阶级则诉诸个人主义、利己主义的道德原则，把“自我牺

牲”说成是人们以“远虑”或“互利”为鉴以便求得一种契约化或有规则的社会秩序，来谋取个人利益和个人幸福的手段，因而把社会集体利益曲解为个人利益的简单地相加，使之变成一种纯粹的社会虚设和伦理的假定。这些道德类型无论是以道德目的论形式还是以道德工具论形式出现，虽然在社会发展的一定阶段上都有其产生和存在的理由，并也曾在历史上起过某种短时期的积极作用，但是，从根本上讲都是对道德中心问题的扭曲。之所以如此，就在于它们都是以私有制为基础的社会关系在道德领域的延伸，它们的本质都是一个“私”字，它们的价值指向都是少数剥削者个人的财富和幸福，而它们在现实生活中的实际表现则都是少数人对绝大多数人的压迫和剥削。这就说明，如果不把“自我牺牲”同“为什么人的问题”联系起来，其行为的伦理性质和道德价值是要受到局限甚至是难以确定的。

毛泽东指出：“为什么人的问题，是一个根本的问题，原则的问题。”毛泽东的这一论断不仅是区分各种政治原则和观念的试金石，也是科学地解决道德中心问题的根本出发点，因而也是本质地区分各种不同的道德类型的分水岭。

马克思主义就是坚持在解决为什么人这一根本问题中来建构和发展无产阶级的社会主义道德体系的。马克思学生时代就立下了“为人类福利而劳动”“为全人类作牺牲”的宏愿。但是当他成为一个马克思主义者之后，他便意识到这些口号的抽象的性质，他和恩格斯在《共产党宣言》中深刻地指出：“过去的一切运动都是少数人或者为少数人谋利益的运动。无产阶级的运动是绝大多数人的、为绝大多数人谋利益的独立自主的运动。”“为绝大多数人谋利益”这一最初反映无产阶级革命运动的根本宗旨和无产阶级道德观念的全部精髓的论断，在列宁那里得到了更明确的论述和更具体的规定。列宁在谈到为谁服务的问题时指出：“不是为饱食终日的贵妇人服务，不是为百无聊赖、胖得发愁的‘几万上等人’服务，而是为千千万万劳动人民，为这些国家的精华、国家的力量、国家的未来服务。”列宁不仅鲜明地提出了社会主义道德要“为千千万万劳动人民”服务的要求，而且还把它同资产阶级道德、同“努力消灭‘人人为自己，上帝为大家’这个可诅咒的准则”联系起来。毛泽东创造性地继承和发展了马克思主义的这些科学思想，他结合中国的实际和民族特点，总结了中国共产党人在领导人民大众进行民主革命过程中的光辉革命实践和道德实线，在对“人民”的概念作出科学的界定的前提下，将这些科学思想高度凝练成“为人民服务”五个金光闪闪的大字。这五个大字集中地体现了无产阶级在对待为什么人的问题上的根本立场和根本宗旨，它不仅揭示了无产阶级在解决道德中心问题时的阶级特性，显示了社会主义道德的崇高价值，而且还使之获得民族化、大众化的形式，成为具有先进性和广泛性相统一的道德箴言。邓小平在新的历史条件下，坚持、捍卫、丰富和发展了马克思主义、毛泽东思想的这一光辉思想。他始终把为什么人的问题作为社会主义思想道德建设的基本出发点和归宿，反复强调必须“提倡和表彰‘全心全意为人民服务’”的精神，他在尖锐地批评一些人试图以各种借口淡化甚至否认“全心全意为人民服务”精神的错误思潮时，义正词严地指出：“我们还要大声疾呼和以身作则地把这些精神推广到全体人民、全体青少年中间去，使之成为中华人民共和国的精神文明的主要支柱。”党的十四届六中全会把“为人民服务”确定为社会主义道德建设的核心，第一次从党的决议的高度明确了社会主义道德体系的核心精神和价值源泉，正是对马克思主义、毛泽东思想和邓小平理论关于无产阶级社会主义道德体系的核心的思想的坚持和贯彻，它高扬了无产阶级解决道德中心问题的阶级特性和社会主义道德体系的崇高价值，为我们加强社会主义思想道德建设指明了正确的方向，开辟了现实的道路。

“为人民服务”是无产阶级只有解放全人类才能最终解放自己的历史地位和阶级本性的科学概括。社会主义制度确立以后，它更是以公有制为主体的经济基础的客观要求。它把人类道德发展史上在处理人我、己群关系问题上长期存在的利他主义和利己主义、道义论和功利论的对立和分裂，第一次提高到是否促进历史发展的高度来考察，因而坚持了历史的尺度和道德的尺度的统一，实现了道德的目的性和道德的工具性的统一，促进了个人利益和社会集体利益的结合。这就为道德中心问题的解决提供了科学的基础，找到了现实的承担者。

人民是一个历史的范畴，是对历史发展起推动作用的阶级、阶层和集团的总称。为人民服务作为社会主义道德的核心，要求热爱人民群众，对人民群众负责，把人民群众的利益放在首要的位置，以人民群众的根本利益作为衡量自己一切言论行动的最高标准，这就使“自我牺牲”始终同历史进步的方向联系起来，成为一种对社会发展利益的自觉追求，因而也就成为一种人们对自己的社会本质的积极肯定。因此，为人民服务绝不意味着是对个人正当利益的漠视，而是引导人们超越私有制条件下所特有的狭隘眼光的限制，真正把个人正当利益的满足同千百万人民群众的共同利益的实现统一起来，把个人的眼前利益同长远利益统一起来。这种对个人同他人、个人同社会集体的利益关系问题的解决，凝结了马克思所揭示的任何“私人利益本质上都是社会的”科学真理，它以一种全新的视角和特有的时代精神充分地表达了对人民群众的正当的个人利益的高度关注，它不仅为每一个能够对历史发展起推动作用的人们的个人利益的实现开辟了现实的道路，而且把这种利益升华到历史的高度，高扬了个人正当利益的伦理价值，使人们的个人利益的满足过程成为对自身价值的肯定和实现的过程。

人民群众是历史的主人，是社会实践和道德活动的主体，因而为人民服务也是人们发挥其道德的主体性的坚实基础和现实源泉。很显然，那种一讲到“服务”或“自我牺牲”就认为是人的道德主体性的丧失的观点，是站不住脚的。所谓道德的主体性，是指作为主体的人在一定的道德情境中对待所面临的道德客体即以他人或社会的行为活动为载体的道德准则、行为规范的主动性、积极性和创造性。它具体表现为作为主体的人的自我道德意识、行为选择的意志自由和行为活动的自我调节。人的活动总是由某种需要所驱动的。而需要就其一般的本质而言，乃是作为主体的人对外界对象的一种关系。人有物质生活的需要，就得同自然界进行物质、信息、能量的交换，因而就得依赖于自然界；人有友谊、爱情的需要，就得有朋友、异性对象。人的这种精神生活的需要所表现的则是人在社会生活中个体对群体的依赖关系。所以，需要并不是纯主观的东西，而是客观世界和客观过程引起的一种必然性，是人类对外部世界的一种必然的依赖关系。由于这种依赖关系，人的活动也必然是一个个人同他人、个人同社会集体交往和联系的过程，这一过程的内容和性质，归根到底是由社会经济关系决定了的。在以私有制为基础的阶级对抗的社会里，由于人们被分裂为一个个单独的私有者，由于私人利益成了人们一切言论行动的出发点和归宿，因而一般说来，人们在对待和处理个人同他人、个人同社会集体的交往和联系时，总是要这样或那样地力图使之朝着有利于实现自己的私人利益的方向发展。所以尽管在历史上不少伦理学家都强调高扬理性精神的重要性，都十分重视用理性来控制个人情欲和非理性的冲动在道德生活中的意义，并认为这是发挥个人的道德主体性的前提。但是，私有制所决定的个人情欲和非理性的冲动却成为一股不可抑制的洪流，致使人们不能不这样或那样地压抑或丧失自己的道德的主体性。封建道德把人变成宗法关系网络上的一个纽结，人成了维护这种宗法关系的单纯的手段。资产阶级道德则使资本家本身也成了资本的人格化。这哪里谈得上什么人的道德的主体性。无产阶级是社会化大生产的产物，社会主义社会以公有制为主体的经济关系的确立和发展，更为人与人之间的同志式的互助合作的关系，为个人和社会的和谐一致的发展创造了现实的基础，开辟了广阔的道路。在这种新的社会历史条件下，马克思、恩格斯所揭示的“只有在集体中，个人才能获得全面发展其才能的手段，也就是说，只有在集体中才可能有个人自由”的真理，才能真正显示出它科学理性的光辉，才能使人们对其产生广泛的认同和自觉的意识。因此到了这时，弘扬个人的道德主体性就不是意味着个人的任性，而是意味着高扬自己的责任意识，用理性来调节自我，克服那些由于个人欲望和非理性冲动而产生的动机，加强“主体意志的自律”，在实现和完善他人、社会的过程中实现和完善自我。这一过程也就是为人民服务的过程。可见，在社会主义社会，为人民服务绝不是什么个人道德主体性的丧失，而是实现和充分发挥这种主体性的坚实基础和现实源泉。这就决定了人们在为人民服务中，“服从”不再是盲从，不再是奴性，而是自主自觉的行为选择，是对崇高道德价值的自觉追求，是必然和自由的统一；而“自我牺牲”也不再是单纯的失去，更不再是被剥夺，而是个别的、暂时的“失”和无限的、永恒的“得”的统一，因而也是人们实现自己的个人的价值和社会的价值、内在的价值和外在的价值的统一。雷锋所说的一个人“只有把有限的生命投入到无限的为人民服务中去才是最幸福的”的名言，就道出了这一真理。

当然，还应该看到，为人民服务作为社会主义道德的核心精神和价值源泉，既是对以往一切旧道德的彻底否定，也是对人类道德生活史上所积累的优秀成果的批判继承和发扬光大。它在唯物史观的基础上，在对人的社会本质的科学把握中，扬弃并弘扬了西方道德史上的利他主义所包含的合理因素，也是对中国传统道德中民本主义、仁爱精神的超越和提升。它以其特有的革命的阶级属性、科学的内涵、崇高的价值，充分地反映了当今的时代精神，正在日益成为人民群众道德生活的精神支柱。

二、为人民服务是社会主义道德体系的灵魂，是推动社会主义道德诸原则规范由“应然”转化为“实然”的价值动因

在阶级社会里，任何道德类型都是一个多层、多维度的复杂体系，而要把组成这种道德类型的诸多原则和规范整合成为一个有机整体，

以发挥其功能，就必须有一个价值原点作为其灵魂才能实现。在社会主义道德体系中，为人民服务就是这一价值原点或灵魂，它不仅是把社会主义道德整合成为一个有机整体的整合力量，而且是推动社会主义道德的原则和规范由“应然”转化为“实然”的价值动因。

任何道德体系除了作为其核心层次的道德原则和规范是一定阶级的意志和利益的集中体现外，它还必须把历史上作为文明成果积淀的各种一般的道德规定包含于自身，因而在不同程度上显示出阶级性和全民性相统一的特定的历史结构。社会主义道德体系也是如此。相对而言，它比历史上任何阶级都更加重视历史上传承下来的诸如社会公德、职业道德和家庭美德等方面的优良文明成果，更加自觉地把这些文明成果包含于自身，并使之发扬光大。但是，任何道德体系的全民性和阶级性并不是两个相互独立、互不相关的系列，而是一种对立统一的关系。在这个对立统一体中，阶级性是其实质和基础，全民性则不过是其形式的外观和必要的补充；道德的全民性并不具有独立存在的意义，而是通过其阶级性表现出来，并始终要受到阶级性的制约。之所以如此，就在于一般地说来，道德作为人类精神的自律，它总是同人们所追求的某种精神价值紧密地联系在一起的，而人们追求什么样的精神价值，在阶级社会里总是要受到其阶级地位和利益的制约。在社会的道德生活中，同一种道德行为可以在不同的精神的支配下产生，也可以包含不同的甚至截然相反的行为动机和目的，因而它的自觉程度、道德价值及其所显示的道德境界也是不同的，这一点尤其突出地表现在对于那些社会各个阶级都不能否认的、具有全民性因素的一般的道德规定的实际行为活动之中。为人民服务是无产阶级的阶级特性和根本利益在社会道德领域里的集中表现，而作为人类文明成果的积累、具有全民性因素的一般的道德规定，只有当其贯彻和体现了为人民服务的精神时，才能获得它特有的社会主义的价值认定和高尚的性质，也只有从为人民服务的高度出发来认识和践履这些一般的道德规定，它们才能获得真正自觉的伦理性质，摆脱其在以私有制为基础的阶级对抗的社会所特有的形式性、狭隘性和虚伪性。事实上，党的十四届六中全会决议所倡导的以文明礼貌、助人为乐、爱护公物、保护环境、遵纪守法为主要内容的社会公德，以爱岗敬业、诚实守信、办事公道、服务群众、奉献社会为主要内容的职业道德，以尊老爱幼、男女平等、夫妻和睦、勤俭持家、邻里团结为主要内容的家庭美德，其中虽然大多数内容千百年来就一直被写在各种关于道德的格言之中，但是如果缺乏为人民服务的精神作为其灵魂和价值动因，它们是不可能获得社会主义道德的崭新性质的，也不可能得到全体人民的广泛的认同和认真的践履。它们之所以成为了社会主义道德体系的重要组成部分，成为了社会主义精神文明建设的重要内容，正在于它们是为人民服务的精神在公共关系、职业活动、家庭生活这些人类道德生活的特殊领域中的具体体现和实际贯彻。集体主义是社会主义道德的基本原则，对于这一原则的理解和践履，也离不开为人民服务精神的价值定向和价值动因。

我们知道，集体主义最初作为道德和法的概念是由 18 世纪法国启蒙思想家卢梭首先表述出来的，19 世纪德国哲学家黑格尔作了进一步的论述。马克思主义援引了这一概念并作了科学改造和重新界定。著名早期马克思主义者拉法格就强调，集体主义只有作为社会主义、共产主义的同义语才能为无产阶级所接受。因此马克思主义强调，集体主义作为社会主义道德的基本原则，是以“真实的集体”（马克思语）为前提的。集体是一个人群集合的概念，但不是任何人类的群体都是集体主义中所指称的集体。集体是在社会化的大生产中形成的，是以组织的有序性、根本利益的一致性、集体和组成集体的个体相互间义务的双向性为其基本规定的。可见，集体只有以人民群众为主体，并体现为人民服务的精神，才是“真实的集体”。这种“真实的集体”，一方面是为人民服务精神得以发扬的群众基础；另一方面，正是由于灌注了为人民服务的精神，它才充满了生机和活力。所以，为人民服务乃是区分“真实的集体”同历史上产生和存在的以血缘或地缘为组带自发发生的宗法群体，以维护少数剥削阶级利益的阶级整体和现实中还存在着的违背人民群众根本利益的小集团、小帮派等“虚假的集体”的试金石。后者或者以松散无序的存在状况为特征；或者以组成群体或整体的成员之间利益的分离和对立为其存在条件；或者是由于暂时利益的需要凑合在一起，而以牺牲其组成成员的根本利益、长远利益为代价的。虽然这些群体或整体也常常以集体的名义出现，但一旦用是否真正为人民服务这个试金石去检验，它们的虚假性就必然暴露无遗。

同时，集体主义作为社会主义道德的基本原则，包含着三个相互联系而又层次递进的内涵：(1) 集体利益的权威性或首要性；(2) 个人利益的正当性或合理性；(3) 集体利益和个人利益的结合性或协调性。很显然，这三个相互联系、层次递进的内涵并不是一种可以直接等同、互相替代的结构。在现实生活中，它们之间也常常会产生不一致甚至矛盾的情况，那么怎样才能使其成为一个相互促进、相得益彰的有机整体呢？这就需要一种整合的力量，为人民服务的精神就是这种精神力量。因为只有在为人民服务的精神的指导下，集体利益的权威性或首要性才能得到维护，才能唤起个人对集体的道德责任心和义务感；个人利益的正当性或合理性也才能得到真正的承认和关注，因为它本身就是作为一定集体组织的代表者为人民服务的题中应有之义。这样也就可能在个人利益和集体利益之间形成一种和谐一致的关系，使个人利益和集体利益的结合性或协调性得以实现，成为真正实实在在的东西。可见，集体主义作为社会主义社会调整人们之间利益关系的基本原则，始终是以个人同社会和谐一致的发展，并最终实现如马克思所说的使“个人自由全面的发展能够成为一切人自由全面发展的条件”为其最高的价值目标的。而要实现这一价值目标，就必须由为人民服务的精神来推动，只有这样，人们才能够切实地践履集体主义道德原则，也才能够在社会主义社会形成人人都是服务者、人人也都是服务对象，人人都是目的、人人又都是手段，个人是社会的、社会也是个人的那样一种道德氛围和社会风尚。这样，集体主义原则也就不是什么抽象的道德规定，而是人们生活的内在需要，是人们行为的实际准则。

道德体系的原则和规范的各种具体要求，总体上便凝结成为一种特有的价值模式，这就是“把国家和人民利益放在首位而又充分尊重公民个人合法利益的社会主义义利观”。这种社会主义的义利观既反对见利忘义、重利轻义的思想和行为，又反对离利谈义、重义轻利的道德说教，它要求把道义的价值和功利的价值统一起来，使之形成一种以义率利、促利，义利互动互促、并举共进的优化结构。这种社会主义的义利观在实际生活中便具体表现为国家和人民利益的首要性和尊重公民个人合法利益的充分性的统一。社会主义国家是人民利益的忠实代表者，国家和人民的利益乃是“义”之所在，公民个人必须将其摆在首要的位置，树立服务人民，维护和发展国家利益的责任感和义务心；公民个人乃是人民群众中的一分子，尊重公民个人合法利益的充分性所要求的则是国家公务员应当努力成为人民利益的忠实代表者，始终以为人民谋取最大限度的合法利益作为自己的最高职责和义务，这也是“义”之所在。上述这两个“义”虽然主客关系不同，但它们实在的内涵和共同的指向都是为人民的利益服务，也只有在为人民利益服务中才能把国家和人民利益的首要性同尊重公民个人合法利益的充分性有机地统一起来。可见，作为一种价值模式，社会主义义利观本质上不过是为人民服务在利益关系上的价值表达。

为人民服务之所以能够如上所述，是社会主义道德的灵魂，是将其整合为一个有机整体整合力量，并成为推动社会主义道德原则和规范从“应然”到“实然”转化的价值动因，这不仅在于它是植根在我国历史上的道德文化崇尚群体、重视精神价值的优良传统的深厚土壤之中；也不仅在于它具有通俗易懂，简便明白，为人民群众喜闻乐见的表达形式；更重要的是，它具有既伟大高尚又平凡普通的品格，它能够把社会主义道德的先进性要求和广泛性要求结合起来，有利于从人们的实际道德水平和思想觉悟出发，教育、引导人们不断地追求更高的道德目标，并把这种目标逐步内化为自己的道德要求，从一种道德境界向另一种更高的道德境界不断前进。事实上，在我国今天的现实生活中，人们对于为人民服务可以通过不同层次、不同形式、不同方面来践履和表现出来：毫不利己，专门利人，无私奉献是为人民服务；干一行，爱一行，勤勤恳恳地做好本职工作同样是为人民服务；同志间互相关心、爱护、帮助是为人民服务；热心公益，助人为乐，见义勇为，扶贫济困也是为人民服务；即便是私营经济，只要是合法经营，接受国家的监督、管理、引导，讲求质量和信誉，按时照章纳税，那么他们在为自己谋取利润的同时，其行为也符合“三个有利于”的原则，在我们这个人民当家作主的国家里，实际上也是在为人民服务。可以说，在我们社会里，人民无处不在，服务处处可行，为人民服务实实在在，同人们的生活息息相通。任何人不论处于何种岗位，不论其能力大小、职位高低，都应当而且能够为人民服务，都时时处处有着为人民服务的用武之地。人们通过这些不同层次、不同形式、不同方面的为人民服务，便可以切实体验到社会主义道德的真正内涵，提高道德认识，形成相应的道德感，激发出更大的道德热情，推动社会主义道德的原则和规范从“应然”到“实然”的转化。

三、为人民服务是社会主义道德建设的核心，是实现社会主义和市场经济结合的价值中介和精神基础

在人类文明发展中，道德是精神文明的核心部分，是决定精神文明发展的方向和性质的关键因素，也是协调一个社会的精神文明和物质文明之间的关系，并把两者整合为一个有机整体的重要机制。在社会主义社会，要实现精神文明同物质文明协调一致、同步发展，就必

须加强社会主义道德建设，并使这一庞大复杂的社会系统工程，围绕着弘扬为人民服务的精神这个核心来展开。

建立和发展市场经济，是我国人民加强物质文明建设，实现社会主义现代化的中心任务。我们的精神文明建设必须围绕这个中心来开展。为此一个关键的问题是，如何解决社会主义和市场经济相结合的问题。这是一个前无古人的艰巨的历史课题，是社会主义精神文明建设特别是社会主义思想道德建设的主要目标。理论和实践、历史和现实都反复证明，要实现这一结合，达到这一目标，就必须大力弘扬为人民服务的精神，因为只有大力弘扬为人民服务的精神，才能为实现社会主义和市场经济的结合提供价值中介和精神基础。也只有从这个高度出发，我们才能正确认识、深入理解为什么“社会主义道德建设要以为人民服务为核心”。

为人民服务是社会主义本质特征的集中表现，也是建立市场经济体制，保证市场经济沿着社会主义正确方向有序健康发展的内在要求。这就决定了只有为人民服务才能充当社会主义和市场经济相结合的不可缺少的价值中介。

历史证明，市场经济作为商品经济发展到发达阶段的产物，作为人类走向现代化的一个不可逾越的阶段，它绝不只是一种单纯的、孤立的经济现象，它同时也是一种文化现象。市场活动的主体是人，虽然它形式上表现为商品的生产和交换、资本的流通和运转、资源的配置和利用，但这些都不过是人的活动的一种物化形态，它必然蕴含一种属人的东西，即蕴含一种相应的文化精神和价值理性。如果没有这种相应的文化精神和价值理性作为其精神动因、规范因素和定向定位的机制，商品经济是不可能得到长足的发展的，更不可能形成现代市场经济的。这一点早已为古代文明发展最早的一些国家的商品经济发展所走过的衰落的历史道路所证明。发达的商品生产和现代市场经济的发展，无论是在19世纪中期以来的西欧，还是在20世纪60年代以来经济腾飞的日本和亚洲“四小龙”，都形成了一种相应的文化精神和价值理性作为其依托，正是这种被一些国外称之为在新教伦理基础上孕育成长出来的以个人为本位的“资本主义文化精神”，或者从东方传统家庭伦理模式中发展而来的“以集团为中心”的“亚洲资本主义精神”，才为欧美和东亚国家的商品生产和市场经济的发展提供了动力源泉、价值规范和定向定位的机制。这就有力地说明，尽管不同的国家和地区，由于历史文化背景的差异、国情的不同，特别是发展商品生产和市场经济体制的性质和形式的区别，因而可以形成不同的文化精神和价值理性，但是，如果没有一种相应的文化精神和价值理性作依托，要发展现代商品生产和市场经济是不可想象的。

我们知道，我国在实现现代化的过程中，要大力发展的不是资本主义的商品生产和市场经济，而是社会主义的商品生产和市场经济。很显然，它所需要的就不能是西方的以个人为本位的资本主义文化精神和价值理性；也不可能是日本和亚洲“四小龙”的所谓“亚洲资本主义”文化精神和价值理性。因为二者虽然形式上有所不同，但本质上都不过是私有制在现代商品生产和市场经济发展中的一种价值延伸。社会主义商品生产和市场经济是同社会主义基本制度相结合的，是建立在以公有制为主体的经济基础之上的，是以社会主义社会人与人之间同志式的互助合作的关系为基础的，这就决定了它必须要以社会主义的文化精神和价值理性为依托，只有这种文化精神和价值理性才能为社会主义的商品生产和市场经济有序迅速地发展提供动力源泉、价值规范和定向定位的机制。当然，社会主义的文化精神和价值理性是一个内容十分丰富、十分广泛的范畴，但是如前所述，它的主体便是社会主义道德价值体系，它的核心则是为人民服务的精神。

应该肯定，市场运行的机制是市场主体所追求的利润的最大化，从这个方面看，也可以说市场经济是一种“求利”的经济。但是如果我们的认识仅停留在这一点上，不做具体分析，那就是十分片面的。事实上，市场经济作为一种发达的商品经济，它也要受到商品生产本身的规定性所制约。既然商品生产是一种为了交换而进行的产品生产，那么就得承认商品生产本身也包含着一种为他的属性、服务的属性。所以马克思说："谁要生产商品，他就不仅要生产使用价值，而且要为别人生产使用价值，即社会的使用价值。"事实是，不管商品生产者和经营者的主观动机和目的如何，如果他们不能使自己生产或经营的产品首先能够满足他人或社会的需要，那么他们所要追求的利润就是一句纯粹的空话。这就是为什么诸如"顾客至上""竭诚服务"之类的话几乎成了一切存在商品生产和市场交换的地方所流行的口头禅的原因。还有一个基本的事实是，商品生产和市场经济只是一种经济形式，它可以同各种不同的生产方式结合在一起，并成为其发展经济的一种形式。现实生活中没有什么脱离一定生产方式的抽象的商品生产和市场经济，只存在与一定的生产方式结合在一起的具体的商品生产和市场经济。因此，作为一种经济形式的商品经济本身客观地存在着一种为他的属性、服务的属性是一回事，人们能否正确地认识它，并把它提升为一种伦理原则和道德观念而加以实行之，却是另一回事。因为人们总是而且只能是从自己实际的社会存在、从现实的生产方式特别是其中的所有制关系中来吸收和形成自己的伦理原则和道德观念。这就不难看出，建立在以私有制为基础的生产方式之上的商品经济，其本身所具有的为他的、服务的属性必然会实际地遭到压抑甚至扼杀，使其成为一种形式上的社会的假定和伦理的虚设。这是由于私有制把人分裂成为一个个单独的私有者，使私人利益成为人们的一切行为的出发点和归宿所必然造成的。因此，在以私有制为基础的商品经济条件下，"利润的最大化"也就不能不成为私有者所奉行的所谓"人不为己，天诛地灭""人人为自己，上帝为大家"的处世哲学的实践形式。所以马克思曾经揭露说，在资本主义商品经济条件下，"每个人为另一个人服务，目的只是为自己服务；每个人都把另一个人当作自己的手段相互利用"。

社会主义市场经济是建立在以公有制为主体的经济基础之上的。我们知道，生产资料所有制决定着人们在生产中相互关系的性质，因而也决定了社会主义商品经济在生产的目的、运行机制和分配方式等方面，都本质地不同于以私有制为基础的商品经济：它的生产目的乃是为了全体人民的共同富裕和幸福；它不但可能而且必须由代表全体劳动人民利益的社会主义国家进行宏观调控，形成政府依据价值规律调控市场，市场引导企业的经济运行模式；它所实行的是对广大劳动者的个人消费有利的按劳分配制度。由于这些，就决定了它必然地要把前述商品经济本身所具有的为他的、服务的属性凸现出来，将其服务的对象指向广大人民群众，并在这个前提下把商品生产者和经营者所追求的合法利润和自身的特殊利益，同国家和人民的共同利益结合起来。于是，在社会主义商品经济条件下，所谓“利润最大化”的内涵也因此发生了根本的变化，它已不再是也不应当是私有者所奉行的所谓“人不为己，天诛地灭”“人人为自己，上帝为大家”的处世哲学的实践形式，而是在上述结合的基础上的经济效益、社会效益和生态效益的统一。由此可见，为人民服务绝不是同社会主义商品经济毫不相干甚至根本对立的，相反地，它正是植根在社会主义商品经济的特殊本性之中的，是对这种特殊本性在道德意识上的自觉把握和价值观念上的自觉升华，因而它理所当然地成为实现社会主义和市场经济有机结合的价值中介，成为社会主义道德建设的核心。

还应该指出的是：社会主义的市场经济虽然把商品生产本身所具有的为他的、服务的属性凸现出来，并把它所服务的对象指向广大人民群众，但为人民服务的思想作为一种科学的人生观、价值观的核心，并不会自发地产生出来，这同工人运动不能自发地产生马克思主义是同样的道理。这只能说明，加强社会主义道德建设，大力弘扬为人民服务的精神，不仅是社会主义市场经济发展的内在要求，也是保证市场经济真正沿着社会主义正确方向有序健康发展的先决条件和精神基础。显然，任何商品生产都必须面向市场，不论是对商品的生产者、经营者还是对商品的消费者而言，市场就成了他们的生产、经营和消费的直接调节者，因而市场的法则就可能像一只“看不见的手”支配着他们。在这种情况下，一般商品经济所包含的矛盾就可能被激发出来，就可能产生诸如商品生产者和经营者只追求商品的交换价值而忽视其使用价值的倾向；商品生产者和经营者只顾自身的特殊利益而忽视社会集体利益的倾向；在由商品交换而实现的个别劳动向社会劳动转化过程中的见物不见人的倾向；等等。这些都说明，即使在社会主义条件下，作为一种经济体制，市场经济也存在着自发性、盲目性和滞后性的弱点。由于这些弱点，使社会主义商品生产的本身所存在的为他的、服务的属性也可能遭到压抑甚至被扭曲。特别是我国现今还处于社会主义初级阶段，社会生产力还具有多层次、不平衡、水平低的特点，整个社会的经济格局还呈现出一种多元化的状态，上述可能性就不可避免地要在某些地方、某些环节、某些人们身上转化为现实性。因此应该承认，即使是社会主义社会的市场经济，对人们的道德观念必然会既产生积极的作用又产生消极的作用。所以联系上述，从总体上看来，加强以为人民服务为核心的社会主义道德建设就不仅是现实可能的，而且是非常必要的。只有在不断完善和发展市场经济体制、努力建设社会主义的民主和法制的同时，大力加强社会主义道德建设，坚持贯彻落实党中央提出的“社会主义道德建设要以为人民服务为核心”的思想，努力弘扬为人民服务的精神，才能真正把社会主义和市场经济结合起来，才能为市场经济的发展提供动力源泉、价值规范和定向定位的机制，才能保证和促进市场经济沿着社会主义正确方向有序健康地发展。

（原载于《求索》1998 年第 2 期）

论集体主义的道德原则

集体主义是共产主义道德的基本原则。对于这个原则的崇高的道德意义，它在人类精神文明发展中的重大作用，长期以来并没有得到深入的探讨；一些资产阶级学者对于这个原则的各种攻击，也没有得到应有的驳斥。因此，加强对这个原则的研究，澄清一些认识上的是非，对于推动我国的四化建设，加速社会主义精神文明建设，具有重大的意义。

一

共产主义道德的集体主义原则的主要内容和要求是：把社会集体利益摆在高于一切的位置上，一切从无产阶级和人民群众的整体利益和长远利益出发；坚持个人利益服从集体利益，局部利益服从整体利益，暂时利益服从长远利益；在保证社会集体利益的前提下，把个人利益同社会集体利益结合起来；当个人利益同社会集体利益发生了冲突的时候，能够自觉地先集体后个人，牺牲个人利益乃至个人的生命，以维护和发展社会集体利益。可见，概括地说，集体主义原则，就是一个社会整体第一，顾全大局的原则，这个原则既体现了社会集体对个人的社会权威，揭示了个人对社会集体的道德责任，又肯定了个人利益的合理性，强调了社会集体对个人利益的关注和满足。因此集体主义是一个保证个人同社会和谐发展的价值准则，其最高的价值目标，造成一个使个人自由全面发展能够成为他人自由全面发展的条件，集体主义的产生，是人类道德生活的一次伟大变革，是社会精神文明发展到一个崭新阶段的重要标志。

集体主义道德原则彻底否定了资产阶级利己主义道德原则。它强调社会整体利益高于个人利益，要求人们“努力消灭‘人人为自己，上帝为大家’，这个可诅咒的常规”，但是，它并没有因此而抛弃人类道德进步所获得的历史内容，它保留了诸如“人是目的”等人类道德认识的合理因素，肯定了人的个人利益的必要性和合理性，并把这些真正奠定在现实的基础上。集体主义道德原则要求人们努力把“人人为我，我为人人”的原则变成自己的“习惯”和“生活常规”，使自己的生命活动服从于有社会意义的目的，这个目的就是为社会主义和共产主义而斗争，实现人的彻底解放。为了达到这个目的，人们必须使自己的努力，同千百万别人的努力结合起来，只有这样，人们才能使自己合理的个人利益得到满足，使自己个人的存在具有社会意义。从这个意义上讲，它最充分地体现了“人是目的”的精神，实现了目的和手段的直接统一，即人人都劳动，人人都占有；人人都创造，人人都享受。这种劳动和占有的统一，创造和享受的统一，正是集体主义道德原则的具体体现。

集体主义道德原则强调在服从社会整体利益的前提下，实现个人利益和社会整体利益的统一，这好像是向原始道德的起点的复回，但是它却集中了人类脱离原始状况后几千年历史发展和道德发展的成果，排除了原始道德所特有的朴素性、狭隘性和外部性。现在，集体主义已经不是原始的氏族意识的道德表现，不是原始人的自发的习惯，而是在社会发展的高级阶段上，在人类社会关系空前丰富的条件下，人们对个人利益和社会整体利益统一的科学的认识和高度信念的产物，是人类社会从无阶级社会到阶级对立社会再向无阶级社会过渡的否定的否定的漫长的历史发展过程的伟大道德成果。

正因为如此，集体主义道德原则一经产生便表现出它的强大的生命力。它不仅指导无产阶级和劳动群众胜利地进行了反对资本主义统治和一切剥削制度的伟大斗争，而且成为社会主义国家人民群众精神上和道义上统一的支柱。社会主义经济制度的确立，使人与人的关系变成了同志式的、团结友爱、互相合作的关系，个人利益和社会整体利益之间因而也就获得了能够而且必须统一的经济的和社会的前提。正如斯大林提出的，在社会主义制度下，“个人和集体之间，个人利益和集体利益之间，没有而且也不应当有不可调和的对立，不应当有这种对立，是因为集体主义，社会主义并不否认个人利益，而是把个人利益和集体利益结合起来”。集体主义道德原则也就成了社会发展因而也是个人发展的必要的社会形式。

二

自从集体主义道德原则产生以后，它就一直遭到资产阶级及其理论家们的攻击、诋毁。资产阶级及其理论家们硬说，集体主义是同个人尊严的要求相对立的，它把“主体漏掉了”，抹煞了人的价值，把人变成了某种一般东西的附属物。因此，他们给集体主义加上了诸如“原始的部落的集体主义”“集体的非道德主义”等种种蔑词。那么，集体主义同人的价值到底是什么关系呢？理论和实践都反复证明，集体主义不仅不抹煞人的价值，恰恰相反，只有集体主义才能为真正实现人的价值提供可靠的保证。

所谓价值就是客体即价值物能够满足主体即人的需要的肯定性。价值本身是一个关系范畴。马克思说：“‘价值’，这个普通的概念，是从人们对待满足他们需要的外界物的关系中产生的”，因此，当人们谈论自身的价值时，无非是要说明他能否在社会中实现自己的需求，也就是说，人的存在和需要能否从社会或他人那里得到承认和满足。可见，要正确地认识人的价值，就必须正确地回答这一些问题：人的需要是什么，人的价值怎么才能实现？衡量人的价值的标准是什么？

所谓需要，就其一般的本质而言，是人对外界现象的一种依赖关系。人有物质生活和精神生活的需要。前者所表现的是人对自然界的一种依赖关系；后者所表现的则是人类社会生活中个体对群体的一种依赖关系。所以，需要并不是一种纯主观的产物，而是客观世界和客观过程引起的一种必然性。人的需要的形成虽然有两种不同的方式，一种是由自然形成的，这是由人的自然属性决定了的，一种是社会形成的，这是由人的社会属性决定了的，但从根本上讲，则都是“社会创造的需要”。因为在社会存在不断发展的条件下，即使原先是一些纯粹生理的自然需要，也逐渐地、必然地失去其自然色彩，进入“社会创造的需要”的范围，事实上，需要只有进入“社会创造的”范围，才能成为人的实际的需要，如果说人类的祖先原始人最初穿上衣服是出于生理上御寒的需要，那么现在人们的服饰起了多么大的变化，这种变化的每个方面都无不是“社会创造的”。这就决定了需要的满足始终是一个具体的、历史的过程。首先，它同一定社会的生产和再生产过程相联系。这是两个同步平行的过程。如果从需要为生产提供观念对象这一视角看，那么需要的满足过程是一个先行的过程；如果从生产为需要提供实在的对象这个视角看，那么生产过程又是先行的过程。由于需要是一个发生——满足——发生的永恒之流，生产是一个生产——再生产的不息过程，所以两者之间是互为条件、互为前提的。脱离了生产和再生产的需要的满足，是不可思议的。其次，任何生产都是在一定的生产关系中进行的，人类的生产和再生产过程也是一个人们的生产关系的生产和再生产的过程，正是由于人的需要的满足过程同社会生产和再生产过程的不可分割性，决定了它同社会关系的不可分割性。所谓社会关系的基本含义，按照马克思的解释，就是“许多人的合作”。集体性是人的社会关系的基本特性，社会关系本身就是一种集体力量的存在形式和力量。可见，人的需要无论就其本质、产生和满足过程，从根本上讲都离不开一定的社会集体。剥削阶级的道德原则，把个人的私利摆在他人和社会集体利益之上，使两者处于对立的状况，因而在本质上歪曲了人的需要的社会本性，成为束缚人们精神生活进一步丰富发展的桎梏。而集体主义道德原则则强调，人们在处理个人利益同集体利益的关系时，必须坚持社会第一、顾全大局的前提下，把个人利益同社会集体利益结合起来，这就科学地反映了人的社会关系的内在要求，深刻地体现了人的需要的社会本性，因此，只有集体主义道德原则才为解决人的价值问题提供科学的基础。

以上说明，所谓人的价值问题，说到底，就是一个人同社会的关系问题。在社会生活中，人既是主体，又是客体；社会对个人可以构成价值，个人对社会也可以构成价值。个人同社会是辩证统一的，不能截然分开。因此，讲人的价值就必须首先强调组成集体的大多数成员，即人民群众的价值，然后才能谈得上集体中每一个成员即个人的价值。所以，个人价值的实现是和他所属的集体的价值的实现不可分割的，前者是后者的结果，后者是前者的保证。集体主义道德原则反映了个人和社会之间互为主客体的双向的价值关系，并把二者有机地结合起来了，它既包括了集体对个人的重视和关怀，又包括了个人对集体的责任和贡献。怎么来衡量个人的价值呢？

这也不是人们自己主观想象的东西，而是有客观尺度的。各个人尽管可以设想自己是什么，但绝不等于说他实际上就是什么。个人的价值在于个人的发展是否促进了社会集体的发展，而且这种价值也只有通过个人与集体的关系才能表现出来。这就是说，衡量个人的价值的尺度，应该是他对社会集体的贡献。一个人要获得自己生存的价值，就应该更多地考虑个人对社会集体的贡献；一个人能在多大程度上满足社会的需要，促进社会集体事业的发展，他个人的价值也就有多大。在社会主义社会，如果站在剥削阶级利己主义的立场，一味地谋取个人的私利，只讲个人的需要和享乐，那么，就必然破坏集体的利益，阻碍社会的发展，这只能看作是个人价值的丧失。相反，集体主义道德原则要求个人利益服从集体利益，当两者发生冲突的时候，要勇于牺牲个人利益维护集体利益，这就保证了个人对社会贡献总是大于个人对社会的索取。可见，集体主义道德原则也体现了关于人的价值的一种正确的标准，是衡量个人的价值的科学的社会尺度。

三

资产阶级及其理论家们在攻击共产主义道德及其集体主义原则时，还喋喋不休地宣称：集体主义导致了个性的“划一化”，阻碍了人的自由地全面地发展。事情真是这样吗？恰恰相反，集体主义是人的自由地、全面地发展的根本途径。

马克思指出：“个人的全面性不是想象的或设想的全面性，而是他的现实关系和观念关系的全面性。”可见，人的发展，是一种历史的范畴，它们在不同历史发展阶段，有着不同的内容，它既决定于社会生产力的发展，人和自然界进行物质交换的对象的丰富程度，又决定于人的社会联系的丰富程度。

在原始社会，由于生产力极为低下，生产规模极为狭小，人的活动被局限在氏族——部落的极有限的范围之内，原始人只有在这种狭小的天地之内，才表现为“社会的动物”，还根本谈不上个人的自由地、全面地发展。到了奴隶社会，生产规模有所扩大，因为这时商业交往也出现了，体力劳动和脑力劳动的分工和科学技术的发展，国家的出现，使人所生活于其中的“社会”，有了更多的内容。但当时人们之间的社会联系也是很狭隘的。广大奴隶不用说，就是奴隶主一般地也只是一个城邦之内的居民，除了战争和掠夺之外，真正跨越地域的联系并不多，中国奴隶时代的所谓“普天之下，莫非王土，率土之滨，莫非王臣”。实际上，这个“普天之下”当时就仅仅限于黄河流域的中原地区。封建社会虽然出现了跨地区之间的商业交往，但封建生产关系的基础是小生产。这种分散的、相互孤立、互相隔绝的生产方式和闭关锁国的状态，决定了人仍然是地域性的臣民。马克思在分析造成法国农民的涣散性的原因时，就指出："他们进行生产的地盘，即小块土地，不容许在耕作时进行任何分工，应用任何科学，没有任何不同的才能，没有任何丰富的社会关系。"资本主义的社会化大生产，才真正打破了人们之间的地域联系，建立了世界历史性的联系，但是，资本主义社会又是最完整的社会性的社会，生产的无政府状态，竞争和垄断，既把社会分割得四分五裂，又使得每个人像蚕儿作茧一样，把自己包裹起来，人与人的社会联系被物与物的关系所隔绝，作为这种社会关系反映的资产阶级的道德，更是"撕毁人的一切类联系，代之以利己主义和自私的需要，把人的世界变成相互隔绝、相互敌对的个人的世界"。所以，资本主义的深刻矛盾，决定了人只是以异化的形式才实现为社会的人，在本质上它正是对具有完整社会性、对人的自由的、全面发展的否定。

可见，资产阶级及其理论家们抽象地奢谈人的自由的、全面的发展，是十分虚伪的。在资本主义社会，充其量"人们的发展只能具有这样的形式……一些人靠另一些人来满足自己的需要，而一些人（极少数）得到了发展的垄断权，而另一些人（大多数）经常地为满足最迫切的需要而进行斗争，因而暂时（即在新的生产力以前），失去任何发展的可能性"。

但是，随着资本主义社会的发展，特别进入帝国主义阶级，资本主义制度所造成的压抑人的个性，歪曲人的本质，把人片面化的严重社会后果，就开始日益成为社会进步的障碍，因为这时生产发达到这样的程度，社会财富的尺度已经不可能再靠直接掠夺工时来规定，人的有用性也不可能再用他所付出的体力劳动的数量来规定。充分发挥人的主动精神和创造才能，节约工时，把必要劳动降低到最低限度，造成社会财富的新的更高的形式。现代科学技术的革命极大地加速了这一社会过程：生产工艺、消费标准和形式，都在迅速发生变化，各种信息源源不断，瞬息万变。为了适应这一切，社会需要意志坚强的个人，他的德、智、体都比较发达，能够独立地组织和管理自己的生命活动，意识到自己在迅速革命化的世界上的地位和积极作用，自觉自愿地使自己的活动服从于同社会目的相一致的崇高而富有内容的目的，这就是说，社会生产的飞速发展，要求具有新的本质，成为完整的、和谐的、全面发展的人，然而，腐朽的资本主义生产关系，则与此背道而驰，于是，消灭私有制，消灭阶级和剥削，就成了历史的必然。

社会主义革命的胜利，标志着人在自然界面前，在世界面前真正站起来了，它为人的自由的、全面的发展，开辟了广阔的道路。因为生产资料公有制的建立和发展，为人成为社会联系极其广泛，社会关系极其丰富的具有完整社会性的人，提供了坚实的经济基础。在社会主义社会，个人的劳动以不同程度直接表现为社会劳动，每个人作为社会成员，都是生产资料的所有者，但又都不是生产资料的独有者，个人是社会的，社会是个人的，这就是说，社会主义生产关系的本质决定了人真正成为了社会的人，成为了和社会统一的人。另一面是，正如列宁指出的："实际上，只有从社会主义实现时起，社会生活和私人生活的各个方面才会开始真正地迅速地向前推行，形成一个有大多数居民然后是全体居民参加的真正群众性的运动"，这种真正的群众运动正是人的全面发展的实践基础。可见，人的发展同社会的解放是完全一致的。这是一个历史发展的过程，而无产阶级革命的胜利，社会主义制度的建立，则是这一历史发展过程的一个质的飞跃，由此不难理解，为消灭资本统治，实现社会主义、共产主义社会服务的集体主义道德原则，不仅包含了实现人的自由的、全面的发展的目标，而且它本身就是人的自由的全面的发展的唯一社会形式。

在社会主义条件下，所谓人的全面发展，是指人的德、智、体获得多方面的、充分的发挥和动用，人的内心世界丰富多彩，具有崇高的道德情操和健康的审美趣味。这种全面发展的人，是以能够自觉地使自己生命活动服从于社会统一的崇高目的，主动地控制和创造自己的社会关系，成为历史的主体，历史的创造者、客观世界的自觉的改造者为标志的，而要造就出这种全面发展的人，脱离社会集体是根本不可能的。正如马克思、恩格斯指出的：“只有在集体中，个人才能获得全面发展其才能的手段，也就是说，只有在集体中才可能有个人的自由。”

当然，在社会主义社会，个人自由的、全面的发展也是一个历程，社会主义革命和建设事业是在曲折的道路上前进的。当前，由于我国经济文化不够充分发展，某些体制还不够完善，工作中的缺点和错误也在所难免，等等。因而，确实还存着种种不能尽如人意的地方，在某种特定的条件下，有的人还可能会遭受打击迫害，身处逆境，以至妨碍他们个人健康的发展。但是应该看到这不是社会主义制度的不合理，也不是集体主义阻碍了个人的发展。事实上，党和政府一经发现这些问题，就会采取各种措施来克服这些不合理的现象。因此，对于个人来说，认识上既不能把个人的发展看作一帆风顺的，更不能把个人的全面发展同集体主义道德原则对立起来，相反，唯其如此，就更应该以集体主义精神来对待个人的挫折和逆境。只有把个人的命运同社会主义集体事业紧密联系在一起，才能胸怀广阔，分清主流和支流，迎难而进，战胜逆境，不断地开辟个人全面发展的前进道路。

（原载于《湖南社科科学》1989 年第 5 期）

集体主义和社会公正论纲

社会公正在市场经济条件下，集中体现在“分配的公正”这个问题上，这又包括社会成员在社会利益的分配和社会负担的分配两个方面的公正问题。马克思曾经指出：“希腊人和罗马人的公正观认为奴隶制是公正的，1789 年资产阶级的公正观则要求废除被宣布为不公正的封建制度……所以关于永恒公正的观念不仅因时因地而变，甚至因人而异。”这就说明，公正作为一种调节社会利益分配的原则，乃是属于价值和价值评价的范畴，因而处于不同社会和不同利益关系中的人，总是从自己本阶级、本集团的利益出发赋予公正以不同的意义和模式，这就使得人们对公正原则的具体规定往往各不相同，甚至相互对立，于是便产生了不同的公正观，产生了不同的关于公正的理论。就后者而言，就有平均主义的公正理论、等级主义的公正理论、功利主义的公正理论、自由主义的公正理论等等。那么，社会主义的公正观和公正理论是什么呢？在我看来，它就是社会公正和集体主义的统一。这种集体主义公正观和公正理论，既包含了人类对社会公正问题理论反思的积极成果，又具有社会主义的特殊规定性。

社会主义集体主义的道德原则，是以“真实的集体”为前提的，其真实性就在于：第一，组织的有序性。它不是以血缘或地缘为纽带而自发发生的群体，而是适应着现代大工业生产的需要而产生的有组织的人的共同体。它有结构严密和相对稳定的组织系统，依靠着系统的整体功能而发挥着集体的作用。第二，根本利益的一致性。这是“集体”能够得以形成的根源和基础。这种利益不是被宗法关系掩盖着的虚幻的所谓“整体”利益，而是一种实实在在的经济的和精神的利益。正是根本利益的一致性，才使得集体和组成集体的各个体成员之间相互联系，相互促进，不可分割。第三，义务的双向性。这就是说，集体和组成集体的个人之间，在权利和义务上始终是互为对象的，而不是像封建宗法式的整体那样，是权利和义务相分裂的单方面的片面的义务体系。正是这种义务的双向性，才使得社会主义集体得以存在和发展。如果我们把马克思所说的“真实的集体”也看作是一个随着历史发展而不断发展完善的过程，那么在社会主义社会里具备上述三个特征的“集体”，就是“真实的集体”。社会主义集体主义道德原则就是以这样的“真实的集体”为前提的。

集体主义作为社会主义道德的基本原则，它所标示的是人们在行为选择中，要正确地处理集体利益和个人利益的关系，要努力在维护集体利益的前提下，把个人利益和集体利益结合起来；当两者发生冲突时，要能够顾全大局，做出必要的自我牺牲，以维护集体利益和个人利益的和谐发展。可见，集体主义旨在实现个人和社会的和谐发展，它是以个人自由全面的发展能够成为一切人自由全面发展的条件为最高的价值目标的。所以集体主义的价值内涵本身就是一个系统，它内在地包含着三个相互联系、相互制约而又相互补充、相互促进的层次递进的价值规定，这就是：集体利益的首要性和优先性；个人利益的正当性和合理性；个人利益和集体利益的结合性和协调性。对集体主义道德原则的全面的把握表明，集体主义虽然不等于社会公正，但它包含着公正的内涵，社会公正是集体主义题中应有之义。因此，集体主义对社会公正起着一种价值定位、价值定向和价值实现的关键作用，它是社会主义社会公正得以实现的重要的精神条件和行为选择的重要保证。在社会主义社会，离开了集体主义，社会公正的价值内涵就会变得空洞抽象，就无法同上述的平均主义公正观、等级主义公正观、功利主义公正观和自由主义公正观划清界限。

公正是一个常设常新的重要的伦理学问题。从理论上来看，历来的公正理论都把公正归结为三个层面的要求：1. 平等原则，它可表述为“同样的情况应当同样地对待”，或者说“平等的应当平等地对待，不平等的应当不平等地对待”。这是公正最低限度的要求，即所谓“形式上的公正原则”；2. 得所当得的原则，也即付出和获得能够相称对等，这里又有平衡的意思。所以拉法格说，公正观念“就是不要破坏天平盘上的平衡”。罗尔斯也认为，公正是“在平衡中考虑的道德判断”。3. 补偿原则，也即我们平常讲的“损有余而补不足”。很显然，分配公正的这三个层面的要求都只具有形式的性质，它可以容纳各种公正观，不同社会，不同阶级或集团的人们，都可以对其赋予各自的内涵，做出自己的理解和把握。这就说明，公正作为一个古老的最一般的价值范畴，由于其本身的形式性和普遍性，它要获得具体性和实践性的意义，还得有其他的具体的、实践的价值来规定，这就是为什么存在着平均主义公正观、等级主义公正观、功利主义公正观、自由主义公正观等各种各样的公正观的原因。社会主义既反对平均主义、等级主义，又反对狭隘的功利主义、抽象的自由主义，社会主义的公正只能由集体主义来予以价值定位，来推动其价值实现，社会主义的公正观只能是集体主义的公正观。

就平等原则而言，在市场经济条件下，公正所要求的平等，具体表现为在市场面前人人平等，在参与市场竞争中机会平等、平等竞争等等。这是市场经济得以存在和健康发展的伦理前提。只有在这个前提下所实现的资源配置和利益分配，才是市场经济条件下的公正，也才是有效率的。很显然，要维护这种公正，不仅要排除平均主义、等级特权和财产特权的干扰，还必须克服由于利益的驱动对上述平等要求的破坏。价格垄断，供求信息的不对称，竞争规则的失序，常常是这些干扰和破坏所造成的结果。因此，要实现市场经济条件下公正所要求的平等，至少必须具备两个条件：一是国家（社会集体的代表）对市场进行宏观调控，这里包括各种政策、法规、条例的制定和贯彻实施，以及对其执行者的管理等等，如果国家不能代表人民群众的利益在这方面充分发挥有效的职能，所谓在市场面前人人平等，参与市场竞争的机会平等、平等竞争，就将是一句空话。二是作为市场主体的企业、单位、组织必须能够对自身利益有着正确的理解，能够把经济效益和社会效益结合起来，在这个基础上去追求自身利益的最优化。而要做到这两点，自然涉及很多方面的问题，但是究其根本，都无不涉及个人利益（在这里主要表现为企业或商家的利益）和社会集体利益的关系问题。如果人们都能按照集体主义原则的要求，坚持国家集体利益的优先性和首要性，个人利益的正当性和合理性，并把这两者有机地协调和结合起来，且以此来规定平等的实在内涵，那么，市场经济所要求的平等，即起点上的平等而不是结果的平等，就能够为人们所理解。通过市场竞争所造成市场主体间的利益差别也就能够被视为合理的而为人们所认同。不仅如此，集体主义的价值导向，还有利于人们在市场经济条件下把权利和义务、竞争和协作等结合起来，克服权利和义务的分离，消除由于自发竞争所可能造成的对社会资源的浪费和消耗，以协作的生成性来补益竞争的消耗性。同样，在作为市场主体的企业和商家内部，其管理者和职工之间，也只有实行集体主义的公正观，才能有效地促进企业内部的平等的实现，真正形成企业内部的凝聚力。

所谓“得所当得”，在社会主义市场经济条件下，显然是同平均主义公正观、等级主义公正观格格不入的。那么是不是狭隘的功利主义公正观或自由主义公正观就能够使“得所当得”的问题得到合理的解决和正确的实行呢？也不能。例如，自由主义公正观认为，既然人们按照自己的方式对经济做出贡献，而且他们所做的贡献是他们自由选择的结果，因此按各个人的贡献来分配社会利益和社会负担在道德上就是相称的。这就是说，人们所应得的经济利益是同他们自由地贡献的经济成果成正比例的。根据这一理论，企业的董事和商家的经理们所得到的利益自然就会比其他员工的利益份额大得多。这种以纯经济成果为标准而排除对社会资源占有的多寡的考量的分配公正观，以其形式性和抽象性所表达的实际是“按资分配”的资本主义分配原则，它既适应资本主义私有制，又符合资本主义自由市场体制。它的结果必然会导致贫富两极分化而促使整个社会矛盾加剧。显然，这种“得所当得”本身也包含着剩余价值的剥削，实际上成为了“得所不当得”的不公正。它同社会主义的公正观也是相违背的。社会主义市场经济条件下的“得所当得”必须是在坚持“按劳分配”为主要分配原则的前提下，使劳动者的报酬和贡献相称。它具体表现为劳动者个人作为智力和劳力资源的拥有者参与市场和市场竞争。在人才、劳务市场建立和健全的情况下，劳动者有权进行自由选择，有权在机会均等、平等竞争的前提下，根据所创造的效益或贡献，获得相应的报酬。这里，“按劳分配”便具体表现为以劳动者的贡献或效益这个统一的尺度来对劳动者进行利益分配，很显然，它正是集体主义所指称的正当的、合理的个人利益。事实上，集体主义正是适应以公有制为主体、以“按劳分配”为主要分配原则的社会主义经济关系的需要而产生和发展的，所以，“得所当得”不仅是集体主义的一个重要的价值内涵，而且是以社会集体利益的优先性和首要性、社会集体利益和个人利益的协调性和结合性为价值要求的，这就不仅能够为“得所当得”的分配公正的实行创造一个良好的道德环境，而且能够为促进其实行和发展提供必需的价值动因。

至于社会公正所要求的“补偿原则”，更是同集体主义所指向的消灭剥削、避免两极分化，通过一部分人、一部分地区先富起来，最终达到共同富裕，实现人与人、个人与社会和谐一致的发展的价值目标完全一致的。如果说，在其他非集体主义公正观那里，对于落后地区、弱势群体的“补偿原则”只具有消极防范的意义，它的目的是旨在维护不公正的剥削制度的秩序和长治久存，那么在集体主义公正观这里则是一种积极价值追求的具体措施，其目的是促进人与人之间的互助合作的实现，使人与人、个人与社会和谐一致地发展。事实上，我们党和政府所实施的一系列重大举措，如脱贫致富、希望工程、完善社会福利保障体系，特别是西部大开发的战略的实施等等，就集中地体现了这种精神。

总之，“社会公正”在不同的价值体系中有着不同的内容、性质和价值取向。在社会主义社会，社会公正则要靠集体主义来进行价值定位和价值定向，也只有弘扬集体主义的精神才能使其获得价值实现的动力。社会公正的合理性根据，从现实的层面看，只有到社会主义商品生产、市场经济所获得的全新的性质中去寻找；而从价值的层面看，它只有到促进个人同社会和谐一致地发展，最终实现个人自由全面发展成为一切人自由全面发展的条件的价值追求中去寻找，而这些正是集体主义的价值目标，是社会公正所获得的社会主义的价值的特殊规定性。

（原载于《道德与文明》2004 年第 4 期）

爱国主义三题

爱国主义是中华民族的优良传统，是中华民族生生不息、自立于世界民族之林的强大精神动力。正确认识什么是爱国主义，怎样理解爱国主义与民族精神、国家现代化、经济全球化的关系，对于弘扬爱国主义精神十分必要。

爱国是一种理性行为

人们常常将爱国主义归结为对祖国的一种深厚的感情。但爱国不能停留在朴素的情感上，而应该成为一种理性的行为。诚然，爱国主义确实体现了人民群众对自己祖国的深厚情感。这种情感是千百年来人们在共同生活和社会实践中不断积累、世代相传的对自己故土家园的眷恋感、对骨肉同胞的归属感、对民族文化传统的认同感、对国家生存发展的自尊心和自信心的凝练与统一。正是这种深厚的感情，不断地推动人们认清自己应当自觉承担对祖国的责任与义务，坚持祖国的独立与统一，维护民族的团结与和睦，献身祖国的繁荣与富强。所以，所谓爱国主义，乃是人们对自己祖国的深厚情感和为祖国献身精神的统一。它是情感和理性的升华，它贯穿于中华民族发展的历史和现实中。

爱国主义反映了个人对祖国的依存关系，是人们对客观现实把握的一种特殊的理性形式。人的生命活动总是在一定的社会共同体中进行的，满足人的需要的生产劳动总是在祖国所提供的自然环境和社会条件中进行的，人们心理上对祖国能够满足自己的物质生活需要的体验，日积月累、世代相传，便逐渐稳定化和深刻化，从而形成了对祖国发自内心的感激和热爱的情感。这就是爱国主义的道德情感。同时，人们不仅有自然性的需要，更重要的还有体现人类本质属性的社会性的需要，这就决定了当爱国主义道德情感支配人们作出行为选择的时候，人们追求的不仅是物质需要的满足，更重要的是精神上的充实，人们理性上便会产生一种义无反顾地为祖国献身的热望和价值追求，这种精神状态以最凝练的形式反映了个人对祖国的依从关系。所以，爱国主义深刻地表明，个人的存在与发展总是要受到社会历史环境的制约并融于其中，而这个环境本身又是具体的、历史的人们相互交往的结果。这就是为什么人们心灵深处总是有一种割不断、舍不掉的对故土家园的归属感、对骨肉同胞的依恋感、对自己民族文化传统的认同感和对自己民族国家生存和发展的自尊心与自信心的深刻根源。从历史发展的观点来看，爱国主义标志着在人的社会本性发展和深化的道路上的一个非常重要的阶段，集中地体现了人的理性和情感相统一的固有特征。

中华民族的爱国主义优良传统源远流长。自古以来，爱国的思想和行为就受到人们普遍的褒奖和景仰，特别是到了近代，在反对帝国主义和封建主义的斗争中，中华民族作为一个由多民族融合而成的统一整体，为了国家的独立与领土完整，为了民族的尊严与发展，为了祖国的富强与繁荣，进行了前赴后继、不屈不挠的艰苦卓绝的斗争。正是在这一斗争中，人们深刻地认识到，祖国的统一和民族团结，是各族人民的最高利益和神圣职责，也是自身发展的客观需要。因为正是祖国给个人的成长发展创造条件，对个人的创造成果作出评价，为个人实现人生价值提供舞台、指明方向。中华民族爱国主义的优良传统和伟大实践，典范式地诠释了个人对祖国的依存关系，诠释了爱国主义不能只是停留在对祖国的朴素情感上，只有上升到理性的高度，才能避免盲目性与狭隘性，做一个真诚的理性的爱国者。

爱国主义是民族精神形成发展的精神动力

在爱国主义和民族精神的关系问题上，我们强调爱国主义是民族精神的核心，但绝不是一种简单的结构性的关系，更为重要的是，在中华民族发展史上，爱国主义乃是中华民族精神得以形成发展的精神动力和得以孕育的内在机制。

民族精神，是指一个民族群体意识和行为所显现出来的精神风貌和精神特质。中华民族精神源远流长、博大精深，爱国主义、团结统一、爱好和平、勤劳勇敢、自强不息等构成了中华民族精神的基本内涵，而其中的核心就是爱国主义。正是爱国主义使中华民族具有了高度一致的整体感、责任感和忠于国家民族整体利益的基本价值取向，对中华民族精神的形成和发展起到了精神动因、价值规范和定向定位的不可替代的作用。

首先，对国家民族整体利益的理解和把握，形成了一整套完整而持久的文化价值选择和整合机制。民族精神也就是我们通常所说的民族的文化精神。任何一个民族的文化都需要经过一个较长的历史过程才能逐步定型，中华民族的文化精神的形成也是通过筛选和整合不同气质的文化而逐渐形成的。在这个历史过程中，儒、墨、道、法、佛等多种文化形态都作出了各自不同的贡献。但它们之所以能够聚合成为一个有机整体，是经过了一定文化价值观念的自觉选择和整合。对于中华民族整体利益的价值共识，就是这种文化选择和整合的价值基础和机制。在这个历史过程中，经过相互间的碰撞、冲突与融合，最后保留和传承下来的不是它们各自的差异，而是深藏于它们之中的共同的文化视域和价值取向。事实上，也只有在国家民族整体利益的基础上，人们才能理解它们构成弥合互补态势的必然性和合理性，才能使其内化和积淀为整个民族文化得以历久而弥坚地延续的“精神基因”。

其次，对国家民族整体利益的维护，构成了中华民族精神发育、生长、壮大的动力机制。中华民族在历史上是一个屡遭劫难的民族。然而，不论是面对自然灾害，还是侵略、分裂和战争，中华民族总是在艰难困苦中空前地团结在一起，同仇敌忾，共渡难关，实现新的发展，表现出对国家民族整体利益的高度自觉。这种自觉，使中华民族的民族精神获得了不断超越和提升的巨大内在动力。

再次，对国家民族整体利益的正确理解和把握，使中华民族精神具备了一种独特的自我审视的价值规范。这种价值规范使它能够冲破狭隘的民族主义藩篱，深怀协和万邦、与人为善的价值追求和人文情怀。中华民族这种追求和谐、和平的价值诉求，体现了其对国家民族整体利益认同的独特视角。她始终认为国家民族整体利益的获得与维护，只能建立在民族大家庭中的各兄弟民族之间的携手共进和不同国家民族之间的和平共处的基础之上。这种独特的视角使中华民族精神获得了丰富的人文滋养，具有面向自己民族大家庭，始终反对狭隘民族主义和民族分裂主义，对各兄弟民族有着无与伦比的感召力。

可见，只有在爱国主义的基础上人们才能对中华民族精神的丰富内涵有着正确的认识和深刻的把握。弘扬中华民族精神，就必须高举爱国主义的伟大旗帜。

弘扬爱国主义精神维护国家民族利益

新世纪新阶段，我国社会主义现代化建设进入关键阶段。在新的历史起点上，如何认清爱国主义精神与现代化、经济全球化的关系问题，就显得更加重要。

首先，中国和世界上许多民族国家都共同面临着一个重大问题，即如何在经济全球化过程中寻找到最适合本民族的现代化发展道路。

其次，中国现代化的后发性使得其在当今世界的经济结构中处于弱势地位，如何在当今世界舞台上争取到自己生存和发展的权利，这也是对中华民族的一个严峻考验。再次，对于中华民族来说，现代化乃是社会主义的现代化，现代化之路是创新之路，现代化的事业是前无古人的崭新的事业，现代化的历史进程必将引发社会深层的转轨和变革，而在这种社会大转折的关头，能否发掘中华民族的精神力量，使现代化建设获得足够的人文支撑和强大动力，将关系到现代化的成败。在这样的历史条件下，西方一些人大力宣扬现代化应当放弃过去的以民族国家为本位的话语系统，“民族国家的时代已经过去”“民族国家的传统思维方式、行为模式已经过时”，必须淡化“民族国家的主权观念”等怪论。一些人看不到上述宣传的实质，产生了困惑。这是必须予以分析与澄清的。

诚然，世界经济的发展确实产生出了许多超越民族和国家界限的经济因素和理念，但必须看到，即使是在经济全球化的条件下，国家仍然是民族存在的最高形式，是国际社会活动的独立主体。而经济全球化所产生的矛盾也绝不是爱国主义与现代化的冲突，而是狭隘的经济视角、孤立保守的经济运行机制同经济发展要求合理的国际分工和平等的竞争机会之间的矛盾。这就是说，经济全球化格局绝不是在抛弃民族利益的基础上形成的，而是基于世界各国对于各民族之间利益的相关性和一致性的共识，这并没有抹杀国家民族之间的界限，相反地，它恰恰是基于对国家民族利益的高度关注。它也必然要求各国在参与经济全球化的过程中，坚定地捍卫自己国家民族的利益，这样才能使各民族国家在现代化过程中，保持自己的民族特色，促进民族传统的代际传承，实现民族文化的民族性和世界性的统一。所以，那种认为经济全球化趋势已成为一把解构民族精神的“剃刀”的说法，实质上不过是西方一些人出于自己国家的狭隘利益所制造出来的一种蛊惑人心的谬论。

中国是一个后发现代化国家，在追求和建设现代化的过程中曾受到过各种势力的反对、孤立和遏止。中国现代化建设之所以能够取得巨大成就，靠的是中华民族强大的民族凝聚力；靠的是自力更生、艰苦奋斗的奉献精神。放弃了爱国主义的优良传统，就等于放弃了民族的希望。应该看到，中国作为发展中国家不仅要面对经济方面的挑战，而且也必然要面对政治和文化上的挑战。西方发达国家利用经济、科技和军事等方面的优势，竭力输出他们的政治观、价值观、文化观和生活方式，力图主导经济全球化进程，把发展中国家纳入自己的发展模式和发展轨道。在这种情况下，更需要我们大力弘扬爱国主义精神，维护自己国家民族的利益。

（原载于《光明日报》2005 年 8 月 4 日）

论爱情的本质

——兼论恋爱道德

爱情，是一个古老的伦理范畴。历代的哲学家、伦理学家对它给予了极大的关注。但是，到底什么是爱情？对此，人们却作出了各式各样的解答。有的把它说成是人在“自然状态下”的肉欲；有的把它归结为“宇宙灵魂”的表现；有的把它描写为男女“才”“貌”之间的相互吸引，有的则把它理解为某种纯粹的精神之恋，等等。这许多关于爱情的解答，虽然反映着不同时代、不同阶级、不同世界观乃至道德境界的人们之间的差异，但也说明爱情确是一种复杂的社会现象。那么爱情的本质到底是什么？它经历过什么样的历史演变？作为社会主义时代的青年应该怎样对待它？这是本文需要探讨的问题。

一

恩格斯指出，爱情是“人们彼此之间以互相倾慕为基础的关系”。恩格斯的论断为我们揭示爱情的真谛提出了科学方法论的指导。它说明爱情是一种男女之间真挚诚实、相互倾慕、渴望对方成为自己终身伴侣的深厚专一的感情。如果对此加以分析，那么可以说，性爱、理想和义务是构成这种感情的三个基本要素，爱情就是由这三个基本要素构成的一种特殊的感情系统。

性爱，是爱情产生的自然前提和生理基础。男女青年在生理上发育到一定的程度，自然会产生对异性的追求，人类就靠这种性能繁殖后代，延续种族。也正是性爱把爱情同友谊、同亲人爱、同同志爱等等区别开来。但是，绝不能因此而把爱情归结为一种单纯的“自然状态下”的肉欲。自从人类摆脱了野蛮状况之后，“人尽可妻，人尽可夫”就向来为人们所不齿。列宁指出，在两性关系中，不尽表现出天赋的因素，而且也表现出由文明带来的东西，性欲的需要有机地交织着社会交往的需要的补充。这是说，爱情是社会所培养的，它的本质是社会性的。人们对异性的追求是用一种复杂的社会方式进行的，它总是要受到社会经济关系的制约，受到各种社会思想、道德和习俗的、影响。人类性爱所特有的这种社会属性，随着社会向前发展而不断丰富。所以，爱情不能等同于性爱。

理想，是爱情发生发展的内在根据，它明显地标示出爱情的社会意义。如果说，性爱是爱情发生的胚芽，那么理想就是爱情的阳光雨露。理想是多层次的范畴。家庭理想、职业理想、道德理想、政治理想、社会理想等这些不同的层次的有机联系，相互制约，构成了人们关于生活理想的概念。它是从事社会活动的主体，从自身根本的长远利益出发，依据一定的价值观念来对待现实的一种尺度，它标志着人的社会性的丰富程度和个人自由的程度，因此，它明显地揭示出爱情的社会意义。黑格尔说：“爱情的内容只有恋爱者自我，由另一个人(恋爱对象）的自我反映出来，恋爱者从这种反映中又感到自己的自我。”“在这种情况下，对方就只在我身上生活着，我也只在对方身上生活着；双方在这个充实的统一体里才能实现各自自为的存在，双方把各自的整个灵魂和世界纳入到这种同一里。”黑格尔的论断不免有些抽象晦涩，但却包含了关于爱情辩证法的深刻内容。它说明爱情是两个人感情的交融，是爱她（他）和自爱的统一：对方的人品是我对人品的理想，对方的行为是我自己所确定的行为的标准，对方的言谈能唤起我的心声。就是这种双方人格的相照、理想的一致、志趣的相投、构成了一个“我中有她（他）”“他（她）中有我”的“充实的统一体”，这就是爱情赖以发生和发展的内在根据。因此，一个人爱谁，怎样去爱，实际上是他自己的一面镜子，在这面镜子里，可以清楚地看出他的人格、品行、志趣、信念。所以，爱情绝不是什么脱离现实生活的某种纯粹的精神之恋，也不只是男女之间才貌上的相互吸引。爱情是人们在长期的社会实践的基础上，在一定的文化修养、道德熏陶下所形成的生活理想的特殊的显现。这也就是为什么真正的爱情总是能够振奋人的精神，激发人的智慧，升华人的道德的缘由。

义务，首先是道德义务，是构成爱情的内在因素。义务由性爱，特别是由理想派生出来，又制约着性爱和理想。因此，它绝不是外在于爱情的东西，更不是同爱情相排斥、相对立的东西，相反，它是使爱情得以巩固和不断深化的社会基础。我们清楚地看到，当男女之间在真诚地相爱时，几乎总免不了为自己所爱的人的理想事业和高尚情操而斗争，立志帮助他（她）去克服前进中的各种困难和存在的各种缺点，分享他的幸福和痛苦。不仅如此，爱情与婚姻家庭是必然联系在一起的，它不但会产生后代，形成同子女的关系，而且也会形成同双方父母及其亲友和社会之间的关系。因此，爱情并不纯粹是两个人的私事，而是如马克思讲的，它又是一个社会的“伦理实体”，它把道德义务内在于自身。所以它又是一种最高尚的道德感情，它使人更强烈地、尖锐地感到自己一举一动所应负的责任。正是这种道德义务不断以新的社会内容来充实互爱者之间的关系，培育和锤炼着他们之间的感情。正如著名教育家苏霍姆林斯基所说：“真正的爱情能向感情注入道德力量……只有感情和思想融合成人对人的道德责任感，爱情才会是高尚的。”可见，义务是高尚的爱情之花永不衰败的沃土。

总之，性爱、理想、义务三者的有机统一，这是“真正人”的爱情的基本含义。在这个统一体中，性爱、理想、义务各具功能，互相促进，推动着爱情前进，使它成为一个色彩绚丽发展的过程。它的初期表现为相爱者相慕相倾、相互结合的真纯意愿，中期表现为相爱者的相知相守、相依相恋的诚挚情谊；晚期则表现为相爱者的互敬互助、白头偕老的深沉愿望。爱情就是这样一种人类特有的精神生活。

二

爱情有它自身的有机结构和内在逻辑，但它又始终受到社会物质生活条件的制约。在阶级社会中，它还必然为“爱情上的阶级关系的客观逻辑”所支配。事实上，在任何社会中，两性关系都要受到该社会通行的婚姻家庭制度的制约，受到社会上占统治地位的道德关系和观念的强烈影响。这就决定了在社会主义社会以前，“真正人”的爱情不可能成为直接的普遍的现实，它只能存在于进步人类的理想之中，它的个别实践，正如历史事实所训示的那样，则往往伴随着像“梁祝”“宝黛”那样的悲剧。

原始社会是人类的童蒙时代。原始人还“没有脱掉自发发生的原始共同体的脐带”“部落始终是人们的界限”，因而在两性关系上，还根本谈不上真正意义上的爱情，人口的再生产把原始人的自然性欲提到了首要的地位。这时，理想的观念虽然已经处于萌芽状态，但并没有最终从原始人的血缘氏族意识中挣脱出来，义务也只是对自己的氏族才有意义。据人种志学家实地考察证明，在现今巴西的原始森林里，仍然处在原始时代赤身露体的克林——阿卡洛列少女，为表示自己已是一个有性生活自由的人了，还专门用竹片刀裁剪短发，来作为公开的标志。然而，这一切毕竟是和当时极为低下的社会生产力和人们之间极简单的社会联系相适应的，是人类还处于野蛮状态的产物。

人类进入了文明时代后，私有制便如影随形，阶级的分裂和对立使人类文明的发展陷入深刻的矛盾之中。这种状况也突出地表现在两性关系上。诚然，在原始社会瓦解的废墟上，产生了一夫一妻制的个体婚姻家庭。恩格斯曾经肯定这是人类“最伟大的进步”，因为它是两性间的爱情“在其中发展起来的唯一形式”。但是，它毕竟是适应私有财产继承的需要而产生的。所以恩格斯又说，它“同时也是相对的退步”，因为“个体婚姻在历史上绝不是作为男女之间的和好而出现的，更不是作为这种和好的最高形式而出现的。恰恰相反，它是作为女性被男性奴役，作为整个史前时代所未有的两性冲突的宣告而出现的”。正是这种两性冲突，构成阶级社会婚姻家庭的基础，制约着这些社会中人类爱情的发展。它具体表现为：一方面，爱情和婚姻家庭的对立；另一方面，构成爱情的内在要素的性爱、理想和义务的分裂。当然，这种分裂和对立在不同的阶级社会里，其具体情况也是不同的，这里也经历了一个否定之否定的辩证发展过程。

人身隶属和等级依附是奴隶社会和封建社会最基本的社会关系，因此宣扬等级的绝对服从和忠诚，就成了这两个社会的基本的道德原则。它表现在两性关系上，就是男尊女卑，妇女成了男子的附属物。这种观念支配着奴隶社会和封建社会的婚姻家庭关系，造成了构成真正爱情的内在要素的分裂和对立。在奴隶主眼中，奴隶的生养同牲畜的繁殖并没有什么差别，奴隶们对爱情的要求受到了非人的压抑和摧残。而在奴隶主阶级内部，两性关系的典型形式是：理想在所谓“贞操”的观念中，被扭曲为妇女对男性的绝对服从，义务则为单纯地生儿育女、传宗接代所理想化。封建社会也是如此。在这里，礼教如磬，等级森严，个性受到压抑，妇女没有独立的人格，她们是封建礼教的牺牲品。在地主阶级看来，婚姻最重要的是政治的需要，是借助联姻来增强宗族势力的手段。男女青年完全被剥夺恋爱自由和婚姻自主的权利，所谓“父母之命”“媒妁之言”“门当户对”，成了男女结合必须遵循的金科玉律。青年男女对任何真正爱情的追求和萌发，都被斥为是离经叛道、伤风败俗的事情。总之，奴隶社会和封建社会的婚姻是吞噬男女之间真正的爱情为其生存条件的。所以恩格斯曾指出，“当事人双方的相互爱慕应当高于其他一切而成为婚姻基础的事情，在统治阶级的实践中是自古以来没有的”。

如果说，构成爱情内在要素的分裂和对立在奴隶社会和封建社会里，突出地表现为奴隶化了、封建化了的义务观念歪曲和排除了其他一切，那么，到了资本主义社会，性爱又被提到了首要地位。它竭力逃避义务，把生活的理想简单地归结为个人的享乐。这是资产阶级及其思想家们诉诸自然人性论，宣扬利己主义、个人主义的必然表现。

资产阶级一直把“爱情至上”“恋爱自由”当作旗帜到处挥舞。这些在反封建专制的斗争中也的确曾经起过进步作用。但是一进入资本主义社会，人们很快就发现这些反映商品生产关系的口号，都只是被实现在变相的“青楼妓院”之中，成为“杯水主义”、性放荡的代名词。资产阶级的最高道德信条是：利己主义和个人幸福。它的早期思想家爱尔维修就说过：“幸福这是持续的享乐，或者是相继而来的享乐，或者是愉快的感觉……”所以在资产阶级看来，爱情完全是一种个人享乐的手段，它像商品一样可供买卖，金钱才是爱情的酵母，而衡量妇女价值的主要尺度是妇女的性别和美貌。他们表面上倾倒于妇女的美貌，骨子里则往往是把妇女“当作共同淫乐的牺牲品和婢女来对待”。他们公开宣扬，妓院制度是“公众情欲的安全阀”。可见，资产阶级对爱情的理解和追求，是沿着逃避任何义务，恢复所谓人的自然本性，尽情满足个人享乐的方向发展的。所谓“性解放”和“家庭解体”，便是它的现代形态和恶性发展。于是在现代资本主义社会中，所谓“试婚”和“独行侠”生活的日益普遍化；非婚生子和青少年性犯罪的惊人发展……构成了一幅性淫乱的丑恶图画。它成为这个社会所面临的精神的道德的危机的重要方面，以至西方有的青年也已经感到这是人类一种可怕的倒退，不少人企图探索一种新的生活方式，发出了“正式结婚”“重建家庭”的呼吁。然而，在腐朽的资本主义生产方式的基础上出现的这种两性关系上的精神和道德的沦丧，是资本主义制度下无法摆脱的危机。

三

无产阶级要彻底消灭私有制，解放全人类。因此，消除阶级压迫对人类爱情的压抑和歪曲，恢复和发展“真正人”的爱情，理所当然地成为它的历史使命的重要内容。

在社会主义社会，劳动人民成为国家和自己命运的主人，因而也就成了爱情生活的真正主人。广大妇女在政治、经济上的平等权利的获得，人与人之间同志式关系的确立；社会主义婚姻法的实施，为恩格斯的下论述断的实现提供了坚实的社会基础：“男子一生将永远不用金钱或者其他社会权力手段去买得妇女的献身；而妇女除了真正的爱情之外，也永远不会再由于其他某种考虑而委身于男子，或者由于担心经济后果而拒绝委身于他所爱的男子。”于是以性爱、理想和义务有机统一为标志的“真正人”的爱情，终于在社会主义社会的现实生活中，日益为自己开辟广阔的道路。

但是，在社会主义社会，真正的爱情并不就能自发发生，因为它毕竟还是一个过渡性质的社会，旧思想、旧道德、旧传统的残余影响，都会阻碍真正的爱情的生长。因此，真正的爱情还必须有共产主义道德的哺育滋润，否则，就不可能开花结果。

恋爱是一个两性间的感情从萌芽到形成爱情的过程。恋爱中的共产主义道德要求，来自真正爱情的内在逻辑，它们又是爱情形成的道义基础。

事业第一，爱情第二。这是无产阶级恋爱观总的出发点和基本的道德要求。爱情是人生幸福的一部分，但不是全部，更不是人生的主题。爱情既是以理想为内在要素的真纯感情，那么，只有崇高的理想和伟大的事业才能产生崇高而伟大的爱情。爱情从属于、服务于事业，事业又为爱情开拓沃土，供给雨露阳光，这就是爱情和事业的辩证法。

那种“恋爱至上”的观点，割裂了爱情和事业的内在联系，实质上是生活贫乏、精神空虚的表现。这样，它必然使人在顺利时，忘乎所以，迷离陶醉，把爱情染成病态；在失意时，消极悲观，甚至颓废厌世，把爱情导演成悲剧，这是一种“精神上残废者”的作为。实践证明，在今天，只有把爱情同祖国现代化事业紧密联系起来，爱情才能获得崇高的道德价值，焕发出强大的生命力。

严肃谨慎，正确选择。这是爱情自身的严肃性品格所要求的道德准则。恋爱以热烈的感情为特征，但爱情毕竟又有自己发生发展的规律。男女双方从最初的好感到爱情的产生，必须经历一个由感性认识到理性认识的过程。这是一个严肃地审度自己的感情，谨慎地体察对方的心灵，冷静地思索爱情的真谛，诚心地培养高尚的情操的过程。在这里坚持心灵美重于外貌美，努力探索双方人格、品行、志趣、信念是否“心心相印”是十分重要的。实践证明，在恋爱中只有认识和掌握爱情发生发展的规律，才能获得自由。否则，充当感情的奴隶，轻率从事，或以貌取人，只会造成痛苦。至于那种把自己的感情强加于人的做法，更是一种不道德的行为。

尊重人格，真诚相待。这是爱情自身的高尚性品格所要求的道德准则。恋爱是为了实现爱情，而不是玩弄感情。一个懂得恋爱道德的人，也是一个懂得人格价值的人。他既能尊重对方的人格，又能尊重自己的人格；他不愿意对方玩弄自己的感情，自己也绝不会去玩弄别人的感情。恋爱一旦失去对彼此人格的尊重，爱情就失去了赖以产生发展的依据。真诚相待，忠贞专一，就是尊重对方人格的具体表现，只有这样才能为爱情的成长创造良好的道德环境。那种把恋爱当儿戏、玩世不恭，以多角恋爱为能事的做法，是一种赌徒的心理和市侩作风的表现。他们可能自以为得计，殊不知这正是对自己人格的作贱。那种把性放荡当作生活的乐趣，互相玩弄，追求肉欲的刺激的行为，更只能名之曰“兽性发作”，是对爱情公然的践踏！

排除附加因素，讲究举止文明。这是爱情自身的纯洁性品格所要求的道德准则。恋爱的结果是结婚，建立家庭，因而需要有一定物质条件，但这些条件应该靠自己劳动去创造，这本身就是一个加深感情，互相倾心的过程。如果把恋爱变成一个交易所，视金钱、物质、地位、门第、权势待价而沽，这是明目张胆地把自己的灵魂和肉体当作商品，它浸透了资产阶级腐朽的“铜臭”，玷污了崇高的爱情。

在爱情的表达方式上，各个民族都有自己的习俗、传统，应该尊重。我们中华民族那种既热烈又富于理性，含蓄、深沉、庄重的传统，是举世所称道的。这是我们必须继承和发扬光大的。马克思在1866年给未来女婿拉法格的信中说：“在我看来，真正的爱情是表现在恋人对他的偶像采取含蓄、谦恭甚至羞涩的态度，而绝不是表现在随意流露热情和过早的亲昵。”可见，低级庸俗、粗野轻佻的做法，是和爱情的本性不相容的。

当然，恋爱只是爱情的形成过程，恋爱中的道德要求不等于全部爱情生活的道德要求。婚姻家庭是爱情发展的新阶段，它不仅使爱情现实化、具体化、深刻化，而且，使爱情同其他社会关系联结起来，获得更加广泛、更加丰富的社会内容。所以，社会主义社会的婚姻家庭道德，本质上也是爱情的道德，它同样来自爱情的内在逻辑。它的根本宗旨是：保证实现爱情和婚姻家庭的统一，真正使爱情成为婚姻家庭的基础。为此，反对资产阶级的恋爱观，坚持履行恋爱中的共产主义道德要求，就是首要的前提。总之，崇高的爱情，美满的婚姻，亲密的家庭，是人的幸福的重要内容。谁想获得这种幸福，谁就得认清爱情的真谛，严格履行恋爱中的共产主义道德要求。

（原载于《湖南师范大学学报》1985年第4期，作者署的笔名：朱家龙）

把握社会主义核心价值体系的基础

——牢固树立社会主义荣辱观

党的十六届六中全会明确提出建设社会主义核心价值体系，这是我们党在思想理论建设上的又一个重大创新。马克思主义指导思想、中国特色社会主义共同理想、以爱国主义为核心的民族精神和以改革创新为核心的时代精神以及社会主义荣辱观，构成社会主义核心价值体系的基本内容。这四个方面的内容各有其特有含义和实践要求，它们相互联系、相互贯通，构成一个有机统一的整体。其中，社会主义荣辱观旗帜鲜明地指出了在社会主义市场经济条件下，应当坚持和提倡什么，反对和抵制什么，为全体社会成员判断是非得失，做出道德选择，确定价值取向，提供了基本的价值准则和行为规范，是社会主义核心价值体系的基础。

一

荣辱观是社会道德意识的集中体现，是人们的道德信念和道德人格的生动表征。荣誉是指社会对个人履行社会义务所给予的褒扬和赞同以及个人所产生的自我肯定性的心理体验；耻辱则是社会对个人不履行社会义务所给予的贬斥与谴责以及个人所产生的自我否定性的心理体验。荣誉和耻辱既是一种社会价值尺度，又表现着个人行为选择的道德责任感和自我道德评价能力。荣辱观作为人们对荣辱问题的根本态度和总的看法，是一定社会的核心价值体系及其相应的道德原则与规范的体现和表达，是推动人们形成价值认同，把一定社会的核心价值体系及其相应的道德原则与规范内化为自己的道德意识和道德信念的心理机制，也是人们实现从价值观念到价值实践，从道德意识到道德行为转化的内在动力。

任何社会都有自己的核心价值体系，它是社会意识的本质体现，体现着社会意识的性质和方向。但它只有深入到社会成员的道德意识之中，内化到社会成员心中，实现社会的价值要求和个人的价值认同的统一，实现个人的行为选择和自我道德评价的统一，才能在社会中确立其核心地位，发挥其主导功能。因此，我们判断一个社会的核心价值体系是什么，要看这个社会的社会成员在实际的行为活动中以什么为荣，以什么为耻，其行为选择的价值依据是什么，行为得失评价的价值标准是什么。古人说，荣辱乃“立节之大本”“治世之大端”，其深刻含义就在于此。从这个意义上说，一定的荣辱观乃是一定社会的核心价值体系的核心地位和主导作用得以确立和实现的道德基石，是核心价值体系获得其感召力、亲和力、整合力和凝聚力，充分发挥其实际功能的道德支撑和内在机制。

胡锦涛总书记提出的以“八荣八耻”为主要内容的社会主义荣辱观，是对与社会主义市场经济相适应，与社会主义法律规范相协调，与中华民族传统美德相承接的社会主义思想道德体系的全面系统的表述。它从荣辱观的高度总括了社会主义核心价值体系的基本内容，体现着社会主义核心价值体系诸方面的具体要求。“以崇尚科学为荣，以愚昧无知为耻”，要求人们热爱科学，尊重科学，努力学习科学文化知识，按科学规律办事，抵制和反对各种违反科学要求的思想和行为。但坚持马克思主义科学世界观和方法论，特别是坚持以马克思主义中国化的成果为指导，不仅是“崇尚科学”的题中应有之义，而且是达到上述要求的世界观和方法论的可靠保证。马克思主义是科学，是我们时代的良心和荣誉。实践证明，一切背离马克思主义指导的思想和行为，就会背离科学，甚至陷入愚昧无知的境地。同样，在现阶段，离开了中国特色社会主义共同理想，就很难把握“热爱祖国”“服务人民”的正确方向。只有立足本职，放眼未来，以实际行动积极地投身于建设中国特色社会主义伟大实践中，才能真正树立和实际地体验“以热爱祖国为荣，以危害祖国为耻”“以服务人民为荣，以背离人民为耻”的荣辱观。至于以“辛勤劳动”“团结互助”“诚实守信”“遵纪守法”“艰苦奋斗”为荣，则正是以爱国主义为核心的民族精神和以改革创新为核心的时代精神的生动体现和具体要求。中华民族历来以“好逸恶劳”“损人利己”“见利忘义”“违法乱纪”“骄奢淫逸”为耻。一切耻辱行为都是同我们今天以改革创新为核心的时代精神格格不入的。所以，树立社会主义荣辱观既是我国全体社会成员践行社会主义核心价值体系的重要内容，又是践行社会主义核心价值体系所必需的基础性的思想道德修养和素质要求。社会主义核心价值体系只有深入到人们的荣辱观中，成为人们行为选择的价值尺度和行为评价的荣辱体验，才能保证其实践特性，使其成为坚实而鲜活的价值事实。

二

树立社会主义荣辱观是推动人们实现对社会主义核心价值体系的价值认同的内在动力。所谓价值认同，是指价值主体在社会实践中通过对话、交往、互动，不断调适自身的价值结构以顺应社会价值规范的过程，它表现为社会成员对社会共同价值规范的自觉接受、自觉遵循的态度，它标志着人们在社会实践活动中能够以某种社会共同的价值要求作为标准来规范自己的活动，并使之内化为自己实际行为的自觉的价值取向。社会主义核心价值体系是立足于社会主义经济基础之上的社会价值认同的产物。它涉及经济、政治、文化等社会生活的方方面面，集中体现了社会主义意识形态的本质特性。它是我们党对一个多世纪以来中国人民为了祖国的独立与繁荣、民族的解放与复兴所进行的伟大实践经验的科学总结，是中国人民在新民主主义革命和社会主义革命与建设的长期历史发展中，通过自己的实践体验所达成的价值共识。

价值认同不是价值趋向，也不是一劳永逸的事情，它是一种关系，是一种不断进行的过程，具有不断生长和发展的品质。在社会主义市场经济条件下，认清价值认同的这种过程性、实践性和生长与发展的品质，就显得特别重要和突出。现代化建设和社会主义市场经济的发展是人们对社会主义价值体系的价值认同所必须面对的社会现实。现代化就其一般意义而言，是指伴随着工业化而产生的社会结构和体制的变迁，而就其价值意义而言，则不仅仅意味着人们实际存在的转变，更为根本的是人的价值坐标体系、存在意义标尺的转变。因此，如何合理地保持群体共同的价值要求与个体的价值取向之间的适度张力，如何在人们的实际价值生活中构筑实现个性与共性、本质与现象、共同意识与个体行为选择相统一的基础，是一个关系到使对社会主义核心价值体系的价值认同真正成为具有生长性和发展性，充满活力，能够主导全社会思想和行为的价值体系的不容忽视的问题。

三

社会主义荣辱观作为社会主义核心价值体系的基本内容之一，既反映了社会主义的先进文化，又反映了中华民族的传统美德；既体现了爱国主义、集体主义、社会主义思想、社会主义基本道德规范的要求，又体现了尊重知识、尊重劳动、遵纪守法等人类基本价值；既体现了社会主义价值的先进性，又体现了社会主义价值的广泛性。因而，社会主义荣辱观是我们民族优秀的传统道德文化的现代升华。胡锦涛总书记指出：“一个民族的文化，往往凝聚着这个民族对世界和生命的历史认识和现实感受，也往往积淀着这个民族最深层的精神追求和行为准则。”因此，社会主义荣辱观作为一种社会的价值认定，与人们息息相关，能够唤起人们广泛的共鸣，成为人们行为选择的价值导向；作为一种个体的心理感受，则能够使人们在现实生活中得到实实在在的体验，成为提升人们的道德修养和素质的内在动力。这就使它在人们的实际的价值活动中，在保持个体的价值取向和群体的价值取向之间的适度张力，实现个性与共性、本质与现象、共同意识与个体行为选择的统一中，发挥特有的功能。从这个意义上讲，社会主义荣辱观是把社会主义核心价值体系连成一个有机整体的道德精神纽带，并以其特有的实践性品格最直接、最具体、最集中地体现了社会主义核心价值体系的广泛性和包容性、整合力和引领力，成为引领社会文明风尚形成和发展的一面旗帜，成为推动人们学习与践行社会主义核心价值体系的实践理性基础。树立社会主义荣辱观是践行社会主义核心价值体系的基础。在建设社会主义核心价值体系过程中，必须着力于加强社会主义荣辱观的宣传和教育。

（原载于《光明日报》2007 年 8 月 14 日，《中国社会科学文摘》2018 年第 1 期转载）

在道德困境中前进

社会主义初级阶段：真和假、善与恶、美与丑同生共长的现实世界

时下的中国，当人们在看待社会的道德状况、谈论“道德困境”问题时，总是自觉不自觉地暗含着一个前提或者一种心理期待，这就是社会主义社会的道德状况似乎应该是白璧无瑕、高尚美好，社会风俗应该是河清海晏、清明一片。执着于这样一种心理定势和路径选择，自然人们的眼里就容不得沙子，于是现实生活中那些伤风败俗、腐败堕落、假冒伪劣、唯利是图、损人利己的人和事，便被极大地放大起来，眼前呈现的是“道德滑坡”、风俗陵夷、世风日下、人心不古的图景，心理充满的是道德的愤慨和心灵的困惑。这样，事实和应当的矛盾、感性和理性的冲突日益尖锐，人们在不断地质疑：难道社会主义社会、社会主义市场经济就是这个样子吗？尽管人们在理性上承认社会主义社会是一个过渡性质的社会，特别是社会主义初级阶段，更是这种过渡的初始阶段，但是人们在感情上却不愿直面这种初始过渡时期的真实内涵，不愿承认这种过渡既意味着从传统到现代的过渡，也意味着从单一僵化的计划经济到多元竞争的市场经济的过渡，甚至还包含着从高度集中的行政主导到民主法治的过渡。事实上，所谓过渡，就意味着多种社会因素的长期并存和冲突，就意味着新旧体制的胶着和艰巨的转型，因而呈现在人们眼前的是一切都在变。正是在这

种多重“并存”、艰巨“转型”和复杂“变化”中，一方面，人们思想和行为的主体性、自主性、选择性、多变性在增长和发展；另一方面，由于人们所面对的是一个世界、一个市场、两种制度的并存和竞争，是西方的“价值颠覆”“意义失落”、精神沙漠化的侵袭，是几千年封建传统的重负和路径依赖，是现代性的挑战和利益多元化的冲击，因而各种被沉积的因素和被唤醒的欲望都空前地激活起来，各个阶层和各种社会力量都在为自己的诉求而寻找合理性的根据与发展的空间。因此，社会主义初级阶段是一个真和假、善和美、丑和恶同生共长的现实世界，社会的整个精神结构呈现出一个错综复杂、多维交织的动态图景，这是历史的必然，也是我们在认识和把握当代中国社会的道德状况时必须肯定的历史事实与现实背景。

道德的逆转和衰退往往是新道德产生与发展的先声

面对着这种复杂多维的动态图景，显然，我们在判断当代中国社会的道德状况时，就不能执着于某种概念的单一性，也不能只作纯粹量的形式的考量，而这正是人们日常意识所具有的特点。人们的日常意识总是通过个人利益的棱镜来反映现实的，它的直观性、表面性和随机性的局限，往往会使事物本质的东西得不到应有的呈现。而道德是一种精神现象，关涉到人们的内心世界，因此，无论是就整个社会还是个人而言，道德的进步或退步都是一个总体性概念，具有丰富的内涵。对于道德进步和对于社会发展一样，都必须作出全面的理解。在这里，美国经济学家托达罗对“发展”有这样的论述，“每个国家都在为发展而奋斗……发展不纯粹是一个经济现象……除了收入和产量的提高外，发展显然还囊括制度、社会和管理结构的基本变化以及人的态度，在多种情况下甚至还有人们的习惯和信仰的基本变化。”（《经济发展与第三世界》）托达罗的论述启示我们，在考察社会道德状况时也应该看到进步和退步是一个总体性的范畴。道德进步是一个现实的过程，这个过程有时甚至是一个社会阶段、一个历史时期，它既包括对旧的腐朽道德的揭露、否定和消除，又包括新的先进道德在生长和发展中对自身的调整、重组与更新。而且这两者并不是平行进行和互不相关的，而是一个彼此相互冲突、相互胶着甚至相互妥协、相互融合与会通的此消彼长、此起彼伏的错综复杂的过程。

恩格斯曾经肯定黑格尔关于“恶”是历史发展的“杠杆”的思想是十分深刻的。这不仅意味着在历史的发展和社会的进步中，一些旧的、被人们视为传统的“美德”的东西会因此而变得陈腐，最后销声匿迹，也意味着一些新的东西会冲破旧习惯的束缚破土而出，稚嫩而顽强地去克服重重障碍，为自己的成长和发展开辟道路。在现实的社会道德生活中，这些变化都会具体地表现为人们对某种世俗利益的追求和对某种欲求的满足。在这里，历史的发展和道德的进步表面上好像在分道扬镳，使人眼花缭乱，而实质上却是殊途同归，并行不二。正因为如此，我们可以看到，在阶级对抗和有阶级的社会中，特别是在社会急剧变化和迅速转型的时期，倒退和绝境往往是道德进步的伴侣。某一时期社会上道德的逆转和衰退，往往正是新道德产生和发展的先声。人类就是这样克服和解决一些伦理道德问题，又会遇上一些新的甚至更多的伦理道德问题，道德的进步就是这样一个充满矛盾斗争的极为复杂的螺旋式上升过程。

当代中国人的道德意识在逐步丰富

道德进步绝不是一个单纯的统计学问题，道德困境和道德进步也不是一种毫无关联、各行其是的社会现象。在当代中国社会，如果我们用抗震救灾精神、载人航天精神、奥运精神、志愿者精神和各行各业不断涌现的道德模范来否认严重的现实道德问题的存在，是不客观的；同样，如果我们用毒牛奶、瘦肉精、彩色馒头、地沟油和前赴后继的贪腐事件等败德行为来磨灭上述道德典范的光辉，也是不科学的。在这里，如果不愿陷入公说公有理、婆说婆有理的尴尬境地的话，我们就必须站在历史发展的高度，把握时代的特点，超越应然与实然的困扰，走出感性和理性的纠结，真正把握社会道德嬗变的内在脉搏，作出理性的、客观的判断。如果是这样，那么，在当代中国社会的急剧变化、善恶矛盾激烈冲突和斗争之中，我们就会看到道德进步的艰巨步伐，也正是这种急剧变化，这种冲突的斗争，为道德的进步提供了不竭动力。

首先，道德在社会生活中的作用范围在不断扩大。这不仅是指人们已经把人和自然的关系也置于道德思考和价值评价的视域之中，直面日益严重的环境危机，提出了环境正义的问题和建设两型社会的主张，而且过去的一些被遮蔽的或寻常百姓无法问津的道德领域也日益广泛地进入公众的视线之中，隐蔽的恶行在不断被曝光，特权卵翼下的败德在不断受到道义的拷问。人们从来没有像今天一样感到道德无处不在，道德批判如此重要。这也正是在经济不断增长、社会不断发展、人们的生活不断改善的条件下，道德问题、“道德困境”的问题越来越成为人们热议的话题的重要原因之一。

其次，道德的认识论内容在不断加深。改革开放以来，随着社会主义思想道德建设的深入发展，道德在识别社会关系、提供关于人的生活价值和人生目的的客观知识方面；越来越成为有效的、敏感的工具。“有尊严的生活”已经成为全社会的共识。什么是荣誉，什么是耻辱，应该树立什么样的荣辱观，已经引起了人们普遍地反思。长期以来，那些作为道德伴侣的宗教教条、社会偏见、无知盲从在不断地被打破。这一切都是道德的认识论内容不断加深的结果。

再次，道德调节的手段在不断完善。道德是人类精神的自律，是以人们的内心信念、社会舆论和传统习俗作为其调节机制的。改革开放以来，扬善抑恶的道德调节手段在不断增加和丰富。传媒的参与、互联网、微博的发展把社会舆论的监督力量提高到一个前所未有的水平。社会良风美俗的倡导，则一反过去的“横扫四旧”的虚无主义，使对民族群体的认知和智慧上升到一个新的历史高度。不仅如此，道德进步更取决于人们在道德上的积极性和主动性的增强。随着利益的多元化，人们思想和行为的自主性、选择性和变化性的不断增长已经成为一个不争的事实，它表明人们在道德上的自觉性也在提升。历史证明，当一个国家在全民层面上感受到诸如“信仰危机”“价值失落”的困惑时，这不仅表明她在实际生活中受到的严重挑战，而且也表明她在精神上的忧患与觉醒。因此，从发展的眼光看，这种困惑正在以前所未有的历史深度昭示，当代中国人越来越不满足于单纯地履行某种道德义务，而是在自觉地提出和探索更崇高的道德目的，越来越成为追求高尚的道德价值、创造良好的道德关系的主体，这正是道德调节方法在逐步完善的表征。

最后，个人道德意识的结构和功能也在不断丰富。个人的道德意识是人们的道德关系赖以健全的思想基础，也是指导人们实现道德行为选择，进行道德活动的内在动因。改革开放以来，随着对“左”的路线的否定，人们在逐步摆脱“行政本位”的束缚、僵化教条的桎梏、甚至对“金钱至上”的依从。当代中国人从来没有像今天这样认识到自己是一个有血有肉的、活生生的现实的社会主体。人们个人的道德意识在逐步地丰富，它越来越成为能够积聚人们的心灵、感受、希望、意图的最复杂运动的东西，这说明个人道德世界的感性财富在不断增长，个人的道德责任感在逐步增强，自我教育的作用在逐步提高，道德选择的可能性在逐步扩大。这也就是说，个人完善的道德动力、道德需要在提升和拓展。这一切都是人类精神财富的积聚在个人道德世界中的体现，它成为道德进步的一个重要方面。

应该指出，上述一切都是在善恶激烈斗争的实际中实现的。当代中国的道德状况正在矛盾中发展，在困境中前进。

（原载于《社会科学报》2012 年 1 月 19 日，《新华文摘》2012 年第 8 期转载）

关于培育和践行社会主义文明观的几个问题

文明，是人类共同的期盼、不懈的追求。人类社会发展的历史，就是一部人类不断地战胜野蛮，从野蛮走向文明，由低级文明走向高级文明的斗争史。在我国古代文献中，早在《周易》中就出现了“天下文明”的表述，《尚书·舜典》中也强调“睿哲文明”。我国古代的先贤强调“观乎天文，以察时变；观乎人文，以化成天下”这里讲的“人文”，也即“文明”。意思是说，只有深入了解自然与社会的变化，才能在社会生活中不断地创造光明美好的事物，这才是人之所以为人的高贵之处，也才是人生价值之所在。由此，在长达数千年漫长的中国古代社会，中华民族创造了光辉灿烂的华夏文明，成为举世公认的“文明古国”。进入近代以后，尽管西方列强打着“文明”的旗号，对中华民族进行野蛮的侵略和奴役，使中华民族陷入水深火热、亡国灭种的空前的民族危机之中，但我国各族人民从来没有屈服，为了国家的独立、民族的振兴、人民的解放、社会的进步，前赴后继，浴血奋斗，捍卫了自己的文明，向世界雄辩证明了中华文明自力更生，光复旧物的强大的生命力。历史证明，近代中国人民反帝反封建的历史，就是一部捍卫自己独特文明的历史，体现了中国人民实现“中国梦”的不懈的追求。中华人民共和国建立以来，中国人民在中国共产党领导下，在全新的历史背景下，开始了传承和弘扬中华文明，创造社会主义文明的艰苦卓绝的新的历程，特别是改革开放以来，取得举世瞩目的光辉成就。党的十八大报告提出培育和践行社会主义核心价值观，在国家层面上“倡导富强、民主、文明、和谐”，再一次在全新的历史起点上，把培育和践行社会主义文明观提到了全党全国人民的面前，它深刻地体现了中华民族历史血脉一以贯之流淌的前进方向，体现了当代社会发展的必然要求，体现了中国特色社会主义的本质特征和中国各族人民的根本利益。凝聚全民族的力量，努力培育和践行了社会主义文明观，是每一个中华儿女共同的社会期盼和光荣的历史使命。

二

文明是一个内涵十分丰富，结构十分复杂的总体评价性的概念。文明的观点最初是由 18 世纪法国思想家针对西欧中世纪教会的专横和封建专制的“野蛮”统治提出来的。它的语源出于拉丁文“Civis”，意思是“公民的”“组织的”，用以表示国家和社会的开化程度和进步状况作为一个对国家、社会开化程度和进步状况的客观描述的概念。文明和文化是紧密相联系的，文化是文明定义的共同主题，离开了文化就无所谓文明，所以在日常生活中我们也可以把某种文化说成是某种文明。但是文化是一个中性词，文化虽是以不同的形式客观地存在着，大凡一切人的创造、人为的制作的产物，都可以叫作文化，即所谓“文化即人化”。但一切人的创造和人为制作的东西是否都可以称之为文明的呢？显然不能等而观之。现在人们常说的“灰色文化”“黄色文化”“黑色文化”等就不但不可说是文明的东西，相反是对文明的反动。文明关涉到“文化是否进步及其进步程度的问题”。一谈到进步，就必须有一个借以衡量的尺度。事实上，进步是作为主体的人依据某种价值尺度所作出的一种价值判断。而作为主体的人要作出这种价值判断，势必就涉及主体自身所持的价值标准和评价活动等，于是，文明的概念就必然要关涉到评价主体的价值尺度的更为广泛的领域，这涵盖着一个国家和社会人们的生存方式，生活方式，思维方式，价值观念，制度规范，技术水准以及科学知识、风俗习惯等极为复杂的内容。正是这种复杂的内容，使得有的学者把文明视为是一种放大的文化，认为文明的概念总是世界观习俗结构和文化的特殊联结，是和历史的某种集合密不可分的。唯物史观告诉我们，人是社会的存在，是历史的产物，人的主体尺度不论如何复杂多样，都是社会存在的反映和历史的产物。但只有符合社会前进的潮流、历史发展的需要和人们自由解放的程度时，这种主体的尺度才是合理的。这就是说，只有当人们把社会所取得的进步和成就摆在社会前进的潮流、历史发展的需要和人的自由解放的程度上来加以审思、考量时，才能作出文明与否的价值判断。因此，文明不只是一种对社会进步和成就状况单纯的描述性的客观概念，还是一个关涉到社会主体的存在和发展状况的价值概念。文明作为人类一种永恒的价值追求，它所体现的是社会进步和成就合乎社会发展的规律性和社会主体发展的合目的性的统一。这种统一的最深刻、最根本的基础就是社会实践。人是社会实践的主体，社会生活的本质是实践的，因此说到底，文明的最深刻的本质乃是对人类调整同外部世界的关系以及人自身关系的实践能力的一种价值认定，是人类作为一个整体的生存和发展实践能力的价值标识。

这就说明，社会存在的客观性，人的存在的主体性和人与社会关系的实践性，乃是文明概念内涵的三个本质的规定。人和文明的这种不可分割的内在统一，一方面表明，文明不是一个一成不变的僵死的概念，而是一个不断流变、不断更新、不断创造的社会实践的历史过程，一旦离开了人们的社会实践，或者成为社会实践的障碍，文明就不成其为文明、甚至成为野蛮的东西了；另一方面也表明，践行和创造文明既是人的存在和发展的内在需要和本质规定，也是人的存在和发展的社会责任和历史使命。在今天社会主义社会的历史条件下，创造社会主义文明，培养和践行社会主义文明观，既是社会主义社会人的存在和发展的内在需要和本质规定，也是社会主义社会人的存在和发展的社会责任和历史使命。

文明是一个有机的系统，有着内涵丰富、层次复杂的结构。大凡关涉到提升人类整体生存和发展能力的各种要素，都无不要进入文明概念的内涵之中，因而它逻辑地展开为物质文明、政治文明、精神文明、社会文明和生态文明五大层次或系统。物质文明是指人类在物质生产活动中所创造的物质成果，是人类社会在物质生产和物质生活领域的开化程度和进步标志，是人类在改造自然界过程中获得的物质成果的总和，它具体表现为生活条件、生产工具、生产技术、生产规模等生产力的状况和人们日常物质生活条件等等；政治文明是指人类社会政治活动方式的开化程度和进步标志，是人类改造社会的政治成果，也是人创造的政治经验的总和。国家是一种政治制度，恩格斯说："国家是文明社会的概括"，因而也可以把政治文明标之为"制度文明"；精神文明，是指人类从事精神生产活动所创造的精神成果，它包括丰富多彩的物质现象和精神现象，特别是作为人们的、社会关系的抽象的"观念的表现"，是由诸多物质因素和精神因素构成的统一体；社会文明是指人类生活在社会中，通过其思想和行为在调整人与人、人与社会关系中所创造的社会生活的成果，它具体体现为社会秩序稳定有序，日常生活的质量和充实质量，以及社会各个构成要素之间关系的和谐程度等等；至于生态文明，虽然这是一个直到现代才为人们所认识和重视的文明构成系统，但是，人类起源于自然，依赖于自然，是自然界的一个部分。人总是在以其强烈的生存欲望去选择有利于自身发展的生态环境，并激发自己的意志和智慧，通过自己的劳动去千方百计地把自然物转化为"属人的""为了人的""人化自然"，以展现自身的能动的本质。这一基本的历史事实表明，人类文明伊始，生态文明就是人类文明的重要的组成系统。在古代，世界各个民族的先贤们就有过许多关于人和自然界关系的睿思，提出了不少尊重和保护自然、人和自然应该和谐共生的灼见。生态文明反映的是人类与自然关系的文明，它以尊重和保护自然、人和自然和谐共生为基本理念，体现了人与自然关系的开化程度和进步状况，是人类协调和改善与自然关系的成果，是正确处理人与自然关系经验的结晶。从一定意义上讲，它是人类文明得以产生和发展的前提。

上述文明构成的五个层次或系统，乃是对社会文明完整形态的把握，它们各自从自己特定的方面，从总体上展现出人类整体生存和发展的能力。文明构成的这五个层次或系统之间不是相互平行、互不相干的，而是处在一种在形式上相互生成、在内容上相互交织、在性质和功能上相互建构的有机系统之中，从生态文明→物质文明→政治文明→精神文明→社会文明，其逻辑制约关系是前一层次是后一层次形成前提和基础，后一层次则是前一层次更高的进一步地展现，并把前者包含于自身，因而更加丰富，但却反过来又规定和影响前者的性质。五个层次之间没有前者就没有后者，有了前者就一定会有后者，因而成为一种前者建构后者，后者建立在前者基础之上并组织支配、规范前者的互生互动的有机结构体。

因此，要把握文明作为考量人类整体生存和发展实践能力的价值认定和价值标识，就不能不深入构成它的各个层次及其相互关系之中，我们要培育和践行社会主义文明观，也只有建立在对社会主义文明的本质、构成及其相互关系的全面整体地把握之上。

三

应该看到，自从人类走出蒙昧、野蛮的原始状况，进入文明社会以后，随着社会历史的发展，人类文明是在不断进步的，但这种进步不是直线的，而是一个充满了矛盾斗争的过程，在这个过程中文明与野蛮，文明与不文明总是如影随形，相互冲突，因而呈现出一个螺旋式的上升的过程。造成人类文明进步的这种矛盾性，最深刻的根源是，人类总是在具体的历史条件、不同的生存境遇中去从事社会实践，创造自己的文明的，是在不同的社会形态和社会结构制约下，通过生产力和生产关系、经济基础和上层建筑的矛盾运动来展现社会的开化程度和进步状况的。这就不能不使文明的进步打上深刻的历史烙印和时代局限性。特别是应该看到，在社会主义制度建立以前，人类的文明的发展是在以私有制为基础和阶级对抗的社会中运行的，先后产生了奴隶制文明、封建制文明和资本主义文明。这几种社会文明类型，历史地看，后者都是比前者更高一级的文明类型，其社会开化程度和进步状况无论是物质文明、政治文明、精神文明、社会文明和生态文明，总体说来，后者比前者都体现了人类作为整体的生存和发展的实践能力的极大的提升。每一种文明类型所获得的文明进步的成果都是人类共有的财产，需要认真对待和高度重视，它依次构成了人的解放、人类文明进步的必经的历史阶梯和必然过程。但是也应该看到，这几种文明类型毕竟是在私有制和阶级对抗的社会里产生和发展的，少数剥削阶级垄断了社会物质生产条件和社会财产，国家是表达他们的阶级意志和维护他们对广大被剥削阶级统治的工具，精神生产的条件和社会生活的组织也是以他们的利益为转移的，这就使得在这几种社会文明类型中，文明的发展陷入深刻的矛盾之中，而人的发展如马克思指出的，只能采取这种形式，这就是少数人垄断了发展权，大多数人因而不得不失去其生存发展的起码条件，少数人的发展总是要以牺牲大多数人的发展为前提和代价。这种情况在当代发达资本主义社会中得到了典型而极致的表现。

在当代发达的资本主义社会，一方面科学技术、物质文明高度的发展，另一方面由于普遍物化，人都沦为“自己生活条件和技术的奴隶”，人们的精神生活日益的沙漠化，所谓“价值的颠覆”“意义的失去”“精神的危机”就是其生动的写照；资产阶级也创造了自己优于封建专制制度的政治制度，但这种以“民主”相标榜的资产阶级政治在其实际运行中，则完全被形式上的“选举”所绑架，金钱成了资本主义政治文明的“母乳”，但这并不妨害他们以此为旗号，对其他民族国家大逞殖民主义、霸权主义的淫威；资本主义的社会文明是靠“现金交易”为纽带来维系的，这就造成人的思想和行为总是以个人私利的获得成为其出发点和归宿点，“人对人是狼”的“丛林法则”

就成了资本主义社会生活的圭臬。还必须指出的是，资本主义的工业文明是以掠夺自然“无休无止地占有自然”破坏生态平衡为代价的，他们才是当代生态危机的始作俑者，尽管这一危机正在日益危及人类的整体生存，但这并不防害他们还在把这种危机的后果千方百计转嫁到其他地区国家和民族的人民的头上……

恩格斯曾经把人类从原始社会到资本主义社会发展的历史称之为人类的“史前时期”，他指出，只有消灭了私有制，消灭了剥削阶级，建立了社会主义制度，才使人们之间的“生存斗争停止了，于是人才在一定的意义上最终地脱离了动物界，从动物的生存条件进入真正人的生存条件”，只有从这时起，才揭开了真正人的历史的序幕，开始了“人类从必然王国进入自由王国的飞跃”。也只有从这时起，人在自然界面前“在客观世界面前才真正地站立起来”，人们第一次成为自然界的自觉的和真正的主人，因为他们已经成为自己社会结合的主人”。这就从根本上把人类文明的发展转移到一个全新的历史轨道上，使社会主义文明的发展获得了前所未有的新的特质，开辟了“真正的人”的文明创造的无限广阔的道路。社会主义的目标和使命就是创造这种优于和高于以往文明形态的新型文明。那么这种新型文明具有哪些新的特质呢？

首先，社会主义文明是在马克思主义指导下，人们自觉创造的文明。在社会主义以前文明发展的各种形态中，一般地说，人类对社会文明的创造并没有从根本上摆脱自发的、盲目的状态。即使在发达的资本主义社会中，人们对社会生活的各个领域的认识有了前所未有的提高，特别是在科学技术的领域它还处于遥遥领先的地位，但就整个社会而言，还是被一只“看不见的手支配着人间的幸福与不幸”，周期性的经济危机、金融危机使得一些资产阶段的明智之士也不得不承认，这对资本主义制度来说“还真是一个问题”，因而提出了资本主义民主的合理性的质疑。马克思主义科学地总结了人类已有的认识成果，如实地反映了世界的本来面目和社会发展的规律，它的产生使人类在错综复杂的社会历史现象面前真正睁开了眼睛，对于过去全部历史发展的规律性，有了正确的认识，对于未来的社会发展的前景有了科学的预见，因而能够根据这种规律性的认识主动地推动历史的前进，自觉地创造自己的文明。我们党把马克思主义中国化的历史进程，就是一个创造性把马克思主义基本原理与中国革命、建设和改革开放的实际相结合的历史过程，中国特色社会主义道路、理论和制度就集中地反映了中国社会发展的规律和时代发展的要求，充分体现了社会主义文明的特质，它日益成为中国各族人民的价值共识，成为指引、动员和鼓舞中国各族人民自觉地创造社会主义文明的光辉旗帜和强大的动力。

其次，社会主义文明是一种全面完整的文明。在社会主义社会以前的各种文明类型，由于历史条件的限制和少数统治阶级的私利，它们在发展某种文明构成要素的过程中，总是自觉不自觉地忽视、排斥甚至以牺牲其他文明构成要素为代价，因而使文明的发展始终摆脱不了残缺的、片面的性质。当代发达资本主义社会科学技术、物质方面的高度发展和精神的道德的危机日益深重，社会贫富对立的尖锐化和社会矛盾的加深等等，就充分地说明了这一点。社会主义文明强调文明是一个有机整体，构成文明的各种要素无论是物质文明、政治文明、精神文明、社会文明还是生态文明，只有按照文明的内在联系、相互制约的内在机理协调发展，才能从整体上提升人类调适与外部世界以及自身关系的实践能力。党的十八大在科学地总结我国社会主义建设和改革开放的历史经验的基础上，所提出的经济建设、政治建设、文化建设、社会建设和生态文明建设“五位一体”的中国特色社会主义建设的总体格局，就是对社会主义文明的整体性和全面性的科学把握，是对社会主义文明特质认识的新成果和新境界。它深刻地告诉我们，如果我们不能从全面性、整体性上把握社会主义文明建设的内在要求，而顾此失彼、重此轻彼，那么就会造成社会主义文明构成要素的失衡，引发文明内部的冲突，贯彻落实科学发展观就可能是一句空话，中国特色社会主义现代化建设就可能蒙受重大的损失。

第三，社会主义文明是以人的自由全面发展为最高价值目标的文明。在社会主义文明产生前的文明发展的各种形态中是无法提出这样的目标的。虽然资产阶级在其处于上升的革命时期时也曾标榜“人的发现”，打出了“人的价值”“人的尊严”“天赋人权”等旗号，但资本主义统治一经确立之后，资产阶级所许诺的“理性王国”就随之而破灭了。正如马克思指出的，资产阶级总是把生产看成是个人的目的，又把财富看成是生产的目的，而它的财富生产事实上只是追求一个阶级的片面享乐，因而它把“彻底发掘人类的内在本质弄成了彻底空虚，把普遍物化弄成了极端麻木不仁，把打破一切固定的片面的目的弄成了为了一种纯粹外在的目的而牺牲人类自身的目的”。于是，当代资本主义文明发展所呈现的是，人都越来越被“工具化”“功能化”，人成了“单面人”“片面的人”。马克思主义一产生就明确地宣称：“工人们在自己的共产主义的宣传中说；任何人的职责使命任务就是全面地发展自己的一切能力。”社会主义、共产主义作为一种崇高的价值体系，就是要建立一个“个人自由全面发展能够成为他人自由全面发展和条件”的社会。当然这是一个长期历史发展地过程，但是，人的解放、人的自由全面发展始终是社会主义文明发展的主题，是衡量社会主义文明发展水平与程度的价值尺度。在我国还将长期处于社会主义初级阶段的历史条件下，“以人为本”始终是我们党和国家坚持的最高原则，它成为贯穿我们的物质文明、政治文明、精神文明、社会文明和生态文明建设的一根红线，也是我们的社会主义文明建设能够获得全民族的广泛认同，成为汇聚民意、凝聚民心、激发民力、坚持不懈地加强社会主义文明建设的强大的精神动力。

四

社会主义文明观作为人类文明发展史上一种新型的文明观，是贯穿于社会主义核心价值体系基本内容的一个重要方面，大力培育和切实践行社会主义文明观就成为中国各族人民在新的历史起点上，建设中国特色社会主义现代化强国，实现民族伟大复兴的一个重要的历史责任和社会责任，它反映了中国各族人民的整体利益和共同的价值期盼。培育和践行社会主义文明观是一个长期艰巨的社会实践历史过程，我们必须立足现实，放眼未来，从现在做起，从我们工作和生活中的点滴做起。只要这样，我们就能聚合全民族的力量，为培育和践行社会主义文明观开辟现实而广阔的道路。为此：第一，必须尊重社会发展的客观规律，坚持发展是硬道理的要求，把全面推进中国特色社会主义建设各项事业的发展同培养和践行社会主义文明观有机地结合起来。社会主义文明进程的内在逻辑是与社会基本矛盾运动的客观规律紧密相连的。物质生产是一切社会发展的基本条件，在社会主义社会，只有坚持以经济建设为中心，解放和发展社会生产力，建设高度发达的社会主义物质文明，才能为社会主义文明的发展创造坚实的物质基础与社会前提。为了发展社会生产力，就必须积极稳妥地推进生产关系和上层建筑的改革，也就是说，在建设社会主义物质文明的同时，还必须同时建设与其相适应的政治文明、精神文明、社会文明和生态文明，才能使社会主义社会充满生机与活力。这既是社会主义文明进程的内在要求，也是社会主义社会基本矛盾的内在逻辑。纵观我国社会主义文明发展的历史进程，也是一个坚持发展是硬道理，坚持以经济建设为中心，来全面推进中国特色社会主义现代化建设的历史过程。因此培育和践行社会主义文明观，就必须尊重社会主义社会发展的客观规律，把社会发展的合规律性和价值建构合目的性有机地结合起来，才能保证正确的方向，取得实实在在的成效。

第二，必须把传承和发扬中华民族的优良传统同借鉴人类文明的积极成果有机地结合起来。列宁曾经指出，社会主义不是离开人类文明大道的一种偏狭愚顽的观念，相反它是人类文明发展的必然结果。社会主义文明之所以高于优于其他的一切文明类型，就在于继承了人类文明的一切积极的成果，并在全新的基础上使之发展光大。对于中国人民来说，培育和践行社会主义文明，首先就要继承和弘扬中华民族的优良文化传统。中华民族历史悠久，创造了灿烂的古代文明，为人类文明的发展作出了重大的贡献，培育和践行中国特色社会主义文明不能割断同传统文明的历史联系，更离不开对我们民族优秀的传统文化的继承和弘扬，只有这样，我国的社会主义文明才是有中国特色、中国气派的，也才能为我国各族人民所认同、所践行。在这里，我们必须对不时鼓噪的所谓“西方文明至上论”“历史虚无论”保持高度的警惕。被称为“世纪的智者”英国著名哲学家罗素就指出，中国文明如果完全屈从于西方文明，那将是人类文明史的悲哀。

社会主义文明是一种开放的文明。历史证明，一种文明的活力和生命还在于它能以开放的心态和虚怀若谷的胸怀，去面对其他的文明形态，勇敢地借鉴和吸收其他文明所获得的积极成果。列宁曾经指出：“有人在这里说，不向资产阶级学习也能实现社会主义，我认为，这是中非洲居民的心理。我们不能设想，除了建立在庞大的资本主义文化所获得的一切经验教训的基础上的社会主义，还有别的什么社会主义。”江泽民也曾经指出，不同文明的相互交流和对话，相互冲突和融合，常常是人类文明进步的里程碑。因此，处理好古今和古外的关系，坚持把民族化、本土化和全球化、世界化辩证地结合起来，这是培育和践行社会主义文明观又一个重要的要求。

第三，必须把充分发挥人民群众的创造精神和加强社会主义核心价值体系导向有机地结合起来。人民群众是历史的创造者，也是社会文明的创造者。培育和践行社会主义文明观，既是促进社会全面进步的需要，也是实现人的自由全面发展的需要，必须坚持以人为本，尊重人民群众的主体地位，努力挖掘蕴藏于人民群众中无穷的智慧和力量，充分利用各种时机与场合，努力搭建有利于培育和践行社会主义文明观的平台，形成相应的生活情景和社会氛围。应该看到，在社会主义初级阶段，由于利益关系的多元化，人们在价值观念上存在着差异性是正常的，它反映了社会生活的多样性与丰富性。因此在培养和践行社会主义文明观的过程中，我们必须加强社会主义核心价值体系的导向，坚持既鼓励先进，又照顾多数，用典型示范、交流疏导、说服教育、民主讨论的方法，有针对性地解决人民群众的思想疑虑与困惑，因势利导，顺势而为，在尊重差异中扩大社会认同，在包容多样中形成价值共识，有力抑制各种错误思潮和腐朽观念的影响，使培育和践行社会主义文明观真正成为人民的自觉要求和实际行动。

第四，必须把积极探索方法途径和努力建立长效运行的保障机制有机地结合起来。培育和践行社会主义文明观，绝非一朝一夕之功，而是一个长期有组织有计划的实施推进的过程。近年来，我们在加强社会主义核心体系建设的实践中，各地区、各行业、各单位充分发扬民主，广泛汇聚民意，纷纷开展各具特色的文明创建活动，收到了良好效果。应该看到，这也是引导人民群众培育和践行社会主义文明观的生动过程。方法途径来自实践，我们必须积极探索，认真总结，使培养和践行社会主义文明的方法途径更加贴近群众，更加生动多样。至于在建立培育和践行社会主义文明观长效运行的保障机制方面，我们必须努力探索和建立融入机制，把培育和践行社会主义文明观融入国民教育体系、社会主义现代化建设实践的方方面面；衔接机制，形成学校、家庭、社会的教育相互联系，相互呼应，彼此配合，在全社会形成合力，努力使社会主义文明观教育的各个构成要素在内容上相互补充、相互促进；支持制度机制，包括制度规范、实施队伍和物质支持等，真正使培育和践行社会主义文明观实现制度化、科学化运行和永续发展。

（原载于《伦理学研究》2013 年第 4 期）

坚持马克思主义对待人类文化遗产的科学态度和原则立场

——学习党的十九大报告引发的思考

党的十九大报告中提出要引导人们树立正确的文化观。树立正确的文化观首要的是要树立马克思主义的文化观，正确对待人类文化遗产就是其中的一个十分重要的问题。所谓文化遗产，是指前人创造的流传至今仍具有某种价值蕴涵的文化产品，其核心是精神文化产品。对于人类的文化遗产，马克思主义从来就有着明确一贯的原则立场。在马克思主义看来，正确对待人类文化遗产不仅是对文化发展的历史及其规律的应有尊重，也是不断丰富和发展自己的理论体系所必不可少的文化资源和精神营养。树立正确的文化观，弄清马克思主义对待人类文化遗产的科学态度和原则立场，坚持习近平同志关于创造性转化和创新性发展相统一的重要思想，对于坚定文化自信，培养和造就社会主义的新生文化主体，推进中国特色社会主义的现代文化建设，实现中华民族伟大复兴的中国梦，具有重大的理论意义和实践意义。

一、马克思主义是一个开放的思想体系

马克思主义绝不是离开人类文明大道而产生的偏狭愚顽的观念，而是人类文明发展合乎规律的产物，马克思主义之所以具有强大的生命力和创造力，正在于它批判地继承和创造性地发展了人类文明发展的一切优秀成果，回答了前人所没有回答或无法回答的各种问题。马

克思主义产生后，它就反对任何宗派的情绪，始终以开放的心怀和包容的态度来对待人类文明发展的一切积极成果。正是它的这种虚怀若谷的理论品格，使得它能够以科学的态度、实践的精神，不断修正和丰富自身，始终站在人类文明发展的最前列，代表着时代潮流的前进方向，因而在人类的理论宝库中占着特殊的地位，赢得了全世界进步人士的尊敬和认同。也正是基于它的这种理论品格，它强调人们只有用人类文明发展的一切优秀成果来武装自己的头脑，才能真正成为共产主义者。

马克思主义作为它以前人类文明发展的优秀成果的总汇和升华的产物，它始终关注着社会的进步，不断地适应着无产阶级反对资本统治、实现社会主义和共产主义的伟大斗争实践的深入发展，越来越丰富和发展起来。毛泽东思想、邓小平理论和习近平新时代中国特色社会主义思想，就是在这一过程中形成的新的伟大理论成果。

面向实际，服务实践，在实践中自觉地检验自己，坚持真理，修正错误，不断地丰富和发展自己，这是马克思主义的本质体现，也是它作为一个开放的思想体系所特有的理论品格。在这里，任何宗派主义的情绪和故步自封的保守心态，都是同马克思主义格格不入的。对此仅从马克思主义的创始人在对待其他思想文化的态度上就能充分地展现出来。

马克思主义创始人从不自以为是、害怕批评，相反地，它总是以虚怀若谷的态度欢迎那种真正严肃的、具有真知灼见的批评。在谈到一位俄国学者对《资本论》的分析和评价时马克思就表示，他欢迎这种严肃、出于善意而又确有见地的批评，他不仅认真地听取，而且力图吸收其合理的见解。但是他又指出，对那些出于资产阶级偏见的恶意攻击和“沉默”的扼杀，他的回答是：“走自己的路，让别人去说吧。”

不仅如此，马克思主义也总是根据变化了的实际情况勇敢地进行自我批评，不断地修正和完善自己的理论。《德意志意识形态》一书就是马克思、恩格斯为了清算自己早年的哲学信仰而写作的。恩格斯后来对《共产党宣言》的个别修正，马克思晚年对自己某些观点的反省，都无不生动地反映了马克思主义创始人这种不懈地追求真理的开放博大的胸怀。所以他们反复地告诫自己的后继者，他们的理论不是教条，而是行动的指南。

其次，马克思主义创始人总是以科学的态度来对待那些在理论发展和文明进步中确有贡献的前辈和同时代人的研究成果。马克思、恩格斯强调对于这些人及其思想理论必须历史地看待，不能“苛责于古人”；必须从整个文本出发，不能抓住个别的辞句作出简单的、武断的宣判；不能“把小孩和脏水一起倒掉”，必须努力挖掘那种看来哪怕是错误的理论体系中所内含的有价值的积极成分。正是马克思在黑格尔唯心主义哲学的垃圾堆里，发掘了它的“合理内核”，拯救了掩埋于其中的闪闪发光的珍珠“辩证法”。黑格尔逝世后，当一些追逐时髦的人把黑格尔当作“一条死狗”来轻率地对待时，马克思却特意地声明自己是这位伟大思想家的弟子。马克思在创作《资本论》中，为了不致埋没一些无名之辈在某些方面的劳绩和贡献，不避“故意卖弄”之嫌，在自己的著作中有意地进行了大量的引证，并一一给予标示，以彰显他们的劳绩。恩格斯在《费尔巴哈与德国古典哲学的终结》一书中，对黑格尔的思想体系与其方法的矛盾的分析，同样体现了这种科学精神，为我们作出了光辉的典范。恩格斯《反杜林论》一书的写作，就是为了揭露杜林的狂妄和无知。当时，杜林自命为社会主义的改革家出现于德国的理论舞台，他自称发现了“绝对真理”，并从这种虚构的“绝对真理的高台上”傲视他的一切前辈和同时代的人，对他们极尽了攻击和贬斥之能事。对此，恩格斯无情地抨击了杜林的无知和狂妄，揭露了杜林是如何处处抄袭和偷用这些前辈和同时代人的成果以据为己有，而又轻率地加以阉割的伎俩，以维护这些人应有的尊严和学术地位，以致经过恩格斯批判的致命一击，杜林从此不得不销声匿迹。

第三，马克思主义创始人从来就十分重视其他科学和理论研究的有价值的成果，并努力根据这些新的成果来重新审视自己的理论，丰富和发展自己的学说。如果说，马克思、恩格斯正是依据了当时自然科学的三大发现，才创建了自己科学的世界观和方法论，那么，马克思关于科学是生产力、是“最高意义上的革命力量”的论断，也正是对他的学说产生后的一系列科学技术新成果的理论概括。同样，在社会科学领域里也是如此。熟悉马克思主义发展史的人都知道，马克思是以何等欣喜的心情来看待摩尔根的《古代社会》一书的出版的。他专门为此写信给恩格斯，表达了自己的这种心情。为了学习这一最新的科学研究成果，马克思作了近二十万字的读书摘要。恩格斯则专门写了《家庭、私有制和国家的起源》一书，他在书中就明确表示，自己的这本著作主要是援引摩尔根的研究成果并加以唯物史观的诠释的结果。

我们之所以不厌其烦地列举这些几乎人所共知的历史事实，就在于要说明，马克思主义作为一个科学的思想体系，在对待人类文化遗产的问题上，从来不是封闭的、宗派性的，无论是它的产生还是发展，始终具有一种海纳百川的博大胸怀和面向现实、面向世界、面向未来的恢宏气魄，这正是马克思主义的一贯精神。列宁对十月革命后俄国出现的所谓“无产阶级文化派”的无情批判，就继承和弘扬了这种精神。列宁强调：”无产阶级文化并不是从天上掉下来的，也不是那些自命为无产阶级文化专家的人杜撰出来的。如果硬说是这样，那完全是一派胡言。无产阶级文化应当是人类在资本主义社会、地主社会和官僚社会压迫下创造出来的全部知识合乎规律的发展。”

作为马克思主义在中国创造性发展的毛泽东思想在对待人类文化遗产问题上，更是明确地提出了“古今中外法”的著名论断。毛泽东提出的“古今中外法”，强调要创造性地丰富和发展马克思主义理论，建设社会主义新文化，就必须立足于中国社会主义革命和建设的实践，在文化上做到贯通古今，汇聚中西，从中吸收丰富的营养。早在民主革命时期，毛泽东就明确指出，要“学习我们的历史遗产，用马克思主义的方法给以批判的总结”“从孔夫子到孙中山，我们都应当给以总结，继承这一份珍贵的遗产”。他还说：“我们应当大量地吸收外国的先进文化，作为自己文化食粮的原料，这种工作过去还做得很不够。”学习党的十九大报告，把握习近平新时代中国特色社会主义思想，我们也不难体会到这一划时代的理论成果，生动地体现了马克思主义对待人类文化遗产的科学态度和一贯立场。习近平同志主政伊始不仅把继承和弘扬中华民族优秀文化遗产以前所未有的高度提到全党全国人民的面前，而且在全国哲学社会科学工作座谈会上的重要讲话中强调：“对于人类创造的有益的理论观点和学术成果，我们应该吸收借鉴，但不能把一种理论观点和学术成果当成唯一准则，不能企图用一种模式来改造整个世界，否则就容易滑入机械论的泥坑。”正因为如此，可以说，习近平新时代中国特色社会主义思想是人类优秀文化遗产在现时代的一种创造性转化和创新性发展，是马克思主义发展史上一次重大的历史性飞跃。综上所述，可以清楚地看出，对于人类的文化遗产，马克思主义从来就是极其尊重和科学地对待的。它所具有的那种海纳百川的开放胸怀，那种贯通古今、汇聚中西的恢宏气魄，应该是我们建设繁荣中国特色社会主义新文化所应有的精神状态和理论指南。

二、马克思主义重视人类文化遗产的客观依据

马克思主义对待人类文化遗产的这种开放的心态和海纳百川的胸怀，绝不是出于什么实用主义的考虑，而是基于唯物史观的原则要求，是出于对人类文化发展的客观规律的自觉把握和遵循。马克思主义认为，作为观念形态的精神文化都是一定的社会存在的反映，都是一定的经济基础决定的上层建筑。但是，任何一种精神文化一经形成便有其自身相对的独立性，它不仅能够反作用于决定它的社会存在、经济

基础，而且还有其自身发展的内在逻辑和特殊规律。如果说，一定的社会存在、经济基础是产生某种文化的“源”，那么这种文化自身的历史发展就是其“流”。前者是根据，后者是条件。在这里，“源”和“流”“根据”和“条件”是密不可分、缺一不可的，也是互动互促、互相转化的。正因为这样，才产生了各种不同的文化类型，形成了千姿百态的人类文化景观。也正因为这样，才使人类文化的发展显示出其自身特殊的规律性。

首先，从人类文化的生成和发展来看，任何类型的文化总是人类在特定的社会历史条件下，适应自身的生存和发展的境遇的需要，以回应来自自然环境、社会生活和人际关系的各种矛盾的挑战而产生和发展起来的。正是这种挑战推动和刺激着人不断地应战，不断积累更大的力量继续向前，不断地解决各种问题和矛盾，从一种成就走向另一种成就，文化就是在这一过程中生长发展起来的。在这个过程中，异质文化以及同质异构的文化的交流和碰撞、冲突和融合，乃是一种文化保持其生命力、实现自我更新和自我发展的重要机制。人类文化生成和发展的历史告诉我们，一种缺乏外部压力和自觉应战精神的文化，就可能因其缺乏危机感和竞争心而丧失其自我反省、自我调整和自我更新的内在动力，就会因此而停滞、僵化甚至衰落。因此可以说，不同文化的交流和碰撞、冲突和融合乃是文化发展的一种带规律性的现象。这种规律性的现象说明，文化的发展也是一个不同文化相互借鉴、相互吸收的辩证过程。马克思主义强调重视人类的文化遗产，正确地对待人类文化遗产的科学态度和原则立场，正是建立在对这一规律性的自觉把握和遵循上的，它为我们正确地对待人类文化遗产的必要性和重要性提供了客观的依据。

其次，从文化的结构来看，任何一种文化类型，都是一系列的文化因子或“文化丛”按照一定的秩序结合而成的系统，这个系统由其核心价值观念、思维方式、审美情趣凝结而成为一个整体，使其同其他文化类型区别开来。但是，构成一定文化类型或文化系统的诸多文化因子或“文化丛”，在该文化类型或系统中所处的层次和意义是不尽相同的。从发展的眼光来看，它总是同时地包含着历时态的因素和共时态的因素，是这两种因素的辩证统一。具体而言，任何时代的文化、知识、理论系统都不过是代表了当时一定阶级或集团的人们合乎逻辑的对现实的解释。这些解释自然首先应当放回到该历史时期去理解、把握和评价，这是其历时态的逻辑合理性的根据。但是，它们同时又必然地蕴涵着某些对人类文化做出的贡献的因子。这些文化因子则对任何时代的人类整体的生活都是有益的。之所以如此，是因为人作为一种“类”存在，不论其社会历史条件如何不同，总是要面对某种共同的问题，有着相似的或一般的社会背景和活动条件。关于这一点，恩格斯在《反杜林论》一书中就做过经典的论述。西方社会学家索诸尔也发现，语言是人类的共性，语言既有其历史的时间范围，又有其共时的结构性质。正是由于文化结构的这种历时态因素和共时态因素的辩证统一，才使得我们今天阅读荷马史诗、莎士比亚戏剧、中国的诗经、道德经和唐宋诗词，仍不失其应有的魅力，因为它们已经超越了古代希腊和中国的时空界限，成为了人类文明发展的任何时期都能共享的文本了。文化结构的这种特征，必然使任何一种文化类型既有其内在系统性的特质，又或多或少具有可分解、可重构即解构性的一面。同时，也使得任何一种文化因素既有其所属文化系统的关联性的质的规定，同时又具有某种经过改造而能同其他文化系统相容的可接纳性。这些都为马克思主义正确对待人类文化遗产提供了客观的必要性和可能性。

第三，从文化的传承来看，人类文化的传承是一个文化自身的客观延续和作为文化主体的人（包括一定阶级、社会集团、民族国家）的主观选择相统一的辩证过程。很显然，既然文化的发展有其自身相对独立的特殊规律，那么相对地说，它的传承就是一个不间断的连续过程。人是文化的产物，也是文化的创造者，这就是“文化即人化”的一般含义。实践证明，传统是不可能完全摆脱而是只能面对并作出理性地选择的。但是，每代人又都是在变化了的历史条件下生存和发展的，他们有着不同于前代人的历史条件、生存境遇、实践经验、社会责任和自身的需求愿望，以及认知视角和思维能力，因此，他们在接受、传承某既定的文化时，又必然自觉不自觉地作出自己这样或那样的选择。特别是在社会生活急剧变化、社会矛盾十分尖锐、历史发展处于转折时期，这种选择就会变得更加尖锐、更加紧迫，甚至会牵动着整个阶级、集团、民族和国家。这时，文化的变革、文化的创新，就成了不可回避的问题，这时人又成了传统文化的选择者和新文化的创造者。可见，文化的传承同其他事物的发展一样，也要受到唯物辩证法规律的支配，也是一个连续性和中断性相统一的辩证过程。这个过程就是文化的客观延续性和文化主体的主观选择性相统一的辩证过程。

由上可见，马克思主义强调重视和尊重人类文化遗产的科学态度和原则立场，就是奠定在人类文化发展的客观规律的基础之上的，是对这种规律的自觉把握和遵循，因而它也是建构和繁荣社会主义新文化所必须确立的科学态度和原则立场。我们认真学习十九大报告就不难体会到，报告本身就深藏和蕴含着马克思主义对待人类文化遗产的这种科学态度和原则立场，它将在马克思主义发展的历史文献中占着划时代的历史地位。

三、坚持创造性转化和创新性发展的统一

如果说，人类文化的传承是一个文化自身的客观延续和作为文化主体的人（包括一定阶级、社会集团、民族国家）的自觉选择相统一的辩证过程。那么，正是前者，决定了对待人类文化遗产的继承性，它要求我们对于人类文化的优秀遗产必须坚持创造性的转化；正是后者，则必然表现为对待人类文化遗产的批判性，它要求我们对于人类

文化的优秀遗产必须坚持创新性的发展。在这里，批判和继承、创造性转化与创新性发展是同一过程的两个不可分割的方面。否认继承性和创造性的转化，是文化虚无主义的观点；没有批判性和创新性的发展，则会犯文化保守主义的错误。这两者都割裂了批判和继续、传承和发展的统一，都违背了人类文化运行的客观规律，都是一种错误观点。正因为如此，所以它们之间并没有不可逾越的鸿沟，在我国近代史上文化虚无主义和文化保守主义两者互相转化就不乏其例。

社会主义制度是人类历史上一种崭新的社会制度，它本身就是对旧制度的超越和创新。而要超越创新，则意味着突破，具体到文化上，则意味着要创造一种既适应时代前进步伐又不失民族文化特质和民族精神的，既优于和高于资本主义文明又适应现代科技、工业、信息要求的新文化、新文明。所以在这里，传承和创新是相辅相成的。创造性转化是创新性发展的基础性步骤，没有创造性的转化，所谓创新性发展就是一句空话；反过来说，创新性发展构成创造性转化的目标指向，不能实现创新发展，所谓创造性转化不仅会失去它应有的动力和方向，而且也毫无意义。这两者的辩证统一，对我们来说，就是要立足于现实，面向未来，既创造性转化中华民族和全人类的传统文化中的优秀遗产，又要从时代的课题出发，赋予它崭新的现代意义，真正同时代精神相融合，使之内化为人民群众的主体意识，努力建设中国特色社会主义新文化、新文明。

实践是认识的基础，是检验真理的标准，也是我们坚持和实现创造性转化与创新性发展辩证统一的基础。事实上，人类的社会实践本身就在不断区分着真理和谬误。同样，实践本身也在不断地区分人类文化遗产中哪些是精华，哪些是糟粕，并把其中精华的东西放在实践需要的熔炉中加以熔铸，使之得以改造和升华，成为新文化的构成要素。离开了实践，就会把对待人类文化遗产问题变成一个纯粹思辨的问题，显然，这就无异于纸上谈兵。正是中国近代一百多年来伟大革命和建设的社会实践，才使我们深刻地认识到“只有社会主义才能救中国”“只有社会主义才能发展中国”的真理，也正是这一伟大实践才使人们实际地体会到只有努力建设中国特色社会主义才是我们实现四化、振兴中华、实现中华民族伟大复兴的中国梦的唯一正确的选择，因而也才使我们找到了正确对待人类文化遗产的立足点和出发点，为我们开拓了坚持和实现创造性转化与创新性发展辩证统一的现实道路和强大动力。

应该看到，在社会主义现代化建设的实践中，实现创造性转化和创新性发展的辩证统一，是一个艰巨复杂、长期曲折的历史过程。这一历史过程绝不是一个自发的过程，只能是一个自觉地加强社会主义精神文明建设，弘扬和践行社会主义核心价值观的社会系统工程。实施这一系统工程必须广泛动员全社会各方面的力量，采取各种有效的形式和渠道，齐抓共管，创新体制机制，坚持不懈，久久为功。其中，从社会方面来讲，必须正确认识和处理好如下两个重要的关系：

首先，要正确认识和处理好思想文化建设特别是伦理道德建设中的“软”和“硬”“虚”和“实”的关系。作为观念形态的思想文化、伦理道德相对于社会政治、法律等制度方面的因素来讲，乃是一种“软件”。一定社会的思想文化、伦理道德总是一定社会的经济、政治的反映，并反作用于这一社会的经济、政治。因此，它们两者之间既是一种被决定和决定的关系，又是一个互动、互补、互促的过程。这就要求我们把加强社会主义思想文化、伦理道德建设，同加速社会主义政治、经济体制的民主化、法律化的“硬件”建设有机地结合起来，并在这个基础上，在尊重思想文化、伦理道德建设自身的特点和发展规律的前提下，实现其必要的规范化、制度化，亦即使“软件”适当地硬性化，形成一种经济、政治、文化、思想、伦理、道德优化组合、互为机制、同步发展、全面推进的社会主义思想文化建设的模式。事实上，思想文化作为一种“软件”，只有在一定制度的“硬件”中才能正常地生长，有效地发挥作用。我们知道，制度作为确定人们行为及其相互关系的一套规则体系，它本身就是一个价值实体，它通过其特有的约束机制和激励机制，具有一定强制性地规定着人们的行为方式和价值取向，因而成为思想文化作用于经济和政治的一个重要的中介。在不同的制度条件下，即使是同一思想文化、伦理道德，其发挥作用的性质、功能及其方式也是不一样的。只有在民主化的政治和健全的法律等制度的条件下，人类文化遗产中的优良成分才能得到有效地传承、改造、发展和升华，从而在文化创新中发挥它的积极作用。

同时，就思想文化、伦理道德建设本身而言，如何使其由“虚”变“实”，做到真抓实干，努力在实际、实事、实行、实效上花工夫，在强化其实际机制和操作性上下力气，真正达到如古人所说的“百姓日用而不知”的地步，也是十分重要的。在这方面我们的党和人民已经创造了很多好的经验，应该高度重视，切实坚持，认真推广。但也应该看到，在这个问题上，正如习近平同志反复指出的那种疲软的现象，那种升虚火、托空言、讲形式、摆花架子的现象仍然存在。因此，提高认识，充分发挥习近平同志倡导的“务实”精神，努力贯彻十九大报告提出的新时代治国理政的重要思想，仍然是一个重要的任务。只有这样，才能使创造性转化和创新性发展真正辩证地统一起来，才能使建设社会主义的新文化、新文明落到实处，收到实效，出现新的格局，达到新的境界。

其次，要正确认识和处理好思想文化、伦理道德建设中的民族性同世界性的关系。如前所述，不同民族和国家之间的异质文化的碰撞和交流、冲突和融合，乃是文化发展的一条重要规律，在当代更是一种世界性的文化现象。可以说，在当代一个民族文化的生命力就在于它既能保持发展本民族文化的优良传统，又能充分地吸收其他民族文化中的那些适应时代发展要求的积极成分和合理因素。所以，当代文化发展和思想建设只能是也应当是“民族意识”和“全球意识”的有机结合，是民族化和世界化的统一。不能坚持这种统一，我们就不可能站在当代世界发展的高度来看待思想文化问题，就不可能反映当代历史发展的要求，相反地，就可能使我们的思想文化建设游离于当代人类文化发展的潮流之外，这样的思想文化也是不可能有什么生命力的，它更不是我们要努力建设和繁荣的社会主义的新文化、新文明。

因此，在这个问题上我们也必须坚持毛泽东倡导的“古今中外法”，认真落实十九大报告提出的“坚定文化自信”的要求。这里我们不妨以伦理道德文化建设为例来做些分析。一方面我们必须认识到，西方腐朽的利己主义的文化形态和价值观念，是我们必须坚决抵制和批判的，这仍然是当前我们建设社会主义新文化、新文明的一个重要的战斗任务；但是另一方面又应该看到，西方伦理道德文化又毕竟是西方民族国家在走出中世纪、进入近现代过程中对伦理道德现象进行理论反思的体现和智慧的表征。它的内容十分丰富，例如其中所包含的对人权、自由、平等的深刻阐发；对公平、正义、勤勉、守信的深入探讨；对个性发展和道德关系完善的系统论证；以及对道德语言逻辑、个体道德心理和人格、人的道德境遇和道德选择等诸多问题的全面研究等等；特别是现代以来，一些西方的学者在对西方社会全面反省的基础上，对资本主义社会的文化矛盾、道德衰落和价值危机所展开的批判，其中就不乏真知灼见。所有这些，对我们都是具有启迪和借鉴作用的。因此，只有坚持民族性和世界性的统一，树立面向世界的广阔的文化胸怀和放眼未来的深邃的文化视域，努力把对本民族优良传统文化的转化与创新和对外来文化积极成分与合理思想的引进吸纳有机地结合起来，在综合中创新，在创新中综合，我们才能更好地坚持创造性转化和创新性发展的辩证统一，才能推动社会主义文化繁荣兴盛，才能建设人类历史上迄今为止最先进、最科学的社会主义新文化、新文明。

总之，党的十九大报告指出，“文化是一个国家、一个民族的灵魂。文化兴国运兴，文化强国运强，没有高度的文化自信，没有文化的繁荣兴盛，就没有中华民族的伟大复兴”。建设社会主义现代化过程，只能是一个继承人类优秀的文化遗产，树立马克思主义的文化观，创造社会主义新文化的历史过程。为了加速这一过程，我们必须正确地对待人类的文化遗产，排除文化虚无主义和文化保守主义的干扰，确立中华民族及其本土文化可以从自身的创造性转型中升华为社会主义新文化、新文明的充分的文化自尊和文化自信，同时也重视对外来文化精华的借鉴和吸纳，在马克思主义和习近平新时代中国特色社会主义思想的指导下，努力为之奋斗。

（原载于《伦理学研究》2018 年第 1 期）

传统文化三题

在我国，自1840年鸦片战争至今前后170多年间，所谓古今、中西、体用、传统与现代之争一直不绝于耳、从未间断，其核心就是如何正确认识传统与传统文化，如何处理和对待传统和现代化的关系问题。近年来，习近平总书记从新时代实现中华民族伟大复兴中国梦的高度出发，又一次把这个问题提到了全党和全国人民的面前。他指出："培育和弘扬社会主义核心价值观必须立足中华优秀传统文化。牢固的核心价值观，都有其固有的根本。"习近平总书记多次强调，我们要加强对中华优秀传统文化的挖掘和阐发。习近平新时代中国特色社会主义思想也融入了大量的传统文化精髓，体现了对中华优秀传统文化的继承和发扬。因此，认清什么是传统与传统文化，把握传统文化和现代人的真实关系，处理好传统文化与现代化的联系等问题，具有重大的理论意义和实践意义。

一、什么是传统与传统文化

传统一词在拉丁文中，是指从过去延传到现在的事物，在英语中也基本上是这个含义。有学者认为，凡延传三代以上，被人类赋予某种价值和意义的事物，都可以看作是传统。一般来说，传统包含着三个构成部分：一是器物层面，即历史上延传下来的典章制度、文化经典、古迹文物等等；二是行为层面，即历史上延传至今的风俗习惯等等。事实上，风俗习惯乃是一种相对固化了的行为模式，是一个民族的群体认知和智慧的积淀。这两个构成部分可以说是传统的“显形的方面”；三是精神层面，即历史上延续至今的社会理想、生活信念、伦理道德观念、民族性格和心理特征等等，具体来说就是，历史上形成而延传至今的人们的价值观念、思维方式、审美情趣和生活信念等等。这可以说是传统的“内在隐性的方面”。传统的这三个构成成分、两个方面的关系是什么呢？前两者，即“显形的方面”，是传统得以呈现和延传的载体和媒介，是观念意向的表意象征。而后者，即“内在隐性的方面”，则是传统得以延传的血脉和灵魂。没有前者，传统就无法得以延传和呈现；没有后者，传统就会枯萎坏死，也无法鲜活地存在和延传。从这两者的关系讲，我们又可以把传统划分为广义的和狭义的两个方面。广义的传统就是我们前面讲的器物层面、行为层面和精神层面三个方面的统一。从这个意义上说，传统的概念与人类文化学所使用的“大文化”概念是一致的，它是历史上人类创造的、赋予象征意义并延传至今的所有事物的复合整体，我们可以把它叫作传统文化。狭义的传统则是指世代相传、延传至今的社会理想、生活信念、价值观念、思维方式、行为方式和审美情趣等精神的方面。在我国典籍中关于传统的概念，主要是就这个方面而言。故古人有所谓“道统”“政统”“学统”之类的讲法。我们今天讲的要继承与弘扬中华民族的优秀传统文化，也主要是就这个方面而言。这个方面我们又可以把它叫作文化传统，即文化的传统。它体现着一个民族特有的民族精神、价值理想、民族性格、民族气质和民族心理。

传统与传统文化具有两个显著的特征。一是世代相传事物的同一性。无疑，传统或传统文化由于其是世代相传、从过去延传到现在的事物，它本身是一个变化着的文化链条，但它的这种变化总是围绕一个或几个被接受和延传的主题而形成的不同变体的时间的链条。这样，它们虽然在世代相传中发生了种种变异，始终处于流动的状态中，但其中又有着某种共同的渊源、共同的主题以及相近的表现形式和出发点。也就是说，它们的各种变体之间由于存在着某种共同的脉络连接其间，故表现出某种变中不变的同一性。这种同一性在观念上具体表现为某种相对稳定的问题意识、解题路径、解题方式和相近的价值取向与价值目标。二是它的世代相传事物的持续性。这种持续性首先表现在它是世代相传、陈陈相因的；其次表现在它现在还存活着、还在这样或那样影响与制约着现在人们的思想和行为，从这个意义上可以说它是存在于“现在的过去”。正因为如此，它作为过去人们所创造的事物的表意象征，成为现今社会的文化遗产。这种文化遗产使得一个民族国家的代与代之间、不同历史阶段之间，始终保持着某种连贯一致的持续特征。

那么，传统或传统文化是怎样形成的呢？这也是一个常常容易被人们误解甚至扭曲的问题。事实上，传统的形成并不是某种外在的强制、法律规定、行政命令的结果，也不能简单地把它理解为只是少数圣贤明哲主观的设计和纯粹外在的灌输的产物，而是一个民族群体在长期共同生活和社会实践中所实现的价值共识和道德认同的产物。确切地说，是一个民族国家主流社会意识的价值倡导、引领和广大社会成员基于社会生活实践的需要而形成的价值共识和道德认同相统一的结果，是合规律性与合目的性的统一。正是这种价值共识和道德认同，经过时空的过滤和筛选，世代相传而积淀下来，才形成了一个民族国家的传统或文化传统。

二、传统或传统文化和现代人

传统或传统文化和现代人到底是什么样的关系？这是一个长期被一些人忽略甚至被误读的问题。有的人常常自命为很现代、很时尚，把自己民族的传统或传统文化视之为敝帚，认为讲传统就是落后、保守，甚至给人戴上“食古不化”“抱残守缺”的帽子。20 世纪“河殇”的作者就是典型代表。他们以极端反传统主义的面貌出现，认为中国近现代之所以落后于西方国家，就是由我们国家的传统造成的。他们宣扬中国的这种黄土地的“黄色文明”已经没有了存在的理由，只有用西方的“蓝色文明”取而代之，自觉地接受“蓝色文明”的阳光雨露的滋润，才能继续生存与发展下去。为此，他们对中华民族几千年的文明发展历史进行大肆歪曲和轻率贬斥。这种思想以极端的形式延续了我国自1840年鸦片战争之后，由于西方列强的侵略，面对着我们国家落后挨打的状况，而在一部分人的心理造成的一种文化自虐、文化自残的病态心理。“外国的月亮才是圆的”，西方一切都好，以至唯洋是举，崇洋媚外，成为了某些人宣扬“现代”“时尚”的标榜。

为了澄清这个问题，很有必要回到对一个基本问题的反思。这就是一个国家民族的传统与传统文化同现代人的真实关系到底是怎么样的？理论和实践告诉我们，对于现代人来说，一个国家民族的传统与传统文化是不能简单地被否定和抛弃的，而只能进行理性地对待和科学地选择的。这里讲的理性地对待，就是要在重视、尊重自己民族的传统与传统文化的前提下，对其进行分析、鉴别，站在现代社会发展需要的立场上，区分出精华与糟粕，吸其精华，弃其糟粕。进而用习近平总书记的话来说，就是要处理好继承与创造的关系，对其进行创造性转换和创新性发展，为什么必须如此呢？

首先，从一定的意义上说，任何一个现代人不管自觉与否，在其原初的意义上都是一个传统人。关于这一点美国著名的社会学家爱德华·希尔斯（1911—1995）在其专著《论传统》中就作出了专门的论述，所以这本书的第一章的标题就是。“在过去的掌心中”。

一个基本的事实是，人是用语言来进行思维的。“语言是思维的物质外壳”，语言也“是一个民族存在的家园”。西方著名社会学家索诸尔就提出，语言是人类的共性，它有其共时性的结构性质。各个民族都有自己的语言，语言作为一个民族认识外部事物，进行思考，实现人际交流，作出对外部世界事物判断的工具，仔细分析就会发现，它本身就积淀了一个民族群体由于长期的共同生活和社会实践而形成并传承的价值观念、思维方式、审美情趣和宗教信仰等的内涵，可以说它是一个民族群体传统的价值观念、思维方式、审美情趣和宗教信念等固化、形式化了的一种文化符号。这就是为什么在日常生活中，同是赞美人、贬斥人，或者同是表示喜悦、悲恸、追求等意念的内容，各民族的语言表达方式有着截然不同的深刻根源，现代语言学对此可以作出充分的证明。

其次，人是一种文化的存在物。一个国家民族的传统与传统文化乃是作为这个民族国家成员认识和处理同外部事物的关系，实现其作为文化的存在物和进行文化创造的文化基因。

“基因”一词源于古希腊语，意思是“生”。在古希腊时期原本是一个哲学概念，后来成为现代生物遗传学上的一个最基本的概念，它是指一个生命体的内部组织结构的特殊方式，正是这种特殊方式成为遗传物质在上下代之间传递信息的基本单位，决定着一个生命体的生命性状和发展轨迹，所谓“种瓜得瓜，种豆得豆”就是这个道理。那么在文化上有没有基因呢？也有。这种基因和生物学上的基因一样，正是它才能够解释作为一种特殊的文化类型何以如此，将来大致可能的走向，为什么它不同于别的文化类型。

讲到这里，有必要了解一下皮亚杰的发生认识论的基本思想。皮亚杰是瑞士杰出的心理学家、生物学家和哲学家，他通过对儿童心理和儿童道德法判断的研究发现，人的认识并不是像照镜子一样是对客体对象的消极反映和摹写，而是主体对客体的一种关系的把握，是主体意识上的一种建构过程。这种建构是主体为了适应外界对象及其变化而对自身意识中原有的“文化图式”的某种调适，皮亚杰把这种调适叫作“顺化”或“顺应”。与“顺化”或“顺应”相对应的是“同化”。具体说，本来作为主体的人在接触外部对象时，总是试图以自己原有的相关的“文化图式”去同化客体对象，然而在同化中主体就可能发现自己原来的“文化图式”的相应成分和客观对象并不完全一致，于是主体只好对自己原有相关的“文化图式”作出调整，以顺应客体而形成关于客体的观念。所以人的认识过程就是一个主体对客体对象的同化或顺化的过程。这一过程实质上就是主体在意识上的一种观念的建构过程。那么，主体意识中原有的“文化图式”是从哪里来的？当然这是由于主体出生后在后天的生活中习得而形成的，这和主体后天的生活环境、行为活动、学习教养等都密切相关，但这一切都是以主体后天习得的语言为中介的。无论是皮亚杰所说的“文化图式”，还是现代社会心理学家所讲的“文化心理结构”，都是以一个国家民族的语言为中介的。既然语言乃是内在于一个国家民族的成员所特有的思维方式、行为方式、价值观念和审美情趣等的一种固化、形式化了的文化符号，这就不难理解传统与传统文化乃是一个国家民族的成员认识和处理同外部事物的关系，实现其文化存在和进行文化创造的文化基因。

从这个方面说，人们能够摆脱和抛弃传统和传统文化吗？不能。任何一个现代人都只能面对，只能对其进行理性的选择。这一点，现代信息科学也作出了进一步的诠释。实际上一个人所具有的“文化图式”或文化心理结构，乃是一个信息处理系统。外部对象对主体的刺激，其信息是要通过主体这个信息处理系统的处理的，人们接受什么信息，排斥什么信息，吸收什么信息，都是要经过这个信息处理系统的筛选、加工和改造，才能为主体所认同和接受的。这就是对于同一个事物会产生“仁者见仁，智者见智”的缘故。同样，对于不同的民族国家也是如此。

第三，传统与传统文化也是人们生存和处理同外部世界的矛盾的一种特殊的文化力量和文化途径，它给人们的生活带来某种秩序和意义，因而成为人们的民族身份的认同感和归属感的机制，也成为人们的一种内在的心理需要。“每逢佳节倍思亲”，这是中国人植根于传统的一种特有的心理需要，它也表征着中国人对生命的意义和生活秩序的独特理解。对亲情的依恋在现实生活中它常常成为中国人解决特定范围的人际矛盾的特殊文化力量和文化途径。那么，为什么传统与传统文化能够在现代人的生活中起到这样一种特殊的作用呢？究其根本，其深刻原因就在于一个国家民族的传统与传统文化，乃是这个国家民族群体在长期的共同生活和社会实践中所达成的价值共识和道德认同的产物，是这种价值共识和道德认同经过时空的过虑和筛选、世代相传而积淀下来的历史经验和生存智慧，它们在自己的传承和发展中不仅赢得了人们的广泛支持，深入人心，而且也成为一种历史理性而获得某种特殊的权威性、神圣性，甚至被赋予某种传奇的存在形式。

爱德华·希尔斯在《论传统》一书中所提出了关于“实质性传统”的观念。他所讲的“实质性传统”，是指那些能够长期受到人们的敬重与依恋，并对人们的行为具有强大的道德规范作用和感召力的传统。他认为这些传统之所以能够发挥如此巨大的作用，是因为这些传统往往具有一种神圣的“克里斯玛”特性。克里斯玛一词最初出现在《新约·哥林多后书》中，原指受神恩而被赋予的天赋。19 世纪法国哲学家用它来指称基督教的超世俗性质，后来著名社会学家马克斯·韦伯全面扩大和延伸了克里斯玛的含义，既用它来指称某种具有神圣的感召力的人物和事件的非凡的精神特质，也用来指称一切与日常生活或世俗生活中的事物相对的被认为是超自然的神圣事物。爱德华·希尔斯认为，许多实质性的传统都是人类原始心理倾向的表露，如敬重权威和道德规范，思念过去，依恋家乡，渴求家庭的温情等等。爱德华·希尔斯写道：“实质性传统还继续存在，这倒不是因为它们是仍未破除的习惯和迷信的外部表现。而是因为大多数人天生就需要它们，缺少了它们便不能生存下去。”正因为如此，他认为不仅创建一种传统需要克里斯玛的想象力，而且破除一种传统同样离不开克里斯玛特质，甚至需要有双倍的克里斯玛特质。因为破除一种传统必须同时创建一种更适合时宜和环境的，也更具有想象力的新传统。只有新传统的克里斯玛力量压倒了旧传统的习惯势力之后，旧传统才会退出历史舞台，新传统才会赢得人们的广泛支持，才能深入人心，否则凭空是不能破除传统的。传统作为人们既有的解决人类问题的文化力量和途径。没有更好的、更具有克里斯玛的传统，即使旧传统表面上被破除了，但它仍然会死灰复燃。在这里，不是不破不立，而是不立不破。应该指出的是，爱德华·希尔斯是站在文化保守主义立场上来研究传统与传统文化的，他对问题的分析和论述不无可以质疑之处，但是他强调传统与传统文化是人们既有的解决各种人类问题的文化力量和途径，是一种对人们的行为具有规范作用和道德感召力的文化力量，这一基本事实则是值得重视的。因为传统与传统文化毕竟包含着一定的国家和民族群体在长期的共同生活和社会实践中，世代相传、不断积淀而形成的历史经验和生存智慧，任何社会、任何人都不可能完全破除或抛弃其传统的影响，很显然，人们不可能一切都从头开始或简单地完全代之以新传统。如果是这样，人们就会失去其文化的认同感和归属感。一个失去文化认同感和归属感的人，就会变得如同没有根的浮萍，随波逐流，无所归依；就会如同没有母亲的孤儿，感到身世飘零，无家可归，这是不可想象的。

人类文明发展的历史证明，人们只有在已有的传统的基础上对其进行创造性转化，创新性发展，传统和传统文化才能陈陈相因，继往开来，与时俱进，发扬光大，作为一个现代人应该自觉地具有这样的文化品格和文化自觉。

三、传统与传统文化和现代化

所谓现代化，是指人类走出传统的农业社会，逐步走进工业化、信息化时代，实现现代社会工业化、信息化的历史过程，简单地说，就是用现代的工业、信息文明代替传统的以小生产为基础的农业文明的历史过程。这无疑是一个社会结构急剧变化和社会急剧转型的变革过程。那么走出传统社会是否意味着要抛弃或者简单地否定传统与传统文化呢？显然不是。正如现代化和现代性是两个有联系但又不同的概念一样，传统社会和传统文化也是两个有联系但又不同的概念。传统社会主要是就社会结构、社会形态而言，而传统与传统文化则是一个更为广泛的具有总体性的文化概念。应该看到，无论是走出传统社会，还是走向现代社会，它的主体还是人，人的现代化才是社会现代化的最重要、最根本的问题。要“走出”传统社会，“走向”现代社会，本质上是人的生产方式和生活方式的一种变革。无疑地对于承受和担当这种变革的人来说，为了适合现代社会的要求，就必须要站在现代的立场上去面对自己原来所浸淫的传统与传统文化，反思自己所承受的传统与传统文化。在这里理性地对传统与传统文化，对其进行认真地价值评估，就是十分必要和非常重要的。为此，对传统和传统文化进行创造性转换和创新性发展就成了现代人的一种重要的社会责任和历史使命。这本身就是对传统与传统文化同社会现代化的相互关系的选择问题，而不是简单地二律背反式的相互否定的问题。

历史发展证明，世界上每个民族和国家在其面临社会急剧变化和转型的关头，在其迎接新的历史挑战、走向新的历史阶段的过程中，都无不遇到如何认识和对待自己民族和国家的传统与传统文化的问题。中国从奴隶社会向封建社会过渡的春秋战国时期，就有百家争鸣特别是儒法之争，其中的焦点之一就是所谓是“法先王”还是“法后王”的如何对待已有传统与传统文化的问题。这一争论前后延续了三百多年，直到汉武帝“罢黜百家，独尊儒术”才算收官，才奠定了往后中国封建社会的基本思想政治格局。西方社会在走出中世纪、走向近现代社会的历史过程中，就曾经返回到它们民族和国家的传统与传统文化，并通过对其做出新的评估，进行新的诠释，才建构了西方现代的工业文明。这就是十四五世纪欧洲文艺复兴运动开始的历史过程。这一过程直到18世纪法国资产阶级革命才算告一段落，前后也经历了几百年的时间。

在当代，伴随着西方的所谓新、旧现代化理论之争，我们清楚地看到，一些地方例如拉丁美洲国家，就曾经试图拒绝自己国家的本土的文化资源，抛弃自己民族的传统与传统文化，简单地移植和嫁接已经现代化的西方发达国家的价值观念、文化模式和制度规范，以求实现国家的现代化。其结果如何呢？不仅没有实现现代化，反而招致了国家的长期停滞，社会的动乱，人民生活的贫困，以致成为了西方最发达国家美国的不安定的后院。这就是拉丁美洲一些国家何以长期地反美情绪高涨的深刻根源。同样，某些西方国家所进行的所谓“价值观战争”，所造成的则是中东长期的乱局、难民危机和恐怖主义的滋生。对此，人们虽然可以作出各种各样的解释，但是它雄辩地证明了西方旧的现代化理论的破产却是一个不争的事实。它也雄辩地证明，对于任何一个国家和民族来说，社会的现代化不可能抛弃本土的文化资料，割断自己国家民族的传统和传统文化的血脉和纽带，简单从外部嫁接和移植而来。现代化必须立足于自己国家和民族的文化根基，尊重文化自身发展的规律，正确处理好本来和外来，民族化和国际化的辩证关系，而这只能是一个依据时代发展的需要，吸收外来的先进国家发展的积极成果，对自己国家和民族的传统与传统文化进行创造性转化和创新性发展的历史过程。

为什么必然如此呢？因为如前所述，所谓现代化归根到底还是人的现代化。一个国家民族的传统与传统文化本质上就是这个国家民族的群体的自我意识。就个体而言，每个人之所以是他自己而不是别人，这个“自我”就是由他所特有的自我意识系统构成的。那么，作为一个国家民族群体有没有“自我”呢？有，这个“自我”就是这个国家民族群体在长期地共同生活共同社会实践中所形成的和世代相传的传统与传统文化。古人说：“人贵有自知之明。”对于一个国家民族群体来说，只有认识“自我”才能走向“新我”。因为这个“自我”中蕴涵着他特有的文化基因，是他处理同外部世界的关系中所特有的文化力量和途径，也是他对生活的秩序与意义的一种特殊的把握，因而形成了他所特有的问题意识，解题路径，解题方式，价值目标。但是这些又毕竟是在过去的特定生存境遇和历史条件下形成和发展起来的，它们必然打上深刻的历史烙印，存在着这样或那样的同现代社会发展不相适应的局限性，因此，相对于现代新的历史条件和生存境遇而言，首先，他必须保持“自我”，因为是他自己而不是别人走向新的历史时期和社会形态；其次，他又不可能是原来的“自我”，因为它不可能以不变应万变，他必须在应变中，在迎接各种新的挑战中，去保持“自我”，创造“新我”。

这是一个社会历史的发展和作为这一发展的主体的人双向互动、互促的文明发展的历史过程，也是一个人们常说的，人创造了历史，历史又创造了人的辩证过程。

在如何认识和对待传统与传统文化和现代化的关系问题上，澄清所谓西化论的理论是非，对于我们来说仍然是十分重要的。西化论在我国自近代以来一直不绝于耳，至今仍为一些人所信奉和宣扬。这种理论宣扬，在当今世界上任何国家和民族要实现现代化就必须走西方化的道路。美国著名学者费正清教授把它概括为一个公式，即“冲击—反应”。按照这个公式，任何非西方的发展中国家要实现现代化，就必须接受西方发达国家的先进文化的冲击，并对此作出单向的反应。这就是说，对于已经实现现代化的西方国家来说，现代化就在于积极的自我扩张和发展，不断地甚至强行地输出和推销西方的价值观念、文化模式和制度规范的过程。而对于非西方发展中国家而言，应该怎么办呢？似乎出路只有一条，这就是放弃自己国家民族的文化传统，否认自己能够自主地走上现代化道路的社会发展的内在规律，抛弃自己国家民族的本土资源，去被动地接受西方发达国家的冲击、洗礼，只有这样实现国家的改造和转化，才能走向现代化。

这就不难看出这种西方化理论，其基本立足点是西方中心主义，而它的理论基础是社会达尔文主义，它的思维模式则是西方特有的二分法。这种理论首先主观人为地把整个世界划分为西方和非西方、现代和非现代或者说是传统和现代化两个部分。显然，这种人为的二分法实际上一开始就预设了一个前提或者一种价值取向，即西方“优于”“高于”非西方。在这种理论看来，历史是进化的，是一种由低级向高级的线性的发展过程，既然西方已经处于进化的高端阶级，而非西方还处于进化的低端阶级，那么，当然西方就要优于、高于非西方。而非西方要进化就必须接受西方的冲击、洗礼、改造和转型——适者生存，优胜劣汰，这就是西化论的理论逻辑。显然，这种理论是十分错误的。

首先，这种理论的前提是虚假的。正如印度著名学者德赛指出的，西方学者这种西化论理论是以两个假设为前提的：一是将美国和西欧发达国家的资本主义社会看作典型的现代化社会，并以此作为现代化的唯一模式；二是这种理论所使用的现代化的概念，基本上是意在描述在资本主义生产方式框架内社会所发生的转变过程和方式。这就是说，这种理论把一个资本主义生产方式的发生学上的概念，偷换为一个具有普遍意义的实质性概念，这就把特殊夸大为普遍、把个别夸大为一般，以致使西方资本主义生产方式成为了唯一的现代化的模式，正是这种耸人听闻的逻辑，才得出了只有西方化才能实现现代化的错误结论。

其次，这种理论否认和拒斥了人类文化发展的多样性、多元性。人们常说，“条条道路通罗马”。事实上，由于世界各国家民族的国情的不同，文化传统的差别，其走向现代化的道路也必然是多样的。历史地说，人类走出原始的野蛮状况、走向文明社会的历史道路就是各不相同的。古希腊罗马走的是一条“家庭、私有制、国家”的道路，而亚洲的许多国家则走的是一条“家庭、国家、私有制”的道路。关于这一点，在马克思主义经典著作中就有过充分的论述。马克思把这两种不同的道路分别概括为“古典古代”和“亚细亚古代”。同样，人类走出中世纪走向现代化的道路也必须是多样的、多元的。这是人类文化和文明发展的规律。实践证明，所谓现代化就是西方化的说教，不过是以美国为首的西方国家为其推行殖民主义、霸权主义而张目罢了。

第三，这种理论违背了社会发展和文化交流的客观规律，否认和拒斥非西方国家走向现代化的内在动因和本土资料。历史发展表明，在中国，早在明代中期就出现了资本主义萌芽，到了明清之际，这种萌芽更是得到了进一步的发展，正如毛泽东指出的，如果没有外国资本主义的影响，中国也将缓缓地发展到资本主义社会。20 世纪 60 年代以来东南亚经济奇迹的出现，更是雄辩地说明，传统与传统文化并不是一个国家民族走向近现代社会的历史包袱和障碍，相反地只有充分地重视本土的文化资源，发挥其在现代化中的积极作用，真正做到不忘本来，吸收外来，面向未来，对自己国家民族的优良传统与传统文化进行创造性转换，创新性发展，这才是走向现代化的必由之路。在当代，我国人民在中国共产党的领导下，通过不断增强自己民族的文化自信、文化自强和文化创新，创造了举世瞩目的中国经验、中国道路和中国模式，更是有力地宣告了西化论的破产。

习近平总书记指出："中华文明绵延数千年，有其独特的价值体系。中华优秀传统文化已经成为中华民族的基因，植根在中国人内心，潜移默化影响着中国人的思想方式和行为方式。今天，我们提倡和弘扬社会主义核心价值观，必须从中汲取丰富营养，否则就不会有生命力和影响力。"正因为我们的血液中流淌着这样的文化基因，我们才能形成我们民族世代相传的世界观、人生观、价值观和审美观；也才能在新时代以"富强、民主、文明、和谐、自由、平等、公正、法治、爱国、敬业、诚信、友善"等新形式，实现对中华优秀传统文化的传承和升华。中华优秀传统文化既有自身的连续性和稳定性，也随着时代的变迁与时俱进；既传承了民族的特色，又具有时代的价值。认清什么是传统与传统文化，把握传统文化和现代人的真实关系，处理好传统文化与现代化的联系等问题，对于我们培育和践行社会主义核心价值观具有重要的理论意义和实践意义。

（原载于《求索》2018 年第 3 期，《新华文摘》2018 年第 17 期转载）

文化自信三题

习近平总书记就增强和提升文化自信及其重大意义问题作出了一系列精辟的论述。它深刻告诉我们，实现中华民族伟大复兴中国梦，必须要有坚定的文化自信来作为精神支撑，而坚定的文化自信又是以实现中华民族伟大复兴中国梦的现实实践为动力来推动的。实际上，实现中华民族伟大复兴中国梦的过程，同时也是一个实现中华文化伟大复兴的过程。因此，我们必须把增强和提升文化自信问题，提高到我们党治国理政、不断夺取建设中国特色社会主义新胜利的高度来认识、把握和践行。

一

所谓文化，通常是指一个民族的整体生活方式和它的价值系统。而文化自信则是指一个民族基于对自己民族文化的积极肯定、自觉珍惜而形成的一种对其坚守、传承和发扬光大的文化心理和行为取向。文化自信就其内涵而言，包含两重含义：一是作为一种文化类型自身所具有的文化特质；二是作为这种文化类型的文化主体的文化性格。这就是说，文化自信是一种文化类型的精神特质和文化主体的自我担当的有机统一，它既关涉中华民族的优秀传统文化，又关涉我们党领导的新民主主义革命时期形成的革命文化，更包括我们当下正在建设的社会主义先进文化。

当然，作为统一的中华文化，它是一个有机整体，是同一种文化类型在特定的社会历史条件下合规律性发展的文化之链，但是它又存在着传统与现代，历史与当下，客体与主体的不同方面、不同内容和不同性质的区分。因此，我们要增强和提升文化自信就必须对这一概念有一个清晰明确的整体把握和理性对待。否则，就可能在所谓文化自信、繁荣文化的旗号下造成混乱。这种情况不是没有的，例如，现在的一些以宣传传统文化为题材的文学作品和影视作品，一描写历史上某些著名的君主，他们似乎就成了充满人情味、忧国忧民的典范，是现代人应该无条件效法的。一些研究某个朝代历史的著作，则把这个朝代说得社会如何宽松、自由、高雅以至尽善尽美，作者甚至抱怨自己生不逢时、没有生活在那个朝代。这就完全违背了我们的社会主义文化建设“要牢固树立以人民为中心的工作导向，坚持以社会主义核心价值观为引领。深入研究新时期人民群众文化需求特点，发展先进文化，创新传统文化，扶持通俗文化，引导流行文化，改造落后文化，抵制有害文化，为实现中华民族伟大复兴的中国梦提供强大的精神动力和文化支撑”的告诫。

那么，在对待继承和弘扬我们民族的优秀传统文化同繁荣发展我们的革命文化、社会主义先进文化这两者的关系上，如何能够真正地做到增强和提升文化自信呢？正确的态度应该是：一方面我们要认清中华优秀传统文化是中华民族的精神命脉，是涵养社会主义核心价值观的重要源泉，是发展和繁荣革命文化与社会主义先进文化的坚实根基；另一方面又必须以建设革命文化、社会主义先进文化，特别是培育和践行社会主义核心价值观来激活中华优秀传统文化的生命力，推进中华优秀传统文化创造性转化和创新性发展，实现传承和弘扬中华优秀传统文化同培育与践行社会主义核心价值观的有机统一。只有这样，才能引导和推动我国人民树立和坚持正确的历史观、民族观、国家观、文化观，不断增强中华民族的归属感、认同感、尊严感、荣誉感，发展和繁荣具有中国风格、中国气派的真正民族的、大众的、为人民群众喜闻乐见的社会主义新文化，为实现中华民族伟大复兴中国梦提供文化支持和价值动力。

二

为了增强和提升文化自信，努力增强和提升对中华民族的优秀传统文化的自信仍然是一个十分重要的任务，这应当成为我们当前的着眼点和着力点之一，因为一个民族的优秀传统文化乃是这个民族在社会实践中通过世代相传而构筑起来的共同的精神家园。它是一个民族的文明得以传承和发展的文化基因，也是这个民族的成员实现对自己民族和国家认同的血脉和纽带，它凝聚了这个民族在漫长的历史实践中的生存智慧和价值追求，不管你自觉不自觉，它都构成这个民族的成员挥之不去的民族群体的“自我意识”，因而成为我们今天建设社会主义先进文化的不可或缺的历史资源，是践行与培育社会主义核心价值观的牢固基础。关于这一方面，习近平总书记作过许多精辟的论述，我们应该好好学习，深刻领会，以达成全民族的共识。

然而，自从1840年鸦片战争以来，我们民族的优秀传统文化可以说是历经坎坷，屡遭践踏，几乎断裂。从鸦片战争到中华人民共和国成立，帝国主义列强的侵略使我们国家陷入殖民地半殖民地的境地。西方强势文化的冲压，帝国主义的殖民文化、买办文化的侵蚀，曾经一度使我们丧失了对自己民族的优秀传统文化应有的重视和尊重，甚至在一些人和一些阶层中产生了一种文化自虐的扭曲心态，造成了我们民族文化传统的断裂。

正因为如此，增强和提升文化自信，首先就必须重建对我们民族的优秀传统文化的自信。社会主义核心价值观的源头活水和牢固的基础在哪里？我们从哪里来？要走向哪里去？这些严肃而重大的问题都告诉我们，必须重建对我们民族优秀传统文化的自信。世界历史证明，每一个民族和国家在走向新的历史征途、进行新的历史创造的转折时期，都经历了一个回溯自己的传统，对自己的民族传统文化进行再认识的过程，这是一个民族迎接新的历史挑战，汇聚民族的精神力量，跨入新的历史阶段的必经的历史步骤。西方在从中世纪走向近现代时，最初就是以文艺复兴为旗帜进行的。正是在这一运动和随后的启蒙运动中，西方人通过重新诠释自己的传统和传统文化，赋予其新的时代内涵，才创造出新的近代资本主义文化和工业文明。

那么具体而言，继承与弘扬我们民族的优秀传统文化能不能重建我们的文化自信呢？这首先涉及我们民族的优秀传统文化作为一种独特的文化类型，它自身的文化特质问题。事实上，我们民族的优秀传统文化的一个显著的特质就是“自信”，它是一种具有高度自信精神的文化。要详细论证这个问题，需要作专门的论述，这里只能举出一些例子来加以说明。中国传统文化在它最初萌生时的神话传说中，就是以自信、自强为精神特质的。人们所熟悉的“夸父追日”“精卫填海”“女娲补天”等等，不就充满了一种发奋而自信的精神吗？到了中国传统文化形成的所谓轴心时代春秋战国时期，出现了“百家争鸣”的文化繁荣现象。其中作为中国传统文化的主干儒家学说的创始人孔子、孟子、荀子就把中国传统文化的自信精神理性化、理论化了。孔子说“我欲仁，斯仁至矣”，孟子说“如欲平治天下，当今之世，舍我其谁也”，荀子则提出了“制天命而用之”的命题，这些不正充满了一种一往无前的担当而自信的精神吗？到两汉隋唐，更是出现了“文景之治”和“盛唐气象”，社会的发展和文化的包容而显示出来的自信，则是当时世界各国无出其右的。再到宋儒张载提出的“为天地立心，为生民立命，为往圣继绝学，为万世开太平”，王安石提出的“天变不足畏，祖宗不足法，人言不足恤”，明清时期王夫之说的“六经责我开生面”，龚自珍说的“我劝天公重抖擞，不拘一格降人才”，顾炎武说的“天下兴亡、匹夫有责”，以及林则徐说的“苟利国家生死以，岂因祸福避趋之”，等等。这些思想可以说是一脉相承，无不是充满了一种无畏而自信的精神！至于参与中国传统文化形成和建构的道家、法家、墨家以及后来的佛家等，我们从它们影响中国人精神世界建构的典籍中，也找不到丝毫的不自信的痕迹。例如，道家老子说的“圣人无常心，以百姓之心为心”，庄子说的“天地与我并生，万物与我为一”，墨家墨子说的“兴天下之利，除天下之害”，以及法家的“美当今”的思想，同样充满着一派高度自信的精神。正是这种高度自信的文化的积淀和凝练，才形成了中华民族讲仁义、重民本、守诚信、崇正义、尚和合、求大同的优秀文化传统，铸就了中国人的家国情怀、社会担当和个体修养的文化性格。也正是这种充满自信精神的文化传统才以它巨大的生命力、凝聚力、创造力，使得我们民族创造了历5000年而连绵不断、经久不衰的灿烂的中华文明。对此，欧洲中心主义的信奉者、19世纪德国古典哲学家黑格尔在他的《历史哲学》一书中也不得不惊叹，世界上所有的民族都曾经长期处于分裂之中，而唯独亚洲黄河流域的那个中华帝国则是一个打不烂、冲不散的整体。

三

如果说增强和提升文化自信，我们的着眼点要放在坚定对我们民族优秀传统文化的自信上，那么它的落脚点和目标指向就应该放在培养和造就一代又一代具有文化自信的文化主体上。这里讲的文化主体就是中国的人民群众特别是青少年群体。我们知道，人是文化的主体，又是文化的创造者。离开了作为主体的人，就无所谓文化，而任何优秀的文化也只能是海市蜃楼。因此，培养和造就具有文化自信的文化主体才是我们要着实下工夫的关键所在。

文化主体的文化自信，绝不是什么文化上的虚骄，更不是什么文化上的狂妄，而应该成为人们的一种实实在在的内化于心、见之于行的文化性格。这种文化性格的基本特征是：第一，具有深厚的文化修养。他们是德、智、体全面发展的人，但同时也是热爱自己民族优秀传统文化的人。他们熟知我们民族的历史，认清我们是从哪里来的，要往哪里去。用习近平总书记的话来讲就是具有深厚的历史感，对于我们的传统文化中优秀的东西能够如数家珍，为人处事、做人做事都蕴涵着一种中国人的风骨和底气。第二，具有广阔的文化胸怀。这就是说，一个能够坚守文化自信的人，绝不可能是一个狭隘的文化保守主义者。他们应该有一种开放的文化胸怀，既熟知、尊重和珍惜自己民族的优秀传统文化，又能放眼世界，理性地对待其他民族和国家的文化。能够海纳百川，认真看待别的民族的文化的长处，吸收他人之所长，补己之短。这也就是我国先贤所倡导的“他山之石，可以攻玉”。第三，具有深刻的文化使命感。要知道“我们是伟大先人的后人，又是伟大后人的先人”。一个能坚守文化自信的人应该是一个敢于和善于担当历史和时代赋予自己的历史文化使命的人，是一个敢于和善于做自己民族优秀传统文化的继承者和开拓者，能够继往开来的人。“自信人生二百年，会当水击三千里”。应该肯定，在我们党的领导和教育下，这种具有坚定文化自信的人已经产生、正在成长，但是我们同时也应该看到，在这方面我们还有很多问题值得反思，很多工作需要切实地去做。

为了培育和造就一代又一代具有坚定文化自信的人，我们还必须创造一种良好的文化生态环境，澄清一些误区，扫除一些障碍。在当前我们必须继续清除文化虚无主义的不良影响，坚持贯彻党的以德为先，以文化人，以文育人的理念；继续清除西方中心主义、文化殖民主义的不良影响，牢固确立文化多样主义、民族文化本位主义的价值观；继续清除文化复古主义、狭隘文化保守主义的不良影响，树立文化继承与创新相统一的方针，真正做到如习近平总书记讲，对我们民族的优秀传统文化能够“创造性转化、创新性发展”。

（原载于《光明日报》2017年4月24日）

坚持批判继承和超越创新的统一

——学习邓小平理论，正确对待传统伦理道德文化

一

在当代中国，如何对待传统文化和传统伦理道德文化，从根本上讲是一个如何认识和处理现代化和民族化的关系问题，而问题的实质是走什么样的现代化道路的问题。

传统伦理道德文化，是指一个民族由历史沿袭而来的道德观念、伦理思想的综合体，它具体地体现在人们的行为方式、风俗习惯、心理特征、价值观念上，内化、积淀、渗透于每一个社会成员的心灵深处，是构成一个民族所特有的文化心理结构的重要因素，也是一个民族的民族精神的重要内容。可以说，一个民族的传统伦理道德文化乃是构成该民族整个传统文化的核心部分，也是该民族传统文化的主要载体。任何一个民族的传统文化得以传承和延续的力量和原因，不是以强制性的法律为前提，而是社会对一定道德观念认同的结果。从这个意义上讲，正确对待传统伦理道德文化的问题，也就是一个正确对待整个传统文化的问题。

传统文化的突出特点和功能在于：它具有极大的相对稳定性，这就使它成为一个影响和调节社会生活的稳定系统，表现为一种内控自制的历史的惯性运动；它不是少数圣哲贤人的观点或一部分人的思想倾向，而是反映和代表了一个民族的整体意识和行为的总的倾向，这

也使它成为一种特殊的社会文化信息系统，是一定的社会经验得以传播和积累的中介。当然，在不同的社会历史条件下，传统文化的这些功能得以发挥的程度和所产生的社会效用是极不相同的，但它却构成为一个民族面临新的时代挑战，进行新的历史创造活动的文化环境和心理背景。因此，每一个民族在走向新的社会进步时，都有一个如何对待作为民族历史经验积淀的传统文化和传统伦理道德文化的问题。这是回避不了的，只不过不同的阶级对它所采取的态度不同罢了。

坚持现代化和民族化的统一，是马克思主义对待传统文化和传统伦理道德文化的基本出发点。因此，马克思主义既坚决反对民族虚无主义，又坚决反对传统保守主义、复古主义。早在民主革命时期，以毛泽东为代表的中国马克思主义者就科学地阐明了对待中西文化的正确态度，为我们继承和弘扬中华民族的优良文化传统和伦理道德传统，创造科学的、民主的、民族的、大众的新文化、新文明奠定了科学的理论基础，指明了正确的方向。在我国社会主义建设的新时期，邓小平创造性地继承和发展了毛泽东思想，总结了中华人民共和国成立以来的正反面经验，提出了建设有中国特色的社会主义的基本理论，科学地解决了社会主义建设中现代化和民族化相统一的问题，把我们对如何对待传统文化和传统伦理道德文化问题的认识提高到了一个新的时代高度，为我们在这个问题上坚持科学态度和弘扬理性精神提供了一种新的文化视域和理论胸怀，有力地否定了民族虚无主义和传统保守主义的错误思潮。

按照邓小平的理论，有中国特色的社会主义是一个科学的概念，而不是一种任意的规定，它本身就是个别与一般、内容和形式的统一。它强调必须坚持社会主义的基本原则，体现社会主义的共同的性质、方向和道路，但在内容和形式上又必须反映中国历史发展的特殊性，带有中国化、民族化的特色，凝结着中国人民的独特创造，从而使中国的社会主义不仅在形式上而且在内容上也都具有自己的特殊规定性，不同于其他国家的社会主义。因此，从国情出发，正确对待传统文化和传统伦理道德文化，继承和弘扬中华民族的优良传统，既是有中国特色社会主义的一个重要的构成因素，又是建设中国特色社会主义的必然的客观要求。

正确地对待传统文化和传统伦理道德文化，继承和弘扬中华民族的优良传统，也是建设中国特色社会主义精神文明的重要内容和重要任务。它包含着两重含义：一是要把社会主义精神文明建设植根在我们民族的优良文化传统之中；二是要使继承和弘扬我们民族优良文化传统的过程，成为一个自觉地克服和清除民族传统中那些封建的糟粕及其残余影响的过程。前者是使我们的精神文明建设具有中国特色的必要条件；后者则是保证我们具有中国特色精神文明建设的社会主义性质的基本前提，两者相互联系，不可分割。事实上，任何时代的精神文明都是前代精神文明的继承和发展。把前代人的终点作为起点，继往开来、推陈出新，促进精神文明从低级到高级不断前进，这是人类精神文明发展的一般过程。社会主义精神文明只有在马克思主义指导下，善于批判地继承和吸收人类历史上一切精神文明的优秀成果，对精华和糟粕作出科学的区分，进行自觉的选择，才能创造出前所未有的辉煌成就。而能否做到这一点，这本身就是衡量我们民族理智健全的程度，思维水平的高低，实践能力的强弱，一句话，是衡量我们精神文明发展状况和水平的一个重要的标尺。继承和弘扬民族优良文化传统的过程也必然是一个推动我们加强马克思主义理论学习，提高马克思主义的认识能力、思维水平、实践能力的过程，这本就是建设社会主义精神文明的重要任务。正确地对待民族传统文化和传统伦理道德文化，继承和弘扬中华民族的优良传统，还是保证改革开放顺利发展的必要条件。我们的改革是社会主义制度的自我完善和发展，它是在当代中国和世界的交叉点上进行的，也是在中国的历史和现实的交叉点上进行的，这就要求我们的改革必须从我国的国情出发，充分考虑我们国家的现有的优势和弱点，充分考虑人民群众的心理承受能力，能够因势利导，努力找到传统和现实的结合点，只有这样我们才能认清改革的实际步骤，找到改革的具体形式，把握改革的驱动机制。而要做到这些，则一刻也离不开正确地对待传统文化和传统伦理道德文化。同样，要实行对外开放，也始终有一个扬长避短、趋利避害的问题。在这种情况下，只有正确地对待传统文化和传统伦理道德文化，继承和弘扬我们民族的优良传统，才能保持和增强我们民族的自尊心和自信心，提高对外来文化的消化力，强化对西方的腐朽生活方式、价值观念侵袭的免疫力。

总之，我们必须从建设中国特色社会主义出发，站在现代化和民族化相统一的高度上，认清民族虚无主义、“全盘西化论”的危害性，防止传统保守主义、复古主义的死灰复燃，这是正确地对待传统文化和传统伦理道德文化的基本前提。

二

传统文化和传统伦理道德文化是人创造的，它既是前代人同后代人在文化联系上的中介，又要通过后代人的自觉选择才能得以传承和发展。它并没有超历史的绝对的合理性，它的合理性始终只存在于人类不断选择、不断创造历史的发展过程之中。因此，正确地对待传统文化和传统伦理道德文化，是关系到我们能否真正继承和弘扬中华民族的优良传统，建设中国特色社会主义现代化的重大问题。

人类文化的传承是一个文化自身的客观延续和作为文化主体的人（一定阶级、社会集团、民族国家）的主观选择相统一的辩证过程。前者决定了对待传统文化的继承性；后者则必然表现为对待传统文化的批判性。批判和继承是同一过程的两个不可分割的方面。否认继承的批判是民族虚无主义的做法；没有批判的继承，则会犯传统保守主义的错误。所以，毛泽东和邓小平都反复强调坚持批判继承方针的重要性，认为继承只能是批判的继承，批判是继承的前提和基础，继承是批判的结果。

所谓批判继承，就是分析、鉴别、取舍和改造。马克思主义认为，任何一个民族的传统文化和传统伦理道德文化的产生和发展，都是有阶级性和历史性的，在整体上都不是也不可能是超时空的。中国传统文化和传统伦理道德文化源远流长，但主要产生和发展于中国的封建时代，它是在以农耕为“本务”的小农经济的基础上，在以家族为“本位”的宗法制度下产生和发展起来的，表现在伦理道德上就是以“三纲”为核心的封建宗法等级伦理道德体系。显然，它作为一个整体已经不能再适应当代社会主义的需要了，这是毫无疑义的。但是正如列宁指出的，每个民族从来都有两种不同的文化传统。在漫长的中国封建社会里，既有占统治地位的封建地主阶级文化，又有以农民为主体的劳动人民的文化，这就要求坚持阶级分析，作出严格的区别。同时还应该看到，封建地主阶级的文化也是有差异性和矛盾性的。而就作为其主干的中国儒家文化而言，也并非铁板一块，其中就有正统和非正统的矛盾和斗争。就是在正统的儒家文化内部，在历史演变过程中也有其差异性，在不同历史时期有着不同的社会作用。这些都要求我们坚持历史主义的原则，进行历史地具体地分析。在这里，任何简单化的倾向，泛文化主义的做法，都是轻率的、非科学的。

分析是揭示事物的特点，弄清事物的本来面貌的一种基本的认识方法，但在分析的基础上还必须进行鉴别，因为中国传统文化和传统伦理道德文化本身的特点和面貌，它的差异性和矛盾性，是历史的事实存在，并不等于就是优点和缺点、精华和糟粕。鉴别就是评价，作出价值判断。要评价，首先就必须正确地认清评价的主体，这个主体，应该是建设中国特色社会主义现代化的当代中国社会群体。而作为评价者，则应当严格从当代中国社会主义现代化建设的需要出发，来评价中国传统文化和传统伦理道德文化。其次，还必须有正确的标准。这个标准不能是什么“西方的异质文化”，也不能是其他别的什么东西，而应该是中国社会发展本身的客观需要。具体说来，对于中国传统文化和传统伦理道德文化的价值鉴别，一是要看其在历史上是否有利于社会的发展；二是要看其是否有利于当代中国的社会主义现代化建设。这后一点尤为重要。再次，明确评价的对象也是十分重要的。评价事物，可以是事物的整体，也可以是组成事物整体的内部构件，还可以是事物的内容或者形式。事实上，任何一种文化类型都具有内在系统性的特质，但又或多或少具有系统的可分解性、可重构性的一面；任何一种文化因素也既具有与其所在文化系统的相关性的规定，但又具有某种同其他文化系统相容性、可接纳性的成分。就中国传统文化和传统伦理道德文化而言，除了其特定的历史形态，还存在着其在历史演化过程中所积淀下来的行为方式、心理模式、价值观念、伦理精神，等等。它们作为一种文化定式，常常具有超越时空的意义，是评价中应该特别注意的。只有搞清上述三个问题才能科学地区分哪些是优点和精华，哪些是缺点和糟粕，慎重地进行选择和取舍。

那么，精华是不是就意味着可以直接沿用，“无批判的兼收并蓄”呢？如果作出这样的理解，显然也是不正确的。因为即使是传统文化和传统伦理道德文化中的精华的东西，也必须进行改造。这里讲的改造，就是根据无产阶级和人民群众的利益、社会主义现代化的需要，通过社会主义建设的实践，将其有用的部分重新熔铸，使其升华为社会主义新文化的构成因素。

总之，我们必须在建设社会主义现代化实践的基础上，把对传统文化和传统伦理道德文化的批判和继承统一起来。这种统一就是辩证的否定，就是“扬弃”，就是否定和肯定、中断和连续的统一。正因为这样，它才能成为联系的环节、发展的环节。这就是马克思主义的批判与继承统一观。

三

马克思主义认为，无论是坚持现代化和民族化的统一，还是坚持批判和继承的统一，其根本的目的就在于继承优良传统，超越旧传统，创造社会主义的新的伦理道德文化、新的文明。这也是检验我们是否能够真正正确地对待传统文化和传统伦理道德文化的实践尺度。19世纪以来所有国家现代化的历史表明，现代化不能从一个社会外部向内部作直接的嫁接和移植。西方现代的先进科技、实业、社会形态自有其深刻的历史渊源，它是在西方传统文化背景上自然而且必然地生长出来的。中国的社会主义现代化也应当通过中国自身文化传统的创造性转型，从而有机地、合乎逻辑地生长出来。社会主义的新文化、新道德的建设只能是一个继承优良传统，超越旧传统，创造新文化、新文明的历史过程。

建设中国特色社会主义的新文化、新文明，是一个复杂而艰巨的任务，也是一个社会实践的过程。而现阶段我们的基本的社会实践就是发展社会主义的商品生产和市场经济，实现社会主义的现代化，因此，这一伟大的实践也应该是我们创造社会主义新文化、新文明的基本立足点和生长点。

应该肯定，商品生产、市场经济首先是一种经济现象，但也不能不看到它同时也是一种文化现象。它们作为人类经济生活发展的一个必然阶段，虽然表现为资源的配置，商品的生产和交换，货币的流通和运转，但它们毕竟是一种人的活动，它必然包含着某种属于人的自身的蕴涵；市场所通行的各种规律和规则对人来说，虽然表现出一种外在性和强制性，但它们毕竟是人与人的社会关系的一种特殊的表现形式，从总体上和最终目的上讲，如果它们不能优化人的生存和发展的条件，那么人们为什么要去适应它，遵循它呢？这就说明，深层地看，商品生产和市场经济本身也必然蕴藏着一种人文精神和价值动因。如果没有一种相应的人文精神和价值理性作为依托，商品生产是不可能得到长足的发展的，也更不可能有什么现代的市场经济。有的西方经济学家认为在市场经济条件下，如果离开了文化环境和文化的参与，任何一种经济现象都不可能得到合理的解释和正确的理解。现在的问题是，我们在发展社会主义的商品生产和市场经济时，究竟需要一种什么样的人文精神和价值理性，并能为我们批判继承民族优良传统，超越旧传统，创造社会主义的新文化、新文明提供现实的生长点呢？

我们的社会主义的商品生产和市场经济是与社会主义基本制度不可分割的，是建立在以公有制为主体的经济基础上的。与此相适应的包括伦理道德文化在内的文化价值体系，是以为人民服务为核心、以集体主义为基本原则的伦理道德体系。那么如何理解这种伦理道德文化体系同社会主义商品生产和市场经济的内在联系呢？这就需要正确认识商品生产的一般特性，科学地揭示社会主义商品生产和市场经济所获得的前所未有的新的社会品格。

我们知道，商品生产作为一种经济形式，同时具有为他性、服务性和为己性、谋利性的二重属性。在原始社会，上述二重性还处于“原始的同一”之中。但是，随着私有制的产生，阶级的分化，造成了人们之间根本利益上的对立和对抗，这就不能不极大地强化了商品生产的为己性和谋利性的方面，而使它的为他性和服务性被实际地消解于为己性、谋利性之中，成为一种纯粹社会的虚设和伦理的假定。

社会主义的商品经济是建立在公有制基础上的商品经济。劳动者是生产资料的主人。正是这种关系，决定了社会主义商品经济的生产目的是为了全体人民共同富裕和幸福；它不但可能而且必须由代表全体劳动人民利益的国家进行计划调控，形成政府依据价值规律调控市场，市场引导企业的经济运行模式；它所实行的是对劳动者个人消费有利的按劳分配制度。所有这些，就不但为消除以私有制为基础的商品经济的上述二重性的分裂和对抗开辟了道路，而且也使其二重性的相互关系的性质发生了重大的变化，这就是：它的为他性、服务性被凸现出来，成为了矛盾的主要方面，并在这个前提下实现了它的为他性和为己性、服务性和谋利性的辩证统一。正是这种辩证统一，一方面使社会主义的商品生产和市场经济的存在和发展成为了以为人民服务为核心、以集体主义为基本原则的社会主义文化价值体系赖以存在和发展的深厚的经济基础；另一方面又使弘扬以为人民服务为核心、以集体主义为基本原则的社会主义文化价值精神成为了社会主义商品生产和市场经济有序顺利发展的内在要求。可见，发展社会主义商品生产和市场经济，同继承民族优良传统，超越旧传统，创造社会主义新文化、新文明，不但不是矛盾的，而且是必须统一和可以统一的。

当然，还应该指出的是，加强社会主义精神文明建设，是一个社会系统工程，必须广泛动员全社会各方面的力量，采取各种有效形式和渠道，齐抓共管，坚持不懈，同时还必须正确认识和处理好一些重要的关系。首先，要正确认识和处理好伦理文化、思想道德建设中的“软”和“硬”“虚”和“实”的关系。作为观念形态的伦理文化、思想道德相对于社会政治、法律等制度因素来讲，乃是一种“软件”。一定社会的伦理文化、思想道德总是一定社会的经济、政治制度的反映，并反作用于这一社会的经济、政治制度。因此，它们两者之间既是一种被决定和决定的关系，又是一种互动、互补、互促的关系。这就要求我们把加强社会主义的伦理文化、思想道德建设同加速社会主义政治、经济体制的民主化、法治化的“硬件”建设有机地结合起来，并且在这个基础上，在尊重伦理文化、思想道德建设自身的特点和发展规律的前提下，实现其必要的规范化、制度化，也即使“软件”适当地硬性化，形成一种经济、政治、文化，思想、伦理、道德优化组合，互为机制，全面推进的社会主义现代化建设的模式。同时，就伦理文化、思想道德建设本身而言，如何使其由“虚”变“实”，做到真抓实干，努力在实际、实事、实行、实功上花工夫，在强化其实际操作性上下力气，也是十分重要的。只有认真坚持邓小平同志倡导的“务实”精神，努力贯彻他所提出的“两手抓”“两手都要硬”的方针，才能使建设社会主义的新文化、新文明落到实处，收到实功。

其次，要正确认识和处理好伦理文化、思想道德建设中的民族性同世界性的关系。人类文化发展的历史表明，不同民族和国家的异质文化的碰撞和交流、冲突和融合，乃是文化发展的一条重要规律。当代文化发展和文化建设只能是也应当是“民族意识”和“全球意识”的有机结合，是民族化和世界化的统一。在这个问题上我们也必须坚持邓小平提出的“三个面向”的方针。就伦理道德文化而言，一方面我们必须明确，西方腐朽的个人主义、利己主义的文化形态和价值观念，是我们应当坚决抵制和批判的，这仍然是当前我们建设社会主义新文化、新文明的一个重要的战斗任务；但是另一方面又应该看到，西方伦理道德文化又毕竟是西方民族走出中世纪，进入近现代对道德反思的反映和伦理智慧的表征，它的内容十分丰富，其中不乏真知灼见，对于我们是有启迪和借鉴作用的。因此，只有坚持民族性和世界性的统一，树立面向世界的广阔的文化胸怀和着眼于未来的深邃的文化视域，把对民族优良传统文化的批判继承和对外来文化积极成分与合理因素的引进吸纳有机结合起来，才能建设人类历史上迄今为止最先进、最科学的社会主义新文化、新文明。

第三，要正确认识和处理好文化建设和新生文化主体的培养造就的关系。人是实践的主体，也是文化的主体。要实现批判继承和超越创新的辩证统一，完成我们民族传统文化的创造性的转型，建设社会主义的新文化、新文明，其首要的前提和最终的落脚点就是必须培养和造就一代新生的文化主体。邓小平提出的“有理想、有道德、有文化、有纪律”的社会主义的新的人格模式，就是这样的文化主体。“四有”新人作为建设中国特色社会主义理论在人的培养和造就上的价值目标，它本身就包含着批判地继承和弘扬民族优良文化传统的价值选择的内涵，包含着科学地解决新生文化主体的价值观念的形成、确立和发展同本民族优良文化传统紧密的联系的价值要求。因此，只有努力培养和造就这样的文化主体，才能为实现批判继承和超越创新的辩证统一找到现实的承担者，提供建设社会主义新文化、新文明的主体动因。实践表明，随着社会主义的理想和道德的日益深入人心，随着人们的科学文化知识和纪律意识的日益提高，人们将不仅越来越珍视人类文明的一切优秀成果，自觉地把继承和弘扬本民族的优良文化传统视为己任，而且还将越来越要求主动地提出和实现更高的道德目的，成为建立适应时代发展要求的新的良好道德关系，创造新的崇高道德价值的自觉的承担者和开拓者。

（原载于《伦理学研究》2004 年第 5 期，《中国社会科学文摘》2005 年第 1 期转介）

论民族传统和社会主义现代化

民族传统是一个民族由历史沿袭而来的思想、道德、风俗、艺术等有机综合体，是该民族在漫长历史实践活动中积累而成的稳定的社会因素。它作为一种客观的存在，是一种巨大的历史力量。每个民族在建设自己的国家，走向现代化的过程中，都有一个如何对待本民族传统的问题。

一、继承和发扬民族传统是决定社会主义具有中国特色的重要因素

社会主义是一种崭新的制度，社会主义现代化建设是无产阶级和人民大众的一宗伟大的历史创造活动，但是，每个民族在走向社会主义，实现社会主义现代化的过程中，又必须使自己的历史创造活动建立在本民族的现实的基地上，植根于本民族的优良传统之中，真正赋予社会主义现代化以自己民族的特点。只有实现社会主义的基本原则同本民族的具体特点相结合，把现代化和民族辩证地统一起来，这样的社会主义才是真正现实的、具体的、有活力的。恩格斯说：“我们自己创造着我们的历史，但是第一，我们是在十分确定的前提和条件下进行创造的。其中经济的前提和条件归根到底是决定性的。但是政治等等的前提和条件，甚至那些存在于人们头脑中的传统，也起着一定的作用。”列宁更加明确地指出：“一切民族都将走到社会主义，这是不可避免的，但一切民族的走法却不完全一样……每个民族都会有自

己的特点。”恩格斯和列宁的论断都包含着同一意思：要重视本民族“已有传统的力量和意义，并善于为科学而利用这些传统”。这对中国人民来说，就是要继承和发扬中华民族的优良传统，使之在社会主义的基础上得到改造、升华，成为社会主义的重要组成要素。

中华人民共和国成立以后，我们在社会主义建设中，取得了举世瞩目的巨大成就，但也有不少重大的失误。这些失误究其根源都无不与我们对自己国家的国情认识不清，继承和发扬我们民族的优良历史传统注意不够有关。实践证明，民族传统是无法回避的。社会主义如果不善于继承和发扬本民族的优良传统，它就会遭到传统中那些腐朽了的东西的侵袭和扭曲，失去自己的生机和活力。正是在过去我们所实行的那种僵化的模式中，官僚主义和衙门作风。家长制和一言堂等腐朽的封建主义残余、平均主义和“大锅饭”等小生产的习惯势力，找到了赖以滋生的土壤，以至直到现在，要彻底清除这些历史的垃圾，还需我们花费很大的力量。

党的十一届三中全会以来，我们党经过拨乱反正，认真地总结了过去的经验教训，提出了建设有中国特色的社会主义的基本理论。这是我们党在长期实践的基础上，对社会主义和我国国情进行再认识的成果的总结，这个总结也包含了对继承和发扬中华民族传统在社会主义建设中的重要性的再认识的总结。它标志着我们党在领导社会主义建设上，开始走向成熟。

所谓有中国特色的社会主义是一个有自身特殊定性的科学的概念，而不是一种任意的规定，它本身就是个别与一般、内容和形式的统一。它必须坚持社会主义的基本原则，体现了社会主义的共同的性质、方向和道路，但在内容和形式上必须反映中国具体历史发展的特殊性，带有中国化、民族化的特色，凝结着中国人民的独特创造，为了建设有中国特色的社会主义，党的十三大做了系统的阐述，初步地回答我们社会主义建设的阶段、任务、动力、条件、布局、国际环境等基本问题，构成了建设有中国特色的社会主义的理论轮廓。它贯穿了一条红线，从国情出发，继承和发扬中华民族的优良传统，体现在我们党所实行的经济、政治、意识形态等各方面的路线、方针、政策和措施上。例如，在处理国家建设和改善人民生活上，我们党强调“一要吃饭，二要建设”，坚持兼顾集中资金进行重点建设和改善人民生活的方针，就是有中国特色的，它既体现了必须在社会生产不断增长和不断完善的基础上，不断满足人民群众日益增长的物质和文化需要的社会主义的共同特征，又反映了我们国家的现状，继承和发扬了我们民族勤劳节俭、艰苦奋斗的优良传统。我们党的十三大根据建设有中国特色的社会主义总理论，提出的经济建设分三步走的宏伟战略。如果离开了我们民族的伟大的凝聚力、团结力、创造力等民族精神的发扬，丢掉了勤劳勇敢、自力更生、艰苦奋斗的优良传统，要实现这一宏伟战略目标是不可想象的。

总之，继承和发扬中华民族的优良传统，既是有中国特色的社会主义的题中之义，又是建设中国特色的社会主义的客观要求。“今天的中国是历史的中国的一个发展，我们是马克思主义的历史主义者，我们不能割断历史。”社会主义如果离开了对本民族的优良传统的继承和发扬，就会失去其历史的根据，脱离民族精神的依托，变成一种外在的强力，只有中华民族的优良传统作为一个必要的因素，本质地包含在社会主义之中，这样的社会主义才是有中国特色的，才能释放民族的潜能，成为人民群众进行新的历史创造活动的旗帜，因而也才是具有活力、生机勃勃的。

二、继承和发扬民族优良传统是顺利进行改革开放的必要条件

改革开放是实现社会主义现代化的强化之路，是党在新时期的基本路线的两个基本点之一。社会主义现代化只有在改革中前进，在开

放中发展。无疑地，改革就意味着冲破旧的传统势力的束缚，更新观念，完善和发展社会主义的新体制，开放就意味着打破封闭，面向世界，学习别国的长处和先进的东西，那么这是不是说，改革开放同继承和发扬本民族的优良传统是互相矛盾的呢？如果不是形而上学地看待问题，应当说恰恰相反，只有继承和发扬民族优良传统，才能深化改革，促进对外开放沿着正确的方向发展。

继承和发扬中华民族的优良传统，有助于我们认清改革的实际步骤，寻找改革的具体形式。民族传统作为一个民族在漫长的历史实践活动中积累而成的、体现在运动方式、生活方式、思维方式、行为方式等社会生活的稳定因素。它的最突出的特点是具有较大的相对独立性和稳定性，由此而使它成为影响和调节社会生活的稳定系统，表现为一种内控自制的历史的惯性运功。传统的另一个重要特点是具有广泛的伦理性和社会性，它得以延续的力量和原因不是以强制性的法律为前提，而是以社会道德观念认同为条件的。它也不是少数圣哲贤人的观点或者一部分人的思想倾向，而是反映和代表了一个民族国家的社会整体意识和总的倾向，这就使它成为一种特殊的社会文化信息系统，成为一定的社会经验得以传播和积累的媒介。当然，传统的这些功能在不同的时代各种条件下发挥的程度，产生的社会效用是不同的，但它却构成一个民族面临新的时代挑战，继续前进的现实的文化环境和社会心理背景，因而从特定的方面影响和制约我们改革所采取的实际步骤、具体形式和驱动的机制。在社会主义条件下，改革作为一种自觉的，有领导的社会主义制度自我完善、自我发展的活动，必须尽量避免社会剧变时那种动荡和阵痛，维护社会的安定和秩序。要做到这一点，就必须正确处理改革和民族传统的关系，无视民族或者脱离民族传统是不可能达到这种要求的。正确的办法是重视民族传统，善于利用民族传统中的那些积极因素，继承和发扬优良的民族传统，才能“逐渐地改造旧事物”。

民族传统特别是其中的优良传统又常常是提供改革的具体形式的

重要契机。我们的改革既是在当代中国和世界的交叉点上进行的，也是在中国历史和现实的交叉点上进行的。我们历史上有过许多的改革，这中间有成功的也有失败的，尽管这些改革不能同我们今天进行的改革同日而语，但它却提供了不少的历史经验，值得我们认真借鉴。不仅如此，为了使我们的改革从国情出发，充分考虑人民群众的心理承受能力，能够因势利导。我们还必须努力寻求传统和现实的结合点，在具体改革形式上推陈出新。我国农村家庭联产承包责任制的实行就是一个典范。它成功地利用了我国农业传统家庭的职能，把实现农业现代化的要求同现实的情况和传统的因素巧妙地结合起来，它的成功对我国城市的经济改革也提供了重要的启示。它说明社会主义的体制改革并不排斥利用传统，而是要从国情出发，善于在传统的形式中灌注时代的社会主义的新内容。

继承和发扬民族优良传统。也是更好地贯彻开放政策的重要条件。邓小平说：开放政策是中国的希望。当前世界是开放的世界。我们是后起国家，只有坚定不移地实行开放政策，才能引进大量先进技术，加速国内的技术进步，吸收更多的国外先进管理知识和经验，提高管理水平；更好地利用国际上的市场、资金、资源，在更广阔的范围内来规划我国的经济发展，缩小同西方经济发达国家的差距。但实行开放政策，始终有一个扬长避短，趋利避害的问题。在这种情况下，继承和发扬民族优良传统就显得更加重要。只有这样，才能坚定我们的民族自尊心和自信心；提高对外来文化的消化能力，增强对西方资本主义腐朽东西侵袭的免疫力。

一个民族和国家，如果失去民族的自尊心和自信心是没有前途的。我们的民族历来就有自力更生、光复旧物、振兴中华的气概和能力，只要我们在党的领导下，振奋民族精神，总结经验教训，认真学习其他民族的长处，我们就能够不断缩小同西方经济发达国家之间的差距，建成社会主义现代化的强国。有了这种信心和决心，我们才能对别人的长处采取理性的态度，而不致失去“自我”，陷入迷惘，觉得事事不如人，唯洋是崇，抛弃民族的特点，丧失民族的尊严。近年来的实践证明，在开放的条件下，继承和发扬民族优良传统，提高民族的自尊心和自信心，振奋民族精神是何等重要！

继承和发扬民族优良传统，还是增强我们对外来文化消化功能的重要途径。我们引进外国的先进技术、科学管理知识和经验，不能囫囵吞枣，照抄照搬，而必须根据我国的国情和现状，经过自己消化和创新，没有消化和创新就不能很好地引进，真正为我所用，这是为实践证明了的。我们民族的传统文化，源远流长，根底深厚，有极强的消化力。在历史上，我国高度的封建文化就较广泛地学习、吸收、改造、融化了外来优秀文化成分，这是我们民族的智慧和伟大的创造力的生动体现。我们必须继承和发扬这种优良的传统，努力消化外来的先进东西，把消化和创新结合起来，为世界文明的发展作出我们民族应有的贡献。

我们对外开放，主要是学习，引进西方发达国家的先进技术、管理知识和经验等等，但随着国际交往的扩大和发展，不可避免地也会随之带来一些肮脏的东西。何况资产阶级的代表人物亡我之心不死，大搞精神文化的渗透，把赌注压在“和平演变”上。近几年我们国内资产阶级自由化思潮泛滥也警示我们：在开放的条件下，抵制资产阶级的思想腐蚀，清除各种形式的精神污染，是一个十分尖锐的问题。提高人们对资产阶级思想侵袭的免疫力固然靠加强党的思想政治工作，但继承和发扬我们民族的优良传统也是固本培元的重要方面。我们民族注重群体价值，重视精神生活的道德传统，勤劳勇敢、艰苦奋斗的民族性格，热爱祖国、追求真理的斗争精神等等，都是我们民族的无价之宝，继承和发扬这份珍贵的遗产，我们就能提高自己的免疫力。

三、继承和发扬民族优良传统是建设社会主义精神文明的重要内容

社会主义精神文明是社会主义的重要特征，也是建设社会主义的一个战略方针。我们要建设的是有中国特色的社会主义，理所当然地我们要建设的社会主义精神文明也必须是有中国特色的。即必须使社会主义精神文明的一般原则在中国具体化、民族化。这里，同样必须继承和发扬中国民族的优良传统。

所谓建设社会主义精神文明必须继承和发扬中华民族的优良传统，包含着两重含义：一是要把社会主义精神文明建设植根在我们民族的优良文化传统之中；二是要使继承和发扬我们民族优良传统的过程，成为一个自觉地克服和清除我们民族传统中那些封建糟粕及其残余影响的过程。前者是使我们社会主义精神文明建设具有中国特色的必要条件，后者则是保证我们具有中国特色的精神文明建设的社会主义性质的基本前提；这两者相互联系、不可分割，共同地构成了建设中国特色的社会主义精神文明的一个重要的内容。

任何时代的精神文明都是前代精神文明的继承和发展，都必须具有“由它的先驱者传给它而它便由此出发的特定的思想资料作为前提”。把前代人的终点作为起点，继往开来，推动精神文明由低级到高级不断前进，这是人类精神文明发展的一般过程。社会主义精神文明只有在马克思主义指导下，善于批判地吸收历史上精神文明的优秀成果，才能在人类精神文明史上创造出前所未有的辉煌成就。认为无产阶级不要去批判地继承而要完全抛弃剥削阶级时代精神文明的遗产这种“左”的思潮，曾经对社会主义精神文明的建设产生过恶劣的后果。在苏联，曾经有所谓“无产阶级文化派”，主张摒弃一切旧的文化，创造“纯而又纯”的无产阶级文化，对此，列宁进行了尖锐的批

判。指出："无产阶级文化并不是从天上掉下来的，也不是那些自命为无产阶级文化专家的人杜撰出来的，如果认为是这样，那完全是胡说。"列宁所批判的这种谬论，在我国十年内乱时期，被林彪、"四人帮"反革命集团发展到了登峰造极的地步。他们刮起一股全盘否定、全面横扫古代文化的逆风，使我国优秀的民族文化和社会主义文化遭到了空前浩劫，给我国人民造成了严重的精神上的内伤，这是应以为深刻教训的。列宁强调地指出："无产阶级文化应当是人类在资本主义社会、地主社会和官僚社会压迫下创造出来的全部知识合乎规律的发展。"我们要建设社会主义的精神文明，要使社会主义的精神文明具有中国特色，为中国人民所喜闻乐见，对世界文明的发展作出自己民族的独特的贡献，不仅要广泛地继承和发展人类的优良的文化遗产，更要继承和发展中华民族的优秀文化遗产。

中华民族的优秀文化传统不仅以它的悠久历史、灿烂光辉著称于世界，而且以它的独创性、生命力著称于世界。它是我们建设中国特色的社会主义精神文明的起点，无论在文化建设还是思想建设上，都为我们的社会主义精神文明建设提供了丰富的养料。

在文化建设方面，中华民族在历史上创造的灿烂文明，大大地丰富了世界文化宝库，为世界历史的发展作出了巨大贡献，也为我们建设中国特色的社会主义精神文明，提供了深厚的历史根基。就科学技术而言，中华民族高度的聪明才智就曾经在科学技术中大放光彩。正如当代英国著名学者李约瑟指出的，中国古代科学技术管理在世界上长期居于领先地位，达到了"西方所望尘莫及的科学知识水平"。我国历史上的杰出科学家、优秀的能工巧匠之所以取得卓越成绩，正是因为中华民族有无穷的智慧，热爱科学，在探求真理的道路上有一股不畏艰险、锲而不舍的精神。继承这笔遗产，发扬这种精神，就能迅速地改变近代由于历史的回流而造成的我国科学技术暂时的落后状况，有效地推动我们提高全民族的科学文化素质。

思想建设在社会主义精神文明的建设中占着更为重要的地位，它决定了我国精神文明建设的社会主义性质，也是区别一切旧的精神文明的标志。无疑地，社会主义精神文明是一种全新的、更高类型的精神文明，但是又必须肯定，这种精神文明应该是而且必须是中华民族伟大民族精神在新时代、新的经济、政治基础上的一贯发展，只有这样，它才能深入到我国人民的内在性格之中。如果离开了中华民族优良传统的基本内容的继承和发扬，要建设起具有中国特色的社会主义精神文明，是不可想象的。

思想建设的内容虽然是广泛的，但归结起来就是要培养和造就一代有理想、有道德、有文化、有纪律的社会主义新人。“四有”新人的提出，深刻地反映了我国社会主义现代化建设的客观需要，也是对中华民族伟大民族精神在新时代的弘扬，它同中华民族的优良文化传统有着深厚的历史渊源。

我们民族从来是一个富于理想的民族，以致不少人把理想主义作为我国传统文化的一个基本特质。早在秦汉之际，就出现了对“天下为公”的大同社会的追求和描述，往后在东汉末年黄巾农民起义中所提出的“均平”世界，魏晋时期进步思想家所提出的“无君”社会，宋末元初进步思想家邓牧所提出的“至德之世”等等中，一直连绵不绝；直到近代更是发展为三个著名的空想社会主义思想体系，太平天国的“天朝田亩制度”，康有为的《大同书》和孙中山的主观社会主义思想。当然，由于历史的和阶级的局限性，这些对理想社会的追求注定是乌托邦性质的。但是它们的出现，正如列宁评论孙中山的主观社会主义思想时指出的，却生动地证明了中国人民“不仅会为自己历来的奴隶地位而痛苦”，而且“会向往自由和平等”。

我国人民最终选择了在中国共产党的领导下走社会主义道路，这是世界无产阶级革命的新时代，中国半殖民地半封建社会的具体政治、经济条件所使然的，但谁能否认它同我们民族追求向往理想社会的一贯的民族精神之间的深刻历史联系呢？我国社会主义制度的建立，为我们开辟了通向未来共产主义理想社会的现实道路。坚定共产主义信念和理想，在一定意义上讲，也是对我们民族酷爱自由不屈不挠地追求理想社会的优秀传统的继承和发扬。同样，我们今天要培养人们的共产主义道德品质，要发扬爱国主义和集体主义精神，提高我们全民族的思想道德素质，难道不能从我们的民族的道德传统中得到有益的启迪，不应该批判地继承和发扬其中的合理成分吗！

应该指出的是，任何一个民族的传统中都是精华和糟粕并存，长处和短处交织的，能不能采取正确的态度，作出科学的区分，自觉地选择，这本身就是衡量一个民族理智健全的程度、思维水平的高下、实践能力的强弱，一句话，精神文明发展状况的一个重要尺度。列宁曾经指出，无产阶级有一个坚强的胃，能够消化人类的一切有价值的文化遗产，之所以如此，就在于无产阶级有马克思主义的科学的世界观和方法论，继承和发扬民族的优良传统的过程也必然是一个提高马克思主义的认识能力、思维水平、实践能力的过程，这本身就是建设社会主义精神文明的重要内容。

一位外国学者曾经中肯地指出："如果一个民族否定自己的传统，那么，就没有根了。"中国人民也有一句成语叫作"根深叶茂"，中华民族的优良传统就是我们的"根"，我们建设社会主义现代化，实行改革开放，搞好社会主义精神文明建设，都离不开这个"根"，只有这样才能"叶茂"，结出丰硕的成果。

（原载于《湖南社会科学》1991年第6期）

论中国传统中的和谐思想

“和”或“和谐”“和合”“和平”“中和”等在中国传统文化中，是一个非常古老的概念，早在《尚书》《诗经》《国语》等古代最早的文献中，就出现了这些概念和相关的思想。可以说，中华民族是一个以“和谐”“和合”“和平”“中和”为贵的民族，“和谐”既是我们民族精神的体现，也是我们民族坚持不懈的价值准则和价值追求。数千年来它一直深入到中国人的文化心理结构之中，具体地体现在中国人的思维方式、行为取向、价值观念、风俗习惯、审美情趣等各个方面，直到现在，诸如“和为贵”“天地人和”“和衷共济”“政通人和”“协和万邦”“家和万事兴”“和气生财”“一团和气”等话语，还普遍地存活在人们的日常生活和交往之中。认真梳理和审视中国传统文化中的和谐思想，对于我们加深对党中央关于构建社会主义和谐社会这一重大的理论创新的认识和把握，无疑具有重要的启迪和借鉴作用。

一、中国传统文化中和谐思想的主要内涵

“和”“和谐”作为中国传统文化的核心概念和基本精神，它既有天道观的意义，又有人道观的内涵，体现了世界观和方法论、认识论和价值观的朴素统一，是“必然之则”和“应然之理”的有机结合。其内容博大精深，丰富多彩，概其要，体现在下面这些基本命题上：

（一）“和实生物，同则不继”

中国传统文化认为，“和”“和谐”是宇宙万事万物产生、运行、存在的条件和方式，包括社会在内的宇宙万事万物无不是由“和”而生。这是从天道观意义上来说的，也类似于我们今天讲的世界观。早在春秋时期，周太史史伯就提出“和实生物，同则不继”的命题。后来，中国传统文化一再对这种思想加以发挥。战国后期的荀子强调“万物各得其和以生”（《荀子·天论》），西汉初期的《淮南子》一书则强调“阴阳合和而万物生”（《淮南子·天文训》），及至董仲舒也说：“和者，天地之所生成也”（《春秋繁露·循天之道》），此后一直为各个时代的思想家所承继与阐发。到了清代，在故宫的建筑中还有“太和殿”“中和殿”“保和殿”的命名。这里的“保和”“太和”的命名是出自《易传·乾·彖传》“乾道变化，各正性命，保合太和，乃利贞，首出庶物，万国咸宁”，意在突出中国自古以来的“和”“和谐”“和平”的理念。“和实生物”是什么意思呢？史伯在为郑桓公分析天下大势时说道：“和实生物，同则不继。以他平他谓之和，故能丰长而物归之。若以同稗同，尽乃弃矣。”（《国语·郑语》）他指出，只有金木水火土相配合才能生成万物，只有五种滋味相配合才能产生满意口味，六种音律相协调才能悦耳……这就是“和实生物”；与此相反，如果只有一种声音就谈不上动听的音乐，只有一种颜色就构不成五彩缤纷，只有一种味道就称不上美味，只有一种物体就无法进行优劣的比较……这就是“同则不继”。可见，中国传统文化强调万事万物是由多种元素相和合、相协调而生成的，“和”是万事万物生成的基础和存在发展的规律。

（二）“礼之用，和为贵”

在中国传统社会中，“礼”是一个综合性的概念，它既是对当时典章制度设置的称谓，又是一种协调社会关系的法则，还是一种处理人与人的关系的伦理规范。“礼之用，和为贵”这个命题是说，无论是典章制度的设置、社会关系的协调、还是人与人的关系的处理，都要体现“和”的精神，发挥“和”的作用。这主要是从人道观来讲的。作为一种典章制度的称谓，在中国传统社会中又叫作“礼制”或“礼乐制度”。这是一种起源于祖宗崇拜的血缘宗法等级制度。古人认为这种制度乃是“天之经也，地之义也，民之行也”，所以古人强调“修政莫如礼”（《春秋左传注》）。它的目的在于“礼，经国家，定社稷，序民人，利后嗣者也”（《春秋左传注》）。但作为典章制度层面的“礼”是和“乐”联系在一起的，所以“礼制”又叫“礼乐制度”。其中“礼别异”“乐知和”，在中国传统文化看来，正因为有了“别”，才有“和”，有不同的社会等级、身份的划分，才需要注意不同等级、身份的人们之间的和谐，礼乐制度就是依据这个原则设计的。而要使礼乐制度发挥这种“和”的功能，就要“敬”“礼，敬也”。《尚书·多方》指出：“不克敬于和，则无我怨。”可见，“和”“和谐”首先是中国传统社会典章制度设置的一个基本原则。可以说，这是“礼之用，和为贵”的第一层意思。

同时，和也是协调各种社会关系的基本法则。“和”作为一种多样性的存在和多元统一的整体，本质上是强调一种关系与秩序。春秋战国时期，齐相晏婴进一步发挥了史伯关于“和”的观念，将“和”引入君臣关系和国家政治生活领域之中，使之由自然哲学的层面上升为政治哲学和社会哲学的层面，强调“和”也是协调君臣关系和各种社会关系的基本原则。他在回答齐侯提出的“和与同异乎”的问题时说：“和如羹焉。”晏婴将“和”比作“羹”与“乐”，形象地说明了“和”的不可或缺的基础性作用，并提出了“以水济水，谁能食之”“琴瑟专一，谁能听之”“济其不及，以泄其过”以及“相成相济”等朴素的辩证观点，强调君主治理国家也应善于倾听各种意见，“君所谓可而有否焉，臣献其否以成其可；君所谓否而有可焉，臣献其可以去其否”，这样，君臣之间才能相互补充、相互启发，从而在一个更高层次上实现和谐。后来各朝各代的思想家、政治家对这一思想作了发挥。“和为贵”也是处理人际关系的道德准则。中国传统文化特别是儒家文化提出了一系列旨在实现人际和谐与社会和谐的道德原则，把构建和睦、和平、和谐的人际关系作为调整人际关系的重要道德准则，作为君子人格修养的重要方面。孔子在倡导“和为贵”的同时，在史伯和晏婴论述的基础上，进一步区分了“和”与“同”的不同含义，并将二者提升为衡量君子与小人的标准：“君子和而不同，小人同而不和”（《论语·子路》）。孔子的“和同之辨”，后来得到不断扩展，被赋予了更丰富、也更深刻的含义，在中国哲学和文化史上产生了极其深远的影响。

（三）“致中和”“无过无不及”

在中国传统文化中，“和”又表述为“中”以及“中和”“中道”“中庸”等概念，“和”与“中”密不可分，实现“和”的途径最根本的就是要“执中”“致中和”。所以《中庸》说：“中也者，天下之大本也；和也者，天下之达道也。致中和，天地位焉，万物育焉。”在这里，不仅把“中和”看作是宇宙万物的生命之源、“必然之则”，而且也把“致中和”看作是人类大到治国安邦，小到立身行事的“应然之理”，是宇宙万物的“必然之则”和人事的“应然之理”的统一。

孔子在继承、发挥前人的思想的基础上，将“中”衍化为“中庸”，上升为儒家的最高道德准则，使之成为一个道德哲学范畴。他说：“中庸之为德也，其至矣乎！民鲜久矣。”（《论语·雍也》）这里讲的“至”就是“至高无上”，通俗地讲就是“到了顶”。荀子更是强调：“事行失中谓之奸事，知说失中谓之奸道。”（《荀子·儒效》）“中”的主要内涵用我们现在的话讲就是“适度”。朱熹《论语集注》注云：“中者，无过、无不及之名也。”就是说，在事物的发展过程中，对于实现一定的目的来说，要有一定的标准；没有达到这个标准叫“不及”，超过了这个标准叫“过”；只有“无过无不及”也即“适度”，才能实现事物的和谐，达到理想的目的。可见，能否“致中和”在中国传统文化中，既是包括社会在内的一切事物发展的理想状况，又是做人立德的最高准则，因而也是衡量事物的状况、社会的发展和做人的德行的一种最高的价值尺度。

有的学者曾经用“和”与“分”来概括中西文化的差异和特点，是有道理的。这种“和”与“分”的差异不仅体现在世界观上，也体现在方法论与价值观上。由于走向文明的路径不同，文明类型不同，西方文化以人和自然的关系为中心展开，注重于人和自然的对立，强调主客二分，取向于对立的双方一方吃掉一方，是一种理性至上的绝对论的宇宙观和方法论，具有极大的排他性、独断性。直到现在西方有的超级大国还在强力推行他们的价值观，企图让世界匍匐在他们的脚下。中国传统文化则不同，它没有如西方文化设计一个唯一的、全知全能的造物主，它认为所有不同的万物虽然是相反、相对的，但相反才能相成，相对才能相应，相反相对才能生成万物，宇宙万物就是阴阳相反相成、五行相生相克的产物。世界上没有什么唯一的、绝对的东西，所以中国传统文化从思维源头上讲，就是多元的、多样的，尚“和”排“同”、斥“剸”作为中国传统文化的基本精神，造成了中国传统文化的极大的包容性。这就是古人所崇尚的“有容乃大”“海纳百川”的精神。在中国人看来，有差异、有多元才有活力，有和合、才有和谐，才有进步。

二、中国传统文化中和谐思想的价值诉求

中国传统文化中的和谐思想涵盖了古人所说的天、地、人“三才”，它既是天地万物生成的“必然之则”，又是治国理政、为人处事的“应然之理”，无论是“和实生物”，还是“和为贵”“致中和”等，它们的价值指向都是天地万物的和合、社会生活的和顺、国家与

国家、民族与民族的和平、人的身与心的和谐，因此追求和实现人和自然、人和人、人和社会、国家与国家，以及人的身与心的和谐、和平，始终是中国传统文化的价值诉求和价值理想。

（一）人与自然的和谐

人与自然的关系在中国传统文化中被表述为天人关系。中国传统文化主张“天人合一”。钱穆说：“中国文化中，‘天人合一’观实是整个中国传统文化思想之归宿处。”“天人合一”作为中国传统文化的显著特点和归宿处，其重要的含义之一就是追求人与自然界的和谐统一。所以古人说：“天地变化，圣人效之。”儒家认为，“天地生万物”，人与万物都是自然的产儿，主张“仁民爱物”，由己及人、由人及物，把“仁爱”精神扩展至宇宙万物。宋代的张载更倡导“民吾同胞，物吾与也”的泛爱精神。道家把自然规律看成是宇宙万物和人类世界的最高法则，认为人与自然的和谐比人与人的和谐还要崇高。佛家认为万物都有“佛性”，所以众生平等，万物皆有生存的权利。儒、佛、道在人与自然和谐的观点上是基本一致的。人与自然的和谐思想还被落实到制度和行为规范上。如孟子主张：“不违农时，谷不可胜食也；数罟不入洿池，鱼鳖不可胜食也；斧斤以时入山林，材木不可胜用也。谷与鱼鳖不可胜食，材木不可胜用，是使民养生丧死无憾也。养生丧死无憾，王道之始也。”意思是，人与自然和谐是人们生存发展与社会安危的基础，是统治者行“王道”、施“仁政”的开始。

中国传统文化之所以主张人和自然的和谐，除了反映了传统小农经济的典型特征之外，还有一个重要的原因是，它所理解的“天”是一个极为丰富的概念。在中国传统文化中，天固然有人格之天，即天神的意思，但更多的是从自然之天、社会之天、伦理道德之天来理解“天”的，特别是儒家思想更是如此。当他们把人性作为天性的完美表现而判断为善时，当他们把社会与个体的道德秩序和规范视为天理之沛然流行时，实质上天地万物都是一种道德意义上的存在。这样的道德思维反过来便使得人们在人与自然的关系中无法以一种单纯外在的、分立的、认知的目光置之度外，而是执着内在于天地万物去体验、直观自然；不是在观察、归纳和推理中分析自然，而是在直观、类比、移情中拥抱自然，因而使人与自然在相互包含和渗透中达到一种和谐美满的境界。

（二）人与人的和谐

在人的问题上，中国传统文化与西方文化也有着截然不同的趣旨。在中国传统文化看来，天、地、人“三才”是一个整体。人为天地之贵，之所以如此，是因为人之所以为人，在于人是一种群体的存在。在中国传统文化中，从来不把作为个体的人从人的群体中分裂开来，而是强调个体人是人的群体中的一个成员。所以孔子的仁学，仁字从人从二，讲的是不同的人之间的关系。孟子主张性善论，所谓“无恻隐之心，非人也；无是非之心，非人也；无辞让之心，非人也；无羞恶之心，非人也”，所谓“仁义礼智，非由外铄我也，我固有之也”。都是从人与人的关系来立论的。荀子讲性恶论，但他提出：“人力不若牛，走不若马，而牛马为之用，何也？曰，人能群。”也是从群体来讲的人，所以荀子提出了“群居和一”的社会理想。

与此不同，西方文化讲人，主要是指人是一个自然实体，是一种感性的自然的存在。这里讲的人是单个的人，即个体人。正因为人是一个感性的自然实体，人便有了维持自己肉体生存的欲望、需求，追求这种欲望、需求的满足，是人的理性使然，是人的本性，因而是天赋人权。西方文化也无法回避人是在群体、在社会中存在这一基本事实，但是西方文化认为人之所以要组成社会，是因为每个人都追求自身的欲望、需求的满足，追求自己的个人利益，必然要造成人与人之间的矛盾、争夺，“人对人是狼”，这也是西方人讲的“丛林法则”。人们为了满足自身的欲望、需求，实现自己的利益，出于“明智”和经验教训，才不得不要求有一定的秩序，于是人们只好让渡自己的部分权利，订立某种社会契约，目的是更好地实现自己的个人利益。西方的社会契约论、个人本位主义的伦理观正是根源于对人的这种根本的看法。因此，它首先看到的是人和人的利益的对立，是人和人的斗争。

正是因为中国传统文化与西方文化对人的看法这种迥然不同，所以中国传统文化强调人与人关系的和谐，这是中国传统文化在处理人与人的关系上的基本的价值取向。儒家主张创造宽厚处事、协和人我的人际环境。孔子倡导“仁爱”，阐发了被他称为自己学说的一以贯之的“忠恕之道”。按照朱熹的讲法，所谓“忠”就是“尽己”；所谓“恕”就是“推己”。具体说来有两条途径：一是“己欲立而立人，己欲达而达人”；二是“己所不欲，勿施于人”。儒家重视“礼”，主张通过“礼”的规范来实现社会和谐，这便是“礼之用，和为贵”。道家也反对人与人的冲突。老子说：“天之道，损有余而补不足。人之道，损不足以奉有余。孰能以有余以奉天下，唯有道者。”他主张人要效法天道，通过无争、去奢、知足、达到人与人的相对和谐。佛家则认为人人都有“佛性”，因而众生是平等的；人与人相处应该以“慈悲”为怀，普度众生。

（三）人与社会的和谐

主张人和社会的和谐，是中国传统文化关于人与人和谐相处的逻辑的延伸，因为既然人是群体的存在，也就是说人是一种社会的存在，社会是人作为一种群体存在的特殊形式，因而人与社会的和谐也就是人与人的和谐的题中应有之义，是人与人和谐的最基本的前提和条件。

儒家是中国传统文化的主干。孔子的继承者孟子进一步发展了儒家关于个体与社会和谐统一的思想。首先，他把孔子的“仁”的学说发展为“仁政”学说和“仁义之道”。面对战国时期的大国兼并，争城夺地，杀人盈野的动乱局面，他主张天下“定于一”。他认为统一天下不是靠掠夺性的战争，而是靠人心归向，靠上下一心的“人和”，他说："天时不如地利，地利不如人和"，怎样才能达到人和呢？一方面他要求统治者实行"仁政"，让人民有自己的"恒产"，能"乐岁终身饱"，得到起码的生活条件，从而能安居乐业；另一方面他要求每个人都遵守"仁义之道"，履行自己的社会责任。他说："老吾老，以及人之老；幼吾幼，以及人之幼""岂以仁义为不美也"。这就把孔子的"里仁为美"扩大为整个人和社会之间的和谐美。

荀子在个体与社会的关系上同样强调"和"，强调"一"，提出了"群居和一"的社会理想。荀子主张"性恶论"，他认为作为个体的人，都具有生而"好利""疾恶""好声色之欲"等恶性，这就必然导致"争夺""淫乱"等社会恶果，这是个体与社会不和谐的根源。为了克服这一矛盾，就必须通过"师法之化""礼义之道"等人为的教化手段，改变人的恶的本性，使之向善，才能达到"政令行，风俗美"(《王霸》)，实现个体与社会的和谐统一。

中国传统文化还把关于人和社会的和谐思想推导到处理民族与民族、国家与国家的关系上，主张和平共处，协和万邦。《尚书·尧典》说："百姓昭明，协和万邦。"《周易·乾卦》说："首出庶物，万国咸宁。"即主张万邦团结，和睦共处。孔子说："四海之内皆兄弟。"孟子提出"仁者无敌"，主张"以德服人"，提倡王道，反对霸道。即反对以武力作后盾来处理民族与民族、国家与国家之间的关系，倡导利用和平的手段，通过在国际建立相互信任的关系，来扩大自己的影响。道家认为"兵者，不祥之器"，反对暴力，痛斥国与国之间穷兵黩武，主张"无为而无不为"，以"无事取天下"，造成一个"虽有甲兵，无以陈之"的理想世界。

(四) 人的身与心的和谐

在中国传统文化中，观念的我与肉体的我的关系是以身心的关系来表达的。这里，"心"的含义也是多样的，它可以是指人的思维器官，也可以是泛指人的精神现象，儒家在更多的时候还是在道德的意义上使用“心”的概念，其所指为“良心”。“身”的含义则单纯得多，一般均指与心相对应的人的感性存在，即肉体之身。身心关系是中国传统文化的重要内容，儒家就主张身心合一，心为主宰。在存在论的层面上，中国传统文化并不怀疑“身”作为存在的基础，从未取消过肉体存在的合理性。尽管在儒家看来，“身”的存在价值是低于“心”的，但这只是说在价值论层面上有高有低，而非彼此的对立和排斥。所以孟子把它们表述为小体和大体的关系。心之官是大体，耳目口鼻等感觉之官是小体，他认为耳目之官有很大的局限性，“物交物，则引之而已矣”（《孟子·告子上》）。而心之官不同，心之官则思，思则能主宰自身。由此，儒家强调要加强道德修养。儒家强调要通过正心、诚意、修身来规范人的行为。孔子认为，人之所以为人，是因为人有精神生活，特别是人有道德理性，所以儒家以“仁爱”为中心，推演出温、良、恭、俭、让、仁、义、礼、智、信，把培养有道德的人作为做学问的根本，认为这是造就君子人格，实现人的身心和谐的根基。道家也主张以谦下不争、清静无为的方式来达到人的身心和谐。佛家讲修来世，力图以事事无碍的超然态度进入一种彻悟的心灵境界，实现自我身心的和谐。

三、中国传统文化中关于建构和谐社会的理论模式

在中国传统文化中，思想家们在为社会的稳定、和谐进行种种思考的同时，也为构建和谐社会的途径进行了探索，其中具有代表性并且对后世有重大影响的关于建构和谐社会的理论模式，有以下三种：

（一）儒家的仁义德政说

儒家的仁义德政说在和谐社会的建构中，对后世产生了重大影响。在孔子看来，春秋时期之所以“天下无道”就在于“礼崩乐坏”，孔

子一生以“复礼”为职志。礼作为一种关于国家典章制度、行为规范的总称，是维护社会稳定与和谐的手段，孔子认为，要使这种外在的典章制度和行为规范得以维系，就在于贯入一种道德情感，于是他提出并集中地论述了以“仁”为核心的学说。在孔子这里，“仁”是一种需要在人与人的实际交往中才能得到体现的人的内在品性，人的这种内在品性的恢复和习得是营造社会和谐的重要前提。孔子说：“仁者，爱人。”爱人是“仁”的主要含义。孔子的贡献就在于他突破了把人划分为主和奴的传统观念，看到了人与人都是同类，既然是同类，人的欲望与需求都是相同的，那么人们只要能够推己及人、将心比心就可以实现人与人的“相爱”，这就是孔子说的“为仁之方”即儒家的忠恕之道：“己所不欲，勿施于人”“己欲立而立人，己欲达而达人”。孔子认为，人们在处理己与人、人与人的关系上能推己及人，就能“克己复礼”，使天下归仁，社会的和谐就能够实现。

孔子讲的仁者爱人，虽有“泛爱众”之义，却也不是无原则的爱人，更不是爱所有的人，而是要用正确的态度和方式去爱人和恨人：“唯仁者能好人，能恶人”（《论语·里仁》）。可以感觉到，营建一个和谐的社会，不仅包含“爱人”，也包含“恶人”。和谐社会不是一个无原则、无矛盾的社会，这是孔子给我们构建和谐社会理论的一个重要提示。同时孔子又认为，爱人也不是没有差别的，儒家强调“爱有差等”，即是说爱人也不是无差别给任何人施以同等的爱，而是要贯彻由近及远、由亲及疏的宗法等级原则。所以后来孟子批评墨子讲“兼爱”，主张无差别的爱人，是“无父”“无君”。可见，儒家试图通过仁爱而建构的和谐社会是一种具有差序结构的社会。是一种以等级及等级之间的和谐为特征的社会和谐。

在孔子看来，要实施仁者爱人的原则，实现社会的和谐，不能停留在一般爱人的原则上，还要加强主体的道德修养，落实到主体人格的塑造上。在孔子这里，仁是人类道德的最高境界，但在现实生活中并非每一个人都可以成为仁人。所以，孔子在“仁人”之下安排了一个“君子”席位；他倡导“有教无类”的终极目标，就是希望把平常人都塑造成为君子，这样，整个社会也就会由和睦上升到和谐。

在孔子看来，塑造君子人格之所以是营造和谐社会的重要措施，是因为君子人格中包含了好德、有义、谦逊、诚信等品质。在君子人格的诸多品性中，“义”是根本。孔子曾向学生子路说：“君子义以为上，君子有勇而无义为乱，小人有勇而无义为盗。”（《论语·阳货》）地位高的人有勇无义，就会造反作乱；地位卑贱的人有勇无义，就会去做强盗。由此可见，无义之人地位越高，对社会和谐的危害性就越大。义者，宜也。所以君子人格的塑造，首先要从地位高的人入手。上好德，行仁义，整个社会就好办了。

战国中期，孟子提出“性善论”，为“仁义”找到了人性上的根据，从而为构建和谐社会的可能性提供了一种人性上的合理性的论证。为了鼓励人的向善之心，孟子提出了“圣人与我同类”这一命题，认为人们能否成为圣人，全凭能否激发自己善的本性。在孔子的君子人格基础上，孟子又添加了“兼善天下”与“舍生取义”两项内容。“穷则独善其身，达则兼济天下”（《孟子·尽心上》）。孟子把个人的善性培养与整个社会的和谐构建紧紧地联系在一起。孔子注意到了“义”在君子人格中的重要地位，无论经商还是入仕，都要讲“义”，他说：“不义而富且贵，于我如浮云。”孟子更进一步，把“义”与生命做比较，认为“义”的位置应在生命之上：“生，亦我所欲也；义，亦我所欲也，二者不可得兼，舍生而取义者也。”（《孟子·告子上》）这就把孔子提出的“仁以为己任”“死而后已”进一步具体化了。

孟子认为，和谐社会的构建，仅仅依靠个人的善性与道义是不够的，还需要社会中的强势群体尤其是统治者的努力。所以他对统治者寄予厚望，劝导他们要“施仁政于民”，从而把孔子的个体道德培养的“为仁”方法，转化成为构建和谐社会的价值尺度。为了营造一个和谐的社会，孟子向统治者提出了一系列具体的“仁政”措施，孟子说“得民而王”。他倡导的“王道”社会也就是他心目中的和谐社会。

还要指出的是，孟子还提出了“民为贵，社稷次之，君为轻”的著名主张，这是儒家在构建和谐社会理念方面的一次重大突破，也是对孔子的“君君臣臣”思想的一次重大的超越。

（二）墨家的“兼爱”“交利”论

战国初期的平民思想家墨子，原本“学儒者之业，受孔子之术”（《淮南子·要略训》），但他不满意儒家“厚葬靡财”“爱有差等”等观念，因而从儒家学派分化出来，自立门户，创立了墨家。成为春秋时期与儒家相并列的“显学”。

墨子提出了“兼以易别”的口号，试图通过宣传“兼相爱，交相利”的学说来实现社会的和谐。所谓“兼”，就是相互、彼此的意思；所谓“别”，就是等级的差别、人我的对立。墨子提出“兼爱”，就是反对儒家的“亲亲有杀（差），尊贤有等”，强调“爱无差等”。在墨子看来，导致当时天下大乱、社会动荡的根源，就在于人与人之间有“别”，正是这种血源等级的“差别”造成了人与人之间不是和谐相处，而是相互对立，使人们只爱自己，不爱别人，自然社会就不能和谐。“当（尝）察乱何自起，起不相爱”，以致“天下祸篡怨恨其所以起”（《墨子·兼爱中》）。

那么什么是“兼相爱”？“兼”从主观态度而言，就是要“视人之国若其国，视人之家若其家，视人之身若其身”（《墨子·兼爱中》）；从客观表现而言，就是要“交相利”，能够做到“有力者疾以助人，有财者勉以分人，有道者劝以教人”（《墨子·尚贤下》），使人人都能“兴天下之利，除天下之害”，这样就能使“天下之人皆相爱，强不执弱，众不劫寡，富不侮贫，贵不傲贱，诈不欺愚”（《墨子·兼爱中》。墨子对这种社会和谐状态充满了期待，他和他的弟子们为此身体力行，不惜以“自苦为极”。

为了实现人人普遍的“兼相爱，交相利”，墨子又提出了“尚贤”“尚同”的主张，他认为这是实现社会和谐的制度保证。墨子认为，人人都有自己的是非，因而“离散不能相和合”（《墨子·尚同上》），以致社会秩序紊乱如同禽兽。后来社会进步了，设置天子、三公、诸侯、乡长、里长，才形成了一个有统一秩序和统一思想的社会，才为实现社会的有序与和谐创造了条件，因此“尚贤”“尚同”便是治理国家，实现社会和谐的重要条件。

在墨家建构和谐社会的学说中，还有一个很重要的主张，就是墨子十分重视在物质生活层面上为和谐社会的建构提供基础，这就是他的“富民”“节用”的主张。墨子认为要使社会和谐就要政通人和，国富民安。要做到这一点，必须从两个方面着手，一方面要发展生产，鼓励生育，使民“富之”“众之”；另一方面是节约财富，并保护现有的劳动。关于后者，墨子猛烈地抨击了当时的统治者在衣、食、住、行等方面的奢侈荒淫的生活方式，认为这是“寡人之道”，他强调“凡足以奉给民用，则止。加诸费不加于民利者，圣王弗为”（《墨子·节用中》）。一切要以杜绝劳民伤财为原则。这里墨子告诉我们，和谐社会不是一个贪欲无度的社会，也不是一个人们想要什么就有什么的社会。

（三）道家的“自然无为“论

尊重自然，强调天道，这是道家建构和谐社会的根本理念和出发点，所以老子说：“人法地，地法天，天法道，道法自然。”（《老子·第二十五章》）据此，道家的创始人老子描绘出一幅和谐社会的理想蓝图：在这个“小国寡民”的理想社会里，物质财富很丰富，既有“什伯之器”，也有舟舆、甲兵，但是人们并不看重和使用这些东西。他们过着甘食、美服、安居、乐俗的平和安宁的生活。

老子想要说明的是，“自然无为”是构建和谐社会的基本原则。在他看来，人类社会是自然界的一部分，美好的和谐社会应该是一个顺应自然的社会；和谐社会的每一个成员都应该按照自然规律去行事生活，而能否做到这些，老子认为关键在于统治者能否效法自然，“无为而治”。对于统治者而言，“顺自然”“辅自然”，无为而治，不是说要“不为”或“无所作为”，而是要通过“无为”而达到“无不为”的目的。所以老子说：“故圣人云：我无为而民自化，我好静而自正，我无事而民自富，我不欲而民自朴。”（《老子・第五十七章》）可见，老子讲的“无为”是指统治者要做到：一是“清静”。按照自然事物本来的状况办事，不能好大喜功，胡作非为。“知足以静，万物将民自定”。二是“无欲”。不要私欲膨胀，骄奢淫逸，贪得无厌，而要“见素抱朴，少私寡欲”。三是“无事”，不要无事生非，瞎折腾，花样百出。老子认为，只有这样的“无为”，才能达到“无不为”的目的，这就是他讲的“民自化”“民自正”“民自富”“民自朴”。可见，老子讲的“无不为”所指的正是那种民情纯朴、风俗和美、生活富裕的和谐社会。这和儒家孔子说的“随心所欲，不逾矩”有异曲同工之妙。可以说，在探讨人的自由与建构和谐社会问题上，道家更注重规律性，而儒家则偏重合目的性。在我们看来，和谐社会的建构、人的自由的发展，应该是合规律性与合目的性的统一。儒道两家各从一个侧面触及了这样一个重要的问题。在中国传统文化中，以上三种关于和谐社会建构的理论模式，虽然由于思想家所代表的阶级利益不同，有很大的差异，甚至形成了相互间的对立。但共同表明：一是社会和谐自古就是我国思想家们所追求的理想境界。二是在和谐社会的建构中思想家们都执着于“民本”的观念，儒家倡导仁义，强调“民为邦本”。把“爱民”“惠民”提到重要的地位。墨家则直接诉诸下层人民的利益，墨子提出衡量一切事物成败得失的三条标准即“三表法”，其中一条就是“观其中国家百姓人民之利”（《墨子・非命上》）。道家老子更是强调“圣人无常心，以百姓心为心”（《老子・第四十九章》），批判了当时统治者那种“以百姓为刍狗”状况，甚至发出了“民不畏死，奈何以死惧之”的激愤之言。三是思想家们共同地认为，能否将社会引向和谐，在上者、统治者负有首要的社会责任。儒家强调统治者必须以德行政，为政以德。墨子则强调社会能否实现“兼相爱，交相利”的和谐状况，关键在于统治者能否提倡和力行。而道家则认为，能否营造社会的和谐，首先取决于在上者、统治者能否按“道”办事，实行“法自然”的无为而治。需要提出的是，历史毕竟是历史，传统也不等于现代。我们不能割断历史，也不能抱残守缺固守传统。马克思主义从来主张以历史主义的眼光认识历史，以唯物辩证的态度看待传统。这就要求我们必须站在现代社会发展的高度，服务于我们民族新的历史创造的大局，来区分中国传统文化中和谐思想的精华与糟粕，吸其精华，弃其糟粕，推动其实现创造性的转型，使之真正获得时代的升华。只有在这个意义上，我们才能说中国传统文化中的和谐思想，乃是今天我们建构社会主义和谐社会的文化资源和历史依托。

（原载于《中国井冈山干部学院学报》2008 年第 2 期）

冲突、契合、互补优化

——论儒家伦理与现代市场经济

一

儒家伦理与市场经济的关系是复杂的，必须辩证地、历史地去认识。儒家伦理包含着多个层次和方面，市场经济也并非只有一种模式，二者发生相互联系、相互作用的方式和条件更不是一成不变的。因此，在具体考察儒家文化与市场经济的关系之前，有必要对儒家伦理和市场经济的一些有关特性作出分析和界定。

儒学是在中国古代社会形成和发展起来的一种思想体系和文化系统。它既是中国封建社会占统治地位的意识形态；又是中国传统文化的主干。作为封建意识形态的儒家思想和伦理观念，显然已陈旧过时，与现代社会的发展是格格不入的。而作为几千年来中国传统文化的主干，儒学无疑又在一定程度上积淀了千百年来中华民族在社会生活、道德实践中的特有智慧与历史经验，包含不少真理性的颗粒，这些，作为我们民族的优良传统至今仍闪耀着价值的光彩。因此，对儒家伦理必须进行具体分析。

儒家伦理是一个包含着丰富内涵的复杂体系。这种复杂性首先表现在其内容包含不同层次，这些不同层次的内容在现代社会和市场经济中的作用和价值是不一样的。我们认为，儒家伦理大致可分为三个层次：一是其核心精神“仁”，这是儒家伦理最深层次的本质和灵魂，是儒家关于人及其人与人之间关系的最一般的价值精神；二是其特定的社会伦理价值观层次，像三纲五常、家族本位、忠孝等等；三是日常生活中为人处事的一般的行为准则，如义、智、恭、宽、信、敏、中庸等等。在这三个层次中，其中第二个层次是与封建社会形态联系最为密切的，是封建的意识形态，因而其具体内容是陈腐消极的，与现代社会和现代市场经济是相互对立的。而第一个层次的“仁”作为儒家关于人类本性及人与人之间关系最一般的认识，虽有其历史局限性，但也包含着某种超历史的恒常的价值成分，通过扬弃，仍可以作为人类优秀文化的积累在现代社会生活之中发挥积极作用。第三个层次作为日常生活中为人处事的一般准则，当然不能不受历史条件的制约，但人类行为是个性与共性的统一，因而儒家伦理中所包含的体现人类共性的一些行为准则，仍然可以为我们今天在市场经济条件下的日常行为和处理一般人际关系时所汲取运用，如自强不息、诚信为本、宽容和谐等等。

儒家伦理的复杂性还表现在其性质也具有多重性，或曰包含着一定的内在矛盾性。例如：儒家一方面强调礼义规范，主张尊卑有序，要求人们的视、听、言、动都必须做到非礼不为，另一方面又注重人格独立，强调人在道德上的主观能动性；一方面强调精神的价值和理想的追求，另一方面又提倡经世致用，注重人伦日用；一方面重义轻利，另一方面又主张“以义取利”“因义成利”，义似乎成了取利的手段；等等。认识儒家伦理这种两重性，一是要求我们要全面地去把握儒家思想，不能以偏概全，抓住一点，不及其余；二是表明它与现代市场经济必然形成一种复杂的关系，而不是一种简单的非此即彼关系。

在考察儒家伦理的现代意义时，我们还必须有一个动态的观点。儒家文化并不是凝固不变的，而是在保持其基本特质的同时，又随着社会历史的变化而在内容和形式上不断发生变化与转换。因此，我们一方面要把握其确定性和基本特质，不能仅以儒学在一定阶段的个别变化特性来立论，同时又要看到其变化性与包容性，认识到儒学可以在一定程度上随着社会的发展进行某种调整与转换，来适应变化了的社会的需要。

与儒学主要产生和形成于封建时代不同，市场经济却是随着资本主义的产生而发展起来的，是现代社会的基本经济运行方式。市场经济的本质特征，就是以市场来作为配置社会资源的基础，通过市场价格来调节社会经济运行。对于现代市场经济这一基本特性，人们没有多少疑义。然而，现代市场经济作为一种社会经济的运行方式是否在不同国家和地区，以及不同时期具有其不同的特殊性，对此人们却存在不同认识。我们认为，现代市场经济既有其共同的一般的规定，如供求规律、竞争机制、效益原则等，这些是任何市场经济都必须遵循的，但在不同社会环境和历史条件下，市场经济又必然具有特殊规定或特殊要求。

市场经济作为一种社会化的交换经济，不是也不可能是一种单纯的、孤立的经济现象，它存在于一定的社会环境和历史条件中，必然受到一定社会政治制度、精神文化以至风俗习惯的影响和制约，因而其具体运行方式必然因社会环境和历史条件不同而具有不同特点。例如，即使同为资本主义市场经济，德国市场经济与英美市场经济有所不同，作为社会主义市场经济，更不可能与资本主义市场经济等量齐观。这种不同市场体制的特殊性，也是我们分析儒家伦理与市场经济关系时必须注意的。从根本上说，我们所要探讨和解决的主要是儒家伦理与社会主义市场经济的关系，因而认识和把握中国社会主义市场经济的特殊规定：也是分析的一个基本前提。

市场经济虽然表现为商品的生产和交换、资本的流通和运转，但市场经济活动的主体是人，必然蕴含着一种属人的东西，即蕴含着一种相应的人文精神和价值理性。如果没有这种相应的人文精神和价值理性作为其精神动因、规范因素和定向定位的机制，市场经济不可能得到长足的发展，更不会实现最优运行。马克斯·韦伯在《新教伦理与资本主义精神》一书中提出，新教伦理在形成资本主义文化精神和伦理价值体系方面起了决定性作用，正是它促进了资本主义市场经济的蓬勃发展。但韦伯却认为儒家伦理与现代市场经济是根本对立、难以相容的。然而，20 世纪 60 年代以来，同属于“儒教文化圈”的日本和“亚洲四小龙”经济的腾飞，却对“韦伯命题”以有力否证。但同时却又在一定意义上确证了韦伯关于市场经济的发展有其文化动因的基本观点。

诺贝尔经济学奖获得者、新制度经济学的代表人物道格拉斯 · C. 诺思 1995 年来华访问时说：“我们的文化传统，我们的信念体系，这一切都是根本的制约因素。我们必须仍然考虑这些制约因素，这也就是说，我们必须非常敏感地注意到这一点：你过去是怎样走过来的，你的过渡是怎样进行的。我们必须非常了解这一切。这样，才能很清楚未来面对的制约因素，选择我们有哪些机会。”诺思的话深刻地表达了我们探讨儒家伦理与现代市场经济关系的根据所在。

二

就总体而言，儒家伦理与现代市场经济的关系是双重的：一方面，二者是异质的，存在着相互冲突；另一方面，二者又有着一定的同构因素，可以达成某种契合与互补。

所谓儒家伦理与现代市场经济是异质的，就是说儒家伦理并不是基于商品经济或市场经济而形成的，而是在自然经济和宗法等级政治制度的基础上形成和发展起来的。它首先是宗法等级关系的伦理反映，要解决的主要问题是宗法社会的伦常秩序和在这种制度下为人处事的原则和态度。而市场经济现象或商品经济虽然在中国封建社会始终存在，并在有些时期有些地方还比较发达，但它在封建社会中只是依附于封建小农经济体系的一个经济因素。市场经济本质上是属于现代社会的，现代市场经济是以工业生产力和科学技术的发展以及高度发达的商品经济为基础的。显然，作为中国封建社会的正统思想的儒家伦理同本质上属于现代社会的市场经济是属于不同质的社会现象，二者在性质上不仅没有必然关系，而且是相互异质的，这就决定了二者必然存在着冲突。

首先，二者在价值取向上是相互背离的。儒家的社会理想是和谐的宗法等级制度，人格理想是“内圣外王”的君子、仁人、圣人。这种理想追求表现在价值取向上就是重义轻利。孔子“罕言利”，孟子更强调“何必曰利，亦有仁义而已矣”，董仲舒进一步归纳为“正其宜（义）不谋其利，明其道不计其功”。当然，儒家也在一些方面谈到了利，并不一般地排斥、否定利，但儒家思想的立足点不在利上，它所关注的是君子人格和和谐的宗法等级秩序，而“君子喻于义”、宗法等级制度的和谐在于伦理，因此，价值取向上的重义轻利也就是必然的了。市场经济的直接目的就是通过商品交换来追求利益的最大化，而且市场经济中的“利”首先是承认和提倡个人之利或私利，并以此为基础来构筑市场运行的机制。显然，儒家重义原则与市场经济的求利目的是相互冲突的。儒家轻利思想使它没有能像新教伦理那样为市场经济条件下商人的赚钱谋利提供合理性的论证和促动机制，而是表现出一种对商业谋利的排斥倾向，显然，这是不利于市场经济的发展的。

其次，儒家伦理中的一些精神倾向与现代市场经济的精神要求也具有不一致性。这突出地表现在儒家的“内敛”和“贵和”的倾向上。在处理人与外部世界的关系上，儒家注重自我的内在精神和“向内用功”，认为人只要去发掘、完善自我的内心世界，就可以达成与外部世界的统一，即所谓只要“内圣”就能达到“外王”“尽心、知性”就能够“知天”。儒家这种向内心去发掘求取而不重视外在事功的意识，表现出一种明显的保守倾向和封闭心态。而现代市场经济乃是一种外向经济，它要求人们具有不断地向外拓展和追求的意识，否则将一事无成。显然，儒家的“内敛”倾向是与此格格不入的。同时，儒家提倡“和为贵”，主张“君子无所争”，要求人们要“温良恭俭让”。“贵和”不能说没有意义，但片面地强调“和而不争”，就与现代市场经济的竞争法则相背离。我们知道，竞争是市场经济运行的一个内在机制，是促成市场优化与发展必不可少的条件。儒家“温良恭俭让”的精神心态，将限制人们去积极参与市场竞争，去追求产品的最优化和利润的最大化，从而有碍现代市场经济的发展。

再次，儒家伦理的理性方式与市场经济的理性要求存在很大差异。马克斯·韦伯认为，支持现代资本主义市场经济发展的是一种“形式理性”，而儒家伦理是一种“实质理性”，因而与市场经济的发展是不相适应的。从一定意义上说，韦伯的观点是有道理的。儒学作为一种“实质理性”，一是重“形而上之道”，而轻“形而下之器”，即只注重本体精神，轻视具体物质存在及其操作技术。孔子就强调“君子不器”，否认君子有必要去确定自己处于某种专门职能中，轻视具体的实用技术。然而对形而下之“器”的认识和追求恰恰是工业技术和市场经济发展所必需的工具理性。二是在思维方法上，儒家重整体综合，轻局部分析；重质的判断，轻量的考察；重经验感悟，轻逻辑演绎。这种思维方法的结果便造成人们对数量关系的轻视和精确分析能力的不足，因而缺乏商业经营所必需的对数量关系的敏感和精确的计算意识。

第四，儒家的“德治”思想还与现代市场经济的“法治”要求相冲突。在管理层面上，儒家提倡以仁义治天下，注重人治，提倡情感化的伦理规范，而不重视形式化的法律制度。而市场经济作为一种社会交换经济，它客观上“需要一个可靠的法律制度和按照形式办事的行政机关”来加以规范和保护，显然，儒家重德轻法思想是不能适应现代市场经济发展的这种要求的。

然而应该看到的是，儒家伦理与市场经济的冲突性只是二者关系的一个方面，同时，二者还在不少方面存在着同构的因素，可以相互融通，达成一种相互结合和优化互补的效应。如前所述，儒家伦理是一个包括着多层次、多方面的复杂体系。儒家伦理作为几千年来中国传统文化的重要内容，既有其历史的局限性，包含着不少封建性的糟粕，同时又在一定程度上积淀着千百年来中华民族的群体智慧和对人生的关怀，它作为一种文明成果又具有同现代共时性的一面，包含着不少真理性的成分。这些智慧和真理性成分在现代市场经济中，特别是在建设中国特色的社会主义市场经济中，只要经过认真的清理和改造，是能够在实践中发挥出积极作用的。

首先，儒家提倡的互助交往精神与市场经济的互利交换原则是可以相互容通的。我们知道，儒家伦理注重人与人之间的伦常关系，如果我们扬弃其注重等级名分的糟粕，那么，儒家以“仁”为核心的人际关系原则可以说就是提倡一种人与人之间互助交往的原则。儒家认为，人不是孤立自存的，而是在各种人际关系中生存和发展的，因此，儒家提倡人与人之间要相互交往，“礼尚往来”。而人与人之间相互交往的基本原则就是“仁”，也就是孔子所说的要“推己及人”“己欲立而立人，己欲达而达人”“己所不欲，勿施于人”。简单说来，就是要爱己及人，利己利人。儒家这种人与人之间相互依存、互助交往的思想与现代市场经济所要求的互利交换原则是可以相互融通的。市场经济是一种交换经济，各种要素价值和各种利益都只有在交换中才能变为现实。在这种交换经济中，生产者与生产者、生产者与消费者都处于一种相互依存关系中，离开对方，自己的利益和价值就不能实现。这种相互依存性客观上要求交换双方必须是互利的，经营者既是为自己谋利，同时又要为别人服务；要取得自己的利益，就必须满足别人的需要。显然，市场经济的互利交换原则与儒家伦理的互助交往思想有着某种内在的同构，儒家互助交往精神可以融通于市场经济的互利交换原则之中。一方面，儒家礼尚往来的交往思想有助于人们交换意识的形成，促成交换行为的发生；另一方面，儒家推己及人、爱己达人的互助原则，有利于培养和形成人们遵循商品交换的互利原则和等价交换原则的自觉性，规范人们的交换行为，保障市场经济的正常进行。

其次，儒家伦理注重规范与秩序的意识与现代市场经济对规范和秩序的客观要求也具有一致性的方面。儒家强调人与人之间的交往关系都必须在严格的规范下，即“礼”的规范下来进行，要求人们的视听言动都要合于“礼”，通过“礼”的规范来实现人与人之间的关系以及整个社会关系的和谐秩序。而市场经济作为一种社会化的交换经济，交换关系复杂多样，交换主体千差万别，因而只有在一定统一的规范制约和调节下才可能正常进行。人们常说市场经济是法制经济，是契约经济，强调的都是规范对市场经济的不可或缺性。因此，市场经济既要求人们有自主自由的主体意识，又必须有自觉自为的规范和秩序意识。可见，对规范与秩序的强调是儒家伦理与现代市场经济所共有的因素。通过扬弃，儒家注重规范与秩序的传统意识，有助于人们在现代市场经济活动中的规范意识的形成和对市场秩序的遵守。

第三，儒家提倡的某些伦理精神还可以成为促进现代市场经济发展的精神动力。这主要表现在儒家“自强不息”的进取精神，“克勤克俭”的自律精神和“重群克己”的合作精神上。儒学是一种积极人世的人生哲学，它反对消极无为，提倡自强不息、刚健有为，去实现治国平天下的理想。同时，在个人操守上，儒家提倡“宁俭勿奢”“克勤克俭”，主张严于律己，节制欲望，勤于执事。儒学提倡的这种自强不息的进取意识和“克勤克俭”的自律精神，与现代市场经济主体，特别是其企业家所需要的精神品质是一致的。马克斯·韦伯在谈到新教伦理对资本主义市场经济发展的动力作用时，就特别强调建立在“天职”观念基础上的勤奋精神和禁欲主义精神对资本主义经济发展所起的巨大的推动作用。同时，儒家伦理重视群体价值，强调人们对自己所属的群体要有归属感和责任心，提倡人们之间的合作互助。儒家的这种群体合作精神对于培养和形成市场经济条件下的企业精神，促进企业内部的凝聚力的形成，提高企业的效率，都可以发挥十分积极的作用。

第四，儒家的某些伦理规范更是可以直接与市场经济的某些伦理要求相融通。这特别突出地表现在儒家诚信为本的伦理规范与市场交易中信誉至上原则的一致性上。诚信是儒家为人处事的一个根本准则。《中庸》说："诚者天之道也，诚之者人之道也。"孔子说："人而无信，不知其可也。"（《论语·为政》）强调"言而有信"。儒家这种诚信为本的道德准则与市场经济条件下企业信誉至上的伦理要求是一致的。市场经济是一种信用经济，讲求信用，注重信誉，是市场经济对企业行为的一个基本要求，也是企业获得成功的一个基本条件。显然，对儒家诚信为本的道德准则的提倡与弘扬，将有助于培养和强化人们在市场交易中的信用意识，并使企业基于功利目的的信誉意识得到升华，成为一种更加自觉的主体伦理精神，从而使企业信用更加稳定和持久，更有效地促进企业的发展和现代市场经济的完善。

儒家伦理对现代市场经济的意义并不就限于其同构一面，就是它的一些异质方面，也可以在一定条件下与市场经济形成一种互补优化的效用，从而规范和促进着现代市场经济更加高效、更加健康地发展。如前所述，儒家伦理存在着与现代市场经济异质的一面。这些异质性的因素对于市场经济的作用也是具有两重性：一些异质因素对于市场经济起着消极阻碍的作用；一些异质因素却可以在一定条件下与市场经济相反相成，形成互补优化的效应，促进市场经济的发展更加合理、更加完善。市场经济是迄今为止人类发明的配置社会资源最有效率的经济运行方式。然而，这并不是说市场经济是完美无缺的，它同时也存在不少局限性和弊端，诸如经济发展上的不稳定，收入分配上的过分悬殊，以及引发出拜金主义、唯利是图的思想和行为，造成人的精神异化和人格失落等社会问题。因此，为了促进市场经济及整个社会的良性运行和健康发展，就不仅要充分发挥其积极功能，还必须对其消极方面加以遏制，对其不完善地方加以补益。在对市场经济进行这种调控和优化方面，儒家伦理也可以发挥其积极作用。把儒家伦理中一些与市场经济异质而又是有积极意义的因素整合到市场运行的机制中去，将可以从一个方面遏制市场的消极影响，补益其不足之处，实现二者的互补优化，促进市场经济以至整个社会生活的完善。

（一）义与利的互补优化。在市场经济中，生产经营者的直接出发点和目的是追求利润最大化，这是支配整个市场运行的根本机制，也是推动市场经济发展的基本动力。但这种求利的取向，也能助长一些人唯利是图、见利忘义、损人利己、为富不仁的思想和行为，从而不仅会败坏社会风气，也会破坏市场经济以至整个社会运行的正常秩序。因此，对市场经济中人们的求利取向应该加以引导和规范。而这种引导和规范最主要的就是靠“义”，即适宜、正当、高尚的观念和行为的提倡和弘扬。我们知道，儒家重义轻利，其轻利的观点固不足取，而其反对“不义而利”，强调“以义驭利”的思想却是有积极意义的。儒家要求人们要“见利思义”“义然后取”，并进而提出“义以生利”“因义成利”的思想。显然，儒家“以义驭利”“因义成利”的观点，对于引导人们在市场经济中正确地去求利有着重要意义，它有利于促进人们在市场活动中把利和义结合起来，谋利而不失义，循义而以生利，以保证市场经济健康有序地发展。

（二）和与争的互补优化。市场竞争是实现资源有效配置，促进市场要素及其整个社会生产优化的根本机制。但市场竞争是一把双刃剑，它既是市场发展的动力，也可以对经济运行以至整个社会生活带来某种消极的作用，如一定社会资源的无效损耗，一定程度经济秩序的失常，以及造成人的心理的过分紧张而导致的精神危机和人格异化等等。竞争的消极作用，从一定意义上说是由于竞争参与者之间缺少必要协调与合作引起的。而儒家“贵和”思想正在这方面可以给竞争以补益。孔子说：“礼之用，和为贵。”《中庸》提出：“和也者，天下之达道也。”认为“和则相生”。追求和谐、注重合作、提倡谦和是儒家伦理的基本精神之一。如果把儒家“贵和”思想引入市场竞争机制中，以“和”的生成性来补益“争”的损耗性，以“和”的规范性来调节“争”的失序性，以和谐的心态来淡化争的紧张与异化，达到以和济争，和争互补，就可以使市场经济争而不乱，争而无伤，既充满活力，又健康有序地发展。

（三）人与物的互补优化。在市场机制之中，社会关系被商品化、物化，人和人的关系采取了物与物交换的形式。这种物化在一定意义上可以说是促进社会物质文明发展所必经的阶段，也是推动现代市场经济发展的机制之一，但它也必然造成人的主体地位和精神价值的失落，造成人的一定程度的异化。与市场经济见物不见人相反，儒家伦理强调以人为本，认为人是宇宙中心，万物之灵，“最为天下贵”。儒家重视人的价值，提倡“仁者爱人”。如果把儒家重视人，关心人，以人为本的精神引入市场经济中，就可以在一定程度上遏制市场机制中过分注重物质利益，把人物化的倾向，使人的主体地位与物的基础地位结合起来，既促进物质生产力的发展，又保障人的主体精神的弘扬。

（四）群与己的互补优化。市场经济是以个体利益的区别为前提的，追求自己利益的最大化是个体市场行为的直接目的。对个人利益的追求，既是驱动个体能动的市场行为的基本动力，也在总体上激发了市场活力，推动了市场经济的发展。但这种对个人利益的追求也容易引发唯利是图、损人利己的利己主义，导致一系列矛盾冲突和消极行为的发生，破坏市场经济和社会发展的秩序。因此，要实现市场经济的良性运行和协调发展，只有个人利益驱动机制是不够的，还必须具备一定的注重公共利益的思想和行为。在这方面，儒家的群体本位伦理思想可以发挥积极的作用。我们知道，儒家伦理的基础是群体，强调个体行为必须服从和服务于群体，要求人们要以“公义胜私欲”“国尔忘家，公尔忘私”。儒家重群克己的伦理思想包含着漠视个人利益和价值的消极因素，但其强调个人应该对群体有责任心和义务感的观点则是正确的。因而，在市场经济条件下，将儒家伦理中重群克己思想的积极因素融会于市场个人意识中，使公私互补，群己结合，将可以引导人们正确地去追求个人利益，抑制利己主义的泛滥，维护市场秩序。同时，将有利于企业内部团结合作的企业精神的形成，推动企业的发展。最终将有利于社会主义市场经济的最高目标，即国家强盛和全国人民共同富裕的实现。

（五）现实性与超越性的互补。在市场经济条件下，利益的机制驱动着人们忙碌于现实的功利追逐中，重实际、讲实效、求发财，成为一种普遍社会心态。人们既对未来不存奢想，更对精神与理想漠然视之。这种实用主义的现实观，既使得一些人变得浅薄和物化，以至精神堕落，心态失常，丧失了安身立命的精神家园，也消蚀着市场经济可持续发展的现实条件，不利于市场经济的协调发展。与市场经济驱动着人们迷恋现实功利不同，儒家文化却提倡一种对现实超越性的理想追求。儒家倡导“立功、立德、立言”三不朽的人生价值，追求“天人合一”的生命境界。孔子认为，对“仁”的精神追求高于人的现实利益乃至生命，提倡“志士仁人，无求生以害仁，有杀身以成仁”。孟子提出人为了追求理想人格，应该不为任何现实的利害关系所动，要做到“富贵不能淫，贫贱不能移，威武不能屈”。儒家这种重精神理想轻现实功利的倾向，当然有其片面性和消极成分，但其对理想的执著却体现了“人之异于禽兽”的一个根本特征，是人类发展与完善的内在驱动力。把儒家这种对超越性理想的追求精神引入市场运行过程中，将可以促成人们从市场利欲的魔圈中解脱出来，摆脱心灵的空虚与精神的惶惑，升华市场行为的价值与品位，从而也使得市场主体能以更长远的眼光，更宏大的气概，更从容的心态去获得经营的成功，促进市场经济更加健康高效地发展。

三

以上我们从不同方面对儒家伦理与市场经济的关系进行了探讨。

说明了儒家伦理与现代市场经济既存在着异质冲突的一面，也有着多方面的同构契合的内涵，可以达成某种互补优化。我们的任务就是要既尽可能去遏制和克服儒家伦理的消极作用，又汲取和弘扬其积极因素来促进我国社会主义市场经济的完善与发展。应该说，要实现这一目标乃是一个复杂的历史过程，需要多方面的条件或因素的共同作用。其中有两个带根本性的条件或因素是不可忽视的：一是必须对儒家伦理进行必要的扬弃和改造；二是必须营造一种适当的制度条件。

如前所述，儒家伦理可以对现代市场经济的发展起一定的积极作用，但这并不是就儒家伦理的整体来说的，而是指其中所包含的积极因素和精华成分。而这些因素和成分并不是孤立地、纯粹地存在着，而是与糟粕混杂在一起的。儒家伦理是产生于自然经济条件下，是在封建社会形成和发展起来的。自然经济和封建制度的一些特性不可避免地反映和渗透到其伦理思想中，即使其中精华成分也不可能不打上其深刻的烙印。因此，要实现儒家伦理与现代市场经济的契合与互补，首先必须对其进行一番扬弃和改造工作。也就是通过科学的分析，区分其精华和糟粕，然后取其精华，去其糟粕。在这个基础上，再对精华部分根据现代社会的需要进行一番加工改造，使其具有现代的形式和特色，这样它才可能与现代市场经济有机地结合起来。

同时，儒家伦理与市场经济的相互作用关系是在一定社会历史条件下来进行的，受着诸多社会条件制约，其中制度条件对二者相互作用的性质和方式起着根本性的制约作用。因此，要有效地促成儒家伦理与市场经济的契合互补，必须创造一种适当的制度条件。许多学者都证明，儒学在日本和东亚“四小龙”的现代经济发展中起了积极的促进作用，有些人甚至认为儒家文化是推动这些国家和地区经济腾飞的根本原因，然而，深入探讨下去我们就不仅要问，为什么儒学早在隋唐时期就传入日本和一些东亚国家和地区，却只是到现代才促进了这些国家和地区的经济腾飞？回答只能是：（一）文化并不是经济发展的根本原因；（二）文化对经济的作用是受社会制度制约的。儒学之所以能够在现代日本及东亚其他一些国家和地区对经济发展发挥积极作用，是因为这些国家和地区的制度设置，特别是其现代企业制度和法律制度为其提供了良好条件。文化是一种“软件”，只有在一定的制度“硬件”中才能发挥作用。制度是文化作用于经济的中介和机制，在不同制度条件下，文化发挥作用的性质、功能及其方式都是不一样的。

制度在文化功能发挥中的作用主要表现在以下几个方面：一是一些文化的积极功能只有在一定制度条件下才能发挥出来。如儒家以人为本的思想，只有在民主制度条件下才可能变为现实。二是有些文化因素只有与一定的制度结合时，才会成为积极因素。如儒家的群体本位主义，在封建制度下往往成为压抑个体能动性，扼杀个性的思想工具，在现代社会制度下却可以成为团结合作的精神导向。三是一些文化的消极因素可以在一定制度条件下得到抑制。

那么，具体说来，实现儒家伦理与市场经济优化互补的制度条件是什么呢？应该说，这还是一个有待深入探讨的问题。根据对有关事例的分析和理性反思，我们大致可以作出这样的判断：在规范和开放的制度条件下，有利于实现儒家伦理与市场经济的优化互补。这就是说，规范的制度条件可以发挥儒家伦理的积极作用，又可以抑制市场经济的负面效应；开放的制度条件则可扬市场经济之长，又可抑儒家伦理之短，从而实现二者的优化互补。因为，规范的制度条件与儒家文化重视规范的意识是一致的。儒家所提倡的一些积极精神也只有在规范制度条件下才可能变为现实。同时，在开放的制度条件下，儒家文化的一些消极因素将被抑制，市场经济的优势才能充分发挥出来，并有效地去汲取和消化儒家文化的精华。

总之，规范和开放的制度条件，一方面是儒家伦理和市场经济良性功能发挥的必要条件，也是二者互补整合的基本机制。在这种制度条件下，二者将可以取长补短，存优去劣，从而促进市场经济以至整个社会的运行优化。应该说，开放和规范的制度设计是现代社会的基本特征，也是我国社会主义市场经济发展的基本要求。因此，儒家伦理中的一些积极因素是完全可以和现代市场经济结合起来，促进我国社会主义市场经济的完善与发展的。

（原载于《孔子研究》2000 年第 2 期）

儒家传统道德观念与社会主义道德建设

社会主义道德建设必须继承和弘扬民族的优良道德文化传统，这一判断有两重含义：一是要把社会主义道德建设植根于民族的优良道德文化传统之中；二是要使继承和弘扬优良道德文化传统的过程成为自觉地克服与剔除其封建糟粕的过程。前者是社会主义道德建设具有中国特色的必要条件，后者则是保证其现代社会性质的基本前提。就中国社会主义道德体系而言，它与封建的道德体系在根本性质上是对立的，但这并不排斥我们应该批判地继承人类道德发展在封建社会这一历史阶段所获得的积极成果。仁爱是儒家道德思想的核心，以及关于人与人的关系的最一般的价值精神，如果剔除其"爱有差等"封建宗法等级的杂质和泛爱主义的抽象形式，那么，它所包含的重视人与人的关系及其互助的道德意蕴，是可以融通于社会主义道德为人民服务和集体主义的体系之中的。至于在社会主义家庭美德、职业道德和社会公德建设中，由于其更多地反映了人类行为的共性方面，儒家在这些方面的道德观念为我们提供了丰富的可资借鉴的道德文化资源。

一、儒家仁爱思想与社会主义道德精神

任何一个社会的道德规范体系都是一个多层次、多维度的复杂体系，中国封建宗法社会的道德体系是以儒家的"仁"为价值原点来整合的，而中国社会主义道德体系则是以"为人民服务"为价值原点来整合并推动其从"应然"到"实然"的转变的。两者社会性质的根本

对立必然造成其道德规范体系的性质上的对立，但这种对立并未割断两者在文化渊源上的联系。从这个意义上说，仁爱精神作为传统儒家思想的主线，是社会主义道德精神的建构和培植的民族文化的历史依托。为人民服务体现了社会主义道德的价值目标和根本宗旨，它强调一切为人民着想、对人民负责、从人民的利益出发的思想观点和行为准则。集体主义是坚持集体利益高于个人利益的价值观念和行为准则。从最一般的意义上说，集体只有以人民群众为主体并贯穿“为人民服务”的精神时，才是“真实的集体”。因此，为人民服务是集体主义的本质属性、最高表现和核心灵魂，而集体主义则是为人民服务的现实表现和行为选择的价值方针，两者在本质上是相通的。它们相互联系、有机统一所构成的社会主义道德精神，是可以在儒家的“仁爱”道德思想里找到其传统文化的源头的。

1. “仁者人也”与人性自觉。从字源学上看，仁字从人从二，指人与人之间相依相耦。独则无耦，耦则相亲，可以说，仁是由人本身引申出来的行为原则。它强调人是同类，要求人和人相亲相爱，反映了人对自身存在的觉醒和对人的本质的理解，具有浓厚的人道精神。人的存在具有二重性，既是个体的存在，又是社会的存在。人是个体的存在决定着其具有自身独特的利益和需要，人是社会的存在又决定着其具有维护社会存在和发展的需要。从本质上说，人是社会的存在，其个体的存在、独特的利益和需要都决定于社会，被社会所规定，并依赖于社会的发展。个体的利益只有在社会中才能得到满足，个体的完善也只有在社会中才能实现。对于人和社会的这种关系，儒家立足于以农耕为“本务”、以家庭为“本位”的社会现实作出了自身独特的思考。它历史地表明，个人是不能离开他人而独立存在的，小我是大我中的一分子，任何个人只有在他人、大我中才能确认自己的本质，肯定自身的价值。作为一种理论思考，应该说，这无疑是深刻的。正是以这种对人的社会本质的自觉为人性论前提，儒家才建构起以“仁”为核心的道德规范体系，形成了重义轻利、先公后私、杀身成仁等道德精神。尽管儒家"仁爱"由以建构的人性论基础是抽象的、处于宗法等级关系之中的人，但它在把人的本质归于社会性这一点上，与"为人民服务"的人性论前提——人是社会关系的总和——有着某种契合之处。

2. "仁民爱物"与社会责任。儒家重人事，讲责任。与佛教不同，它不以现实人生的解脱为道德的终极目的，同时也与道家不同，它不以坚持生命的永恒为根本，它甚至不以独善其身为目的，而主张经世致用，要求在道德实践上"安人""安百姓""忧以天下，乐以天下"。儒家讲仁民爱物、民胞物与德治仁政、以身任天下，就是要求人们尽自己的社会责任。《大学》提出"八条目"，把个人的安身立命与天下兴亡、百姓福祉联系在一起，通过修身达到齐家、治国、平天下的目的。儒家在道德实践中，能够摆脱小我局限，自强不息，刚健进取，这就造就了"天下兴亡，匹夫有责"的民族精神。孔子、孟子都以治国、平天下为己任，这表明了儒家的历史使命感和社会责任感。儒家"克己复礼为仁"的命题也揭示了个体在社会中的责任。在儒家看来，每个人生活在社会中，总是扮演着特定的社会角色，承担着特定社会的职责和义务。社会对每一个人都有某种角色期待，这种角色期待与其说是对某一特定个人要求，不如说是对某一类角色的要求，礼就是对某一类特定的社会角色所提出的各种道德要求。礼不仅规定了在社会结构和秩序中的各种角色的社会身份及社会地位，还详细规定了其各自不同的行为规范，提出了不同的社会道德要求。从这个意义上讲，"克己复礼"就是要求个体克制自身非理性的私欲，履行自身应尽的社会责任。

3. "仁者爱人"与利他意识。仁爱的行为模式或称"仁之方"是"忠恕"。它的基本精神是孔子说的"己欲立而立人，己欲达而达人""己所不欲，勿施于人"，此即为儒家所说的"忠恕之道"，意思是在处理人际关系时要设身处地地为他人着想，像对待自己一样对待他人。后来，朱熹把它解释为"尽己之谓忠，推己之谓恕"（《论语·里仁》)。所谓“尽己”，就是端正自己的道德立场，搞好自身的道德修养，培养健康的道德情感；所谓“推己”则是尽己的目的。儒家主张兼善天下，它以人的完善为道德修养的最终目的，但认为人的完善并非仅仅是对自己本真之性的觉悟，而在于人的价值，特别是社会价值的实现。所以，检验一个人是否真正有道德，不是看他说得如何，也不是看他律己是否严格，而是要看他能否将自身内在的道德扩充于外，即按照自身至善的本性去对待他人。只有把他自身的德性付诸实践，使自身的一言一行都符合道德，能够给他人和社会带来利益，才实现了自己的道德价值，也才称得上道德完善。这一思维模式的积极因素在历史的发展中，已积淀为中华民族设身处地为他人着想、与人为善、先人后己、宽人严己的优良品格。

4. “杀身成仁”与牺牲精神。儒家仁爱所要彰显的是牺牲精神。在儒家看来，仁是人的价值的根本之所在，是人的奋斗目标，它甚至高于个人生命的价值，“志士仁人，无求生以害仁，有杀身以成仁”(《论语·卫灵公》)。生命之所以有价值，就在于它能体现仁、实现仁，为了实现仁而牺牲自己的生命，正体现了生命价值的光辉。其落实在现实层面上就是公私之分，即明确社会整体利益与个人利益的关系。儒家主张处理两者关系的原则是先公后私，大公无私。先公后私是说在个人利益与社会利益发生冲突时，个人利益应该服从社会整体利益，在行为方针上以社会整体利益为首要的、最高的原则。范仲淹“先天下之忧而忧，后天下之乐而乐”的名句是这一原则的典型表述。牺牲精神的最高境界是大公无私，这一原则要求人们以社会整体利益为行为准则，把小我融入大我之中。儒家天人合德的学说，实质上就是这种观点。它把个体的我分为小我和大我，认为小我是渺小的、暂时的，大我才是崇高的、永恒的；相对而言，小我是私，大我是公，天人合德即消除小我之私而与天德合而为一。这里所谓天德、天理的实质，就是对社会整体利益的道德概括和理论抽象。正因为如此，儒家主张为国为民，兢兢业业，鞠躬尽瘁；在国家存亡、民族危机的关键时刻，要能够舍身保家卫国。

可见，仁爱思想中包含着人性自觉、责任意识、利他情感和牺牲精神等多种道德意蕴与伦理精神。这些精神正是“为人民服务”的题中应有之义。两者一个在历史的层面上，一个在现代的层面上，把中华民族的优良的道德精神一以贯之，并使之得到时代的弘扬和科学的升华，正因为如此，所以为人民服务、集体主义才充满了生命力，才能够得到全民族的认同，成为中国人民道德生活的精神支柱。当然，应该指出的是，儒家的仁爱在封建的宗法社会里是不可能真正实现的，甚至还会蜕变成少数统治者装饰自己和欺骗人民的工具。这也是我们在考察儒家仁爱思想同社会主义道德精神的历史联系时，必须有所清醒认识的。

二、儒家人伦道德与社会主义家庭美德建设

儒家对家庭道德予以了高度的重视，做了大量的论证，并提出了一整套详尽的行为规范，形成了中国家庭道德的深厚传统。在儒家所宣扬的家庭道德中，也渗透着许多宗法血缘的狭隘观念和封建专制的等级意识，包含许多落后、腐朽的东西，但其中也有不少合理的、积极的成分。儒家关于家庭道德的理论深化了人类对家庭生活、家庭关系的认识，对于协调家庭关系、促进家庭和睦、培养人的道德品质、造就良好的社会风气起过积极的作用，其中有一些内容至今仍不失其理论价值和现实意义。

（1）勤俭持家。勤俭是中华民族的传统美德，也是应该大力提倡的社会主义道德。勤俭是对自然界物质资源的爱惜及对人类劳动成果的珍重。更为重要的是，勤和俭不仅是生活的原则，还是人的道德修养，可以说，勤俭的精神实质不是积聚财富，而是促进人类道德的完善。因此，我们强调勤俭持家，不仅要求人们以此作为居家生活的准则，更要求人们以此教育子女，自觉地在勤劳节俭中锻炼自己的道德

品质，促进自我完善，积极创造、实现人生的价值。《国语》说：“夫民劳则思，思则善心生。逸则淫，淫则忘善，忘善则恶心生。”劳动是人的本质活动，它不仅是满足人的物质生活需要的基本手段，更是人的本质需要。正是在劳动中，人类才确证了自身作为主体的存在，才确证了自身的创造本质，从而发现了自身的价值。相反，懒惰恶劳则是对人的本质及本质力量的否定，与人的本性相违背，有损于人的道德完善。勤劳创造着人的生活、人的本质，创造着整个世界，恶劳懒惰则意味着毁灭。应当指出，勤俭持家作为小农自然经济的家庭生活原则，其中的一些具体行为规范具有极大的封闭性、保守性，与当今市场经济社会生活不相适应，必须予以否定。但是，它所强调的积极劳作，通过自己的辛勤劳动创造财富，创造自己的生活，珍惜人类劳动的成果，勤俭中锻炼和完善自己的本质等，却仍然值得我们继承。

（2）父教子孝。亲子关系是代际关系，它不仅仅是人的生命的延续，更是人类文明的传递。家庭的养育功能不仅使后代延续祖先的血脉，更是延续一种文化的生命，培养合格的社会成员。因此，父母之爱的实质在于“育”，子孝的最高境界则是承教继志，把父母所遗留的事业发扬光大。儒家认为，父母之爱不仅仅是嘘寒问暖，更不是纵容护短，真正爱子女，必须为子女的长远利益、根本利益打算，培养他们的道德文化素质及生产和生活技能，为他们今后的创造、发展打下坚实的基础。因此，父母遗留给子女的不应只是财物，更应该培养他们创造财物的本领。“望子成龙”虽然包含着封建性、自私性的一面，但它又确实形成了中华民族对子女的教育具有强烈的愿望与预期的良好传统。在儒家看来，作为子女，更应当虚心接受父母的教育，继承父母的志向，接过父母的事业并将其发扬光大。《孝经》说：“立身行道，扬名于后世，以显父母，孝之终也。”子女不辜负父母的教诲和希望，勤奋刻苦，建功立业，为社会作出巨大贡献，是一种高层次的孝。儒家以宗法社会为背景，提出了修身、齐家、治国、平天下的人生理想，尽管带有时代的局限性，但也揭示出家与社会的道德关系的一般规律。父母对子女不仅是抚养，更重要的是“育”；子女对父母也不仅是赡养，更重要是虚心接受父母的教育，继承父母的事业。孔子说：“父在，观其志；父没，观其行。三年无改于父之道，可谓孝矣。”当然，这种思想反映了封建宗法等级制度的某些特殊性征，带有“父为子纲”的封建愚孝的遗毒，但如果剔除其负面因素，仍不难发现其基本精神就是承教继志。正是在这种思想观念的影响下，中国人在家庭生活中特别注重家风的整饬与承传，强调守业的重要性，鼓励人们牢记长辈的教诲，积极努力地去建功立业，实现家庭和长辈对自身寄予的希望。

（3）相敬如宾。在儒家看来，夫妻关系是家庭关系的核心，是一切家庭关系的原点，有夫妻然后才有父子兄弟。《中庸》说：“君子之道，造端乎夫妇。及其至也，察乎天地。”夫妻的道德关系是家庭道德关系的枢纽和关键。夫妻为人伦之始、风化之原，能够正确处理夫妻关系，就能处理好其他家庭关系和社会关系。夫妻交往相敬而有礼，就不难有礼地对待其他人。中国历史上有许多夫妻相敬如宾的典型，如春秋时冀缺夫妇“相待如宾”，汉代梁鸿与孟光“举案齐眉”等。相敬如宾的核心精神是相互尊重，忠诚于对方的道德责任，而不能贵则傲、贱则轻。当然，由于传统家庭的男尊女卑的现实，使得“相敬如宾”主要是强调妻子对丈夫的尊敬与顺从，而不是平等的相互尊重。儒家虽然承认夫妻之间的地位差异，肯定夫为妇纲，但反对丈夫欺压、凌辱妻子，而主张在礼义的范围内给予妻子应有的尊重。因此，“相敬如宾”也要求丈夫对妻子也有必要的、基本的尊重，忠贞不贰、诚实无欺，同时，还应虚心接受妻子合理的批评和意见。“夫妇乃人道之始，万化之基也。相敬如宾，岂容反目。虽夫为妻纲，固当从夫之命；然妻言而有理，亦当从其劝谏”。（朱勇《清代宗族法研究》）夫义妇顺是基本的行为规范，但当真理和道义都在妻子一边时，片面强调妇顺就是错误的。丈夫正确的做法是尊重妻子的意见，听从妻子的劝告，夫顺于妻。妻顺是礼，夫顺是义。妻子对丈夫是依礼而尊、以顺为尊；丈夫对妻子则依义而尊、以义为尊。妻尊夫是礼法，夫尊妻是道德自觉。如此则有利于家庭的长远利益，有利于建立健康、和谐的夫妻关系，促进夫妻人格的共同完善。

(4) 和睦友爱。兄弟关系也是家庭中的一种重要关系。兄弟关系不像亲子关系那样有一种天然的森严等级，也不像夫妻关系那样易受到男尊女卑等观念的长期影响。儒家以“孝悌”为仁之本，悌就是处理兄弟关系的行为规范，它的具体内容是“兄良弟悌”。《礼记·礼运》规定的“十义”，首为“父慈、子孝”，次即“兄良、弟弟”。“兄良”是说兄长应该爱护幼弟，“弟弟”是讲幼弟应当尊敬兄长。兄弟和睦友爱是家庭幸福的重要内容。儒家十分强调兄弟的手足之情，褒奖兄弟间的友爱。孔融四岁让梨的故事，被人们传为千古佳话；东汉薛包在兄弟分家时，把肥沃的土地分给弟弟，自取荒芜之地，把坚实的器具分给弟弟，自取朽旧者；宋代司马光尊敬兄长，嘘寒问暖，无微不至。此类事例，正史稗书比比皆是。儒家正是一方面通过理论的阐述、论证，另一方面通过对大量典型事例的宣传、褒奖，强化手足情谊，把兄弟友爱的道德观念灌注于人们心中，成为人们处理兄弟关系的一般行为准则。

兄弟（同胞）关系是人际最亲密、最可信赖的关系之一，处理好兄弟姊妹之间的关系，可以使人感受到家庭的温暖、人生的乐趣、人世间的真情。它可以培养人健康丰富的道德情感，促进人与人之间的真诚与相互信任。在现代家庭中，同胞之间仍然需要相互关心、相互帮助、团结友爱。当然，我们今天所提倡的同胞友爱，不同于儒家以长幼秩序为前提的友爱，而必须贯彻平等的原则，更不能有性别歧视而重男轻女，应肯定兄弟与姊妹对于家庭拥有同样的权利和义务。

三、儒家的“敬业之要”与社会主义职业道德建设

在现实生活中，职业活动是人们最主要、最基本的社会活动之一，

也是对社会所承担的责任。所以，职业就成为人们道德活动的一个重要领域。职业道德不仅促进着个人的道德素质的形成，而且也反映了整个社会的道德风貌。应该指出，中国古代农耕社会经济时代的职业带有小农经济所固有的家庭承传特征，手工业劳作往往具有封建行会性质，而以农为本的观念又限制了职业的分工与发展。在这种职业活动中形成的职业道德必然表现出许多时代的局限性，如技术封锁、眼光狭隘、保守固执等。儒家的职业道德规范因此显得粗略和单调，但儒家所倡导的忠于职守、诚信无欺、精益求精的职业精神，在今天仍具有重要的现实意义。

（1）忠于职守。忠于职守是职业道德的基本原则，表现了人们高度的社会责任感和历史使命感，是人们在职业活动中最基本的品德。应该指出，在中国古代社会中的职业分工往往带有某种等级贵贱的差异。这种观念至今仍一定程度地影响着人们的择业与就业行为。但也有不少明智的儒家学者反对以等级贵贱区分职业。明代大儒王阳明就说："古者四民异业同道，其尽心焉，一也。士以修治，农以具养，工以利器，商以通货，各就其资之所近、力之所及而业焉，以求尽其心。其归要在于有益于生人之道，则一而已。士农以其尽心于修治具养者，而利器通货犹其士与农也。工商以其尽心于利器通货者，而修治具养犹其士与农也……自王道熄而学术乖，人失其心，交骛于利，以相驱轶，于是始有歆士而卑农，荣宦游而耻工贾。"（王阳明《王文成公全书》卷25）这段议论集中反映了儒家对待职业态度的思想精华。士、农、工、商只是不同职业的划分，而绝不同时意味着社会的不同等级。不同的职业承担着不同的社会责任，它们都为社会的生存和发展所必需，都对社会生活作出了积极的贡献。崇士宦而轻农、工、商，反映了士大夫的狭隘与偏见。虽然士的修治职能为社会运作所不可缺少，但说到底，社会的一切财富都是由农、工、商创造的，因此，只要尽心于自己的职业，都是对社会的积极奉献。忠于职守更重要的在于尽职尽责，儒家强调，不能把职业活动仅仅看成是做事或当作谋生的手段，而要把它作为事业。一个人是否有作为不在于他做什么，而在于他是否尽心尽力地把所做的事做好，“成业者系于所为，不系所籍”（《晋书》卷82）。因此，儒家崇尚脚踏实地的朴实作风，贬斥那种“大事不得，小事不为”的浮华习气，认为尽职尽责就是对工作尽心尽力，“读书者，当闭户发愤，止愧学问无成，哪管窗外闲事；务农者，当用力南田，惟知及时耕种，切莫悬耜妄为；艺业者，当居肆成工，务以技能取利，勿生邪念旷闲；商贾者，当竭力经营，一味公平忍耐，毋以奇巧欺人”（石成金《传家宝》卷2）。

（2）诚信无欺。诚信无欺是在处理职业关系和职业服务对象关系时的道德要求。它作为职业道德的一般要求，关键在于“信”。

第一，诚信。即在职业活动中重承诺，讲信用，守合约，以诚正己。儒家认为，只有对他人守信，才能获得别人对自己的信任，维护和扩大职业的信誉。以诚待人就能获得他人善意的回应，提高职业活动的效率。因此，在儒家思想影响下，中国古代职业领域长期信奉“诚实守信”“买卖公平”的行为准则。

第二，正直。即不欺人、不欺己、不欺心，在职业活动中杜绝以次充好、以假乱真、欺行霸市。《孟子》记载了战国时代许行的职业道德观点：“虽使五尺之童适市，莫之或欺。布帛长短同，则贾（即价）相若；麻缕丝絮轻重同，则贾相若；五谷多寡同，则贾相若；屦大小同，则贾相若。”（《滕文公上》）要求人们在职业活动中做到价格公平合理，童叟无欺。

第三，重义。即信不仅仅是信于约，更要信于义。这就是说，所谓诚信不是机械的言必信、行必果，而应以义作为诚信的标准，来作为该不该守信的根据。孟子就把那种离开义的标准来讲言必践行的人斥为“小人”，认为人们的行为应“唯义是从”，这才是诚信的真精神。中国古代的儒商精神，就是以义为一切经济活动的目的和行为的准则。信不能局限于契约，而须信于义。柳宗元曾给一位卖药商宋清立传，说他不仅待人和气，经营诚恳，物美价廉，而且主动周济贫困。

他对无钱买药者从不拒绝，也从不催促其归还欠债。到年末，估计哪些人无能力归还，便把欠债的字据焚毁，不再要求归还。在儒家看来，这种在守约将会给人带来困难、窘迫的情况下，受益方主动撤消合约的行为，就属于更高的信用。因为它已经不再受合约条文的局限，而始终把义作为职业活动的准则，从而获得了更高的职业信誉。当然，在市场经济社会条件下，不能再片面提倡理想主义的“君子协定”，更不能以此取代必要的合约。但是，在遵守合约的基础上自觉地取信于义，诚信无欺，仍然是现代职业道德的内在要求。

（3）精益求精。精益求精是忠于职守、诚信无欺和人们对职业理想、职业荣誉的执著追求的高度自觉的统一，是在更高一个层次上反映出来的敬业、乐业精神。首先，精益求精就必须有奋发向上的精神。儒家崇尚日新之德，就是高扬一种积极进取的精神。“日新者日进也，不日新者必日退，未有不进不退者。”（《河南程氏遗书》卷25）时代在发展，职业在不断进步，对待生活和职业都必须昂扬向上，紧跟时代的步伐，否则终将被时代和事业的发展所淘汰。其次，精益求精是与职业活动相始终的过程。儒家一再告诫，要想做到尽善尽美，就需要循序渐进、持之以恒。所以，学习任何一门知识，钻研任何一门技能，做好任何一件事情，都必须有坚忍不拔的毅力和勇往直前的意志。欲速则不达，循序渐进，持之以恒，才能垒土为山，积水成川。

四、儒家的“处世之德”与社会主义社会公德建设

人是社会的人，是作为社会一员而存在的。因此，维持社会的有序与和谐就是对每一社会成员所提出的道德要求，这就是社会公德。它是一切道德中最基本、最普遍的道德要求，其内容包括人与人、人与社会、人与自然等三方面的道德规范，其核心是调节人与人的社会交往的道德规范。儒家对人与人交往的伦理关系和道德要求做了深入

考察，留下了丰富的道德资源。但是，由于中国古代传统社会的政治、经济结构相对简单，公共生活领域狭小，因此，在社会公德层面上，儒家伦理思想中“私德”发达，而公德欠缺。社会主义社会公德的建设需要我们对传统文化采取批判继承的态度，在适应时代需要，加强人与社会、人与自然的道德建设的同时，更要立足现实，建设现代新型社会公德。

（1）自敬敬人。谦逊作为一种美德，表现和反映了主体对社会所认同的文化与道德的尊敬，因此，谦德就是敬德。“敬”在儒家的伦理道德中是一个极其重要的德目，是人立身的根本及礼让他人的前提。作为一种品德，它本身反映了主体优良的道德素质。

恭敬持身，亦凸显人道精神，肯定人的价值和尊严，爱人亦敬人。在儒家看来，一个人要想获得他人的尊敬，首先必须自身值得他人尊敬，以严肃认真的态度对待自己，修身进德。敬以待人，是以自敬为前提的。所谓敬人，就是在人际交往中表现出来的肃穆、恭敬的行世仪容与人生态度。敬以直内，义以方外。直于内，才能把恭敬之心外显于仪容与行为，直存于内才能始终以敬待人。

（2）礼让为先。如果说恭敬是主体在处理人际关系中的一种道德精神状况和态度，那么，礼让则是主体基于这种道德精神状况和态度而表现出来的行为方式，亦是对一个人道德文化素养高低的试金石。儒家所讲的礼，实际上是系统规范化了的、制度化了的道德行为规范，也是人际交往中应遵循的最基本的行为准则。这里的礼主要是在狭义的意义上使用的，即礼仪之礼。礼能肃容貌、正态度、度进退、导趋行，符合礼的行为是正当的，反之则必然乖邪。礼是一种制度化了的外在规范，是儒家伦理道德精神的体现。没有可以约束和体现人们具体行为的礼仪，任何道德都将是空谈。所以，道德仁义只有通过礼仪才能得以具体贯彻，它不仅制约着人的行为举止，而且充当着一切道德原则、道德精神的载体和尺度。所谓道德文明，就个体而言，即指一个人道德素质的高低及道德修养所达到的境界，外在表现为一个人形貌、言谈、举止的人化、文化、道德化程度。因此，它实际上反映着整个社会道德进步所达到的水平、社会群体道德文化素质的高低和行为者个人道德修养的境界。

在人际交往中的守礼除了礼貌、礼敬之外，还有一个重要的内容，即礼让，就是在人际交往过程中在不违背社会规范的前提下，在与他人发生冲突时对利益的主动谦让。它是一种舍己为人、以礼待人、乐群贵和的美德。礼让待人，不仅是人际交往中的文明行为，而且是利他精神的具体表现，它有利于缓解人际关系的紧张，实现人与人之间的和睦、团结。当然，在儒家看来，讲礼让并非无原则地退让，而是以礼相让、据礼而让，即必须从根本上利人，而不能促恶，对于违民之举则不仅不能让，还要坚持与之斗争。同时，让人之损己，只能是让利，而不能使自己的德业受损，"当仁不让于师"就是这个意思。应该指出的是，儒家关于社会公德的主张不可避免地带着其时代的烙印，如严己宽人和谦恭礼让中所引申出来的对竞争的否定等，都属于不符合现代社会发展要求的落后因素，应该予以摒弃。但是，儒家处世之德所体现的"乐群贵和"的总体精神及许多具体行为规范包含着许多积极的因素，对于我们建立现代精神文明，促进健康、文明的社会风气，形成和谐的人际关系，仍然不失其借鉴意义。

（原载于《河北学刊》2008 年第 6 期，《新华文摘》2009 年第 8 期全文转载）

关于明清伦理思潮社会性质的两个问题

一

关于明清社会思潮的社会历史性质问题，历来存在着两种不同的见解。即是宋明理学的“余绪”或“完善”，还是中国早期启蒙思潮？这种分歧延绵至今，仍然未能求得共识。笔者认为这一思潮当属早期启蒙性质。对此，前辈学者侯外庐、萧萐父、孙叔平等都做过深入的研究，出版了有说服力的著作。遗憾的是，虽然直到现在我们还没有看到持反对意见的学者对于这些前辈学者的研究成果作出认真的分析和反驳，但这似乎并没有妨碍他们继续论证和宣传自己的观点。所谓明清社会思潮是“儒家的自我更新”论；所谓明清思想家“只反王学末流”论；就是其中颇有代表性的。本文拟依据上述前辈学者的研究成果。从伦理思想史这一新的视角，对持相反见解的学者所提出的这两个新观点做一些分析和评述，以求加深对问题的认识，澄清某些理论是非，促进研究的深入。

二

持明清社会思潮是“儒家思想自我更新”论的学者，可以说其全部论证是建立在如下两条论据的基础之上的：一是明清思想家没有提出很有近代意义的新的思维方法；二是他们也没有提出有别于传统社会的新的社会蓝图。这两条论据涉及极为广泛的问题，上述前辈学者也作过深刻的论述。这里不妨再从伦理思想发展的特定角度，做一些实事求是的考察。

伦理学是一门价值学，对道德价值的思考是伦理学的主要思维方法。这种思维方法归根结底要受到社会存在、社会生产关系的制约。在伦理学领域里，明清时期的思想家们是不是提供了具有走向近代意义的思维方式呢？回答这个问题的关键不在于他们是不是突破了传统的“以人为本位中心的框架”，因为道德本身就是关于人与人的关系的行为规范和意识，离开了人和人的社会关系就无所谓道德价值思维。问题的关键只在于他们关于人及其道德的价值思维，是否提供了有别于传统的新的思维动向。马克思曾把人类社会结构分为三种形态或三个阶段。他说：“人的依赖关系（起初完全是自然发生的），是最初的社会形态，在这种形态下，人的生产能力只是在狭窄的范围内和孤立的地点上发展着。以物的依赖性为基础的人的独立性，是第二大形态，在这种形态下，才形成普遍的物质交换、全面的关系、多方面的需求以及全面的能力的体系。建立在个人全面发展和他们共同的社会生产力成为他们的社会财富这一基础上的自由个性。是第三阶段。”马克思这里所说的最初形态，是以自然经济为主的社会，即奴隶社会和封建社会；第二阶段是以商品经济为主的社会，资本主义社会是它的典型形态；第三阶段是共产主义社会，社会主义社会是它的低级阶段或过渡形态。明代中叶以前，中国传统的伦理思想是在社会历史的第一阶段上产生和发展起来的，它始终是以“人的依赖关系”（从自然发生的血缘关系演变而来的宗法制度及封建等级制）为基础的。因此它对作为价值思维对象的人，不是个体的现实存在，而是血缘群体，是宗法关系。即使是早期儒家，虽然他们也讲个体，但更多强调的是个体是有群体生存需要、有伦理道德自觉的宗法义务的承担者。个体只有在封建血缘等级关系中充当一个角色，才有价值。到了宋明时代，道学家更是把封建宗法等级关系变成道德的主体，个人只不过是实现这些关系的一个消极的、必要的环节。道学家鼓吹的“天理”，作为封建专制社会现实道德的异化，完全成了一种“无人性的理性”，它确定着现实的秩序和应然，个人则被消解在封建宗法人伦关系之中。真正打破这种思维定势的是明清时期的思想家。他们所提出的人性自私论，所要肯定的正是个人存在的价值，他们对个人的生存权、财产权和追求幸福的权利的关注。表现了一种历史的觉醒。王夫之对人的“好利恶害”的本性的认同；对张载“成身”与“成性”一致性关系的发挥。对道学和佛老“无我”“忘我”的批判；就是这种历史觉醒的具体表现。它说明明末清初的思想家们在进行道德价值思维时，其出发点已经与传统开始错位了，显示出从群体到个体、从关系到主体的历史性的蜕变。列宁曾经指出，资本主义的萌芽意味着“个人感的提高”。明清时期的思想家对道德价值思考出发点的这种蜕变，不正是反映了马克思讲的从“人的依赖性”到“人的独立性”发展的新的历史动向吗？能否认它已经包含着一种新的思维方式萌发的历史事实吗？

同时，明代中期以后，随着资本主义萌芽的产生。人们关于道德价值的思维取向也在发生变化。利益是一切价值的根源，也是道德价值的根源。传统道德价值思考的最高指向是维护和巩固封建等级伦常秩序的利益。在这里，富贵贫贱的顺序是：贵而必富，贱而必贫。谁不按封建宗法等级身份去占有财产，便是非分、逾越、不道德，即所谓“为富不仁”。于是农本商末、重农抑商、贵义贱利，便成了社会普遍的价值规定，它被封建的思想家们概括为所谓“义利之分”“天理人欲之辨”。所谓“正义不谋利”“不论利害，唯看义当为不当为”“存天理、灭人欲”便成了一种长期统治社会的道德价值模式。可是明中叶以后，随着商品经济的发展，弃农经工商者日增，“昔日逐末之人尚少，今去农而改业工商者，三倍于前矣”。甚至出现了士大夫商人化的倾向，“由今日观之，吴松士大夫工商，不可谓不众矣”（何良俊：《四友斋丛说》）。“吴人以织作为业，即士大夫家多以纺绩求利，其俗勤啬好殖以故富庶”（于慎行：《谷山笔麈》卷四）。这就不能不给传统的“贱商”观念以强烈的冲击，出现为商贾鸣不平的呼声：“经商亦是善业”“商贾亦何鄙之有”？产生了一种货利至上并以得利多少为“重轻”的社会心理。“志于货利者，唯知有货利而已，奉天下之物以易吾之货利”（刘宗周：《刘子全书》卷八）。“凡商人归家，外而宗族朋友，内而妻妾家属，只看你所得归来的利息多少为重轻。得利多的尽皆受敬趋奉；得利少的，尽皆轻薄鄙笑，犹如读书求名中与不中的归来的光景一般”（凌濛初：《二刻拍案惊奇》）。甚至不惜“失孝亲”“忘忠信”，其行“多少不仁”，一个个将铜钱“务本”。这作为一种新的社会价值取向，明显地表现了“以物的依赖性为基础”的特征，因而成为对传统的“贵义贱利”“存理灭欲”的教条一种严重的挑战。明清时期早期启蒙思想家，对宋明道学禁欲主义的批判，不论是对功利主义的高扬，还是对传统道义论的修正，既是这种新的社会价值取向的反映，又是对这种新的社会价值取向的程度不同的肯定。王夫之就肯定“大贾富商，国之司命”，提出了“惩墨吏，纾富民”的主张。在伦理思想上，他不仅提出：“善恶赖于生计”命题，而且提出了综合传统道义论和功利论的“义重利用”的道德价值观，“性者生理，日生而日成”的修正了的传统德性主义人性论等等。至于李贽的“穿衣吃饭，即是人伦物理”；颜元、李塨的“正其谊以谋其利，明其道而计其功”的主张，则更鲜明、更直接地肯定了这种新的社会道德价值思维取向。这就说明，中国早期启蒙思想家无论在道德价值思维的出发点上还是在这种思维的取向上，都已经开始脱离传统的轨道，一种新的道德价值思维方法正在破土而出，它所反映的正是从“人的依赖性”到“以物的依赖性为基础的人的独立性”的历史前进的方向。

至于中国早期启蒙思想家是否提出了新的社会蓝图的问题，只要看一看李贽提出的“至平”的社会理想就可以作出肯定的回答。李贽明白无误地说明，这个社会乃是一个“条教禁约皆不必用”，而“各从所好，各骋所长”，使每个人“就其力之所能为，与其心之所欲为，势之所必为者以所之”，直至达到“大成大，小成小”的所谓“并肩不相害”的社会。李贽还特别指出，在这个社会“强者弱之归，不归必并之；众者寡之附，不附即吞之。此天道也，虽圣人其能违天乎哉!”（李贽：《明灯道古录》）这里，一幅鲜明的自由竞争、弱肉强食的资本主义的图景展示在我们面前。可是，持“自我更新”论的学者却不愿看到这个与传统社会不同的新的图景。为了证明中国根本不存在早期启蒙思想，其中有的学者不惜随心所欲地挥起刀来，把明中叶以后的社会思潮裁为三截，认为16世纪王阳明学说出现，经过泰州学派，到李贽“这是一个晚明的思想解放的社会思潮”。使之同第二段即17世纪明清之际的社会批判思潮脱钩，变成毫无关系的两个东西，继而又把后者同第三段即18世纪的考据学紧扣在一起，以为经过这样一番裁剪，所谓“自我更新论”就似乎能够自圆其说了。殊不知这种做法漏洞百出。因为如果真是这样。那么16世纪的所谓“晚明思想解放的社会思想”解放了什么？是什么性质？在封建社会瓦解时期能够称得起思想解放”的思潮，不是启蒙思潮又是什么？如果16世纪的“思想解放的社会思想”真的同17世纪即明清之际的社会思潮完全是两码事，甚至后者是为了反对前者即所谓只“反王学末流”而出现的。那么，怎么解释黄宗羲对泰州学派及李贽的高度肯定，赞扬他们“非名教之所能羁络”“赤手搏龙蛇”“掀翻天地”。又怎么解释王夫之对程朱理学的批判，和梁启超所指出的颜元、李塨对程朱和陆王“两皆唾弃”（梁启超：《清代学术概论》）的事实。以及戴震思想造成的“不驳朱子，即不得为通人”“诽圣诽贤，毫无顾忌”的“流风”（章学诚：《朱陆编书后》），恐怕要走出这种困境的唯一出路只能是，承认15世纪泰州学派的分化到18世纪戴震，是一个统一而不可分割的思潮。这个思潮不是别的，就是包括伦理思想在内的中国早期启蒙思潮。

事实上，17世纪明清之际的早期启蒙思想家。虽然在其反封建的鲜明性上不及李贽等人，但也都提出了类似理想的社会蓝图。社会是人的社会，是人的社会关系的体系。这种社会关系反映在道德上便是人的道德关系。就伦理学而言，以“人的依赖性”为基础的封建道德关系，核心乃是宗法等级服从，它集中表现为“三纲五常”一整套等级伦理规范。“冷风血雨，洗涤乾坤。”（黄宗羲：《明儒学案・东林学案序》）。明清时期的早期启蒙思想家们在反封建君主专制的斗争中，不仅冲击了传统的三纲五常封建道德，揭露了它的蒙昧性质。而且也从不同角度提出了初步具有近代色彩的平等、自由、博爱、公正等道德要求，表现出对某种新的道德关系的探求。顾炎武提出“天下兴亡，匹夫有责”，这种责任意识就是建立在他对与封建特权不同的人的权利的理解的基础之上的。唐甄说：“人之生也。无不同也”“天地之道故平，平则万物各得其所”（唐甄：《潜书・大命》），力图从自然界的天然平等来论证人的天然平等。因而喊出了“五伦百姓，非恕不行”的口号，要求把“恕（平等）”贯彻到君臣、父子、夫妇等人伦关系的各个方面。戴震则要求建立一个“以情挚情”“情得其平”的公正的理想社会，认为只有这个社会才能“通天下人之情，遂天下人之欲”。至于王夫之不仅提出了“平天下者，均天下而已”的主张，而且强调“一姓之兴亡，私也；而生民之生死，公也”（王夫之《读通鉴论》卷二十七），要求用“大公”的原则来重新调整传统的封建道德关系。

一种新的社会理想总是同新的人格理想紧密相连的。如果说离开了人就无所谓社会，那么对新的人格理想的追求总是能够从伦理道德上折射出对某种新的社会的憧憬。从中国早期启蒙思想家对理想人格的追求和描述上就不难看出，它们的背后都或隐或现地站着一个新兴市民的身影。例如，在黄宗羲“豪杰之士”的理想人格身上，不仅充满了反对盲从、尊崇理性、反对奴性、强调个性解放的精神，而且具有不同流俗的叛逆性格，他的这种精神如果不能得到寄寓表现，那就会如同“龙挛虎跛，壮士囚缚”，爆发出激烈的挣扎、反抗。使“天地为之动色”（黄宗羲：《南雷文定・薪熊诗序》）。颜元追求的理想人格则是“以我易天下，不以天下易我”“举国非之而不摇，天下非之而不摇”（《朱子语类》）的“有德、有行、有艺”的“弘毅之士”。王夫之则要求做人就要能够“以身任天下”，对天下人的疾苦有感同身受。努力“自强不息”“趋时更新”、去为“建一代之规模”而奋斗。明清之际的思想家对理想人格的追求，不仅充满了新的时代的信息，而且具有多样性、开拓性，已经不是传统单一的封建人格模式所能羁络得了的了。

至于中国早期启蒙思想家们在论述自己的社会理想时。不少人都打着“三代之治”“三代之法”的旗号的问题，这本来是一个不难理解的问题。西方文艺复兴时期的思想家们不也是以复兴古希腊罗马文化为旗帜，提出回到理想的古希腊罗马时代去吗？梁启超在《中国近三百年学术史》中就指出，明清之际的思想家们也是“以复古为解放”的事实。因此，问题不在于以什么作为理想模式，而在于在这种古色古香的外衣背后是否隐藏着某种具有近代意义的课题。关于这一点，前辈学者孙叔平对黄宗羲在这个问题上的思想实质，做了十分精当的分析。我们认为，一般地说，它同样适用于这个时代的其他早期启蒙思想家。孙先生在对黄宗羲的“三代之法”作了具体考察后，写道：

“黄宗羲要倒退到领主制么？不能这样看。他并不知道‘三代之法’到底是什么，他看出了要解决耕者有其田、地方自治、寓兵于农这些根本性的问题。在他的时代，资本主义刚刚萌芽，远思深览，向前看，有个模糊的远景，但看不清楚。所以他只能在‘复三代之旧’的形式下要求某种新的治法。这和孔孟的歌颂三代并不是一回事……黄宗羲歌颂三代，是在封建君主制度已经腐朽的时代，在复旧的形式下憧憬新制度……说他的《明夷待访录》是不太成熟的《民约论》，应该不算过誉。”（孙叔平：《中国哲学史稿》下）

总之，“自我更新”论是站不住脚的。它否认中国早期启蒙思想存在的“论据”，既违背历史事实，也经不起理论的分析。如果不停留在现象的层面。而是透过现象看本质，那么应该肯定明清时期的社会思潮乃是中国早期启蒙思潮，这才是对它的真实的社会本质的科学规定。

三

在肯定明清时期社会思潮是中国早期启蒙思潮的历史性质的同时还应该看到这一思潮本身情况也是十分复杂的。从客观上看，虽然明中叶以后，中国社会急剧变化。封建制度逐渐没落、瓦解，资本主义生产关系开始萌芽，新兴市民阶层正在形成，特别是清贵族入主中原，民族矛盾和阶级矛盾错综交织，整个社会急剧动荡，“天崩地解”。但是，这时的资本主义萌芽毕竟还十分微弱，封建势力还十分强大。占着社会的统治地位，社会矛盾运动的前进轨迹还为尖锐复杂的民族矛盾所干扰，处于扑朔迷离的状况。从主观上看。这一时期的进步思想家各自的社会地位、生活环境和个人经历等等都各不相同，故每个人的自觉程度、学术倾向也存在着很大的差异。这就使他们一方面共同地震惊于社会的危机和政治的变局。对封建制度的没落特别是先进汉民族的自取败辱引以为沉痛教训，利用他们的文化修养，对他们认为导致社会腐化、民族衰败、学风堕落的封建专制主义及其在伦理道德上的表现——封建蒙昧主义和禁欲主义，进行检讨和批判。并把批判的矛头毫无例外地指向封建正宗思想统治思想界达几百年之久的宋明道学；另一方面，他们批判的侧重面又各不相同，学术倾向也存在着差异，因而也在他们内部产生了分歧和矛盾，正是通过这些矛盾的合力。透过特定关系的思想三棱镜，十分曲折但又十分合理地反映出当时社会前进运动的客观要求。因此，明清时期的中国早期启蒙思想本身作为一个统一思潮，也存在着差异性。它大致可以划分为两条相互联系又互有区别的线索：一条是以李贽为先驱的，以传统儒学“异端”面目出现的发展线索；一条是以传统儒学“正宗”面目出现的发展线索，王夫之就是这一线索的典型代表。

的确，以传统儒学“正宗”面目出现的思想家中。有的就是打着反对“王学末流”，维护孔孟儒学“正宗”的旗号出现的。王夫之对李贽的某些思想就进行过尖锐的批判。本来，这是中外思想史上屡见不鲜的现象。18 世纪法国启蒙思想内部就有过不同思想的分歧和斗争。例如，伏尔泰就曾经指责卢梭的《论人类不平等的起源》是“反人类的新书”，并讽刺卢梭关于人类初始处于“自然状况”的思想，是要使人类重新回到用四只脚走路的时代。两者表面上势同冰炭。但这不影响伏尔泰、卢梭本质上同是法国启蒙思想的代表的性质。可是前述持“自我更新”论的学者，却抓住王夫之对李贽的批判这一非本质的枝节，断言明清之际的进步思想家“只反王学末流”，以试图否认中国存在早期启蒙思想的历史事实。因此，对于王夫之批判李贽的问题，有必要作出具体分析，透过现象看本质。

中国早期启蒙伦理思想之所以显示出两条不同的发展线索，也是有其深刻的社会根源和不同的理论倾向的。一般说来。以李贽为先驱的发展线索，更多地反映了正在形成中的市民阶层的利益。在理论上具有更多的感性主义色彩。他们“非名教之所能羁络”。“赤手搏龙蛇”，有点类似黑格尔讲的欧洲文艺复兴时期那些“爆发性的人物”[①]。他们的思想具有更多的近代因素，对传统的态度其主要倾向是破坏，即所谓“掀翻一个世界”。而以儒家“正宗”面目出现的发展线索则具有更多的理性主义色彩，王夫之的理论反映了地主阶级改革派的思想，有着浓厚的传统因素，其主要倾向是重建。王夫之对李贽的批判，表面上好像是“正宗”与“异端”的冲突，实质则是对待传统文化采取不同态度的分歧，反映了早期启蒙思想内部中小地主阶级改革派与正在形成中的市民阶层之间的矛盾，它从一个侧面反映了早期启蒙思

① 黑格尔:《哲学史讲演录》第 3 卷，第 343 页。

想的两难与曲折的坎坷历程。

必须承认，李贽对封建伦理道德的批判十分强烈并且切中要害，但由于他具有更多的非理性因素，因而或多或少带有一些非道德的倾向。首先，他强调人性自私，公开为个人私利辩护，反映了商品经济的要求，是对道学家的性二元论的否定。但是，人性自私与人性本善或本恶同样属于抽象的人性论。并且，如果过于强调自私的合理性，使之脱离道德的规范与约束，并不能使个人正当的利益获得合理的满足，可能会带来一系列的社会危害。人作为社会存在物，他必须对他人和群体负有道德上的责任与义务。不能单纯以个人私利作为行为的准则和评价的标准。其次，李贽提出“穿衣吃饭即是人伦物理”的命题，把被道学家们绝对化了的天理，从超验的天国下降到现实的人间，否定了“存天理，灭人欲”的封建禁欲主义，可是他又夸大了“穿衣吃饭”等物质生活的道德意义，甚至不恰当地把二者等同起来，认为农人言获。商贾言利便是“凿凿有味”的“有德之言”，这就走上了另一个极端。诚然，道德不能离开人类现实的物质生活，在此意义上可以说“除却穿衣吃饭，更无人伦物理”，然而。道德并非对现实生活的简单描述，更不等于就是感性现实生活本身。道德是对人类社会物质生活的理性概括和升华。它所强调的不是生活的“现存”事实。而是建立在现实生活之上。蕴涵于现实生活之中的“应然”准则，因而，道德又确实具有超越现实生活的性质。否定这一点，实际上便否定了道德不同于现实物质生活的特殊价值和存在的意义，容易导致非道德主义，以单纯的对物质欲望的追求取代人类道德生活的精神需要。再次，他反对以孔子的是非为是非，否定传统纲常名教的绝对性、权威性，具有反对封建蒙昧主义、促进思想自由和个性解放的意义。但是，他以感性为武器反对封建道德理性。以“童心”为自己行为的标准，而“童心”虽是人人皆具有的绝对纯真的初始之心，却由于其本性自私，便带有浓厚的个体孤立性的特征。如是，人人都以各自不同的“童心”为标准，道德评价便失去了共同的标准而具有不确定性。

必须承认，道德评价的标准具有相对性，不存在什么永恒不变的绝对“天理”。“昨日是而今日非，今日非而后日又是”的情况是客观事实，不过这并不能作为道德标准缺乏确定性的证据。相反，它只能说明任何道德标准都是发展变化的，在变化过程中有不变因素的存在，确定性存在于不确定性之中。虽然“是非无定质”的观点给了李贽敢于反对封建纲常名教，“颠倒千万世之是非”的勇气，但又使得他从是非相对性走向取消是非。“而复非是予之所非是焉。”（《藏书·世纪列传总目前论》）这种道德相对主义实质上取消了道德的标准，使道德的是非善恶完全取决于个人的好恶。

李贽伦理思想的上述缺陷典型地反映了以“异端”面目出现的思想家在理论上的不足，他们在反对传统伦理道德时矫枉过正。它的片面性在于过分地强调突破封建伦理道德的束缚追求个人欲望，而忽视甚至否定道德对人的欲望制约、调节的必要性。王夫之对李贽的批判，恰恰是针对这一点。他同样也反对禁欲主义，但他不同意把理与欲、道德与物质生活等同起来，而坚持道德对人类社会物质生活的调节与指导，认为具有道德规范的生活乃是人类物质生活的根本特征，否则便是“流俗”“禽兽”。据此，他指出自从泰州学派提倡“独知”“安身”，道即在“百姓日用中”之后，“李贽益其邪陷，奖谯周、冯道，而诋毁方正之士”（《搔首问》），以“穿衣吃饭”为人伦物理，不讲道德的规范。“人心以蛊，风俗以淫，彝伦以斁，廉耻以堕”，造成社会的道德败坏。在他看来，人的情欲应当满足，但必须是合乎道德准则的满足。如果放纵人的情欲，甚至以之为衡量行为的唯一价值标准，如所谓“因时顺民如李贽者”，则“酷矣哉”（《思问录内篇》）。在对待传统伦理文化问题上，李贽为代表的“异端”侧重于破坏，力图从根本上“掀翻一个世界”。不加分析地推倒传统伦理文化。这种理论不能不引起以“正宗”自居的王夫之的反对。在此，我们认为，不能简单地把王夫之对李贽的批判说成是封建卫道士对进步思想家的反扑，而应当认真分析一下王夫之批判李贽的什么观点，他自己又坚持什么观点。其实，如上所述，王夫之对李贽的批判主要是对李贽放纵情欲、否定道德价值的观点的批判，尽管言辞过于激烈，却并非“卫”封建之道。他们的矛盾，反映了早期启蒙学者对待传统的不同态度，当然也包含着不同阶级或阶层的利益冲突。李贽对传统矫枉过正，而王夫之则重在正其误，主张“入其垒，袭其辎，暴其疵而见其瑕”，力图弘扬传统的优秀因素。而对蒙昧主义、禁欲主义的态度，王夫之同李贽则是基本一致的。因此，从整个时代思潮来看，二者却是相互补充的，并非势不两立。所以，他们的思想倾向最后在戴震的“血气心知”的人性论、“归于必然，适完其自然”等学说中初步地实现了统一。

在对待传统伦理文化问题上，王夫之的伦理思想则侧重于建设。所谓“建设”，非谓简单沿袭、因循，而是改造、重铸。它依据于传统的基础和思想材料。从时代精神出发，力图做新的构建。一方面，王夫之深痛于明朝的覆亡，在“原其所剧”中认真总结历史的经验教训，认识到传统伦理文化中的禁欲主义和蒙昧主义限制了人的发展，是导致明亡的重要思想原因之一，并在历史发展和时代思潮的影响之下，对传统伦理文化作了深刻的批判和改造；另一方面，他又对祖国优秀文化传统充满深厚的爱，在反抗民族压迫的斗争中力图寻找民族复兴的道路，因而他又强调要弘扬民族传统尤其是优秀的伦理道德传统，这两方面因素的作用，使王夫之看到了传统伦理文化的弊端、没落与危机，认识到它已经不适应时代发展的需要，必须把它改造建设成为合于历史趋势和时代精神的新文化。所以，他强调“六经责我开生面”“新故相推而新其故”，透视传统文化，力图推陈出新。这是王夫之的基本出发点，也是他反对李贽的深层的思想根源。

王夫之伦理思想确实开创了具有时代生气的某种新的面貌，但它又确实到处以“六经”为依托。“新”是其“故”之新。他的理论体系，是通过阐述、发挥《诗经》《尚书》《周易》《春秋》及四书等儒家经典的精义和新义而建立起来的。他所探讨的理论问题向为传统伦理所关注。他提出的命题，是对古代伦理优秀传统的继承与发展。他所使用的重要范畴，也为传统伦理所固有。然而，所有这些，又并非对传统简单的继承，而是给予了批判改造。

总而言之，王夫之的伦理思想是以时代精神对传统伦理思想进行批判、反思、总结、发展的产物。从理论形式上看，它没有背离传统，而思想内涵则有了一定的超越，它是对古代伦理优秀传统的继承，但绝不是传统伦理优秀因素的简单集合。这些优秀因素在王夫之的理论重建中，产生了前所未有的整体效应，从而在传统的形式中表现了不同于传统的新的内容。另外，传统伦理文化的优秀因素在王夫之理论体系中不是机械排列，而是有机结合，王夫之作了许多新的阐释、论证、剪辑、融合乃至拾遗补缺的工作，尽量发挥了它们的理论价值。再次，王夫之在继承传统伦理文化的优秀成分时没有简单照搬，而是以其深邃的思想进行改造，根据他所把握的时代精神赋予了它们新的内涵。在这些工作中，王夫之的伦理思想提出了许多源于传统，又为旧传统所没有的思想。经过王夫之的努力，古代伦理文化的优秀传统获得某种新的生命力，得到了弘扬和发展。

然而，由于阶级和历史的局限，加上对传统文化的执着信仰和追求，使得王夫之伦理思想不可能背离传统，相反，却背着十分沉重的传统的包袱，呈现出“死的拖住活的”的状况，存在着许多的错误与不足。这一点，也没有必要替王夫之隐讳。作为地主阶级改革派的思想家，王夫之不可能从根本上否定传统的伦理道德，因而在批判总结中表现出对封建传统的极大妥协性。第一，由于他仍站在传统的立场上理解封建伦理道德的精神实质，这不仅使他在具体的道德观念上超不出三纲五常等封建道德原则和规范的束缚，而且对封建社会的叛逆和传统伦理的“异端”表现出极大的蔑视，对劳动民众的道德品质抱有很深的偏见，把他们为了满足基本生存需要而勤奋劳动说成是“孳孳为利”，斥之为“流俗”“禽兽”。第二，他一方面说“无其器则无其道”，认为道德是人类社会生活发展的产物；另一方面又承认天赋道德观念，并力图从气本论的角度论证由于禀气不同而造成不同的个人或民族间道德上的差异。第三，他反对道学把人性分裂为义理之性和气质之性两个对立的方面，坚持气质之性即是人的本性。但他讲的气质之性并非人的自然属性，不是自然人性论，而是讲气质中的义理。因此，他区分出“气质中之性”和“性在气质中”，认为程朱的人性论以性在气质中，把性看作义理对气质的外在规定，而“气质中之性”即云义理便是气质的本然之性，为气质所固有。他以道德为人的本性，必然承袭传统性善论，从而肯定人性先验的具有善的价值，处于人性先天命定、后天形成的矛盾之中。因此，尽管他说：“性日生日成”“未成可成，已成可革”，这种富于智慧的深刻理论也终究被窒息于非科学的体系之中。第四，在理欲、义利关系问题上，王夫之有许多光辉的思想。然而，他仍然强调“遏欲存理”，以义利为善与恶、道德与不道德的界限，表现出以理性压倒感性的倾向，没有完全跳出道学伦理思想的传统窠臼。此外，他的民族爱国主义值得肯定。但其中所包含的大汉族主义的民族偏见与狭隘，也同样是不可置疑的，等等，不了解这些，我们也无法全面、正确地认识和评价王夫之及其伦理思想。

正因为如此，所以王夫之在与李贽的分歧问题上，是互相短长的。如果说，李贽的思想确实存在着极大的片面性，他看不到传统伦理文化中某些合理的成分和有价值的思想，为了“掀翻一个世界”而把小孩与脏水一起倒掉，特别是他的“是非无定质”的道德相对主义更表现出对传统伦理文化的某种虚无主义的倾向，那么，王夫之对李贽的批判同样也有片面性，他看不到李贽伦理思想所包含的新的社会内涵和它所具有的反封建专制主义，冲破道德神秘主义和宿命论的思想解放的意义。因此，他的批判虽有其合理的深刻的方面，但由于其过分执著于传统，他的激烈的言辞和片面的态度，使他自觉不自觉地表现出某种传统保守主义的倾向。他的伦理思想和整个思想体系中常常出现的“新的突破旧的”而又“死的拖住活的”的难产状况，都无不与这种倾向有关。这就是为什么到了近代，仍然有一些封建学者视王夫之为“同调”，甚至连曾国藩、曾国荃兄弟还热衷于刊刻《船山遗书》的重要原因之一。王夫之的伦理思想及其整个思想体系的深刻矛盾，不是他重视传统思想文化造成的，而是他不能一以贯之地对传统思想文化采取批判继承的原则造成的。而造成王夫之的这种不彻底性，自有其深刻的历史和阶级的根源。正如前辈学者侯外庐所指出的，王夫之等人的矛盾的思想体系，对封建传统思想文化批判的不彻底性，“正反映着资本主义萌芽阶段的矛盾”，说明了新生的东西在旧社会母胎中还很微弱，如同当时中国社会正处在新旧纠葛的矛盾困惑中，“17 世纪中国学者们的思想，在中世纪长期的冬眠中，既有适应历史发展的进步的因素，又有传统的思想所束缚的因素”，而其中的进步因素虽然还不够强大，却已折射出预示近代社会即将来临的曙光，具有早期启蒙的性质。

综上所述，肯定中国早期启蒙伦理思想的复杂性，看到这一思潮内部存在着分歧和矛盾，是必要的和重要的。但绝不能因此而否定这一思潮在总体倾向上的一致性和它的早期启蒙主义的历史性质。王夫之等人提出“反王学末流”的口号，自有其复杂的社会背景。但绝不是两种性质完全不同的思想体系的对立和斗争。它在很大程度上是对传统文化的不同取舍和态度的分歧与斗争，对于这种分歧与斗争的是非，可以作出不同的分析。但以此为证据来证明明清之际的社会思潮“只反王学末流”，因而否认其早期启蒙性质，而从根本上否认包括伦理思想在内的中国早期启蒙思想的存在，显然是站不住脚的，也是非科学的。

（原载于《湘潭大学学报》1994 年第 4 期）

王夫之的道德论述评

一

在道德伦常的起源问题上，王夫之提出“无其器则无其道”的命题，从人类社会发展历史的角度进行了论述。他把人类社会历史了解为一个不断进化的过程，认为道德伦常是人类进化到一定阶段上的产物。在《思问录》《读通鉴论》等著作中，他指出人类的祖先并非神，而是“植立之兽而已”。人类从野兽进化而来，以后经过茹毛饮血、人兽不分的野蛮时代，才初步进化到明伦、礼定、法正的文明时代。人类进入文明时代以后，又经历了一个文之不备到文之完备的进化过程，社会的道德伦常就是在这个过程中从无到有，从不完备到完备逐步发展起来的。所调君臣、父子、夫妇、兄弟、朋友等人伦关系和道德准则，绝不像道学家所讲的那样，是未有天地之前就永恒存在了的“天下之定理”。他说：“燧农以前，我不敢知也，君无适主，妇无适匹，父子兄弟朋友不必相信而亲，意者其仅颖光之察乎?”（《诗广传·周颂》）在王夫之看来，唐虞以前是无所谓伦常道德可言的，那时“狉狉獉獉，人之异于禽兽无几也”就是道学家美化的唐虞三代，实际上也无异于明清时期少数民族的土司统治，并不是什么“天理流行’的理想道德状况。“世益降，物益备”，随着物质生活的不断进化，人类从野蛮进入了文明，道德才逐步形成和发展起来。

在考察历史的进化、道德的产生和发展时，王夫之仍然把这一切归功于圣人，并没有超出历史唯心论的范畴。但是他却用人类使用火、学会耕种等来说明人类文明之光如何一点一点地扩大，如何逐步脱离野蛮状况，使“不粒不火之禽心”得到克服，而使社会伦常关系和道德准则随之而建立起来，朴素地认识到了“人之异于禽兽者”在于劳动生产，道德的产生是同“民乐利之”分不开的。他还指出，如果客观条件不具备，时机不成熟，即使圣人也不能对那些落后地区施行仁义礼乐教化。“君臣父子之伦，诗书礼乐之化，圣人岂不欲普天率土而沐浴之乎？时之未至，不能先焉。”（《读通鉴论》卷三）这里，他实质上作了这样的分析，道德关系，礼乐教化同社会其他制度一样，其产生和发展是有其客观必然性的，这种客观必然性是同人类物质生活状况紧密相连的。王夫之这种思想，对批判宋明道学家的封建蒙昧主义、复古主义有着重要的意义。

王夫之的伦理学思想，实际上包含着这样一种朴素的认识，就是道德准则和人伦关系作为历史进化的一定阶段的必然产物，是与民众的要求、社会的心理所形成的客观“趋势”不可分割的。道德准则和人伦关系虽然是由少数杰出人物（圣人）的主观认识制定的，但有其客观的必然性，是客观需要同主观认识相统一的产物。所以他说：“故圣人所用之天，民之天也；不专于己之天，以统同也。”（《尚书引义·皋陶谟》）

王夫之讲的“人心大同”的实质内容，就是“人欲”，即基于生理心理的人类共同的物质生活要求。他说：“饮食男女之欲，人之大共也。”（《诗广传》卷二）王夫之认为，社会只有“衣食足”，才能“天下治”；也只有天下治才“可以为文”（《诗广传》卷五）；而道德不能离开人类的物质生活欲求，“善恶赖籍于生计”。他说：“民安土无求，守先畴而生其忠爱，然后农焉士秀风俗美。”（《礼记章句》卷五）“督子以孝，不如其安子；督弟以友，不相其裕弟；督妇以顺，不如其绥妇。“（《诗广传》卷一）这就是说，只有人们有了饭吃，能安居乐业，才能讲道德，形成良好的道德风尚；只有从安、裕、绥入手，使子、弟、妇的生活要求得到满足，才能激发他们的“自爱之心”，使他们力行孝、友、顺等道德规范。所以王夫之强调：“若无私欲，即无圣学”，有私欲，“斯出圣学”，圣人就是根据这种“人之大共”的欲求，才制订人伦道德规范的，如果“厌弃物则”，就必然“废人之大伦”，正是基于这种认识，王夫之说：“养其生理自然之文，而礼饰之以成乎用者，礼也。”（《俟解》）这里讲的“礼”，即道德原则和规范。王夫之不仅把人类共同的物质生活欲求看作道德原则和规范的基础，而且还认为道德原则和规范是以人类共同的物质生活欲求为实在内容。这不能不说是对道德本质的极有价值的探讨。

王夫之坚决地批判了那种“绝欲以为理”的谬论，鲜明地提出了“天理寓于人欲之中”的观点，进一步论述了人们的物质生活欲求是道德原则赖以建立的基础，道德原则是以人们的物质欲求为实在内容的思想。

王夫之指出，必须承认人欲的普遍性、合理性，把人欲置于应有的客观地位，人欲在人们的生活实践中具有积极的作用，它可以促使人们积极参与社会活动，带来社会的进化和财富的不断增殖。他认为只有对“人之所同然”的人欲给予合理的、适当的满足，才能“立人道之常”。他写道：“入五色而用其明，入五声而用其聪，入五味而观其所养，乃可以周旋进退，与万物交，而尽性以立人道之常。”（《尚书引义·顾命》）

王夫之认为，所谓“天理”并不是与人欲相对立的，恰恰相反，“有欲斯有理”“理欲皆自然”，如果人们能推己之欲以给人之欲，那就合乎“天理”了。他说：“王道本乎人情，人情者，君子与小人同有之情也……私欲少中，天理所寓。”（《四书训义》卷二十六）

“人欲之大公，即天理之至正矣。”（《四书训义》卷二）

“人欲之各得，即天理之大同；天理之大同，无人欲之或异”。（《读四书大全说》卷四）天理“必寓于人欲以见”（《读四书大全说》卷八）。

“薄于欲者亦薄于理”，只有充分发展“天地之产”，合理分配，使人们的物质生活“协以其安”“饮食男女之欲”得到满足，才是合“理”的。

王夫之还考察了人们道德形成的心理过程。在他看来“人欲”是道德产生的前提。人们由于自己的生理机能而产生饥而欲食，渴而欲饮，寒而欲衣的欲望，由这种心理欲求而发动人的行为，但社会中的人是分成不同的群体的。“万有不齐之民”之间，好恶利害必然有差别，并形成对立。“利于甲者病于乙”“上狠下怨，成乎交逆”，这就需要“秩其分”“协以其安”，进行调节，使大家的欲望（公欲）得到满足，于是便产生了道德准则。这就是王夫之说的“欲生理”的过程。这种“理”（或天理）不是别的，就是公欲，所以王夫之说：“公欲即公理”。

由此出发，王夫之又提出了“以理导欲”“以义制利”的主张，进而论述了道德的社会作用。

王夫之指出，“义即理，利即欲”，义利关系和理欲关系是一个问题。他认为绝不能一般地斥利，但必须区别“公利”和“私利”。对个人而言，这两种不同的“利”会造成两种不同的结果。他举大禹治水为例说：“忘身求利以勤天下，斯以圣矣。使为家计者而然也，则南亩之鄙夫矣。”（《诗广传》卷二）对于社会而言，如果各人“孳孳为利”就必然会“利在则仇亲，利去则亲仇”，致使“世愈降，道愈偷，生其间者愈蹙矣”。因此王夫之认为，“义利之分”是同“利害之别”紧密联系的，必须以义制利。如果违背道德要求，只追求个人私利，到头来就必然遭害。从理欲关系来说，这就是“欲生理’，理不能离开欲，而又必须“理节欲”，以道德准则来限制人们的“穷奢极欲”。所以王夫之说：“无理则欲滥，无欲则理废”（《诗广传》卷二），若“顺其道”，理欲两者“不相悖害，合两而互为体”。可见，王夫之在肯定以理节欲的必要性，论述道德的社会作用的时候，始终是同宋明道学的“天理人欲不能并立”的观点相对立的。

正是在这种意义上，王夫之提出了“礼乐为本，衣食为末”的主张。他不同意李贽的“穿衣吃饭，即是人伦物理”的观点，提醒“有志者勿惑焉”（《思问录》）。对于管仲讲的“衣食足而知荣辱，仓廪实而知礼节”，他也认为这是一种“执末以求其本”的观点。他指出，物质生活能资助道德而使其发挥作用，但并不是要等到物质生活好了之后才能实行道德，如果非要物质生活好了才能实行道德，那么，实际上就没有道德了。因为如果离开道德的制约，人们就会不择手段地追逐私利，以致廉耻丧尽。天下本来是天下人之天下，“非一姓之私”，如果把天下看作是一个人的私有物，对这样的人来说，那就更加没有满足的时候了。因此必须“通四海以为计，一公私以为藏，彻彼此以为会”，打破一己之利的界限，从整个社会考虑。所以王夫之说：“先王以裕民之衣食，必以廉耻之心裕之；以调国之财用，必以礼乐之情调之。”（《诗广传》卷三）这就是王夫之的“礼乐为本，衣食为末”主张的含义。

王夫之的道德论是在批判宋明道学家的复古主义历史观和禁欲主义理欲观的斗争中阐发的。他从探索历史发展客观规律的高度，揭示了道德是社会发展一定阶段的必然产物；人们的物质生活欲求是道德产生的基础，是构成道德的实在内容，因而把道学家神秘化了的“天理”还原为人类的物质生活欲求。在这个前提下，他又主张人们的物质生活欲求还必须用道德原则、道德规范来调节、指导，肯定道德对社会生活的重大作用。应该说，他的这些思想朴素地接触到道德同社会物质生活的辩证关系，不仅是比较全面，比较接近社会生活事实，而且在理论深度上也大大地超出了他的前辈，达到了他那个时代能够达到的水平。他把“人欲”提高到“天理”的高度，把“圣学”与“私欲”相提并论，肯定“各得其欲”，就是“天理”；“若无私欲，即无圣学”，这对否定宋明道学的“存天理，灭人欲”的封建禁欲主义的道德说教，是有战斗意义的。在一定程度上，反映了“大贾富民”摆脱封建束缚的愿望，闪耀着理性主义的光辉。尽管王夫之是一个地主阶级思想家，但他并不是宋明道学的完成者，而是“别故而致其新”的宋明道学的批判者。

二

王夫之的“民之天”，具体到道德原则上，就是“天下之大公”。在他看来，既然“人欲之大公，即天理之至正”，那么就必须把这个“大公’的原则作为最高的尺度，来辨别是非，评价善恶，确定取舍。由此，他非常强调“公私之辨”，对义进行了层次性的分析。王夫之根据公私轻重，把“义”分为：“一人之正义”“一时之大义”“古今之通义”三个层次，阐述了它们之间的相互联系又相互区别的关系。在他看来，这三个层次都必须以“天下之大公”这一最高的尺度作为自身合理性的依据。王夫之对“义”的这种层次性的分析，揭示了道德原则的绝对性和相对性，道德评价的客观性和复杂性的关系，肯定了道德判断必须具体分析，这就不仅在理论上充满了辩证法的光辉，大大地丰富了中国古代伦理思想史上关于道德评价的学说，而且在现实的道德关系上，也推动着他对封建传统的等级伦常秩序，采取了比较现实的态度，表达了某些“趋时更新”的思想。

作为一个地主阶级思想家，王夫之自然把封建的所谓“君臣之伦，礼乐之化”视作“常道”和“大经”，怀抱着浓厚的“尊君”的思想。但是，这些思想在他的整个伦理思想体系中，却又实际地丧失了以往时代的至高无上的地位，被降到了“义”的第二层次，甚至第三层次，而“天下之大公”则取而代之，占住了最高层次的地位，这样，在王夫之的“公私之辨”中，“君臣之义”便失去了绝对的性质，变成了相对的东西。王夫之虽然强调“事君而为君死，食焉不避其难，义之正也”，但这正是“一人之正义”，只有当其与“古今之通义”有所合时，才会出现“其道不可得而歧”的局面，否则，就必须坚持

“一人之义，不可废天下公”“不可以一时废千古，不可以一人废天下”的原则。

王夫之认为：天下是天下人的天下，必须把君主一家一姓的利益同全社会民众的利益区别开来。凡是关系民众生死的大事都是公，而君主个人的权力和一姓的兴亡则是私，应当以公为重，不允许以私害公。他说：“一姓之兴亡，私也；而生民之生死，公也。”（《读通鉴论》卷十七）“不以一人疑天下，不以天下私一人。”（《黄书·宰制》）

王夫之大声疾呼：“救天地之祸，非大反孤秦、陋宋之为不得延”（《黄书·宰制》）。他指出秦始皇废分封，行郡县，固然是一个进步，但他把天下视为个人的私产，只想长久由一姓来统治，这种“以天下私一人”的做法，必然造成“以一人疑天下”，自己孤立自己的局面。自秦开创君主独裁统治到宋代达到了极点，宋太祖假杯酒削藩，自领禁军，任用一批官僚进行统治，使自己“孤立于强虏之侧”，其结果是“使中原趋靡，形势解散，一折而入女真，再折而入鞑靼，”（《黄书·古仪》）“孤秦”“陋宋”之所以必须大反，就在于他们以私害公，不顾生民之生死。王夫之说：“秦之所以获罪于万世者，私己而已矣。斥秦之私而欲私其子孙以长存，又岂天下之大公哉！”（《读通鉴论》卷一）

王夫之还严厉地批判了道学家宣扬的所谓“天下无不是底君”之类的论调。他指出：所谓“天下无不是底君”“臣罪当诛，天王圣明”之类的论调，是自欺欺人的蒙昧主义。君臣是“一体”的，君臣的关系，不是私的关系，而是公的关系，君臣都应对天下负责，臣下对于君主“乱命”“非尤”不当盲目服从，而应该服从“大公”的原则，为了维护这个原则，即使“亢王侯”，也是无可非议的。

封建的“正统论”是“君为臣纲”的必然派生物，也是封建君主专制的精神支柱。对于这种理论王夫之也进行了尖锐的批判。他指出：“正统之论，始于五德”（《读通鉴论》卷十六）完全是一种神秘主义论调，是三国时期曹氏父子，司马氏父子为了掩盖自己的“篡夺之迹”而捏造出来的“诐辞”。历史事实说明：各个朝代之间，只有治乱离合的更迭，根本不存在什么一以贯之的“统系”，更没有什么“正统”可言。所以王夫之说：“有离、有绝，固无论也，而又何正与不正邪?”（《读通鉴论》叙论一）他强调考察一个王朝的是非顺逆，不能根据它是属于哪一姓的君主，而应该“循天下之公”从看它是于否有利天下的生民，“正不正，存乎人而已矣”“以德之顺逆定天命之去留”（《读通鉴论》叙论一）。如果离开了“循天下之公”去为某一姓君效愚忠，守死节，那不仅是毫无意义的，也是十分愚蠢的。王夫之还批判了那种“为天子防其篡夺，天下胥以为当然”的腐朽的传统观点。他认为君主的宝座是“可禅、可继、可革”的，只要符合“大公”原则，就是臣篡君位也未尝不可。他甚至认为，如果岳飞为了灭金而篡宋，那并不是什么了不起的大事。

此外，王夫之从“天下之大公”的原则出发，对于父子、兄弟、夫妇等人伦关系也进行了具体的分析。例如，他批判了道学家宣扬的“天下无不是底父母”（《尚书引义》）的命题。在《诗广传》和《俟解》等著作中，还多次地论述了父子、兄弟、夫妇之间的道德关系的相对，等等。

总之，王夫之虽然没有从根本上否定“三纲五常”封建道德原则和规范，与他同时代的某些思想家相比，他没有像黄宗羲那样视君主为“天下之大害”，像稍后的唐甄那样以君主为“盗贼”，但是他的“循天下之公”的道德评价标准，对“义”的层次性的分析，使他毕竟看到了封建道德原则和规范不是不可动摇的。这是同道学家把封建纲常说成是“铁定不移”的教条相径庭的，它有助于驱散道学家在名教上所布下的蒙昧主义的迷雾。

王夫之置于封建纲常之上的“天下之大公”的道德评价标准，同时也是民族利益的代名词。他生活在当时那种“大运倾覆”“地裂天倾”，民族矛盾十分尖锐的历史条件下，他的整个理论研究，包括他对道德问题的探讨，都是“期来者悠悠”之望，为探索一条民族复兴的道路服务的。因此，在他看来，民族利益不能不高于一切。他说：“不以一时之君臣，废古今夷夏之通义。”“夷夏者，义之尤严者也。”（《读通鉴论》卷十四）可见，王夫之讲的“天下之大公”或“古今之通义”，实际上也被具体化为他反复强调的“夷夏之辨”。他认为这是“天下之大防”，高于“君臣之义”，民族的独立和主权高于一切，是他评价一切历史事件和人物的最高原则。

三

王夫之的道德论，是他整个博大精深思想体系的一个重要组成部分，这个思想体系以抨击陆王，改造程朱、批判佛道为重要特征，充满了对历史传统的深刻的反思的精神。尽管它没有脱却“天人关系”的旧框架，大量存在着“死的拖住活的”的现象，但却反映了当时的时代精神，王夫之的道德论也是如此。

王夫之生活在我国封建社会末期，当时阶级矛盾民族矛盾错综交织，整个社会出现了一个“天崩地解”的局面。明代中叶以来在我国东南沿海出现的资本主义萌芽，逐渐向内地扩展。但这些幼芽遭到了明王朝的摧残，因而引起了市民的不断“民变”。这种反封建斗争与当时那种“一呼而天下鼎沸”的农民起义相互呼应，有力地冲击着腐朽的明王朝的封建专制主义统治，这对于“喜从人间问四方事”的王夫之的思想的形成和发展不能不产生深刻影响。特别应看到的是，王夫之是一个坚贞的民族爱国主义者，明王朝的覆亡，清兵入关，清朝贵族一系列民族压迫政策的施行，更使王夫之深以明亡为沉痛教训，“哀其所败，原其所据”，力图为了民族的复兴“别故而致其新”。正是在这种特定的历史条件下，虽然当时新的阶级意识尚未形成，但却使作为地主阶级改革派的王夫之，能够成为在政治思想和文化思想某些方面反映历史进步要求的新思潮的承担者。

"六经责我开生面"。确实，就是在王夫之的道德论中，我们也看到这种历史的轨迹。他对道德根源和本质的探讨，就表现了一种"通古今而贯之"的精神。他肯定人类的祖先最初是"茹飞饮"的"植立之兽"，认为人类文明发展前曾经存在过一个很久的"君无适主，妇无适匹"的野蛮阶段，道德是社会发展到一定阶段的产物，并且是同社会发展中的"物备""民利"相联系的，这就不仅否定了封建道德的永恒性，而且在研究方法上也包含着近代实验方法的萌芽，王夫之的思路和眼光已经朝着突破封建传统封闭式的框子作出了最初的尝试。至于王夫之把"人欲"提高到"天理"的高度，把"私欲"同"圣学"相提并论，更是在封建"三纲五常"专制主义道德统治的黑暗背景下的耀眼闪光，是反对封建蒙昧主义、禁欲主义的最初号角。的确，王夫之并没有否定封建的"君臣之伦，礼乐之化"的"常道"和"大经"，但他对于"义"的层次性的冷静而深刻的分析，同他的理势相成的历史进化论和"理寓于欲中"的理欲观紧密相连，实际上已经冲击着这种"常道"和"大经"的僵化凝固的结构，造成了其内部不容忽视的层次变换。这就是说，王夫之的"天下之大公"尽管还是抽象的，却在僵化的封建道德体系中打开了"一个缝隙，以便在传统的范围内打破传统"。这些都表明了王夫之摆脱旧的传统束缚的顽强努力，是地主阶级改革派自我批判和早期市民意识的曲折反映。

正因为如此，王夫之的思想，包括他的道德论在内，在近代中国旧民主主义革命时期，产生了极深远的影响。资产阶级改良主义者梁启超在《中国近三百年学术史》中说："最近三十年思想界之变迁，虽波澜一日比一日壮阔，内容一日比一日复杂，而最初的原动力，我敢用一句话包举它，是残明遗献思想之复活。"资产阶级改良主义激进派思想家谭嗣同更明确指出："惟国初船山先生，纯是兴民权的微旨。"资产阶级革命家章太炎则在《重刻船山遗书序》中说："当清初之季，卓然能兴顽儒以成光复之绩者，独赖而农一家言而已矣。"中国旧民主主义革命时期这些先讲人物（还有蔡锷、黄兴、邹容等），所受王夫之思想包括他的道德理论的影响，及对其所作的评价，是在旧民主主义革命的实践过程中获得和作出的，而不是在书斋中通读《船山全书》获得的。梁启超说："凡大思想家所留的话，虽或在当时不发生效力，然而那话灌输到国民的下意识里头，碰着机缘，便会复活，而且其力极猛。"这话是有一定道理的。

（原载于《船山学报》1987 年第 2 期）

论黄宗羲的伦理思想

黄宗羲（1610—1695），我国明末清初著名的进步思想家，与同时代的顾炎武、王夫之，号称为明末清初的三大家。他的伦理思想的特点是：把道德问题同政治、法律问题紧密联系起来，提出了初步的民主思想，反对封建专制主义和禁欲主义，反映了市民阶层的一些要求，是中国近代启蒙思想的先驱人物。对近代梁启超、谭嗣同等资产阶级维新派有着重大的影响，值得我们认真研究和高度重视。

一、“心性统一”的人性论

黄宗羲从“无气则无理”的朴素唯物主义观点出发，反对宋明道学家把人性分为“气质之性”和“义理之性”（即“本然之性”）的观点，论述了他的“心性统一”的人性论。

黄宗羲认为“天地之间只有一气充周，生人生物，人禀是气以生”（《孟子师说·浩然章》），反对把理、气、心三者割裂开来。他说：“理也，气也，心也，歧而为三，不知天地之间只有一气，其升降往来即理也，人得之以为心亦气也。”（《明儒学案·魏庄渠学案》）既然如此，在黄宗羲看来，性也就不是“别有一物立于心之先，附于心之中也”。因为“心者思之官”，心有明觉，能思维，思维就有个条理秩序，心体流行的这种条理秩序就是性。所以心与性也不是两个东西，而是“心与性一”，即心性是统一的。对此，黄宗羲通过心、情、性的关系做了如下论证：

“理气是一，则心性不得是二，心性是一，性情又不得是二。使三者于一分一合之间终有二焉，则理气是何物？天地间既有个合气之理，又有个离气之理？既有个离心之性，又有个离性之情；又焉有其为一本也乎？”（《孟子师说·罗钦顺》）

黄宗羲之所以提出“心性统一”的主张，就是要反对程朱把性区分为气质之性和义理之性（也即本然之性或天地之性），把心区分为人心和道心，并把二者对立起来的性二元论。他认为，性只有气质之性，没有什么义理之性，心只有人心，没有什么道心，情是心的发动，也不是什么恶的。他引他的老师刘宗周的话说：

“师以为指情言性，非因情见性也，即心言性，非离心言善也……夫盈天地间，止有气质之性，更无义理之性。谓有义理之性不落于气质者，藏三耳之说也。”（《南雷文定》后集一）

否定了气质之性之外还有什么义理之性，否定了“性替情恶”，自然会得出人性善的结论。黄宗羲指出，“气自有条理”，这个“条理”就是“理”，也就是“善”。因此他同意王廷相的“气外无性”的观点，但又认为王从气的清浊来说明“性有善有不善”的观点是不对的，因为这会导致“气一则理一，气万则理万”，最终把理看作与气互为有无的东西。与此不同，黄宗羲认为，气本来状态就有理，这是万古常存的，至于气有时也会偏，有过或不及，但这不是气的本来形态，“人之气本善”，人性是善的。原来，“气质之性”这个概念是宋明道学家为了解释在性善论范围内恶的存在而提出来的，其目的在于证明人必须通过“存理灭欲”“去恶从善”，以“变化气质”，恢复本然的至善的“义理之性”。黄则认为气质之性本来就是善的，这就使气质之性回到传统的性善论的立场上来了。至于“恶”，他说：“盖气质之偏，大略从习来，非气质之本然矣。”（《明儒学案·甘泉学案》）是习造成了人的恶，因此它对本来是善的气质而言，“不可言气质”。如果对恶习加以涤除或整理，气质便会恢复本然的流行，因此，“气质之善，无待于变化”。这就不仅否定了道学家的“存理去欲”“变化气质”的禁欲主义的复性说，而且也否定了其用气禀的清浊来规定人品圣凡，把上下身份等级秩序说成是天之所“命”的说教。所以黄宗羲的气质性善说，从理论形式上似乎是向传统的性善论的复归，但实质上却是要在人性中确立市民权，是对这一时期市民活动在人性上的承认。因此，在与人性问题互为表里相因果的理欲关系上，黄宗羲明确肯定人欲的合理性，他说：“人心本无所谓天理，天理正从人欲中见，人欲恰到好处，即天理也。向无人欲，则也无天理可言矣。”(《南雷文案·与陈乾初论学书》)

与气质性善说相联系的，黄宗羲还认为“有生之初，人各自私也，人各自利也”。(《明夷待访录·原君》) 这是“天下之情”，即使是圣人也不例外。而国家、法律和道德原则就是为了调整个人的私利和作为其整体的社会的公利的关系而产生的。如果人们能够按道德原则办事，“不以一己之利为利，而使天下人受其利，不以一己之害为害，而使天下人释其害”，就能使“人各得自私也，人各得自利也”(《明夷待访录·原君》)。这样，也才能够“遂民之生，使其繁庶”，让人们得到自由的发展。显然，黄宗羲讲的“私利”是指人们的个人利益，它们是构成道德准则（义理）的基础。人们坚持用道德准则来指导自己的思想和行为，就能使个人利益得到更好的满足。这就是他讲的“养气者使主宰幸存，则血气化为义理”的具体含义。

正是基于这种思想，所以黄宗羲强调义理与功利的统一。他认为离开了功利，就无所谓义理、仁义可言。在《孟子师说》中，他写道：

> “未有仁而遗其亲者也，未有义而后其君者也，正言仁义功用，天地赖以常运而不息，人纪赖以接续不坠，遗亲后君，便非仁义，不是言仁义未尝不利。自后世儒者，事功与仁义分途，于是当变乱之时，力量不足以支持，听其陆沉鱼烂，全身远害，是

乃遗亲后君者也。此是宋襄徐偃之仁义，而孟子为之乎？”

由上可见，黄宗羲的“心性统一”的人性论，虽然没有超出传统的唯心主义性善论的范畴，但已经包含了若干新的内容，具有某些近代的色彩。

黄宗羲的人性论还有一个值得重视的思想，这就是他提出了“心无本体，工夫所至，即其本体”（《明儒学案·序》）的命题。他讲的“工夫”是指的人的精神活动、认识活动。他反对那种以明镜喻性，把性说成是一个空寂本体的观点，他说：

“先儒之言性者，大略以明镜为喻，百色妖露，镜体澄然，其澄然不动者为性。此以空寂言性。而吾人应物处事，如此则安，不如此不安。若是乎有物于中，此安不安之处，乃是性也。镜是无情之物，不可为喻。”（《南雷文约》卷四）

这是说，明镜之喻把性比之为澄然不动的镜体，这是把“性”看成一个空虚寂静的东西。其实，人们在待人接物时，自然感到“如此则安”“不如此则不安”，所以“心”不是空虚的，而是有内容的，这内容是“善”，亦即是“性”。黄宗羲认为，这个“善”就好像谷种一样的虽然具有胚胎，充满生机，但必须经过种植、灌溉，方能长成禾苗，结出果实。人性也有一个发挥过程，这个过程就是一个随着人的认识活动（工夫）而开展的过程，也是一个践行的过程。

黄宗羲的“工夫所至，即是本体”的思想，否定了程朱的所谓通过“格物穷理”，一旦彻悟，便“复性”而与虚寂的本体合一了的神秘主义，也批判了王守仁的所谓“无善无恶心之体”，把认识看成是从“无”生“有”再复归于“无”的复性说。它同王夫之的“性日生日成”的观点有相似之处。当然远不如王夫之那样明确深刻，但这种思想为他提供了理论基础。

二、“天下之利”的道德标准

黄宗羲强调人生之初都是自私自利的，但与李贽不同，他认为：“徒以自私自利，不可以治天下国家。”（《明儒学案·蕺山学案》）他力图把个人私利同社会公利统一起来，因而提出了“天下之利”作为最高的道德标准。由此出发，他抨击了“以我之大私为天下之大公，的封建君主专制制度及其“君为臣纲”的封建道德教条，批判了形形色色的腐朽的封建传统习俗。

秦汉以后，秦始皇开创“朕即国家”的封建专制主义，一直为历代封建统治者所承袭。天下即天子一人一姓的“天下”，被看作是天经地义的。而“君为臣纲”则是这种封建君主专制主义的道德支柱。宋明道学家更是将此神圣化为“天下之定理”，不许人们稍有怀疑，否则就被指控为“悖伦乱理”“大逆不道”，就会“天理不容”。对此，黄宗羲以“天下之利”为标准，进行了坚决的批判。

首先，黄宗羲指出，所谓“君为臣纲，根本地颠倒了君主和天下主客的关系。他吸取了荀子关于国家起源的观点，认为在古代为了满足各个人的私利，就要兴天下的“公利”，除天下之“公害”，于是便形成了国家制度、政治组织等等。他认为尧、舜、禹、汤就是为天下勤劳服务的君主，他们“不以一己之利为利，而使天下受其利，不以一己之害为害，而使天下释其害，此其人的勤劳必千万于天下之人”（《原君》）。可是后来的君主完全背离了这种“为君之职”，他们把天下视为己有，独占天下之利。这些人未得天下之前，不惜“荼毒天下之肝脑，离散天下之子女”，以便自己爬上君主的宝座，得到天下之后，又大肆“敲剥天下之骨髓，离散天下之子女，以奉我一人之淫乐视为当然”，说什么“此我产业之花息也”。黄宗羲指出，这种历史的颠倒是造成社会不得安宁的祸根，是致使人民痛苦的症结。因此他大声疾呼："然则为天下之大害者，君而已矣，向使无君，人各得自私也，人各得自利也。"（《原君》）他还进一步指出，有了君的大私，就没有人民的利益。人民"怨恶其君，视之如寇仇，名之为独夫"，是理所当然的。如何看待国家的"治"，和"乱"呢？黄宗羲认为人民能获得幸福，就叫作"治"，遭到不幸，就叫作"乱"；至于君主一家一姓的兴亡，那是无关大体的，"盖天下之治乱，不在一姓之兴亡，而在万民之忧乐。像桀纣那样的屠毒人民的暴君，他们的灭亡是好事，不能说是天下大乱，恰恰相反，"桀纣之亡，乃所以为治"（《原臣》）。

其次，黄宗羲提出了"君之与臣，名异而实同"的命题，认为君臣的关系不是主仆的关系，而是同事的关系，师友的关系。他形象地比喻说："夫治天下犹曳大木然，前者唱邪，后者唱许。君与臣，共曳木之人也。"（《原君》）君、臣共同治理天下，目的是为"万民之忧乐"，而不是为"一姓之兴亡"。可是后来，君骄臣谀，君主被抬到至高无上的地位，君臣的关系也就变成了主仆的关系。"天下之是非一出于朝廷，天子荣之，则群趋以为是；天子辱之，则群摘以为非"（《学校》）。这就根本违背了"天下之利"的标准，颠倒了是非荣辱的观念，不符合应有的"君臣之名"。黄宗羲指出，做臣子的应该是"君之师友"，应该"为天下，非为君也；为万民，非为一姓也"（《原臣》）。如果君主胡作非为，违背了民众的利益，臣子不应该随声附和，甚至不应该去做他的官，即使是在强力压迫之下，也不能屈服，更不应该去为君主牺牲性命了。总之，黄宗羲认为，"君臣之名从天下而有之者也，吾从天下之责，则吾在君为路人"。相反地，"为臣者轻视斯民之水火，即能辅甘而兴，从君而亡，其与臣道固未尝不背也"（《原臣》）。

第三，黄宗羲还痛斥"君为臣纲"的传统道德教条，指出其本质在于视人民群众的"崩溃之肉曾不异夫腐鼠"，是根本反人道的。长期以来，专制君主视臣子为奴婢，视万民为"腐鼠""习之既久，小儒不通大义，又从而附会之曰：君父，天也"。使人们"跻之仆妾之间而以为当然”。

对于由此而形成的封建节操观，黄宗羲也给予了批判。宋明时期，道学家把节操提到突出的地位。它的根本内容是臣民应该为君主效忠尽节，要“感在上之知遇，不复计其礼之备与不备”（《原臣》），直到“从君而亡”。对此，黄宗羲大以为不然。他认为做臣民的如果只是为了君主一家一姓而报以死节，不过是“宦官宫妾”“私匿者之事”。他说：“君有无形无声之嗜欲，吾从而视之听之，此宦官宫妾之心也；君为己死而为己亡，吾从而死之亡之，此其私匿者之事也。”（《原臣》）黄宗羲指出，真正的气节，应该是讲求经国之大计，为天下创“一治之大法”，并为之信守不渝。

黄宗羲的“天下之利”是抽象的、模糊的，并且还穿着“三代以上”的古旧服装。但他肯定了人们“各得自私，各得自利”的合理性，把天下“公利”看作是各个人的私利的总体，企图从这两者的关系中，来考察道德问题，把道德标准奠定在人们生活利益的基础上，这种思想是有价值的。他由此而认为封建君主专制使得人们“不敢自私，不敢自利”，所以是天下之大害，理智地否定了君主的家天下制度，尖锐地批判了“君为臣纲”的传统的封建道德教条，阐述了君臣平等和人类生活平等的思想，这些都反映了市民阶层的要求，包含着民主性的内容，有力地冲击了当时弥漫于整个社会的那种“君要臣死，不死不忠”的封建蒙昧主义。它有如一声春雷，起了振聋发聩的作用，为新思想的产生作了极为有益的启蒙工作。

与此相连的，黄宗羲还从“天下之利”的道德标准出发，对封建腐朽的传统习俗也进行了猛烈的抨击。他说：“今通都大邑，青天白日，怪物公行，而人不以为怪，是为大怪。”（《南雷文约·七怪》）他指出这些传统习俗，人们相沿相袭，以为固然，以致“富者以之相高，贫者以之相勉”，毒化了社会风气，成为腐朽道德赖以存在的温床，造成了严重的危害。

他从“日新不已”的观点出发，说明了社会道德风尚也是变化的。他呼吁必须“去习俗，除蛊惑，革侈奢”“投诬去佛”，造成新的道德习惯和社会风尚。为此，他提出要正“学校之名”，加强教育；公学术于朝市，用科学精神洗刷愚昧因循；倡“清议”，发挥社会舆论的作用。黄宗羲特别强调“清议”（也即社会舆论）是一种反君主专制的有力武器，也是一种进行道德评价，抑制小人，破除腐朽的传统习俗的重要手段。应该指出的是，黄宗羲重清议，反旧的传统习俗的思想，是同他的为“天下之利”，打破以天子的好恶为是非善恶的思想紧密相连的。黄宗羲的这种思想，作为一种政治改革的主张，当然是空想，但就其看到封建社会的腐朽的社会风尚同君主专制制度的联系，要求发挥社会舆论的作用，造成新的社会风尚，以贯彻“天下之利”的道德准则，却是一种进步的、有价值的见解。

三、“豪杰之士”的人格理想

黄宗羲把他的“天下之利”的道德标准贯彻到人生态度上，提出了“豪杰之士”的人格理想。他说：“学莫先于立志，立志则为豪杰，不立志则为凡民。”（《孟子师说》卷七）黄宗羲讲的“豪杰”，是讲究实事实功，既善于读书、做文章，又懂得经济、政治、军事，能够“经天纬地”“建功立业”的人，这就是他心目中的理想人格。这种理想人格是同朱熹的所谓“醇儒”相对立的。黄宗羲认为，做人就不能像道学家那样只会空谈“心性”，背诵语录，毫无真才实学，一遇国家危难，便蒙然张口，束手无策。他指出道学的这等作为是根本违背“儒者之学”的宗旨的。黄宗羲的人格理想同宋代以陈亮、叶适等为代表的浙东学派的功事之学，有着明显的继承关系。陈亮、叶适都反对道学家空谈心性，强调实事实功的重要。陈亮提出了“务实”的口号，十分蔑视朱熹鼓吹的所谓“醇儒”。针对朱熹提出的“不作三代以下的人物”观点，陈亮指出：“古今异宜，圣贤之事不可尽以为法，但有救时之志，除乱之功，则其所为虽不尽合义理，亦自不妨为一世英雄。”（《晦庵文集·答陈同甫》）叶适也阐述了类似的思想。他说：“立志不存于忧世，虽仁无益也。”（《叶适集·赠薛子长》）黄宗羲的整个思想可以说与浙东学派的功事之学一脉相承，在人格理想上更受到陈亮的“英雄”观的深刻影响。但是黄宗羲的人格理想又具有更深刻的时代内容和更开阔的眼界。他实际上是在召唤“豪杰之士”起来冲破封建专制主义的“囚缚”。他强调做人就要“务得于己，不求合于人……不以庸妄者之是非为是非”，对于任何事物都不盲从，而要深求其故，取证于心”（《南雷文案·挥仲升文集序》），不论是“六经之传注，历代之治乱，人物之臧否”，都必须放在理性的天平上做一番衡量，以判断其是非善恶。

黄宗羲还进一步提出，真正的“豪杰之士”，做事作人，立身处世，都是“自胸中流出”，出于自己的“真性情”。这种“真性情”应该表现在各个方面：一是为学就要重视“相反之论”，重视现实，敢于创新；二是做文章，就要讲求真实，有所追求，敢于说自己心里话；三是作诗，就要“知性”，表达自己的真实感情，要有豪杰的胸怀，召唤“变徵之声”“风雷之文”，使人能从中观风俗之兴衰。

总之，黄宗羲认为，“豪杰之士’的精神必有所寓，表现出来。如果它“不得其所寓”，得不到表现，他就要进行反抗，挣脱“囚缚”。这种反抗精神是他的理想人格的重要内容和特色。他说：

> “从来豪杰之精神，不能无所寓，老庄之道德，申韩之刑名，左迁之史，郑服之经，韩欧之文，李杜之诗，下至师旷之音声，郭守敬之律历，王实甫、关汉卿之院本，皆其一生之精神所寓也。苟不得其寓，则若龙挛虎跛，壮士囚缚，拥勇郁遏，坌愤激讦，溢而四出，天地为之动色，而况于其他乎？”（《南雷文定·靳熊封诗序》）

这里，黄宗羲实际上在歌颂反抗的精神，叛逆的性格。在他看来，在哲学、政治、文学、科学等各个民族文化的领域里的许多杰出的创造，都是历代“豪杰”的精神之所寄寓，豪杰精神如果不能得到寄寓表现，那就如同“龙挛虎跛，壮士囚缚”，必然要爆发激烈的挣扎、冲突，使“天地为之动色”。黄宗羲痛斥“凡民”，就是因为他们磨灭了这种可贵精神。他说：“如洛闽大儒门下，碌碌无所表现，反以答问传注，依样葫芦，依大儒以成名，是皆凡民之类也，故吾读宋之文集，遇此等便不欲观。无奈世眼易欺，不置可否于其间，使此学流于肤浅耳。”（《孟子师说》卷七）黄宗羲认为如果是这样，还不如作那种具有叛逆性格，不同流俗的狂狷之士。他赞扬狂狷之士说：“狂狷是不如流俗者，免为乡人，方有作圣之路。”（《孟子师说》卷七）黄宗羲所说的“作圣之路”，就是强调依据历史的“流极之运”，重视现实的人生，怀抱高尚的理想，做一番经天纬地、治国安民的事业。使自己的“知”“意”“情”都得到全面发展，做到理智和意志、感情和理智的统一。

黄宗羲的“豪杰之士”的理想人格，充满了反对盲从，提倡理性，反对奴性，强调个性的内容，歌颂了不同流俗同流合污的反抗叛逆的精神。他的这种思想乃是近代谭嗣同所疾呼的“冲决罗网”的先声。

（原载于《湖南师范大学学报》1987年第6期）

论戴震“归于必然，适完其自然”的伦理意蕴

戴震（1724—1777）生活于雍正、乾隆清统治相对稳定的时期。这时，由于资本主义萌芽折而复苏，市民阶层反封建束缚的斗争进一步展开，地主阶级同广大衣民的矛盾更加尖锐。在这种历史条件下，他以“自奋末流”的精神，坚持“由词以通道”，以考据为武器，进行了不妥协地反宋明理学的斗争。在这个过程中，他把我国古代进步伦理学说推向了一个新的高度。他所提出的“归于必然，适完其自然”的命题，在更高的层次上论证了“理”和“欲”的统一性，进一步揭示了道德准则对人伦日用社会生活的依赖关系，阐发了人类在道德生活中自发和自觉、自由和必然的关系问题。这些深刻的伦理意义，值得高度重视和认真分析。

在中国古代伦理思想发展史上，自然和必然这两个范畴在先秦时期就已提出来了。道家老庄提出“道法自然”，以“自然”为天然，为万物非人为的本然状态，同时又以人的“清静无为”为“自然”。魏晋时期，“自然”进而兼指人的自然本性和自然情欲。嵇康说：“六经以抑引为主，人性以纵欲为欢，抑引则违其愿，纵欲则得自然。”（《难自然好学论》）嵇康这里讲的“抑引”是指“名教”认为“自然”是和“名教”相对立的。至于“必然”在先秦叫“命”。道家老庄讲“命”。老子强调“知常”“复命”。庄子说：“知其不可奈何而安之若命，德之至也。”（《庄子·人间世》）但庄子又力图摆脱必然性而追求一种精神上的超脱和绝对自由。这种站在唯意志论的立场来谈论自由的观点，使他在理论上和实践上都走到了十分荒谬的地步。儒家

孔孟重视人事，在一定程度上看到了人力的作用，但其主导方面却宣扬“知命”“俟命”。孔子说：“不知命，无以为君子也。”（《论语·尧曰》）因而同墨家展开了力命之争。墨家“非命”，主张“强力而为”。所谓“力命”之争，实质上是讲人为和必然性的关系。它初步触及了自然和必然的关系问题。孔子还提出“正名”，以规定人的名分和应守的职分，即所谓“君君、臣臣、父父、子子”，因而把作为道德规范的“应当”也提了出来。西汉武帝时，把维护封建统治利益的“三纲”“五常”等封建政治观念、道德规范立为名分，定为名目，号为名节，制为功名，以之进行教化，称“以名为教”。因此到了魏晋时期，发生了“名教”和“自然”之争。王戎说：“圣人贵名教，老庄明自然，其旨同异?”（《晋书·阮瞻传》）在这个争论中，嵇康提出“越名教而任自然”，王弼认为“名教出于自然”，郭象则主张“名教即自然”。这些不同的观点的争论，在政治上反映了当时庶族和门阀士族的矛盾，在理论上虽然从不同角度涉及了“自然”和“必然”（道德上的“应当”）的关系问题，但最终走向了名教和自然的调和，并没有使伦理学上的自由和必然关系问题前进多少。宋明时期，道学家程朱认为未有天地之先就已经存在着神秘的“天理”，这是世界的本源。这个“理”“其张之为三纲，其纪之为五常”，封建社会的一切等级伦理秩序都是“皆完此理”的，“三纲五常”是“天下之定理”，它“当然”如此，“岂可逆哉”。他们还认为“天理”体现在人身上，便是与人的“气质之性”相对立的“义理之性”（或“天地之性”“本然之性”）这就把“义理之性”说成是与天地同体共性的普遍的必然性，而“气质之性”不过是与有限的、特殊的感情相关的自然情欲和功能。在程朱看来“义理之性”和“气质之性”的对立，具体表现为与“人心”和“道心”（即“仁义礼智之心”）的对立。即是说，封建的道德准则、人的道德意识、道德观念都是神秘的“天理”所先验地赋予的，是神圣的、永恒普遍的必然性的体现。人们在道德生活中的任务，就在于要通过“格物”，即严格地按照封建等级伦常秩序办事，去体认自己心中本来就具有的“天理”，把握神秘的、永恒的、普遍的必然性。程朱认为这个过程也就是所谓“变化气质”“复其初”，用“道心”去统率“人心”“灭净人欲，复尽天理”的过程。总之，程朱的全部理论可以归结为一个公式：应当（封建等级伦常秩序）=必然（宇宙规律）。在这种理论下，他们以神秘的、永恒的、普遍的必然性去否定“自然”，宣扬“天理即天命”的命定论。完全歪曲了“自然”和“必然”的关系，是地道的封建专制主义统治的理论工具。

戴震在反对程朱的封建专制主义理论的斗争中，维承和发挥了传统的“自然”和“必然”（“应当、应然”）的范畴，他的“归于必然，适完其自然”的学说，也是对他的“以情契情”“情得其平”公正的道德主张的理论上的论证。他赋予了这个学说以新的时代的内容，使其成为批判程朱理学的神秘化了的封建禁欲主义的有力武器。

戴震认为，一切实体实事都有自然和必然两个方面。他说：“实体实事，罔非自然，而归于必然。”（《疏证·理》）他讲的“自然”包含着三层意思；一是指客观事物存在的自然而然的状态，“阴阳流行，其自然也”；二是指人由于生理心理上的需要所产生的自然欲望和情感，“欲者，血气之自然，其好是懿德，心在之自然”（《疏证·理》）；三是指人的自由自在的意思，他在解释孔子的话时说：“从心所欲者、自然也。”（《绪言》）戴震讲的“必然”，有时又叫“理”或“天理”，是指人们应当遵循的准则。具体说来有两层意思：一是指事物的必然性、规律性，“必然者，不易之则也”（《绪言》）；二是指“应当”即人的道德准则或善，“善，其必然也”（《疏证·理》）。所以在戴震这里，自然和必然的关系问题，涉及哲学自然观、认识论等广泛的内容，而具体到人类道德生活中，则是欲和理、人伦日用社会生活和道德准则的关系，以及自由和必然等关系问题。

戴震认为“自然”和“必然”作为实体实事的两个方面，是有区别的，但在本质上它们又是相互联系，相互统一的。他写道：“欲者，血气之自然，其好是懿德，心知之自然……由血气之自然，而审察之以知其必然，是之谓理义；自然与必然，非二事也。就其自然，明之尽而无几微之失焉，是其必然也。如是而后无憾，如是而后安，是乃自然之极则。若任其自然而流于失，转丧其自然，而非自然也；从归于必然，适完其自然。”（《疏证·理》）从戴震的这段论述，可以看出如下几个基本点。

第一，“自然”是“必然”的本源和基础。“自然之与必然，非二事也”。“必然”不能脱离“自然”而凭空产生，也不能离开“自然”而孤立存在。也就是说，道德准则既不是什么神秘的力量强加于人的，也不是超乎人们的人伦日用社会生活之外神秘的东西，而是客观地存在于人类血气心知、自然情欲所造成的人伦日用社会生活本身之中的，是基于人类人伦日用社会生活本身所具有的必然性、规律性。所以戴震说：“所谓则者，匪自我为之，求诸物而已矣。”（《绪言》）“物者，事也，语其事，不出乎日用饮食而已矣；舍是而言理，非古贤圣所谓理也。”（《疏证·理》）戴震特别强调人伦日用是本源，而道德准则不过是对人伦日用社会生活的本身具有的必然性、规律性的认识，他说：“尽乎人之理非他，人伦日用尽乎其必然而已矣，推而极于不可易之为必然，乃语其至，非原其本。”（《疏证·理》）道德准则不是“本”，人伦日用社会生活才是“本”，道德准则来源于人伦日用社会生活。

戴震关于“自然”是“必然”的本源和基础的思想，实际上揭示了道德对人们的物质生活欲求的依赖性，肯定了人伦日用社会生活是道德的基础。由此他坚决否定程朱把道德准则说成是先于人伦日用的超现实的神秘本体的体现的谬论。他尖锐地指出，这种谬论乃是“老庄、释氏之舍人伦日用而别有所谓道”的观点的改装。他说：“古贤圣之所训道，人伦日用而已矣，于是求其无失，则仁、义、礼之名因之而生。非仁、义、礼加于道也，于是人伦日用行之无失，如是之谓仁，如是之谓义，如是之谓礼而已矣。宋儒合仁、义、礼而统之谓理，视之如有物焉，‘得于天而具于心’，因此为‘形而上’‘为冲漠无朕’；以人伦日用为‘形而下’，为‘万象纷罗’。盖由老庄、释氏之舍人伦日用别有所谓道，遂转之而言夫理。”（《疏证·道》）戴震还指出，如果人们按照程朱的讲法，去寻找那个超乎人伦日用，“别有一物”神秘的“理”，那只会“皓首茫然，求其物不得”。道德准则存在于人伦日用本身，来源于现实的社会生活之中。

第二，“自然”又要提高到“必然”要“归于必然”。所谓“归于必然”是说人们要通过客观事物和人伦日用社会生活去认识其必然规律，把握行为应当遵循的道德准则。在这里，戴震论述了“归于必然”的必要性和可能性，批判了程朱在道德意识问题上的先验主义观点。

首先，戴震指出，人和物的区别就在于人能认识“必然”而物只能“循乎自然”。他说：“夫人之异于物者，人能明于必然，百物之生备遂其自然也。”（《疏证·理》）人们认识了客观必然性，就能以此为准则对自己的自然情欲进行调节，在追求满足自己的情欲时适可而止，既不过度，也无不及，做到恰到好处。戴震以水为例说，人欲就好比水流，妄图堵塞水的流动是不可能的。但如果不疏导、不节制、任其自流，那也可能“洪水横流，泛滥于中国”，造成灾难。因此，人们必须把“自然”提高到“必然”“归于必然”。如果人们不去积极的认识“必然”，发展人的特点，那么人和禽兽就没有区别了。同时，人们只有认识“必然”并以“必然”来调节“自然”，才能真正“适完其自然”。所谓“完其自然”，就是用道德准则来指导人的自然情欲，使其脱却那种“人物之本能”的状况，得到完善，获得合理、圆满的满足。它的具体要求就是“以情挈情”“情得其平”，使大家都能“达情遂欲”。戴震认为，只有这样，人们才能“如是而后无憾，如是而后安”。相反，“若任其自然，转丧其自然，而非自然也”。戴震还进一步指出，按照“必然”合理地满足自然情欲是人的德性。而真正的德性就是人性的完满发展。所以他说：“……由性之欲而语于无失，是谓性之德。性之欲，其自然之符也；性之德，其归于必然也；归于必然，适完其自然，此之谓自然之极至。”（《原善》）这里，戴震实际上论述了道德（必然）的重要作用。在他看来，道德既是社会达到“天下治”的工具，又是人的自我完善的需要。这种思想无疑是难能可贵的。

其次，戴震还认为，人是可以“归于必然”“完其自然”的。因为人虽然和动物一样，都有“血气心知”，但“人则能扩充其知至于神明”，即人具有动物所不具有的理性思维能力，“学以进入神明”。理性思维能力是人通过后天学习而来的，人充分地发挥它的作用，便可以“就其自然，明之尽而无几微之失，是其必然也”。这就“如火之照物”“所照不谬，谓之理义”。人关于“理义”的道德意识和道德观念，就是人的理性思维对客观事物的”必然的认识的结果。因此，戴震写道：“理义非他，可否之而当，是谓理义。然又非心出一意以可否之也，若心于一意以可否之，何异于强制乎！是故就事物而言，非事物之外别有理义也；‘有物必有则’，以其则正其物，如是而已矣。就人心而言，非别有理以予之而具于心也；心之神明，于事物咸足以知其不易则，譬如有光能照，而中理者，乃其光盛，其照不谬也。”（《疏证·理》）这里，戴震不仅从客体和主体两个方面阐明了人能够认识“必然”，获得关于“理义”的道德意识和道德观念，而且有力批判了程朱的所谓“心具众理而应万事”的先验主义。他强调“理义非他”，只是人的“神明”对事物本身的“不易之则”“其照不谬”“可否之而当”的结果。这就肯定了人的道德意识、道德观念是通过后天学习而得来的，是主观对客观的正确反映的产物。

第三，存在着两种不同的“自然”，真正的自由不能离开必然。在戴震看来，既然“自然”和“必然”是事物两个不可分割的方面，那么就必须区分两种不同的“自然”；一种是“血气心知之自然”，这是一种情欲发于本性，出于本能状态的“自然”；一种是“自然之极至”，这是一种认识了“必然”“归于必然”，自然情欲得到了完善、圆满发展的“自然”。这里，戴震实质上揭示了人类在道德生活中存在的两种状况：自在和自为、自发和自觉。他认为人作为同动物不同的存在，应该努力由自在进到自为，自发进到自觉，达到“自然之极至”。所谓“自然之极至”，就是非常自然的意思，也即真正的自由。

这种自由不是离开“血气心知之自然”，更不能离开“必然”，而是把自在的、自发的“自然”提高到“必然”的高度，即认识“必然”“归于必然”使其达到完善、圆满的发展。可见，戴震已经初步表达了这样一种思想：自由是对必然的认识和运用。他曾经以孔子《论语》中的两句话，阐述了自己的这种观点。孔子说：“七十而从心所欲不逾矩。”孔子这两句话是站在“天命论”的立场来谈自由和必然的关系的，是唯心主义的；而戴震则是站在唯物主义立场来谈自由和必然的关系的。他说：“‘从心所欲’者，自然也，‘不逾矩’者，归于必然也。”即是说，只有“归于必然”，才能既“从心所欲”又事事“不逾矩”做到“圆者之中规，方者之中矩”。可见戴震讲的自由是相对“必然”而言的，是以对必然性的认识和运用为前提的。

关于自由和必然的关系问题。戴震还通过“性”“命”“才”这三个范畴的关系做了进一步的论述。所谓“命”，戴震说：“气化生人生物，据其限于所分而言谓之命。”即是说，“命”就是事物发展的必然性在人身上的体现，具体到道德生活上说，就是人在世界上所应尽的道德责任和使命。所谓“性”，戴震说：“据其为人物之本能而言”“本天地之化，分而为品物者也。”即是说，“性”就是推动人去有所作为的“血气心知”的自然本性。所谓“才”，戴震说：“才者，人与物各以其性为形质而智能遂以区别焉。”即是说“才”就是各个人依据自己的自然本性而表现出来的不同的才智、才能。戴震认为，“命”“性”“才”都是人类禀于宇宙、生之自然而来的。因此三者结合可以统称为人的“天性”。他说：“贱形之与尽性、尽其才，其义一也。”（《疏证·才》）人们尽性、尽才、尽命，是一件事，没有什么神秘性。那么，人既然有“命”（必然性）的限制又必须循性而自由发展其“才”，这个限制和自由发展的关系到底怎样呢？戴震写道：“存乎材质所自为，谓之性，如或限之谓之命……性固性矣，有命焉。君子不以性而求其欲也……命则固命也，有性焉，君子不以命，而自委弃也。”（《原善》）“君子不借口于性以逞其欲，不借口于命之限而不尽其材。”(《疏证·性》)这就是说，性、命、才三者的关系是：一方面，性之“自为”或发展欲，无害于命，而命的限制，亦无碍于性；另一方面，性又必须以命为限制，否则，性的发展便会流于失，迷失方向，泛滥成灾，反之，命也必须凭借性和才而存在与发展，否则命便无法在人身上得以体现。所以对人来说，必然（命）中有自由。自由中也包含必然，这样，两者才能得到成全，“命”和“性”“才”，是同时增进，相反相成的。人们不能因为有必然性的限制就自暴自弃，而要“尽其材”，发挥自己的能动性，有所作为；人们又不能因为性和才就“逞其欲”，而应该依据对必然性的认识去循性自由发展。由此可见，在戴震这里，道德作为人伦日用中的“必然”，正是由于它来源于人的血气心知之性的自然，是为了使人不致丧失其自然，因而是完善其自然的准则。所以戴震指出，先秦告子把“义”（道德上的必然）看作是在人性之外的东西，因而“以义为非自然，转制其自然，使之强而相从”(《疏证·性》)的“义外”之说，是错误的。人类的道德生活中，必然和自由不是相互分离、绝对对立的。人们能够获得相对的自由，这种相对的自由，正是“自然之极至也”，也就是“归于必然，适完其自然”。

戴震还认为“归于必然，适完其自然”是一个发展的过程，而不是程朱所说的“复其初”，恢复先天就具有的“义理之性”的过程。他说：“试以人之形体与人之德性比而论之：形体始于幼小，终于长大；德性始于蒙昧，终于圣智。其形体之长大也，资于饮食之养，乃长日加益，非复其初；德性资于学问，进而圣智，非复其初明矣。”(《疏证·理》)前面讲了“德性”是“性之欲（自然）而语于无失”“其归于必然也”的产物。德性的培养是一个不断地“归于必然，适完其自然”的过程。这个过程不是“复其初”的人性复归的过程，而是一个由无知到知、不断地用学问作营养来发展智慧的过程。学问是后天获得的，这使人由“蒙昧”变为“神明”，不断地认识“必然”“完其自然”，不断地达到“自然之极至”的境界。这就说明，戴震已经触及了人类在道德生活中，获得相对自由是一个发展的过程。

综上所述，戴震“归于必然，适完其自然”的学说，可以说是对中国古代伦理思想史上长期争论和探讨的自然和必然关系问题的总结和发展，也是对程朱理学神化“必然”否定“自然”，鼓吹“存理灭欲”的封建禁欲主义和蒙昧主义的一次带总结性的批判。在这个学说中，他揭示了道德对人伦日用现实生活的依赖性；肯定人的道德意识和道德观念是对客观事物的“不易之则”的正确反映；阐述了道德对社会生活和人性的完满发展的重要作用；提出了人类在道德生活中，自由是对必然的认识和运用，和自由是一个发展过程的深刻思想；所有这些在理论的鲜明性和深刻性上，都有超越前人之处，是中国古代伦理思想发展史的和一宗可贵的遗产。当然，戴震的“归于必然，适完其自然”的学说，是建立在抽象的自然人性论的基础之上的，仍然有着很大的历史的和阶级的局限性，他不了解社会生活不同于自然界的特殊本质，看不到社会物质生活条件在社会生活中的决定作用，不懂得社会发展的真正规律，他虽然认为道德意识和道德观念是人的心知“神明”对人伦日用的“必然”关系“所照不谬”的结果，但他看不到人类的道德认识，也是一个由感性认识上升到理性认识的辩证过程。他更轻视“行”即社会实践在认识中的地位和作用。这样，他讲的“所照不谬”只能是一个消极的直观的反映论的命题。他认为“心之所同然始谓之理、谓之义”。甚至说“圣人见于天地之条理，定之以为天下万世法”。把道德准则看作永恒不变的，这就陷入了唯心论。同样，也由于他轻视实践的作用，他关于自由和必然的关系的思想，虽然是卓越的，但仍然是抽象的，乃至是片面的。他不可能真正科学地解决人类在道德生活中自然和必然的辩证关系的问题。当然，我们不能因此而苛求于古人。当历史进入近代之后，我们将看到人类要科学地解决这些问题，也经历了多么艰难而曲折的道路。

（原载于《湖南师范大学学报》1987 年第 6 期）

清初颜李学派道德教育思想述评

颜元（1635—1704），字易直，又字浑然，号习斋，河北博野人。清初颜李学派的创始人。一生教书、行医，没有在清朝做官。李塨（1659—1733），字刚主，号恕谷，河北蠡（里）县人。他是颜元的学生，颜元学说的继承者和传播者，颜李学派的主要代表。

颜、李生活于我国清初民族矛盾异常尖锐的时期。他们的思想不仅受到当时以汉族人民为主体的各族人民反对清贵族封建统治者斗争的深刻影响，而且也受到了由于传教士东来而输入的西方自然科学的某些影响。颜李学派以“唯在实学、实习、实用之天下”（《颜氏学记》卷一）为宗旨，异军崛起于我国明末清初反对宋明道学唯心主义的进步思潮之中，成为“北方之强者”。就是在反道学的斗争中，他们提出了“理由功著”的命题，对传统功利主义思想进行了全面的论证；阐发了“舍形无性”的人性论，尖锐地批判了道学“存天理，灭人欲”的封建禁欲主义，强调重视人的个性差异的重要意义。在道德教育上，他们强调“实学习行”，造就能够“自为”“为天地造实绩”的理想人格，表现了对一种新的生活方式的执着的探求。颜李学派的思想在当时和后世都产生了很大的影响。当时就有人指出：“颜李之学数十年，海内之士，靡然从风。”（陶甄夫：《秦关稿序》，见《恕谷年谱》卷五）近代资产阶级维新派思想家梁启超认为，颜、李“以复古为解放”“其精神纯为‘现代的’”是清初“思想解放的炸弹”《中国近三百年学术史》）。资产阶级革命派著名学者章太炎则指出，清初“淑世有大儒两人，一曰颜元，再曰戴震。”（《太炎文录》卷一上）因此，研究颜、李的思想，对于正确认识中国传统文化的特质，吸收其精华，加速社会主义精神文明建设，有着重大的意义。本文限于篇幅，仅就颜元、李塨的道德教育思想作一个初步的探讨和评述，以抛砖引玉，就教于方家。

颜元、李塨都是杰出的教育家，道德教育是他们十分重视的问题，也是他们的伦理思想中最精彩的部分，不仅充满了唯物主义精神，而且包含着不少别开生面的内容，反映了对某种新的生活方式的探求。颜、李的道德教育论是建立在他们的功利主义和人性论的基础之上的。颜元曾经提出了“举人才，正大经，兴礼乐”的“九字安天下”的主张。这九个字就都和德育教育有关。例如他认为，“人才为政事之本”“有人才则有政事，有政事则有太平”（《颜习斋先生言行录》卷下）。他讲的人才就是指的“实才实德之士”。可见，在他看来，兴教育，加强对士子的德业培养，关系到国家的富强安定，是治国兴邦大事。同时，颜元强调“习俗移人，贤者不免”，认为不论是要去掉“引蔽习染”，还是“使天下相习于善，而预远其引蔽习染”（《存性编》卷二），都少不了道德教育和品德全肯定，即是说道德教育又是使人“践行尽性”，防止“引蔽习染”，发挥人性之善的必须。

“彼以其虚，我以其实”，这是颜元针对道学长期统治所提出的总的教育原则。在颜元看来，正是道学的长期统治才造成了当时那种“袖手高谈”“相率静坐，顿悟验喜怒哀乐未发时”“相率讲读注释，合清谈训诂为一堂”，使“习行礼乐兵农之功废”的“虚浮之局”。为了改变这种局面，他强调人“修德立业”的过程应该是一个“身实学之，身实习之，终身不懈”（《存学编》卷一）的过程，道德教育和品格培养，必须着眼于“实学”“实行”。

颜、李所讲的“实学”，是以“经世致用”为目的，以尧舜周孔的“六府”“三物”为具体内容，以“深之以讨论，重之以体验，便可见之施行”（《颜习斋先生言行录》卷下）为工夫的。在这里，他们“以复古求解放”打出恢复三代、孔孟的旗号，以古圣批今圣，强调道德教育同社会实事实物的不可分割性，论述了他们关于道德教育和品德修养的内容、途径和方法的理论。

从“理在事中”的观点出发，颜元认为只有尧舜周孔时代的所谓“六府”“三事”“三物”，才是真实之学。他说：“唐虞之世，学治俱在六府、三事，外六府、三事而有学术，便是异端；周孔之时，学治只有三个物，外三物而别有个学术，便是外道。”（《习斋记余》卷一）颜元所讲的“六府”“三事”。系援引伪古文《尚书·大禹谟》而来，实际上是出自《左传》。“三事”是指“正德、利用、厚生”；“六府”是指“金、木、水、火、土、谷”。颜元所指的“三物”，即是伪《周礼·地官》上所讲的“六德”（智、仁、圣、义、忠、和）、“六行”（孝、友、睦、姻、任、恤）和“六艺”（礼、乐、射、御、书、数）。对于这些古书上所讲的尧舜周孔的道术、古学的本源是否完全真实，颜元自己也不敢完全肯定，但他认为“三事三物之学”所主张的“习行经济”，乃是教民修德立业的“正学”。所以他说：“三事三物之学可复，而诸为儒祸者自熄，故仆谓古来诗书，不过习行经济之谱，但得其路径，真伪可无问也，即伪亦无妨也。”（《习斋记余》卷三）早在北宋时期，王安石就以《周礼》乡三物为宗，作为立教的理论根据。看来颜元的主张同王安石是息息相通的，两者有着明显的继承关系。

在颜元看来，“六府”“三事”“三物”是不可分割的。“六府”可归于“三事”之中。“六府亦三事之目，其实三事而已。”（《习斋记余》卷九）而“三事”也是离不开“三物”的关系，李塨做了详细的解释。他说：“六府三事，此万事新民之道也。言水，则凡沟洫、漕挽、治河、防海、水战、藏冰、鹾榷诸事统之矣；言火，则凡焚山、烧荒、火器、大战、与夫禁火，改火诸燮理之法统之矣；言金，则凡冶铸、泉货、修兵、讲武、大司马之法统之矣；言木，则凡冬官所职，虞人所掌，若后世茶榷，抽分统之矣；言土，则凡体国经野，辨五土之性，治九州之宜，井田、封建、山河、城池诸地理之学统之矣；言谷，则凡后稷之所经营，田千秋、赵过之所补救，晁错、刘晏之所谋为，屯田、贵粟，实边、足饷诸农政统之矣。正德，正此金、木、水、火、土、谷之德；利用，利此、金、木、水、火、土、谷之用；厚生，厚此金、木、水、火、土、谷、之生也。”（《瘳忘篇》）

可见，颜、李所讲的“实学”，是以关系国计民生的实事实物为对象的。它已经远远地超出了传统的经学和理学的范围，迈向了广泛的科技世界，包含着近代课题的端倪。在他们看来，道德教育和品德修养必须以这种“实学”为内容，真正能够“见之事”“征诸物”。颜元指出：“古之儒，非兼农圃，则必风鉴医卜。否则无以为生”……后儒皆无其业，而有大言道德，鄙小道不为，真如僧道之不务生理矣！”（《颜习斋先生言行录》卷下）

颜元还进一步提出了“艺精则行实，行实则德成”（《四书正误》卷二）的命题。他强调“三物”中“六艺”是最基本的。“六艺”乃“六行之材具，六德之妙用”。“六艺”精，施之于社会人伦，就是“六行”，在己则表现为“六德”，德行存在于“六艺”之中，是“六艺”精的必然表现。颜元说自己写《存学》篇，就是要“复明周孔六德、六行、六艺，而于六艺尤致意焉”（《习斋记余》卷一）。他强调：“废失六艺，无以习义理”，只有从“六艺”入手，精于“六艺”，才有真德真行，全德全行。他写道：“周孔似知后世有离事物以为道，舍事物以为学者，故德、行、艺总名为物，明乎六艺固事物之功，即德行亦在事物内。”（《颜习斋先生年谱》卷上）李塨也说：“夫德行之实事，皆在六艺，艺失则德行俱失。”（《大学辨业》卷二）。

颜李把这种从社会实事实物中去体认性道，培养德行的思想，概括为“由粗而会其精”“精粗合一”“下学上达”的学习原则。颜元说：“孔子则只教人习事，迨见理于事，则已彻上彻下矣！”（《存学编》卷二）他指出，道学家以“六艺”为粗、为下学，鼓吹“德成者上，而艺成者下”，把穷理正心、修己治人同六艺割裂开来、对立起来，这种“喜精而恶粗，是后世所以误苍生也”（《存性篇》卷一）。

颜、李还认为，道德教育不仅必须寓于社会实事实物之中，通过社会实事实物去进行，而且还必须把德育和智育、体育结合起来。他们反对道学家“重心轻身”的做法，提出了身心兼顾、性形并重的主张。

颜、李否认传统的把“礼乐”教育归结为“伦理纲常”的教育，或者单纯的“典章制度”的知识教育，他们强调“六艺之学”必须对士子的德（包括操行、礼节、性情等）、智（包括知识、技能等）、体（“畅其积郁，舒其筋骨，和其血脉”）进行全面的训练，达到“固人身心，化人性情”的目的。颜元十分重视体育教育的作用。他在主讲漳南书院时，诸生“习礼、歌诗、学书计、举石、超距、击拳，率以肄为三程”，而讲习之暇，“弦歌笑语，作山水乐”（《习斋记余》卷二）。颜元认为，体育不仅能使人体质日壮，而且能“修身”“致知”，同时有德育、智育的作用。他说：“礼、乐、射、御、书、数似苦人事，而却物格知至，心存身修而日壮。”（《颜习斋先生年谱》卷上）因此，不能把道德教育同体育、智育教育割裂开来，道德教育的过程也应该是促进人的身心、性形全面发展的过程。这无疑是一种新的思想，其视野开阔多了，对传统的德育教育狭隘框子是一个不小的突破，包含着具有近代特点的新因素。对此梁启超称赞说：“中国二千年来，只怕没有第二个人。”（《饮冰室合集·颜李学派与现代教育思潮》）

在颜、李看来，道德教育和品德培养既是一个“实学”的过程，又是一个“实行”的过程。无论是道德知识的学习还是道德品质的锻炼，都必须坚持“浮文是戒，实行是崇”的原则，只有“励躬行”，才能使大家形成道德观念和行为习惯，养成“真德”“美行”，否则便是“假德”伪行。“世宁无德，不可有假德”“有假德，则世不复有德”（《颜习斋先生言行录》卷上）。所以，“实行”“躬行”是道德教育和品德培养的根本途径和方法。颜、李讲的“实行”“躬行”（有时又叫“习”“习行”“实践”等），主要包括两个方面的含义：一是实际地做。颜元以知“礼”为例说，只是熟读礼书，问讲多次，并不能真正知礼；必须通过“习行”“跪拜周旋，捧玉爵，执布帛，亲手下一番，方知礼就是如此，知礼斯至矣”。二是检验。颜元指出，要判断一个医生高明与否，不在于他读了多少医书，而要看他在“方脉药饵针灸摩贬”等治疗实践中的效果。颜、李认为，“习行”之所以是道德教育和品德培养的根本途径，就在于只有“习行”才“足以养人”，只有通过实事实物地做，才能够“教人习善”，发挥人的本性之善，“戒人习恶”，防止引蔽习染。“若只凭口中所读，纸上所见，内心所思之义理养人，恐养之不深且固也”（《存学编》卷四）。重视“习行”在道德教育和品德培养中的重要作用，是中国伦理思想史上进步伦理学家的一贯主张，但颜、李的这种思想都特别富有战斗的气息，曲折地反映了那个时代新的动向。这在他们关于知行、动静、体用等问题的见解中，可以得到证明。

在知行关系上，颜元提出了“习事以见理”的命题，认为人们道德知识的获得，道德观念的形成，必须在实事实物中去学习和掌握，要“致知”就必须“格物”。所谓“格”，颜元解释道：“格即手格猛兽之格，手格杀之格。”即是说，“格”就是亲自动手去做一番。他指出，如果不是这样，那么，就“灵无有所施”，即人的理性就无法发挥作用，所谓学、问、思、辨也就成为空虚的东西。“故曰：手格其物，而后知止。”（《四书正误》卷一）在道德认识上也是如此。他写道：“修德制行，悬空不得，他名目混不得，大学三纲八目何等大何等繁，而总为下手处乃曰在‘格物’。谓之物，则空寂光莹固混不得，即书本经文亦当不得。谓之格，则必犯手博弄，不惟静敬顿悟等混不得。”（《颜习斋先生言行录》卷上）这里，颜、李一反道学家把“格物”归结为书本经文的讲读，静敬证悟的错误观点，肯定了“行”是知的源泉。颜元还明确指出：“明道不在读书章句，学不在颖悟诵读。”（《存学编》卷一）认为“经书乃三物三事之薄籍”和“习行经济之谱”，是圣贤传道的工具。因此，充其量“读书能致知之一端耳”，如果把经书看作圣贤之道本身，把做学问，提高道德认识，形成道德观念，只归结为读书，因而排斥“习行”，那就是“浮学”，就好像学琴，“手不弹，心不会，但以读琴谱为学琴”，其结果只能是“渡河而望江”“指蓟北而谈云南也”（《存学编》卷三）。

程朱“专以讲读为学”，以为书读得好“便足处天下事”，对于这种否认“习行”“率天下而汉儒”的谬论，颜元斥之为“病天下”“祸生民”的“乾坤之蠹”。他指出这种谬论不仅会使人“终日袖手诵读，临事一切懵懂”，而且还会把人引入利禄之途，无异于叫人“吞砒霜”。宋明的封建统治者就是“以爵禄诱天下于章句浮文之中”的。对于造成这种恶果的罪魁祸首朱熹，颜元沉痛地揭露道：“千余年来，率天下入故纸中，耗尽身心气力，作弱人、病人、无用人者，皆晦庵为之也。”（《朱子语录评》）

不仅如此，颜、李还指出道德教育和品德培养的目的，不只是要人懂得某种道德知识。更重要的是要人根据道德的要求来规定自己的行动，使之变成自己的“性情气度”，即行为方式和品质，这就非“习行”不可。颜元说：“开聪明，长才见，固资读书；若化质养性，必在行上得之。不然，虽读书万卷，所以似几于圣贤，其性情气量，仍毫无异于乡人也。”（《颜习斋先生言行录》卷上）这里，颜元不仅看到了道德的知行统一的特点，而且肯定了只有“习行”才能培养人们道德的行为习惯和品质。他总结了宋明时期封建士子道德堕落的教训，指出“人不作事”，则“邪念”“私欲乘之起”“逆”“惰”等不良习气便会随之而生，只有“习其事则有所寄而不妄”“习行”才是锻炼良好的道德品质的基础。

颜、李还提出了“体用兼备，知行并全”的命题，进一步论述了“习行”在道德教育和品德培养中的重要性。在他们看来，在道德教育和品德培养中道德固然是“体”，是指导思想，艺行是“用”，是为道德服务的，但是体用是不可分割的，必须坚持“体用一致”。颜元在批驳道学家歪曲体用关系时说：“宋儒偏处，只是废其事，事是实事，他却废了，故大用不周也。人皆知古来无无体之用，不知从来无无用之体，既为无用之体，则理亦虚理。”（《朱子语录评》）李塨更揭露了朱熹把体用分割为二，自相矛盾的错误。他以“手足”与“持行”的关系形象地说明了体用的不可分割性。手足本身就有持行的能力，持行则不能脱离于手足而存在，更须借助手足才能发挥其作用。如果有手足而无持行，那么这种废手废足，不能叫作体，反过来，只有持行而没有手足，那么这种持行是什么东西在持行呢？可见，“体，即是用也；用，用其体也”（《恕谷后集》卷十三），“体用去一不可”（《论学》卷二）。颜、李进一步指出，要把体用结合起来，只有“身习而实践之”。那种“徒见道于低，谈道于口，考道于笔，出身者八股文章”，不过是“存性空谈”。

朱熹把孔子讲的“博学于文”解释为博读书、博作文，教人“半日静坐，半日读书”。颜、李认为这无异于要人“半日和尚，半日当汉儒”。针对道学家“主静”，把静敬作为体验天理、涵养德性的工夫的观点，颜元针锋相对地提出“习动”的主张。他说：“善身莫善于习动，夙兴夜寐，振起精神，寻一事去做，行之有常，并不困疲，日益精准。但说静习将养，便日就惰弱。”（《颜习斋先生言行录》卷上）这里讲的“习动”，不仅是指一般地做实事实功的活动，而且包含一种积极的生活态度和身体力行的进取精神。颜元认为这样的“习动”，本身就是一种教育的力量，具有抗恶养善的道德功能。“人心动物也，习于事则有所寄，而不妄动，故吾儒时习力行，皆所以治心。”（《颜习斋先生言行录》卷上）“治心”即思想品德的锻炼。颜元还以自己参加生产劳动的体会说明习动的意义：“吾用力事农，不遑食寝，邪妄之念，亦自不起，若用十分心力，时时往天理上做，则人欲何自生哉。”（《颜习斋先生言行录》卷上）

总之，颜、李认为道德教育和品德培养的过程就是一个“习行”的过程。同时他们指出，这个过程不能“习三两次”就了事，而必须“时习方能有得”，这样才能培养出优良的品德。所以颜元说：“习与性成，方是乾乾不息。”（《颜习斋先生言行录》卷下）

对于道学家的“主静”，颜元尖锐地指出，这只能“率天下而禅”，完全是佛教讲的“静极生觉”的僧侣主义的翻版。事实上，世界上根本没有脱离实事实功的空理，静坐只能以幻觉为实在。他说：“静中了悟，乃释氏镜花水月之幻学，毫无与于性分之真体，位育之实功。”（《颜习斋先生年谱》卷下）其结果是：“空静之理，愈读愈惑；空静之功，愈妙愈妄”（《存人编》卷一），“委惰人精神”，使人“厌事”“废事”“遇事即茫然”，以致“人道灭矣”。颜元还把对道学“主静”谬论的批判进一步引向对历史的清洗。他说：“晋、宋之苟安，佛之空，老之无，周、程、朱、邵之静坐，徒事口笔，总之皆不动也，而人才尽，圣道亡，乾坤降。”（《颜习斋先生言行录》卷下）

的确，颜、李的德育论，力图打破道学长期统治所造成的虚幻僵死局面，充满了对腐朽了的封建道德实践的深刻反思。梁启超曾经指出，颜、李的道德教育理论和实践的特征是：“以实学代虚学，以动学代静学，以活学代死学。”（《清代学术概论》）这是合乎事实的。颜、李强调道德教育和培养，必须以“经世致用”为目的，以社会的实事实物为内容，以“实行”为根本途径和方法，这些主张不仅具有重要的认识价值，而且就其具体内容来讲，有不少方面已经超出了一般德育论的范畴，涉及更广泛的社会问题，包含着对某种新的道德关系、生活方式的探求，传递着某种新时代的信息。当然，在颜、李那个时代新东西是在旧土壤中生长起来的，不可能不呈现出新旧杂陈的复杂状况。例如，颜、李仍然把礼乐视为“经世至曲”，放在德育教育的重要地位，认为“圣人之道莫大于礼”（《习斋记余》卷一），“学礼则圣道尽矣”（《学礼序》），他们强调的“实行”也不过是一种个人的道德践履，同社会实践的概念不能同日而语。总的讲来，颜元、李塨的道德教育思想最终并没有超出封建社会传统的“修己治人”的樊篱，但绝不能因此而看不到旧框架中的新因素。

（原载于《求索》1993 年第 3 期）

试论魏源的伦理思想

魏源是中国近代思想文化领域里“开风气”的人物。在鸦片战争时期，他提倡经世致用之学，希图改革，反抗西方资本主义的侵略，成为后来资产阶级改良主义的先驱。他的思想值得我们认真研究，本文就他的伦理思想试述管见。

一、“以实事程实功”的民族功利主义思想

魏源的道德理论服务于他的改革主张。他认为，为了进行改革，不仅要采取具体的经济、政治措施，以富国强兵，而且要从“本心入手”，扫除人心之积患，改变社会腐朽的道德风尚。正是从这种观点出发，他在一定的程度上看到了道德和经济利益的关系，提出了“以实事程实功，以实功程实事”的功利主义思想。

魏源说：“曷谓道之资？曰‘食货’。”（《默觚上·学篇九》以下凡引《默觚》只注篇备）他引证《诗经》中的“民之质矣，日用饮食”说明人民物质生活是道德借以发生作用的重要条件，道德同物质生活密不可分，两者都是十分重要的。“使人不暇顾廉耻，则国必衰；使人不敢顾家业，则国必亡。”（《治篇十四》）他还认为，好利是一般人的本性，这是无可非议的。因此治理国家不能“强人之所不能”“禁人之所必犯”。道德的作用不是要否认人们的利益，而在于“以美利利天下之庶人”。“于百姓则开之于利而坊之于淫”，使他们能“见利思义”。他说：

“治天下之具，其非势、利、名乎……一人所聚势生焉，财所在而人聚焉，名义所禁遏而治乱生焉。圣人乘天下之势，扰蛟龙之乘云雾，不崇朝雨天下而莫知谁尸其权。大哉神器，亿万生灵之所托命也，而智可闇奸，而力可觊图乎？夫惟使势、利、名纯出乎道德者，可以治天下矣。”（《治篇三》）

魏源还提出了“五帝不袭礼，三王不沿乐”的命题。他说：

“三代以上，天皆不同今日之天，地皆不同今日之地，人皆不同今日之人，物皆不同今日之物……岂独封建之于郡县，井田之于阡陌哉……是以忠、质、文异尚，子、丑、寅异建，五帝不袭礼，三王不沿乐。”（《治篇五》）

在魏源看来，天、地、人、物都在发生变化，社会的道德风尚，人们的道德观念也在发生变化。从孔孟到宋明道学家都把三代理想化，以三代为道德上的盛世，以三代之君为理想人格，竭力鼓吹复古主义，引导人们在道德上向后看。魏源则认为，社会的变化是前进的，社会的道德风尚，人们的道德观念也在随之而发展，“天有老物，人有老物，事有老物”（《治篇五》）。自然界的发展，社会的发展以及人类的文化思想的发展中，总有一些衰老过时的东西，三代并不是什么理想的状况，相反“后世之事胜于三代”。这种在一定程度上承认人们的道德水平、道德观念也在变化着的思想，正是19世纪中国地主阶级改革派的矛盾性格的反映，它成为后世地主资产阶级改良主义者的“器变道亦变”，中学有中学的体用，西学有西学的体用的先声。

魏源还进一步指出，历史进化的必然趋势同“人情所群便”是一致的，他说：“天下事，人情所不便者变可复，人情所群便者变则不可复。”（《治篇五》）所谓“便”就是方便、有利，任何事情如果同众人的利益相违背，都是行不通的；反之，任何事情如果对众人有利，为众所拥护，那么变了就不可能再被推翻。在魏源看来，这是一个铁定不移的规律，“江河百源，一趋于海，反江河之水而复归之山，得乎？履不必同，期于适足，治不必同，期于利民。”社会的道德风尚，人们的道德观念的变化，也是照着这个原则进行的。

所以，魏源认为，那种所谓“王道无近功”的论调是错误的。宋明道学家把道德同功利绝对地对立起来，鼓吹只有“绝乎天理”，不讲任何功利才是“王道”，如果谁讲劝利，就是霸道，就是“人欲横流”，道德沦丧。针对这种“空谈性命”，毫无实用的道德说教，魏源说：

> “自古有王道之富强，无不富强之王道。王伯之分，在其心不在其迹也。心有公私，迹无胡越……王道至纤至悉，井牧、徭役、兵赋，皆性命之精微流行其间，使其口心性，躬礼义，动言万物一体，而民瘼之不求，吏治之不习，国计边防之不问；一旦与人家国，上不足制国用，外不足靖疆围，下不足苏民困，举平日胞与民物之空谈，至此无一事可效诸民物，天下亦安用此无用之王道哉！”（《治篇一》）

总之，魏源认为，“非令下如流水之原，不可为善政，非立效如时雨之降，不可为圣功”（《治篇二》）。王道不能离开实事实功，讲功利不一定就是霸道，问题是什么功利。如果是“公天下”“身忧天下之忧而无天下之乐”的功利，那就应该体现在井牧、徭役、兵赋等实事实功上，这正是“王道”，如果是“私一身”“穷天下之乐而不知忧天下之忧”的“功利”，那才是“殃人”的功利。讲“王道”，要反对后一种功利，而不是反对一切功利。魏源还揭露，那些口喊“王道”“空谈心性”的反功利主义者，实际上是一些伪君子，他们“除富贵而外不知国计民生为何事，除私党而外不知人材为何物；所陈诸上者，无非肤琐不急之谈，粉饰润色之事，以宴安鸩毒为培元气，以养痈遗患为守旧章，以缄默固宠为保明哲。”（《治篇十一》）

魏源把功利主义的道德论贯彻到道德评价上，便认为必须把动机和效果结合起来。他提出了“事必本乎心……善言心者，必有验于事矣”（《皇朝经世文编序》）的原则。他认为，行为的道德动机是十分重要的，“媒妁誉人而人莫之感，佣雇勤事而人莫之功。有所利而名仁者，非仁也；有所要而称义者，非义也。”（《治篇十六》）一种行为不是出于纯正的道德动机是不能被认为是道德的。但是行为的道德动机是否纯正，又必须“有验于事”，并且能“效诸民物”产生对国、对民有利的效果。“为其事而无其一功者，未之有也。”（《治篇一》）所以，道德评价又必须“以实功程实事”，即以实际效果来衡量实际行动，否则“身无道德，虽吐辞为经，不可以信世；主无道德，虽袭法古制，不足以动民”（《学篇二》）。由此，魏源认为，一个有道德的人必须把立德和立功、立言、立节结合起来，他说：

> “立德、立功、立言、立节，谓之四不朽。自夫杂霸为功，意气为节，文词为言，而三者始不昔出于道德，而崇道德者又或不尽兼功、节、言，大道遂为天下裂。君子之言，有德之言也；君子之功，有体之用也；君子之节，仁者之勇也。故无功、节、言之德，于世为不暇之星；无德之功、节、言于身心为无原之雨，君子皆弗取焉。”（《学篇九》）

魏源继承了明清之际的进步思想家的经世致用的传统，提出“以实事程实功，以实功程实事”的主张，反对空谈道德心性、“无一事可效诸名物”的程朱理学和乾嘉以来盛行的汉学，抨击当时统治集团的但求富贵利达，因循苟安，置国计民生、民族危亡而不顾的腐朽道德风习，这是有进步意义的。他强调道德同功利不可分，主张在道德评价上把动机和效果相结合，这也是正确的，包含着唯物主义的因素。特别应该指出的是，他讲的“便民”“实功”，已经包含了发展民族工商业的内容，这就使他的道德理论成为中国古代向近代过渡的一个中间环节。他在当时思想界所起的“开风气”的作用，在客观上，具有了开启资本主义风气的最初倾向。但是魏源毕竟是一个地主阶级的思想家，就整体而言，他的思想并没有最终地超出儒家的所谓“圣德王功”“内圣外王”的传统观念范畴。对于如何把道德和功利、动机和效果统一起来，他不仅没有作出理论上的解答，而且抽象地谈论所谓“帝王利民，即所以利国也；大臣利国，即所以利家也，士庶人利人，即所以利己也”（《治篇十》），这就抹杀了封建道德的阶级性，掩盖了封建道德的反人民本质。他甚至还幻想有一种脱离功事的纯粹的道德世界，希图通过“以事功销祸乱，以道德销事功”来“反本复始”，实现这种所谓“圣王之治”的纯道德世界，这就完全是一种唯心主义的幻想。

二、民族爱国主义的道德责任观

在魏源的伦理思想中，爱国主义占有突出的地位。他是一个热烈的爱国主义者，在“禁烟”和抗英斗争中，始终站在林则徐一边。反对当时清统治集团中的投降派的卖国行径。爱国主义作为中华民族优秀的道德传统和道德规范，在这里也获得了某些新的内容。

首先，他强调对祖国的深厚的感情和高度的民族责任感的统一。面对着亡国的忧患，丧权的耻辱，他大声疾呼：“此凡有血气者所宜愤徘，凡有耳目心知者所宜讲画也”。（《海国图志序》）在他看来，民族感情是十分重要的，有了这种感情才能祛除人心的积患，使国家民族振奋起来，发奋图强，改革弊政，挽救祖国的危机。他说：“愤与忧，天道所以倾否而之泰也，人心所以违寐而之觉也，人才所以革虚而之实也。”（《海国图志序》）

他指出：中国山河锦绣，资源丰富。“中国智慧，无所不有，历算则日月薄蚀，闰余消息、不爽秒毫；仪器则钟表晷刻，不亚西土；至罗针、壶漏则创自中国而后西行”。只要改革弊政，看清敌人的长处，以彼之长补己之短，就可以“尽得西洋之长技为中国之长技”若干年后，中国必然“风气日开，智慧日出，视东海之民犹西海之民”（《海国图志》卷二）。他深信，中国人完全能够使自己国家富强起来，迎头赶上西方先进国家。

对自己民族的自尊心和自信心，必然要表现为高度的民族责任感。魏源指出：在民族危机面前，不能麻木不仁，各人应尽到自己应有的责任，为此，他提出了“君子用世，随大随小，全力赴之”的道德要求。他说：

> “故君子用世，随大随小，皆全力赴之。为其事而无其功者，未之有也。穑而我飧之，彼织而我温之，彼狩而我貆之，彼驭而我轩之，彼匠构而我翀之，彼赋税商贾而我便之，彼干盾捍卫而我安之，彼与我何酬，我与彼何功？天与彼何啬？于我何丰？思及此而犹泄泄于民上者，非人心也。”（《治篇一》）

这里，魏源虽然还是局限于一般士大夫范围内来谈论道德责任感的问题，但他的见解是十分深刻的。他已经不是从儒家的“忠君报国”“济世救民”的传统观念来谈论这个问题，而是从被统治者和统治者的劳与获的关系引申出“君子”应有的道德责任。虽然在阶级压迫的社会中，这不过是一种道德幻想，但却包含了近代民主思想的内容，特别是他把那些毫无民族责任感，麻木不仁，置国家于不顾的“泄泄于民上者”，痛斥为没有人心的人，更表现出他深沉的爱国主义感情。

在魏源看来，一个人的才华和办事的实际能力固然取决于他的学问，是实功的锻炼，但是也离不开他“于国、于君、于民”的深厚的道德情感和道德责任感。就是这种感情和责任构成了人们办事的内在的精神动力，成为人们建功立业的道德前提，而一个“于国、于君、于民，皆漠然无情”的人，其心思智力的发挥，只会有损于民物，这是谈不上什么“才”的。所以他说：

> “人有恒言曰‘才情’。才生于情，未有无情而有才者也。慈母情爱赤子，自有鞠赤子之才，手足情卫头目，自有能捍头目之才。无情于民物而能才济民物，自古至今未之有也。小人于国、于君、于民，皆漠然无情，故其心思智力不以济物而专以伤物，是鸷禽之爪牙，蜂虿之芒刺也。”（《治篇一》）

魏源这里强调才情的统一，也就是德才的统一，虽然其标准并没有完全超出封建的道德观念的范畴，但是在当时的历史条件下，其中所包含的爱国主义的内容则是十分明显的。这是对我国传统的爱国主义道德规范的丰富和发展。其次，他对封建社会传统的道德规范“仁”作出了新的解释，赋予它爱国主义的内容和民主的色彩。他说：

> “人者，天地之仁也。人之所聚，仁气积焉……‘天地之性，人为贵’。天子者，众人所积而成。而侮慢人者，非侮慢天乎？人聚则强，人散则尫，人静则昌，人讼则荒，人背则亡。”（《治篇三》）

在魏源看来，天子不过是从众人中产生出来的众人中的一员，国家要富强昌盛，能够抵御外来侵略，就必须改变那种“天子”侮慢人的状况，天子应该“自视为众人中之一人”“视天下为天下之天下”，做到同老百姓“息息相通”，这样才算得上“仁”。所以，君之“仁”首先是君要“仁民爱物”，忠于国家，忠于人民，而不是仅仅要求民忠君。他还说：“墨利加北洲之以部落代君长，其章程可垂奕世而无弊。”（《海国图志后叙》）而对于“不设君位”“不立王侯”“推择乡官理事”的瑞士，他则誉之为“西土桃花源”。他的这些思想是对腐朽的封建专制主义及其“君为臣纲”的封建道德教条的大胆怀疑和有力冲击，包含着近代民主政治和人道主义精神的内容。

第三，他认为要把爱国主义的民族责任落到实处，就必须“师夷长技以制夷”，努力向西方学习。魏源明确地把是否学习西方国家的

“长技”，提高到能否战胜外国侵略，维护民族独立的高度来认识。他认为，爱国并不等于妄自尊大，肯定自己民族的高度的智慧和创造力，并不等于故步自封；中国当时在武器装备和“养兵练兵之法”等方面确实落后于西方国家，中国要想战胜西方资本主义的侵略，就必须承认这些方面的落后，学习西方国家的“长技”。他说：“善师四夷者，能制四夷，不善师外夷者，外夷制之。”（《海国图志》卷三十七）他还提出了一套“师夷长技以制夷”的具体方案，其中包括官办军事工业，改进军队武器装备，发展民用工业，允许商民自由经营，以及“仿铸西洋之银钱”等主张。

在中国的大门刚刚被西方资本主义侵略者打开的时候，魏源能够睁开眼睛看世界，及时地总结经验教训，承认自己的落后，勇敢地提出了“师夷长技以制夷”的口号，这在当时的确是一种卓越的见解，它揭示了爱国主义的新的历史内容，起了唤醒民族的振聋发聩的历史作用。这是值得充分肯定的。但是，魏源作为一个开明的地主阶级思想家，他的思想包括他的伦理思想，尽管包含了一些新的时代的内容，但就整个而言却依旧是属于封建主义的思想体系。他主张改革，要求祛除封建统治集团中的腐朽糜烂的道德风习，大声疾呼学习西方的“长技”，但他并不主张触动封建制度，这种希望在不根本改变封建制度的基础上，通过改革，通过学习西方的先进技术，使中国走向富强的想法，当然只能是一种幻想。

（原载于《求索》1983 年第 2 期，收入日本京都大学人文科学研究所《东亚学文献类日》1986 年版）

论严复的伦理思想

严复（1854—1921），在中国近代思想史上占着特殊的历史地位，是中国资产阶级最主要的启蒙思想家。他的伦理思想同康有为、谭嗣同等其他改良主义思想家的伦理思想相较，具有更直接更鲜明的资产阶级的特点，值得认真研究，从中吸取应有的历史经验和教训。

一

在人生观上，严复把“物竞天择”作为根本原则。

严复认为：“物竞天择，适者生存”这个规律，“动植如此，民人亦然”，具有普遍的意义。依据这个规律，“近之可以保身治生，远之可以经国利民”（《原强》）即既是一种指导人们建立对待生活，选择人生道路的人生观的依据，又是一种用以观察民族国家命运的世界观。所以“治生”和“经国”“自强”和“保种”都必须依据“物竞天择，适者生存”的规律。之所以必须如此，这是因为：

首先，人和万物一样，都是自然进化的产物。“万类之所以底于如是者，咸其自己而已，无所谓创造者。”人之所以成为“万物之灵”，完全是自己奋斗的结果，否则就要被淘汰而归于灭亡。严复说：

> “是故天演之秘，可一言而尽也，天惟赋物以孳乳而贪生，则其种自以日上，万物莫不如是，人其一耳，进者存而传焉，不进者病而亡焉。”（《天演论·导言·按语》）

其次，严复认为，“物竞天择，适者生存”也是历史进化的规律。他把这种规律叫作“运化”。他认为韩愈鼓吹的圣人创造历史的理论是十分荒谬的。他说：“圣人亦运会之一物，既为其中一物，谓能取运会而转移之，无是理也。”（《论世变之亟》）他的结论是：“达尔文曰，物各竞存，最宜者立，动植如是，政教亦如是也。”（《原强》）

第三，严复还从历史事实的对比中说明，人们必须依据“物竞天择”的规律来指导自己的生活。他指出，中国为什么贫穷落后，遭人侵略呢？就因为在封建统治者的宣传下，人们“好古而忽今”，一切委于天数，相信“一治一乱，一盛一衰”的循环论，完全不懂得“物竞天择”的规律。相反，西方国家之所以物质文明发达，国力强盛，则在于他们“力今以胜古”，一切“恃人力”，相信“以日进无疆，既盛不可复衰”（《论世变之亟》）的进化论。中国那些封建士大夫和顽固派直到现在还“守旧不变，以古为宗”（《论中国之阻力与离心力》），自恃中国地广人众，对民族危机麻木不仁。殊不知“物竞既兴，负者日耗，区区人满，何足恃也哉，何足恃也哉”（《天演论·导言·按语》），中国只有赶紧振作起来，发奋自强，救亡图存，才是出路。作为一个中国人，也只有以此为人生的目的，也才能保种自存。所以说：

> “人欲图存，必用其才力心思，以与是妨生者为斗，负者日退，而胜者日昌。”（《天演论·导言·按语》）

严复进一步指出，人们要努力奋斗，做到自强、自力、自立、自主，就必须“以濬智慧、练体力、厉德行三者之事为纲”（《原强》）。他说：

> “盖生民之大要三，而强弱存之莫不视此：一曰血气体力之强，二曰聪明智虑之强，三曰德行仁义之强。”（《原强》）

这里，严复所讲的“血气体力之强”，就是要有强健的身体。所谓“聪明智慧之强”，就是学习“西学”，用西方的文化科学武装自己，开启人的智慧，增长人的才干，提高人的自存能力，不能败坏人材，把人变成糊涂虫。所谓“德行仁义之强”，就是要树立西方资产阶级的自由、平等的思想，增强自己的国家民族观念，做到“合力同志，联一气而御外仇”，反对封建的三纲五常，冲破贵尊亲，薄信果，怀欺诈的封建旧道德的束缚。根据上述三个方面，严复提出了“鼓民力、开民智、新民德”的改革主张，这种企图不触动封建制度的维新政纲，当然是他的资产阶级改良主义软弱性的表现，但是作为一种对人生的具体要求，则不能不说他看到了人的德、智、体全面发展的重要性，看到了个人的命运同国家民族的前途的联系，充满了反封建内容，表现了新兴资产阶级朝气蓬勃的人生态度。

严复认为，逆境和外界的压迫是对人的一种锻炼。他指出，正如外界环境变迁的压力愈大，生物发展进化就愈快一样，中国尽管已经落后了，列强的侵略、封建的束缚威胁着人们的生存，国家的存亡，但只要不闭关自守，积极起来斗争，自强自主，就没有什么可怕的：

> “可知外物之来，深闭固拒必非良法，要当强立不反，出与力争，庶几磨厉玉成，有以自立。至于自立，则彼之来皆为吾利，吾何畏哉！”（《有如三保》）

在人生问题上，提倡“与时偕行”“奋发图强”，这是中国古代进步伦理思想的优良传统。严复在新的历史条件下继承和发扬了这一优良传统。他不仅力图给它以新的近代“科学”的依据和基础，而且还赋予它的反侵略，反封建压迫的新的爱国主义和民主主义的历史内容，这在当时是有着巨大的启蒙意义的。

但是，严复的“物竞天择”“自强保种”的人生观，毕竟是不科学的。它实际上是建立在斯宾塞的反动的社会达尔文主义的基础上的。在翻译《天演论》时，严复力图用斯宾塞的思想来补充赫胥黎的观点，在《原强》中，他更是把斯宾塞同达尔文相提并论。他建立在生物学规律和庸俗进化论基础上的人生观，毕竟不可能真正揭示人生的秘密、正确地指导生活的方向。这就无怪乎戊戌变法失败后，这位曾经风靡一时的启蒙思想家，也在自己人生的道路上停止下来，并越来越开倒车。

二

对于道德起源和本质问题，严复也是从“物竞天择”的基本观点出发来理解的。他并不同意赫胥黎在《进化论与伦理学》一书中把自然进化同社会进化对立起来的观点。赫胥黎认为社会不同于自然，伦理学不同于进化论。在自然界，“物竞天择，适者生存”规律支配着动植物的进化，而人类都有高于动物的先天“本性”，能够相亲相爱，互助互敬，不同于自然竞争。在赫胥黎看来，人类有一种先验的道德本性，由于这种“本性”才限制了个人利己的思想，使社会集体得以保持。社会愈进步，道德的作用愈大，“物竞天择”的作用就愈小。严复认为，赫胥黎这种思想是一种倒因为果，“执其末以齐其本”的观点。在严复看来，“物竞天择，适者生存”的规律同样适用于人类社会，正是由于这个规律的作用，人为了个人的生存发展，“才由散入群”形成社会，道德产生于人们合群的社会需要。因此，道德的“物竞天择”之后，而不是先验于人的本性之中。这就是他说的：“善相感通之德，乃天择以后之事，非其始即如是也。”（《天演论·导言·按语》）

严复还从善恶的相对性来证明道德是后起的，是人类合群的社会生活的需要的产物。他在评价荀子的性恶论时说：“荀子性恶而善伪之说，诚为当过，不知其善，安知其恶耶？至以善为伪，彼非真伪之伪，盖谓人为，以别于性者而已。后儒攻之，失荀旨矣。”（《天演论·导言·按语》）荀子认为善的观念是后起为，人为的，这是对的。但是，善恶观念是相对而言的，没有善就没有恶，既然善的观念是后天社会生活中形成的，那么怎么能说恶是先验于人的本性呢？应该肯定，善恶道德观念都是后天社会生活中形成的。所以严复又说：

“谓世间不能有善无恶，有乐无忧，二语亦无以易。盖善乐皆对待意境，以有恶忧而后见，使无后二，则前二亦不可见。”（《天演论·导言·按语》）

既然善恶是相对的，那么衡量善恶的标准是什么呢？对这个问题严复的回答同康有为、谭嗣同的观点大体上是一致的。他反对宋明道学家把“天理”和“人欲”对立起来，认为“生民有欲”也是“天”所给予的，去苦求乐这是人的本性，它本身并无所谓善恶。所谓善恶应以是否符合以及何等程度上符合人的求乐的要求为标准。这就是他提出的“人道以苦乐为究竟”的命题。

正因为如此，在道德和利益的关系问题上，严复强调“义”不能离开“利”。他批判了儒家孟轲和董仲舒把义和利截然分开的观点，指出这种观点道理浅薄，危害天下，完全是一种宗教禁欲主义的理论。他认为，既然道德是由于“物竞天择”的规律的作用，使人们为了“安利”而合群的需要的产物，那么，“非谊不利非道无功之理”就“洞若观火”了。“功利何足病”，问题是什么样的“利”，什么样的“义”。如果是谋求人民“长久真实之利”，有益于社会进化的“利”，那么“利”和“义”是能够统一的。所以他说：“故天演之道，不以浅夫昏子之利为利矣，亦不以谿刻自敦、滥施妄与者之义为义，以其无所利也。庶几义利合，民乐从善，而治化之进不远欤！”

显然，严复这里讲的“治化之进”是要进行到资本主义社会去，他力图在资产阶级功利主义的基础上，把义利统一起来，他所使用的武器也就是近代资产阶级反对封建禁欲主义的感觉论的道德论。但是严复毕竟是中国近代资产阶级的启蒙思想家，中国近代所面临的“瓜分豆剖”灭国灭种的危机，不仅威胁着中华民族的生存，也威胁着中国民族资产阶级的生存。严复的义利统一观，正是这样一种特定历史斗争的反映，因此，他虽然宣传感觉论的道德论，但并没有像西方资产阶级那样诉诸享乐主义，极端利己主义。他强调“苦乐之广狭”，强调社会进化的“长久真实之利”。对中国古代墨家以“自苦为极”“摩顶放踵以利天下”，他明确地表示赞成。他还指出，孟子对墨家“兼爱”思想的攻击是毫无道理的，“兼爱”并不是“无父”，而是待父如众人，待众人如父，对他们一视同仁。而孟子一方面讲“仁爱”，一方面又讲“差等”，强调等级区别，这是自相矛盾的。严复强调以苦乐和功利为评价行为善恶的道德标准，但他认为不能因此而片面地归结为个人的苦乐和功利，而必须考虑到国家民族的苦乐和功利，这种思想无疑是进步的，有价值的。

但是，严复毕竟是一个资产阶级改良主义者，他反对极端利己主义，要求人们树立爱群、为公、爱国的观念，培养对国家民族的责任心和义务感，讲究公德。然而具体到己和群的关系问题上，他却主张重己，强调个人利益的重要生。为此，他提出了“开明自营”的口号。他说：“大利所存，必其两益。损人利己非也，捐己利人亦非。”（《天演论·导言》）严复的这种既要“利己”，又不“损人”“再利为利，独利必不利”的思想，实质上就是近代西方资产阶级思想家所宣扬的“合理的利己主义”。他是最早把这种主义介绍到中国来，并加以宣传的人。这种“合理的利己主义”反映了资产阶级要求个性解放，发展资本主义商品经济的要求。但是，所谓“合理的利己主义”并不合理，它的虚伪性随着中国无产阶级革命斗争兴起之后，便日益暴露出来。清除这种资产阶级道德原则在无产阶级和革命队伍中的影响，直到现在仍然是思想领域里的一个重要的任务。

三

宣传自由、平等、博爱的资产阶级政治伦理观，反对封建专制主义及其纲常名教，这是改良主义思想家们的共同特征。但是比较而言，康有为更注重博爱，谭嗣同更注重平等，而严复则强调自由；康、谭的思想还夹杂一大堆孔孟、佛教的陈旧内容，而严复则直接站在近代西欧资产阶级的天赋人权说的立场上讲话。他明确宣布："民之自由，天之所畀（给）也"（《辟韩》）。

所谓自由，按照严复的解释，就是人各自主，"无相侵损"。严复指出，自由同中国传统的"恕道""絜矩之道"虽然表面上相似，但却有原则的区别。他说："中国理道与西法自由最相似者，曰恕，曰絜矩，然谓之相似则可，谓之真同则大不可也。何则？中国恕与絜矩，专以待人及物而言，而西人自由，则于及物之中，而实寓所以存我者也。"（《论世变之亟》）这就是说，自由是承认天赋人权，个人自主为前提，而不是像忠恕之道，絜矩之道那样，讲由己及人，实际上是泯灭人我，把个人消融在封建的普遍观念之中。严复指出，正因为如此，所以造成了两者在一系列的道德观念上的对立。他说：

> "自由既异，于是群异丛然以生。粗举一二言之：则如中国最重三纲，而西人首明平等，中国亲亲，而西人尚贤；中国以孝治天下，而西人以公治天下；中国尊主，而西人隆民；中国贵一道而同风，而西人喜党居州处；中国多忌讳，而西人众讥评……若斯之伦，举有与中国之理相抗，以并存于两间……"（《论世变之亟》）

这里，严复实质上是揭示了以自由为原则的资产阶级道德观念同传统的封建道德观念是两种对立的道德体系。严复认为社会进化到了当时，必须以资产阶级道德代替陈旧的封建道德观。为此，他论述了自由的意义和作用，批判了封建道德。

首先，严复提出了"身贵自由"的命题，认为只有自由，人才能得以"全受"，即发挥了天给予人的禀赋和权利，使人成为一个完全意义上的人，否定自由，就否定了人存在的意义。他说：

“夫自由一言，真中国历古圣贤之所深畏，而从未尝立以为教者也。彼西人之言曰：‘惟天生民，各具赋畀，得自由者，乃为全受。’故人人各得自由，国国各得自由，第务令无相侵损而已。侵人自由者，斯为逆天理，贼人道。”（《论世变之亟》）

严复指出，人如果失去了自由就生不如死，存不如亡。封建专制主义及其纲常名教的统治，恰恰剥夺了人的自由，把人变成奴隶：“自秦以降，为政虽有宽苛之异，而大抵皆以奴虏待吾民”，因而造成了“民固有其生也不如死，其存也不如亡”的悲惨状况。严复认为人的生和死，存和亡的区别就在于“自由不自由之间异耳”（《原强》）。这里，他实际上是说，与其在封建专制主义及其纲常名教的统治下奴隶般地活着，不如在为自由而斗争中死去。这在当时对于促进个人的觉醒，有着巨大的启蒙意义。

其次，严复提出，民族国家的富强“必自皆得自由始”，认为只有自由，才能发挥人们的才能，唤起人们的爱国心和责任感，动员人民的力量，在国际竞争中，取得民族国家自主生存的权利。他说：“夫所谓富强云者，质而言之，不外利民云尔，然政欲利民，必自民各能自利始；民各能自利，又必自皆得自由始。”（《原强》）严复指出，西方资本主义国家之所以富强，就是因为人民享有自由平等的权利，因而人人能够在互相竞争和比赛中，发挥各自的特长和才能，造成“此既日异，彼亦日新”，蒸蒸日上的局面，促进国家的不断的发展，也能够使“其民知自重而有所劝于善”，做到爱“其国与主”“赴公战如私仇”，在国际竞争中，取得国家的自由、生存和发展。相反，中国的封建专制主义及其纲常名教的统治，剥夺了人民的自由，使人民成为“奴虏”，造成了“民力已恭，民智已卑，民德以薄”的局面。这样，对于人民来说，当然就“无所谓天下也，无所谓国也，皆家而已。一姓之兴亡，则亿兆为之臣妾。其兴也，此一家之兴也，其亡也，此一家之亡也”（《法意·按语》），人民理所当然地只有自己靠自己，他们的爱国心责任感遭到压抑，国家怎么能够自强图存、兴旺发达呢？所以严复告诫统治者说：“毁民权者，天下之至愚也。”（《法意·按语》）

第三，严复提出了“以自由为体，以民主为用”（《原强》）的命题，认为个人天赋自由权利的实现，是政治上民主的基础。严复的这一思想是十分深刻的，正如他力图把自由同中国传统的“忠恕之道”“絜矩之道”从原则上区别开来一样，他也力图把民主同中国传统的“民本”思想从原则上来区别。中国传统的“民本”思想讲的是君主要施发仁政，把仁爱自上而下地赐予老百姓，目的是不让载舟之水转而覆舟，维护一家一姓的天下的长治久安。这种思想虽然在中国漫长的封建社会中，曾经为一些进步的政治家和思想家所信奉和宣传，起过某种积极作用，但它本质上是封建主义的。严复的“以自由为体，以民主为用”的思想，肯定“民主”只是“自由”在政治上的一种表现，“自由”才是“体”“民主”不过是“用”。这在理论上说明了“民主”作为一种政治制度，只有在承认人的权利，肯定人的价值的基础上，才有可能，才有意义；在实践上则说明了，只有打破封建的人身依附关系，用以个人为社会单位的资本主义社会，代替以家族为社会单位的封建宗法制度，才能打破封建专制统治，“民主”才能实现。当然，严复并不懂得无论是“自由”还是“民主”，都是一种上层建筑，归根结底决定于社会经济基础，但作为一种反封建的伦理政治思想，他的“以政治为体，以民主为用”的观点，比起改良主义的其他思想家在认识上却要深刻得多。他专门写了《辟韩》一文，指出韩愈的君权至上论，是只“知有一人，而不知有亿兆”。他力图从历史上说明：“斯民也，固斯天下之真主也”，这才是天经地义的；“君不能为民锄其强梗，防其患害则废，臣不能行其锄强梗、防患害之令则诛”，这才是理所当然的。可是“夫自秦以来，为中国之君者，皆其尤强梗者也，最能欺夺者也”“秦以来之君，正所谓大盗窃国者也”。韩愈的理论就是这些窃国大盗的理论。严复指出，以民为天下的真主，这才是西方资本主义国家的命脉，“是故西洋之言治者曰：国者，斯民之公产也，王侯将相者，通国之公仆隶也”（《辟韩》）。可见，严复对以韩愈为代表的君主专制、纲常名教的理论的批判，贯穿着“天赋人权”“自由为体”的精神。他援引卢梭的“契约论”也旨在说明，君主制也好，民主制也好，都是人民自由选择的结果，现在既然君主制成了“窃国大盗”的“强梗”“欺夺”的工具，那么推翻它，也是人民的自由。严复的这些思想虽然掩盖了君主、国家的阶级实质，但它却有力地批判了君主专制制度及其纲常名教思想，有利于启发人民的觉悟，具有巨大进步意义。

如前所述，严复的天赋自由论，是为了“救亡图存”，因而他把国家的自由（独立）远远放在个人自由之上，这就历史地决定了他的理论思想同实际主张之间重大的内在矛盾。作为一个改良主义思想家，他也不能脱却他所代表的中国民族资产阶级的封建依附性脐带。他虽然尖锐批判了封建君主专制主义及其纲常名教，却又不肯放弃他的“君主”，到了后来，他更是连“自由”这名词也不愿提了，甚至他越来越赞扬孔孟之道。严复同康有为、梁启超一样走了一条悲剧性的历史道路，尽管这有深刻的时代和阶级根源，但也说明了中国封建道德传统的顽固性。

（原载于《求索》1983 年第 3 期）

谭嗣同的伦理思想述评

谭嗣同（1865—1898），中国近代资产阶级改良主义运动中最激进的思想家。他的思想，包括他的伦理思想，虽然存在着深刻的矛盾，总体上没有超出改良主义的范畴，但又有所突破，影响比较深远。他不仅为近代一些资产阶级革命派所景仰和怀念，对于老一辈无产阶级革命家也有过积极的影响。研究他的伦理思想是揭示中国近代伦理思想发展脉络的一个重要环节，对于今天我们建设社会主义精神文明，也有着历史的借鉴作用。

一、“冲决网罗”的反封建纲常名教的思想

“冲决网罗”是谭嗣同在中国近代史上提出的一个影响深远的口号。他说：“今中外皆侈谈变法，而五伦不变，则举凡至理要道，悉无从起点，又况于三纲乎？”（《谭嗣同全集》第68页。以下只注页数）因此，他大声疾呼：“冲决伦常之网罗。”（第4页）对封建的纲常名教进行了猛烈的抨击和尖锐的批判。他的这种抨击和批判的特点在于，把社会道德问题集中地归结为政治压迫问题。这就抓住了纲常名教的要害，因而使其有别于康有为等其他改良主义的思想家，达到了前所未有的高度。

首先，谭嗣同揭露了纲常名教为封建君主专制制度服务的实质。他指出封建纲常名教并不是什么“天理”的体现，也不是什么人的本性中固有的东西，而是适应封建统治者奴役人民的需要，“由人创造”

出来的。所谓“君为臣纲”是毫无根据的。自古就是民本君末，君主最初只是普通的一民，是由人民“共举之”来为人民办事的。当时君主并没有什么“绝乎臣民之上面独尊”的特权，恰恰相反，君主如果“事不办”“累及民”，人民就有权“共废之”（第56页）。因此，只有君叛民，没有什么民叛君，所谓“忠君”“死节”的封建道德观念，是本末倒置的教条。“古之所谓忠，中心之谓忠也，抚我则后，虐我则仇，应物平施，心无偏袒，可谓中矣，亦可谓忠矣。”（第58页）“君亦一民也，较之寻常之民更为末也。民之与民，无相为死之理；本之与末，更无相为死之理”“夫死节之说，未有如是之大悖者矣。”（第57页）可是，后来统治者却鼓吹“君为臣纲”，宣扬“忠君”“死节”的道德教条，动不动就用“叛逆”的罪名来压迫人民，那只是“君主创之以恫吓天下之名”。总之，谭嗣同指出：“生民之初”，并没有“名教”，名教是君主专制制度确立之后才有的，因为封建君主也不过是普通一人，他们要专制独裁，“积以威刑，钳制天下，则不得不广立名，为钳制之器”（第15页），于是造成了“天下皆惧名”的局面。因此，名教实质上是封建统治者用以“上以制其下”的工具，是封建统治者奴役人民的精神枷锁。他说：“独夫民贼，因其乐三纲之名，一切刑律制度皆以此为率，取便已故也。”（第66页）

第二，谭嗣同愤怒地揭露了纲常名教的蒙昧性和反人道的本质。他指出，纲常名教完全是一种“愚黔首之术”，它用“天命”论的唯心主义来蒙蔽人的理智，禁锢人的灵魂；用等级盲从来否认人的“自主之权”，抹杀人的价值，以致数①千年来“惨祸酷毒”愈演愈烈，使整个中国成为一座“黑暗地狱”。他说：“二千年来，君臣一伦，尤为

---

① 如著名的资产阶级革命家、《革命军》的作者邹容就把谭嗣同的遗像放在坐侧，并题诗于上曰：“赫赫谭君故，湖湘士气衰，惟冀后来者，继之志勿灰。”（邹鲁：《邹容略传》）毛泽东同志早年曾对蔡和森同志说：“前之谭嗣同，今之陈独秀，魄力雄大，诚非今日俗者可比拟。”谭嗣同的代表作《仁学》，曾是新民学会会员爱读的书之一。（引自；《张昆弟日记》1917年9月22日）

黑暗否塞，无复人理，沿及今兹，方愈剧矣。”（第55页）“尤可愤者，已则渎乱夫妇之伦”（第66页）。他认为本来“男女相亲”，乃“发于自然”，没有使之阻隔之理，可是封建统治者却大搞男女内外之禁，宣扬“重男轻女”“夫为妻纲”“饿死事小，失节事大”之类的道德教条，给广大妇女造成了深重的苦难。她们婚姻不得自主，男子可以任意践踏她们，以至“溺女”这种连“蜂蚁豺虎之所不为”（第19页）的行为居然流为社会的风习。所以他说：“君臣之祸亟，而父子夫妇之伦遂各以名势相制为当然矣。此皆三纲之名之为害也。名之所在，不惟关其口，使不敢昌言，乃并锢其心，使不敢涉想。愚黔首之术，故莫以繁其名为尚焉。”（第65页）谭嗣同疾呼：“三纲之慑人，足以破其胆，而杀其灵魂”（第65页），是“殆非生人所能忍受”的，如果不冲决这种“纲常之网罗”，那么中国就只会“沦胥以亡”！

第三，谭嗣同还阐述了“道随器变”的命题，批判了封建卫道士“天不变，道亦不变”的纲常名教不变论，论证了冲决纲常网罗的必要性和合理性。他继承王夫之的“道不离器”的学说，指出：“夫苟辨道之不离乎器，则天下之为器亦大矣，器既变，道安得独不变？”（第390—391页）社会意识、道德观念必须随着社会存在而变化。他还进一步指出，“天”亦是变的，因为天是由元气组成，“元气絪缊，以运为化生者也”（第247页），“天不新，何以生？地不新，何以运行？日月不新，何以光明？四时不新，何以寒暑发敛之迭更？”（第34—35页）一句话：“盈天地间，皆易也。”整个宇宙都是新陈代谢的，“天以新为运，人以新为生”（第387页）。因此，如果“人心一不运，则视不见，听不闻，运者皆废矣”（第247页）。那种宣扬“天不变，道亦不变”，鼓吹纲常名教万古不变的说教，不过是“泥不变之说为逆天矣”（第130页）。谭嗣同还以“欧美二洲，以好新而兴，日本效之，至变其衣食嗜好”的历史事实说明，那些“于今熟视无睹”的“迂陋之僻儒”“辄喜引经据典，伪谈古制”，坚持“与今事务，往往相反”的“封建世之制”，必须要落得“成为极旧极敝一残朽不灵之废物”的可悲下场。

在中国近代思想史上，谭嗣同不愧为反封建名教的斗士。如果说洪秀全及太平天国的英雄们，曾经从农民革命利益出发，主要是以“武器的批判”，猛烈地冲击了封建等级伦常秩序，那么，谭嗣同则从新兴的民族资产阶级的要求出发，第一次对封建的纲常名教进行了正面的理论批判。他述“人之所不能述”，言“人之所不敢言”（梁启超：《清议报第一百册祝辞》），激烈地抨击了封建纲常名教的罪恶，淋漓地控诉了封建统治者利用纲常名教残酷迫害人民的事实，愤怒地揭发出广大人民在纲常名教的束缚压制下的沉重灾难，所有这些都深刻表达了在悲惨的现实中，广大劳动人民对封建专制度的长期压迫的憎恨情绪，反映了反抗这个制度的暴风雨快要来临的历史趋势。正因为如此，它引起封建卫道者的惊恐和狂怒。洋务派的代表张之洞说：“近日微闻……有公然创废三纲之议者……怵心骇耳，无过于斯。”（《劝学篇内篇·明纲第三》）可见，谭嗣同“冲决网罗”的反封建纲常名教的思想是有重大的进步意义的，应该充分肯定。它直接成为后来“五四”运动反封建旧道德斗争的先声。

但是，谭嗣同并不真正懂得封建纲常名教产生的经济基础和阶级实质，他也找不到“冲决纲常之网罗”的真正现实的力量。在他看来，纲常名教的产生及其所造成的“不幸”和“错误”，是人类理性在“荀学”和“大盗”的欺骗下，在习俗和偏见的蒙昧下所招致的牺牲。因此，在理论上，他只好求助于佛教的所谓“勇猛精神”，荒谬地提出所谓“以心挽劫”的主张，走上宗教神秘主义的道路；在实践上，他则力图依靠光绪皇帝变法维新，颂称其“载山知重，感激涕零”，不惜“舍命救上”，陷入了尖锐的矛盾境地。谭嗣同说：“故冲决网罗者，即是未尝冲决网罗”（第4页）。的确，“要冲决网罗”的谭嗣同也有自己的“网罗”，这就是他所代表的中国早期民族资产阶级所特有的软弱性和妥协性。

二、“仁—通—平等”的资产阶级道德观

谭嗣同关于“仁”的思想，来源极为复杂，它融合了中国古代传统的思想和西方的自然科学、社会学说以及佛教、基督教等各种成分。但是就他把“仁”看作支配宇宙的自然法则的思想来说，则是批判地吸收了宋明理学思想的结果。他说：“仁为天地万物之源”（第7页），“天地间亦仁而已矣”（第12页），显然，这是唯心主义的观点。然而谭嗣同又把“仁”同西方传来的“以太”的概念联系起来，这就使他有别于唯心主义理学，而把“仁”改造为一个近代资产阶级的道德原则。他力图用这种道德原则来代替已经过时的纲常名教，因而提出了他的“仁—通—平等”的道德观。

“仁”是中国古代一个传统的道德规范。春秋末期，孔子第一个把它系统化，并建立了以“仁”为核心的政治伦理思想体系。孔子的“仁”包举诸德，是做人的最高准则。“仁”基本精神是“仁者，爱人”。但孔子的“仁”是与“礼”不可分的，爱必须以等级为前提，即所谓“爱有差等”。唐代韩愈以“博爱”释“仁”，并开始把“仁”说成一种支配宇宙的永恒法则，提出了他的道性唯心主义的伦理学说。宋明的道学家对此做了进一步的发挥。尽管道学各派对“仁”作了各种不同的具体解释，但有两点是共同的：一是以“仁”为“天理”，说成是支配宇宙的永恒法则。二是把“仁”说成是人心固有的。朱熹把这两方面概括起来，便释“仁”为“心之德，爱之理”（《仁说》）。在朱熹看来，既然“仁”是“全体”，那么也就是“天理”，它是支配整个宇宙的自然法则，又是人的先天本性。“理即礼也”，它“其张之为三纲，其纪之为五常”（《朱子文集卷七·读大记》），不过是“三纲五常”的绝对化。朱熹对“仁”的解释折中宋儒诸家，集道学之大成，“仁”变成了一个神秘化本体化了的最高的封建道德规范。谭嗣同

吸收了理学家“仁”为支配宇宙的自然法则的内容，但是，他讲的“仁”是和西方的“以太”概念有联系的。

“以太”这一概念，古希腊的毕达哥拉斯学派就提出来了。到了近代，一些自然科学家为了说明光、电、磁等物理现象，又提出了“以太”的假说，认为“以太”是一种无声无臭无色而弥漫于宇宙的、无所不在的极细微的物质，它是光、电、磁赖以传播的媒介。谭嗣同也认为，“以太”是宇宙的本体，它是无所不胶粘不贯洽不筦络而充满一物焉。它“目不得而色，耳不得而声，口鼻不得而臭味……无形焉，而为万物所丽；无心焉，而为万心所感”（第121页）。天地万物由“以太”所生，“众生”由“以太”所出，“以太”是宇宙间“司其动”“使其荡”“为其传”“主其牵”“令其引”“任其吸”的主宰。这样，在“以太”和“仁”的关系上，当谭嗣同肯定“夫仁、以太之用”（第12页）的时候，他走向唯物主义，而当他认为，“以太”“精而言之，夫亦曰仁而已矣”（第121页），甚至把“以太”归结为“心力”的时候，便表现出其唯心主义的归宿。谭嗣同这种理论上的混乱，表现出一种体现时代要求的企图，即用一种符合宇宙发展的自然法则，来代替旧的封建道德观念。普列汉诺夫曾经提出，法国18世纪启蒙思想家看到了“社会法则与自然法则相抵触”“企图从自然中引申出人人应守的不变规则来”“把自然母体在政治方面、道德方面都作法则看待”（《唯物论史论丛》），谭嗣同也是如此。他力图赋予“仁”以宇宙普遍法则的意义，目的是要否定那些反自然的封建道德法则，只是由于作为中国近代历史条件下的早期资产阶级的思想家，决定了他不能建立像18世纪法国启蒙思想家那种完整的唯物主义的自然观。正因为如此，所以他灌注在“仁”这个道德范畴中的具体含义，不仅同宋儒不同，而且是根本相对立的。宋儒讲“仁”是为了坚持“理（礼）”，谭嗣同则主张“仁”而反“理（礼）”，使“仁”变成封建等级伦理道德的对立物，成为近代资产阶级平等、自由、博爱之代名词。他说：“是故仁不仁之辨，于其通与塞，通塞之本，惟其仁不仁……苟仁，自无不通，亦惟通，而仁之量乃可完。”（第6—12页）这就是说，“通”是“仁”的最根本、最重要的特征，通不通是辨别仁与不仁的尺度、标准。那么，“通”的含义是什么呢？谭嗣同指出，就是无阻塞，无隔阂。具体说来，“通有四义：中外通……上下通，男女内外通……人我通”（第6页）。谭嗣同所说的，“中外通”，就是要打破中国与外国的界限，实现与西方国家平等地通教、通商、通学，“上下通”，就是打破上下等级的界限，贵贱的差别等等；“男女内外通”，就是要打破男女的界限，宗族的隔阂，所谓“人我通”，就是要打破个人和他人的界限，实现人与人之间的“相亲相爱”。总之，谭嗣同说：“通之象为平等。”（第6页）他指出“有等级通之无等级”就是平等。可见，谭嗣同讲的“通”的实质，就是事物之间、人与人之间的“平等”地沟通、联系、一致和统一。所以他说：“平等者，致一之谓也。一则通矣，通则仁矣。”“仁一而已，凡对待之词，皆当破之”“无对待，然后平等”（第97页）。在谭嗣同看来，平等是宇宙的普遍法则，因而也应该是社会的最高的道德标准和政治原则。他指出：当时社会之所以“网罗重重”，就在于处处阻隔不通，人与人之间普遍的不平等，这是违背自然规律的。他说：“君与臣隔，大臣与小臣隔，官与绅隔，绅与士隔，士与民隔，而官与官，绅与绅，士与士，民与民，无不自相为隔……譬如一幅美锦，既条条裂之，复寸寸磔之，共存焉者有几？”（第97页）因此，冲破这种阻隔，实现平等，才是天经地义的。

恩格斯曾经指出，近代的平等观是与天赋人权相联系的。谭嗣同的平等观，所强调的也正是这种天赋人权。所以他说：“五伦唯朋友之伦独尊。”他以为只有朋友的关系，才“不失自主之权”。因此，必须，“咸以朋友之道贯之”其他四伦，使其成为一切人与人的关系的基础（第55—68页）。这样才能合乎“仁—通—平等”的原则。强调天赋人权，要求冲决封建重重网罗，把人与人之间的伦常关系都变成“不失自主之权”的平等的朋友关系。这种人权平等的要求正是近代资产阶级个性解放的要求。从这种要求出发，谭嗣同进一步提出了

“兴民权，倡民主”的主张。他说：“孔之初立教也，黜古制，改今制，废君统，倡民主，变不平等为平等。”（第54页）这里，他美化孔子，是违背历史事实的，他企图借助孔子这个“圣人”的权威来宣扬自己的主张，也表现出他的局限性，但是却反映了他希望用资产阶级新的道德准则和政治制度来代替旧的封建的道德教条和封建专制制度的要求。他认为，只要废除了“君统”，兴起了“民权”，实现了民主，整个社会就能够出现一个新的局面。他说：“一旦衔勒去，民权兴，得以从容谋议，各遂其生，各均其利，杼轴繁而悬鹑之衣绝，工作盛而仰屋之叹消；矿禁弛，谁不轻其金钱，旅行速，谁无乐乎游览……”（第43页）由此，他提出了他的社会理想和道德理想。这是一个没有国家，没有战争，不分彼此，不殊贵贱，自由、平等、博爱的“大同”世界：“无国则畛域化，战争息，猜忌绝，权谋弃，彼我亡，平等出，且虽存天下，若无天下矣。君主废，则贵贱平；公理明，则贫富均。千里万里，一家一人。视其家，逆旅也；视其人，同胞也。父无所用其慈，子无所用其孝，兄弟忘其友恭，夫妇忘其唱随。若西书中百年一觉者，殆仿佛《礼运》大同之象焉。”（第85页）

谭嗣同这种社会理想和道德理想是对自由、平等、博爱的讴歌。他所憧憬普遍幸福的“大同”世界，实质上不过是理想化了的资本主义社会。但是，这个社会毕竟反映了当时历史发展的客观要求。他的“仁—通—平等”的道德观，是中国近代社会的先进的意识形态，是中国民族资产阶级发展资本主义商品生产和流通的经济要求在道德上的反映，就其反封建等级伦常秩序，肯定人权平等的内容来看，表现了对人的价值和尊严的向往，在当时是具有启蒙意义的。但是，谭嗣同并不真正懂得如何来实现这种道德主张，他只好求助于宗教，企图利用“心力”来沟通万物，合一人我，实现他的平等、自由、博爱的道德原则。他说：“轻灭体魄之事，使人人不固于伦常而已矣”。他认为“通则心尊灵魂”，只要“尊灵魂”就能达到平等，解脱痛苦，解放世界，实现“大同”。这就正如他终究不能冲决重重网罗一样，他的道德观以及社会理想和道德理想也终究是一种唯心主义的空想。

三、“以太即性”的自然人性论

在人性问题上，谭嗣同提出了“以太即性”的命题。他正是从这种人性论出发，去反对封建的纲常名教，为其“仁—通—平等”的道德观进行理论上的论证的。所谓“以太即性”，即是说，“性”是一种自然的存在，是构成万物的质点的自然属性和作用。所以谭嗣同说：“生之谓性，形也。形色天性，性也……性一以太之用。”（第16页）谭嗣同这种自然人性论，包含着如下几个方面的主要内容：

首先，“惟性无不同”（第394页），人性是平等的。在谭嗣同看来，宇宙万事万物，归根到底，都是由七十三种原质构成的，而原质之原又只有一个“以太”“至于以太，尤不容有差别”（第11页）。各种事物的差别只是由于“以太”的多少和排列的不同，并无本质的不同，因此，人与人之间“其性情固不容少异”（第293页）。这即是说：人性的平等是“从自然本身产生的平等”（恩格斯：《社会主义从空想到科学的发展》）。对于传统的等级人性论，他指出，这是“其自小而小圣人也”的谬论、这种谬论是要“妄生分别”，硬使中外、上下、男女内外之间和人我之间“隔绝不相往来”。可见，谭嗣同的“惟性无不同”说，目的在于反对封建的等级伦常秩序，论证人生来就是平等的。

其次，人性是“仁”是善的。谭嗣同这里讲的“善”，不是孟子到宋儒所讲的那种人生下来就具有“五常”的“善”性，他认为先天的善性是根本不存在的。他讲的性善是指的“仁”，即自然法则，他说：“性——以太之用，以太有相诚相爱之能力（即仁），故曰性善也……天地间仁而已矣，无所谓恶也。恶者，即其不循善之条理而名之，用善者之过也，而岂善外别有所谓恶哉！”（第16页）在谭嗣同看来，人性就是人自身具有的自然法则，即仁。凡是符合“仁”的才是善的，凡是不循自然“条理”，违反“仁”的都是恶的，封建道德那一套“三纲五常”是根本违反自然法则的，当然是恶的，也是反人性的。那么，这种人自身具有的自然法则的“仁”的具体内容是什么呢？谭嗣同认为，是人的出自自然的饮食、男女、喜、怒、哀、乐、爱、恶、欲等情欲。因此，他否定封建社会传统的所谓“情恶”论。

正是从这种观点出发，谭嗣同批判了宋明道学家所谓“理欲之辨”。在他看来，正因为“仁”是“以太之用”即，“仁”只能存在于“以太”之中，“以太”就是“仁”，因此，“天理”就只能存在“人欲”之中，“人欲”本身就是“天理”，没有脱离“以太”，同“以太”对立的“仁”，因此也就没有与“欲”相脱离、相对立的“天理”及“善恶”了。他说：“世俗小儒，以天理为善，以人欲为恶，不知无欲，尚安得有天理？吾故悲夫世之妄生分别也。天理善也，人欲亦善也。王船山有言曰：“天理即在人欲之中，无人欲，则天理亦无从发见。”（第16页）谭嗣同尖锐地指出，把“天理”和“人欲”对立起来，鼓吹所谓“存天理，灭人欲”，是“大不仁”的勾当，是一种可耻的欺骗。恰恰相反，只有满足了人们的生活欲望，使人们得到正当的物质利益，才是合符人性、符合“仁”的。

同样，在义和利的关系问题上，对于那种“圣贤不当计利害”的说教，谭嗣同也进行了批判。他指出，这种论调如果就个人“为一往自清之计”，还过得去，“若关四百兆生灵之身安性命”“遂不屑少计利害”“听其自生自死”“开辟以来，无此忍心之圣贤”。不仅如此，而且“贤圣”之所以为“贤圣”，就在于“小民之一利一害，无日不往来于贤圣寝兴寤寐之中”。谭嗣同还历数这种“不当计利害”的理论所造成的种种危害。他讽刺道：“若今之所谓士，即诚不计利害矣。养民不如农，利民不如工，便民不如商贾，而又不一讲求维持挽救农工商贾之道，而安生饱食，以高谈空虚无证之文与道。”（第294页）他质问道：这种“圣贤”又有何用？他们的所作所为能够叫作“天理”，叫作“善”吗？所以他说：“礼起于饮食……则饮食无不善也。民生于财货……则财货无不善也。”（第 16 页）任何“义”都离不开“利”，满足人们的物质利益才能是“义”，才是“善”。

第三，“相诚相爱，是人的天性。在谭嗣同看来，“以太有相诚相爱之能力”，万事万物之所以“无所不胶粘，不贯洽，不筦络”，人类之所以能“由一身而有家有国有天下，而相维系不散去者”，就是因构成它们的“以太”有“相诚相爱”的能力。他把这种能力叫作“仁爱”“兼爱”“慈悲”等等。他以为这些便是人的天性。因此，他号召人们行“慈悲”“视敌如友”“爱人如己”，使“心力”交通，灵魂平等，人我合一。他认为这样“仁”就能“豁然体现”，而人性也才能完善。

总之，谭嗣同和德国 18 世纪启蒙思想家相类似，他企图“用人性当作钥匙……相信能用它打开道德上、政治上、历史上的一切门户”（普列汉诺夫：《唯物论史论丛》第 24 页）。他的自然人性论论证了冲决封建网罗，实现平等、自由、博爱的资产阶级要求的合理性，充满了爱国主义和民主主义的精神。但是，谭嗣同的人性论毕竟是一种抽象的人性论，而且使其充满了宗教的色彩。他企图通过宗教的所谓“人心的改造”，以冲决封建网罗，实现其“仁—通—平等”的道德原则，实现人性的解放，这就不只是软弱的、空洞的，而且是落后的，反动的。

（原载于《湖南师范大学学报》1984 年第 3 期，《中国哲学年鉴（1985 年）》“研究现状和进展”栏目介绍）

也论孙中山的民权主义

一

民权主义是孙中山三民主义的核心。它产生和发展在“亚洲的觉醒”的新时代。在半殖民地半封建的中国，帝国主义同封建势力结成反动同盟，使社会危机和民族危机不断深化，为此，“几万万被压抑的、沉睡在中世纪停滞状态的中国人民觉悟过来，要求新的生活，为争取前人的初步权利，为争取民主而斗争”（列宁：《亚洲的觉醒》）。

但是，拿什么作武器？走什么样的道路？对于站在这个潮流前面的先进的中国人，一直是一个十分尖锐的问题。历史展现在人们面前的是：中国传统的武器是确定地不行了，而西方已经远远地走到中国前面去了。因此，从西方寻找救国救民的真理，走欧美的道路，就成了近代中国的先进人物共同走过的思想发展的道路。但是，到了孙中山开始革命活动的时候，欧美主要的资本主义国家都发展为帝国主义，资本主义社会所固有的各种矛盾更加激化，世界开始进入无产阶级的社会主义革命的新时代了。

时代的背景易色了，中国革命的局面也在随之而改观。由于帝国主义侵略中国，反对中国独立，反对中国发展资本主义，不断地打破了中国人仿效西方的迷梦，中国革命被历史地决定成为世界无产阶级社会主义革命的一部分了。因此，中国近代社会发展的道路只能是：进行民主革命，却又不能走西方的发展资本主义的道路；走社会主义的道路，却又不能绕过资产阶级民主革命的路程。这个复杂而尖锐的历史课题，虽然只是到了十月革命和“五四”运动以后才开始明朗起来，但是在此以前，作为中国近代社会矛盾运动的内在过程，却以不可抗拒的逻辑在为自己开辟道路。孙中山的伟大就在于他“承认生活所强迫他承认的东西”。他以自己特有的方式反映了中国近代社会发展的这种历史动向。这就形成了他思想的特有的矛盾：走发展资本主义的道路，但又力图避免重蹈欧美的覆辙；同情和向往社会主义，却又无法摆脱其中国民族资产阶级特有的阶级局限性。这两者相互联系，相互制约：由于前者，决定了孙中山的社会主义思想的主观的空想的性质，使他表现出“少女般的天真”，而后者作为孙中山的革命民主主义的补充，又使他能够“适于历史的潮流，合乎人群的需要”，随着时代不断前进，并终于成为中国无产阶级领导的新民主主义革命的先行者和同盟者。

孙中山的思想中的上述矛盾，贯穿在他的三民主义的整个思想中，也集中地表现在他的民权主义中。民权主义经历的前后两个发展阶段，正是这种矛盾在不同历史条件下的展开。

孙中山的民权主义是作为中国封建专制主义的对立物而产生的。早在兴中会时期，孙中山就对清政府的封建专制主义的统治进行了尖锐的揭发和批判。稍后，随着他对资本主义国家做了更多的考察，他便用资产阶级共和国的准则全面地批判了中国的封建专制主义。他指出：数千年的封建君主专政是中国“恶劣政治的根本”，它使中国长期处于贫困、落后和挨打的境地，使中国人民“无一非被困于黑暗之中”，决非“平等自由的国民所堪忍受”（《孙中山选集》第一集）。正是在反对封建专制主义的斗争中，孙中山提出了他的民权主义。他明确指出，在进行民族革命的同时，还必须进行政治革命，民权主义就是“政治革命的根本”，“要顺乎世界的潮流，非用民权不可”。因此，“反对帝制，建立民国”便成为民权主义的中心口号。在旧三民主义时期，民权主义被具体地规定为：学习“欧美之法”，建立一个以自由、平等、博爱为一贯精神的共和政体。同盟会的成立宣言，对此做了如下概括："今者由平民革命以建立国民政府，凡为国民皆平等以有参政权。大总统由国民共举，议会以国民公举之议员构成之，制定中华民国宪法，人人共守。"并宣布："敢有帝制自为者，天下共击之!"很显然，这种不改变私有制为前提的民主共和政体，本质上只能是一种资产阶级代议制的民主政体。它在客观上只能是由资产阶级掌握国家政权，以保护和发展资本主义。

但是，就是在旧三民主义时期，孙中山的民权主义也不只是单纯的西方资产阶级民权思想的简单重复，它同时也包含着对欧美民主制的危机的反应，包含着对社会主义运动兴起的"诚挚同情"。孙中山在追述他的三民主义的形成时指出：1895 年广州起义失败后，他亡命欧美，考察了各国的政治，"始知徒致国家富强，民权发达，如欧洲列强者，犹未能登斯民于极乐之乡也"。他看到了欧美的文明虽有其"善果"，也有其"恶果"，欧美国家虽强，"其民实困"，欧美的民主制表面上很民主，实则不过是"少数大资本家压迫多数平民"，因而使得"社会革命有不革不了之势"。为了避免资本主义的祸害，寻找"社会革命"的钥匙，孙中山同情欧洲的社会主义运动，并实际地接触了当时欧洲的各式各样的社会主义学说，这就唤起了他"天下为公"的政治理想，因此提出了"举政治革命、社会革命毕其功于一役"的观点，企图在中国"一劳永逸地"把"民权主义和社会主义相连带解决"。孙中山所设想的这一套在中国超越西方资本主义国家的图景，当然是主观的、空想的；但他把民权主义同社会主义联系起来，这个命题本身却反映了一种新的历史动向，同时也不能不赋予他的民权主义以某种新的历史内容。这样，在孙中山的民权主义中，资产阶级民主主义的内容同主观社会主义的因素一开始便交织在一起，构成了一个特殊的矛盾机体。正是这种矛盾一遇到新的历史条件，便推动着他由旧民权主义发展到新民权主义。

1911 年辛亥革命以后，孙中山曾一度沉入美好的幻想，以为民权主义即可实现，“专制政体”乃至“帝王思想”将会“不谋而绝迹于天下”。然而残酷的现实是：共和制很快就徒具形式，旧秩序迅速在新形式下恢复起来，人民群众不但仍然毫无政治权利，所受的压迫反而“较满清时代为甚”。“军阀、官僚，阴谋政客揽有民国之最高权”，“军政府艰难缔造之共和，以是坏灭无余”。资产阶级民主共和国的方案的破产，促使孙中山不得不重新审查他的民权主义。这时，他更加清楚地看到的是：一方面“数千年专制之毒，深中乎人心”，这使他为“再造共和”继续进行坚忍不拔的斗争；另一方面，欧美资产阶级民主制的狭隘性、虚伪性及其在中国所造成的更加严重的流弊，又使他陷入深深的苦闷彷徨之中。他的民权主义所包含的内在矛盾激化了，道路在哪里？十月革命一声炮响，才使他看到了希望。

在当时，作为资产阶级革命家的孙中山，面对着无产阶级社会主义革命力量的兴起，面对着中国共产党领导下的工农运动的蓬勃发展，不是害怕起来，抛弃自己的革命民主主义的立场，而是勇敢地正视这个现实，承认这种革命力量，并忠诚地愿意同这种力量站在一起，为争取民族的独立和人民的民主权利而斗争，因而在苏联和中国共产党人的帮助下，孙中山终于以革命的精神重新解释了三民主义，把旧民权主义发展为新民权主义。

如果说，在旧三民主义时期，孙中山的民权主义主要是从西方资产阶级启蒙思想中吸取力量，他思想中的矛盾的主导方面还是效仿西方创立的资产阶级民主制，但又要力图避免重蹈欧美覆辙的话；那么，到了新三民主义时期，孙中山的民权主义则主要是从无产阶级的社会主义思想中吸取力量，他思想中的矛盾的主导方面则是同情和向往社会主义，但又不能摆脱其中国民族资产阶级特有的局限性。所以，在新民权主义时期，我们看到，孙中山不是一般地谴责西方资产阶级的民主制度，而是毅然决然地放弃了建立资产阶级民主共和国的理想。他多次抨击资产阶级的代议制，认为“近世各国所谓民权制度，往往为资产阶级所专有，适成为压迫平民之工具”。他尖锐地指出这种民权制度是同历史发展的潮流背道而驰的。他宣布："外国的民权的办法，不能做我们的标准，不足为我们的导师。"与此同时，孙中山不可遏止地向往十月革命。他是中国第一个祝贺和欢呼十月革命胜利的人。他称颂马克思主义"是集几千年来人类思想的大成"，列宁是"革命中之圣人"。他把第一个社会主义国家的诞生看作"世界人类"的"大希望"，是世界历史的转折点。他提出"以俄为师"，希望在中国建立"为一般平民所共有，非少数人所得而知"的新式的人民民主共和国。

从旧民权主义到新民权主义的转变，是孙中山民权主义发展的一个伟大的飞跃。但是这绝不是说，孙中山的新民权主义就是新民主主义或社会主义的了。阶级的局限性，使孙中山虽然对马克思主义一直保持着高度的尊敬、景仰和同情，但他却始终以小资产阶级的阶级互助论拒绝马克思主义的阶级斗争的学说。因此，他始终不能了解民主制的阶级性质，搞不清民主同专制的关系，更看不到在中国的历史条件下，只有无产阶级及其政党的领导才能实现真正的民权。所以，孙中山的民权主义始终只是作为一种"真诚的民主主义高潮"的产物，他一生致力于为民权主义的实行而斗争，但却始终超脱不出对资产阶级民主制的"济穷""矫弊"的范畴。只不过由于他所代表的阶级的特殊的软弱性，在长期奋斗失败以后，他不得不从新兴的无产阶级的社会主义中吸收进行这种"济穷""矫弊"的力量罢了。

总之，孙中山的民权主义，历史地接触到了半殖民地半封建社会条件下的中国民主革命和社会主义革命相互联系的深刻课题。这就使得在孙中山那里，建立资产阶级民主共和国看来似乎是十分现实的，但却又因其在自身中找不到基础而成为永远不能实现的空想；同情和向往社会主义，虽然表现为一种幼稚的空想，但却又包含了某种现实的历史内容。中国近代社会发展的辩证法，就是这样地使这位伟大的革命家充满了矛盾。

二

如果我们注意到孙中山的民权主义的上述总的性质和历史特征的话，那么我们就会看到，在孙中山的民权主义中，的确包含了一些具有通向社会主义民主制的现实性的内容，这正是毛泽东同志所说的在政治思想方面需要我们认真地加以继承和发展的“许多有益的东西”。

第一，孙中山提出并一贯坚持了“主权在于人民”的思想，表现了他主观上力图突破资产阶级民主制的狭隘性，把民主扩展到全体被压迫人民的强烈愿望。如上所述，在同盟会成立宣言中，孙中山就明确规定：“凡为国民皆平等以有参政权。”他批判了保皇党的所谓“中国人民知识程度不足，断不能实行共和制”的谬论。他认为民主政治对于中国人民不仅是必要的，而且是可能的。他坚信在革命兴起后，中国人民完全能够逐步学会实行民主政治的本领，成为国家的主人。就是在同北洋军阀妥协的时期，孙中山也毅然宣布：“中华民国主权属于全体国民。”当他从妥协中觉醒过来，看到了由于革命的不彻底而造成的“第一民治不能实行，第二假民治以行专制之实，第三并民治之名而去之也”的严重局面时，他并没有退缩，而是总结经验，继续奋斗。为了“使国民之主人长成，国基巩固”，他提出了“掘地底陈土”，扫除“陈腐的官僚统系”的任务。这些都表明，孙中山“不愧为法国18世纪末叶的伟大宣传家和伟大活动家的同志”（列宁：《中国的民主主义和民粹主义》），“并没有表现出任何的自私性”，而是忠诚地希望“人民去管理政治”，以为“多数国民造福”。

正因为如此，孙中山还赋予了他的民权主义以反资本压迫的内容。他坚决反对“少数大资本家压迫多数平民”。特别是到了新民权主义时期，孙中山尖锐地揭露了欧美民主制的“资本家专制”的实质。他声明“我们所主张的民权……不是要学欧美，步他们的后尘”。最后他终于接受了“人民独裁”的观念，明确地提出了建立“非少数人所得而私”的人民民主国家制度的奋斗目标，把他的“天下为公”的政治理想变成了民主革命的实际行动纲领。这样他的“主权在于人民”的原则，就具有了时代的特色，有别于欧美的启蒙学者。

不仅如此，孙中山的“主权在于人民”的思想，还是和他的暴力革命的思想结合在一起的。他坚持“和平方法，无复可施”，必须以革命暴力为基础。从这种观点出发，他批判了立宪派的所谓要立宪就只能搞君主立宪，向君主“委婉陈说”的谬论，强调：“世界立宪，亦必以流血得之，方能称为真立宪。”辛亥革命前，孙中山“十起十败”，始终坚持以“武力颠覆清朝，建立民国”的方针；辛亥革命后，他又多次发动了武装“反袁”“护法”等运动，百折不回地为实现“主权在于人民”的思想而斗争。正是在这个斗争的实践中，他逐渐认识到中国工人“可以做全国的指导，作国民的先锋，在最前的阵线上去奋斗”，“农民是我们中国人民之中的最大多数，如果农民不参加革命……我们的革命便要失败”，并作出了“革命由民众发之，复由民众成之”的可贵结论。这就使他的“主权在于人民”的思想获得了革命的实践意义，并在斗争中成为国共合作的政治基础。毛泽东同志指出，孙中山的新民权主义作为一般的政治纲领，就其所规定的“只许为一般平民所共有，不许为资产阶级所私有的国家制度，如果加上工人阶级的领导，就是人民民主专政的国家制度了”。可见，孙中山的民权主义就其一贯坚持的“主权在于人民”，把民主扩大到全体被压迫的人民而言，是已经走到了社会主义民主制的面前了的。

第二，孙中山在一定程度上看到了政治上的民主和经济上的平等的联系，表现了他主观上力图突破资产阶级民主制的虚伪性，把形式上的民主变成事实上的民主的强烈愿望。在孙中山看来，欧美资产阶级的民权制度之所以“往往为资产阶级而专有，适成为压迫平民的工具”，就在于“大资本家擅经济之特权”（孙中山：《社会主义之派别及方法》），“用金钱的势力，操纵全国政权”，使国家政治法律及一切

制度无不“为资本家而设”（孙中山：《三民主义是建设新国家之完全方法》）。正是从这种认识出发，孙中山认为光有民权主义是不够的，因而进一步提出了民生主义。民生主义是和民权主义同时产生的并作为实现民权主义的一种途径而提出的。在民生主义中，孙中山把小资产阶级经济均等的空想熔铸在发展资本主义的经济纲领中，提出了平均地权和节制资本两大主张。他把这种主张比附为社会主义，当然是主观的，错误的。但是，他希望通过发展实业和实行“生产分配之平均”，造成一个“俾家给人足，四海之内无一夫不获其所”，以反对“富者压制贫者”，保证“主权在于人民”的思想的实现，这不能不说是一种把资产阶级虚伪的形式上的民主变成事实上的民主的良好愿望。特别是到了新民权主义时期，孙中山从实践中进一步认识到政治上的民主同经济上的改革的联系。他把三民主义叫作“发财主义”。他认为，“中国现在到了民穷财尽的时代”，只有“救穷”，才能动员人民去为民权而斗争，民权主义也才能真正得以实现。他还指出，俄国革命之所以“成功最大”，“人民独裁”之所以能够实现，就在于他满足了人民的“社会的经济平等的要求”，它“不但是把政治的阶级打到平等，并且把社会上所有资本的阶级，也是一齐打到平等”。所以他说：“民生主义如果能够实行，人民才能够享幸福，才是真正以民为主，民生主义若是不能实行，民权主义不过是一句空话。”孙中山的这种思想是非常卓越的。它和马克思主义关于只有消灭私有制，改变人剥削人的社会状况，才能把资产阶级的虚伪的形式上的民主变成事实上的民主的原理，在精神上是十分接近的。如果考虑到这时的民生主义所要实行的“耕者有其田”和大企业国有化等政策，已是确定了政权“非少数人所得而私”的前提，那么，孙中山的上述论断是有实践的革命意义的，如果还考虑到民生主义所包含的发展实业，建设工业化强大国家的内容，那么，孙中山的上述论断更是一个深刻的历史的预言，它预示了真正民权的实现，不仅只能建筑在真正的社会主义的基础之上，而且还必须要有社会生产力的高度发展的物质前提。这一点直到今天，仍然是一个需待我们进一步解决的重大的历史课题。

第三，孙中山还探讨了实现民权主义的实施方案，表现了他主观上力图突破资产阶级民主制的残缺性，把民主制度化、法治化的强烈愿望。鉴于西方资产阶级民主制的弊端，还在早期他就注重于实施民权的具体方案的探讨，特别是在辛亥革命失败以后，他更是总结了军阀、官僚、政客践踏民权，制造层出不穷的“毁法”事件的历史经验，以极大的热情和精力探讨和提出了一系列力图实现“主权在于人民”的思想的实施方案。其中，关于“地方自治”和直接民权同间接民权相结合的方案，占有突出的地位。

孙中山认为，要实现“主权在于人民”就必须“移官治以为民治”。“地方自治”就是达到这一目的主要手段。所谓“地方自治”就是在坚持国家统一，“中央有中央当然之权”的前提下，以县为范围，将那些属于县的政治、经济、文化、教育事业，“让本地自己去治，政府毫不干涉”。孙中山认为，实行“地方自治”，就能改变中央及省仍保持“官治状态”，打破“专制旧制”。他指出，如果把“政治之权付之官僚”，即使“官僚而贤而能”，人民也只能“一时受其赐”，终究不过如“婴儿之仰乳”；如果“官僚而愚而不肖”，那么人民就只能“为鱼肉之于刀俎”“躬被其祸”。因此，只有实行“地方自治”，才能使无论主权的行使是“直接的”还是“间接的”，“予夺之自由仍在于人民”。

与此相联系的，孙中山还提出直接民权与间接民权相结合的方案。所谓直接民权，第一个是选举权，“一切重要官吏要人民有权选举”，而这种选举必须废除“以资产为标准之阶级选举”，实行真正的“普选”。孙中山指出，光有选举权还不行，还不能改变“据国家机关”的官吏“其始借人民选举以获得其资格，其继则悍然违背人民之意思以行事，而人民亦莫之如何”的状况。因此还必须使人民有罢免权，以便“对于政府之中的一切官吏，一面可以放出去，一面可以调回来，来往都可以从人民的自由”，这样才可以保证一切官吏成为“国民之公仆”“为全国人民办事”。孙中山还认为，对于国家的法律，人民则必须有创制权和复决权。所谓创制权就是“人民制定法律的权”。他强调创制权必须做到严肃慎重，“至少需要全体人民十分之一之发起，过半数之人之赞成。假使无理取闹，断不能得此”。所谓复决权，包括两种含义：一是“大家看到了以前旧法律以为是很不利于人民的，便要有一种权去修改，修改之后，便要政府执行修改的新法律，废止以前的旧法律”。二是：“立法院若是立了好法律，在立法院中的大多数议员中通不过，人民可以用公意赞成来通过”。以上四个民权，孙中山规定主要是在“以县为单位”的地方自治范围内实行。至于关系到全国性质的事务，人民则可“委托于国民大会之代表以行之”。这里直接民权又具有了间接的性质。这就是孙中山的直接民权和间接民权相结合的思想。孙中山把实行“四个直接民权”又叫作“全民政治”。他认为这样做就会“真正以民为主，造成一个驾于万国之上的国家”。

孙中山的“地方自治”和“全民政治”的设想来源于西方。其中的所谓“全民政治”，在欧美国家正是资产阶级民主制日益破产的产物，是资产阶级在其国家机器日益成为庞大的官僚机构，无产阶级的反抗日益加剧的情况下，借以欺骗人民，维护其阶级专政的新伎俩。但是，我们绝不能因此而否认孙中山的上述设想的积极意义。同一种思想，社会条件不同，所体现的政治倾向是不同的。孙中山的上述设想，如前所述是中国辛亥革命后“地主阶级的军阀官僚的统治”的对立物，它不仅包含了对资产阶级的“现代的代议制”的某种批判，而且也体现了在中国这样一个具有深厚封建专制主义传统的国家里，人民要求真正实行民权的历史趋势。

无产阶级对于资产阶级民主制的形式，不是采取虚无的态度，而是要消除它的剥削阶级的阶级内容，利用和改造它的形式来为发展社会主义的民主制服务。在无产阶级夺取政权之后，如何防止国家干部官僚化，真正保障人民的民主权利，同样是一个十分尖锐的问题。对于巴黎公社关于国家公职人员由选举产生并随时可以撤换，他们必须随时接受人民群众直接监督等著名措施，马克思主义经典作家都给予高度的评价。列宁指出，巴黎公社的这些措施提供了“一个轮廓”，“如果沿着这样的道路前进，我们就可以彻底破坏官僚制”（列宁：《国家与革命》）。还说：“只有承认和实行选举人对代表的罢免权，才能被认为是真正的和确实代表人民的机关。这是真正民主制的基本原则。”（《列宁全集》第二十六卷）当然，列宁的这些论断是以无产阶级专制为前提的。孙中山的直接民权还不能与此同日而语。但是，孙中山的上述设想在很多方面是和社会主义民主制的精神相符合的，不可一概否定和抛弃。

应该指出，以上三点在孙中山这里，还只是他的“真诚的民主主义高潮”的产物，还只是他对“劳动群众生活状况的最真挚同情和对他们的压迫者及剥削者的强烈憎恨”所激发出来的善良的主观愿望，它们不可在自身中找到得以实现的基础。但它们毕竟产生在中国这块古老的土地上，它们表现了中国人民“不仅会为自己历来的奴隶地位而痛心，不仅会向往自由和平等，而且会同中国历来的压迫者作斗争”（列宁：《中国的民主主义和民粹主义》）的历史本质。它们的出现的不可忽视的意义就在于：历史地揭示了中国人民走向民族复兴的必由之路，预示了真正的社会主义民主制必将在中国成为现实。

三

中国民族资产阶级由于其特有的软弱性，即使在民主革命的高潮中，也不能同封建主义彻底决裂。正因为如此，当我们对孙中山的民权主义的理论基础进行分析时，我们便看到另一种景象。在这里，政治上的激进的革命民主主义却被束缚在软弱的资产阶级世界观的狭隘的基地之上，以致主观上真挚地同情和向往社会主义，客观上却又不自觉地为封建专制主义提供可乘之机。这种深刻的矛盾，集中地表现在孙中山的“平等观”和“权能区分”的学说中。

平等观是孙中山的民权主义的理论基石之一。孙中山有时甚至把平等和民权主义等同起来，认为民权主义的主要标志就是“人人平等”，足见他对平等这一近代社会的重大课题给予了高度重视。孙中山的平等观主要表现在他关于“天生的”和“人为的”不平等、“假平等”和“真平等”的学说中。这里既显示了他的资产阶级革命民主主义的实质和激进的特色，也展现了他的深刻的历史的阶级的局限性。

孙中山反对法国启蒙学者关于“天赋平等”的观点，认为平等是“人为的”。这种观点在理论上当然更符合历史事实，在实践上则使他的民权主义能够容纳由于历史潮流的发展所提供的某些新的东西，因而充满了积极的战斗精神。但是，孙中山所说的平等是“人为的”，只是针对他所提出的“人为的”不平等而言。在孙中山看来，社会发展到一定的阶段上，由于“特殊阶级的人暴虐无道”，才造成了“人为的”不平等，使社会形成了帝、王、公、侯、伯、子、男等阶梯式的等级压迫。孙中山认为，这种“人为的”不平等是不合理的社会现象，它必然要使“被压迫人民，无地自容，所以发生革命风潮”，因此，“政治革命”是必然的，民权主义是不可避免的。正是从这种思想出发，孙中山批判了封建专制主义“不给我们平等的权利和特权”的罪恶，揭露了辛亥革命后军阀、官僚、政客“假民治以行专制之实”的实质，号召人民为反对“不平等之待遇”而斗争，以造成一个“四万万人一切平等，国民之权利义务，无有贵贱之分，贫富之别，轻重厚薄，无有不均”的民主共和国。孙中山认为这样才叫作“真平等”。这种“真平等”的观念，虽然涉及了社会经济领域，包含了没有“贫富之别”的内容，但总的讲来其着眼点还是消除“以往一切特权和世袭制度”，“作到政治上的地位平等”，并没有完全超出资产阶级民主主义的范畴。

作为平等观的补充，孙中山还提出了所谓“天生的”不平等和“假平等”的观念。所谓“天生的”不平等，是指各人的“天赋聪明才力”不同。他认为正是这种不同使人一生下来就有圣、贤、才、智、平、庸、愚、劣的等级之分。他认为这种等级之分是合理的，不可改变的。所以他说："天地间所生的东西总是没有相同的，既然都是不相同的，自然不能够说是平等。自然界没有平等，人类又怎么有平等呢？天生人类本来也是不平等的"。由此孙中山认为，如果"不管人的天赋的聪明才力"的不同，而"把他们压下去"，那就是"假平等"，"假平等"是违反平等的"真谛"的。如果"有造就高的地位，也要把他压下去，一律平等"，那么"世界便没有进步，人类也便要退化"。因此孙中山强调，平等只能是"始初起点的地位的平等"，也即"政治上的地位的平等"。孙中山说，如果不区别"真平等"和"假平等"，那么就不能把平等作为民权的标题了。

孙中山的这种"天生的"不平等和"假平等"的观念，在理论上是十分错误的。它虽然反映了人的"聪明才力"存在差异的客观事实，但孙中山仅仅从生理学上来考察这个问题，并且把它变成了一种纯粹先验的东西。孙中山看不到所谓"天生的"不平等是和社会存在密切联系的，事实上造成人们"聪明才力"的差异的主要原因不是人的生理结构的不同，而是历来的不合理的社会制度。"因为剥削者世世代代享受教育和特权，过着富裕生活，具有各种本领，而被剥削者大多数甚至在最先进最民主的资产阶级共和国也是受压迫、受恐吓、愚昧无知和分散的。"（《列宁全集》第二十八卷）当人类消灭了人剥削人、人压迫人的"不平等"时，那么这种"聪明才力"的差异将会随之而缩小，到了共产主义社会，随着体力劳动和脑力劳动的差别的消失，这种差异将会变得更加微不足道。

为什么在平等的问题上孙中山要把"天生的"不平等和"假平等"特别提出来加以考察呢？固然是和他的平等观的资产阶级民主主义的性质分不开的。因为这种平等观只是着眼于政治法律上的平等，必然会导致对所谓"天生的"不平等的承认，担心强调平等会把"造就高的地位"的人"压下去"。但并不止此，它同时也是由于孙中山所代表的中国民族资产阶级所特有的妥协性决定了的。在孙中山看来，讲平等“有时是好”，有时也“不好”。他认为人民群众争得自由平等之后便会“生出许多流弊”。“流弊”之一就是：工人们因为“要讲平等”以致造成“排斥领袖的风潮”，而据他说：“工人无好领袖，总是开口便错”。正是这种对人民群众的阶级偏见，使孙中山在平等的范围内划出一个合理的“天生的”不平等的领域，并在这个领域内划分出八个先天的等级，而又据此把人分为三种，即所谓“先知先觉”的发明家，“后知后觉”的宣传家，“不知不觉”的实行家。在他看来，只是由于“先知先觉”的“发明家”发明了许多道理，做了许多事业，世界才有进步，文明才能发展。民权也是由“先知先觉”者给予人民的。这就和他的“革命由群众发之，复由群众成之”的思想发生了深刻的矛盾，并使他的“主权在于人民”的原则成为道德上的空论。总之，在所谓“天生的”不平等和“假平等”的问题上，如果说孙中山强调“聪明才力”的差异的不变性还只是他的对人民群众的阶级偏见的表现，那么，当他据此进而把人划分为天生的等级时，就不能不说是他对封建专制主义的传统势力和观念的妥协。因为这种先天的等级论，正是中国历代封建统治者维护其政治上的等级特权的理论基础。这种思想上的妥协使我们清楚地看到，像孙中山这样一位反封建压迫的战士，何以一谈到平等自由这些中国近代社会具有重大意义的课题时，总是要把欧洲的封建专制主义同中国的封建专制主义区别开来。在他看来，“欧洲的专制，要比中国厉害得多”，“中国人民直接并没有受过很大的专制痛苦”，“中国今日的弊病，不是在不自由、不平等的这些地方”。这种对中国封建专制主义严重性的估计不足，正是和他在理论上对封建专制主义的传统势力和观念的妥协密切联系着的。

政治上激进的革命民主主义和思想上对封建专制主义的传统势力和观念的妥协，还熔铸成孙中山的“权能区分”的学说。孙中山看到了欧美国家人民群众和资产阶级政府之间的尖锐矛盾，但他却不能正确理解这种矛盾的阶级对立的实质，看不到这种矛盾是资产阶级民主制的狭隘性和虚伪性的必然表现。于是他把现实的阶级对立抽象为

“物理学里头的离心力和向心力一样”的自然存在。他企图在这两者之间实现某种平衡：一方面消除“民权发达以后，人民便有反抗政府的态度，无论如何良善，皆不满意”的现象，另一方面又改变“有能的”政府总是“不主张民权”，甚至“本来反对民权”的现实，因而提出了他的“权能区分”的学说。

在“权能区分”的学说中，尽管孙中山始终忠实于他的“主权属于人民”的思想，但这种称之为完全属于人民的“政权”，却是建立在否认人民有能力管理政府的思想基础上。如同在平等中划分出一个合理的“天生的”不平等的领域一样，孙中山在统一的不可分割的政治权力中，又划出一个“治权”来。他说：“政是众人之事，治是管理众人之事。”他认为这个“管理众人之事”的“治权”必须“完全交到政府机关之内”。其所以如此，是因为人民群众“是不知不觉的人”只能“把国家大事托付给有本领的人”“利用有本领的人去管理政府”，并且“还要不限制他们的行动，事事由他们自己去做”，只有这样，政府才可能成为“万能的政府”。为了说明这种权能区分的必要性，孙中山还进一步以历史上的阿斗和诸葛亮的关系做了说明，他说：“阿斗是有权没有能的。阿斗虽然没有能，但是把什么政事都托付到诸葛亮去做，诸葛亮很有能，所以在西蜀能够成立很好的政府。”这里我们又一次看到，由于孙中山对人民群众的特有的阶级偏见，不能正确地理解人民群众处于愚昧落后状况的深刻的社会根源，而如何让封建的传统观念乘虚而入的。事实上，当孙中山把权（政权）能（治权）人为地加以区分开来的时候，他已经不自觉地把“治权”置于“政权”之上，而当他进一步把这两者的关系设想为阿斗和诸葛亮的关系时，那么这种政府和人民群众的关系，实质上不过是一种被理想化、道德化了的封建的君臣关系。虽然孙中山主观上想把这种关系翻转过来，申言：“四万万人即今之皇帝”，但既然“四万万都像是阿斗”，那么实质上的皇帝就只能是“很有能”的诸葛亮，即由少数先知先觉者组成的“万能政府”。这种向封建专制主义妥协的倾向，不管孙中山自觉与否，在客观上势必造成一种可能性，把有权的人民的“政权”虚设起来，使有能的政府的“万能”变成专制。这种可能性在依据他的“权能区分”的学说所由倡导的“五权宪法”中得到了进一步的发展。

孙中山把“五权宪法”提到了和他的三民主义并列的高度。本来在他看来，宪法作为“治国的根本大法”，应该是“国家的构成法”和“人民权利的保障书”，但在“五权宪法”中，后者却处于完全从属的地位。孙中山的着眼点则是放在建立一个“万能政府”上。他在欧美国家的立法、司法、行政三权分立的政权组织形式上所附加的考试权和监察权的独立，不能说没有任何积极的因素，但终究不过是对中国封建社会的科举制和御史制的流风余韵的改装。他主观上想以此“救三权鼎立之弊”，客观上则不免要成为限制人民群众直接参加国家管理的屏障，成为引渡封建势力钻入国家政权的绿灯。当然，我们不能把后来蒋介石所建立的形式上的五院分立，实际上的个人独裁的封建法西斯政府，同孙中山的权能区分的学说和“五权宪法”混为一谈；但蒋介石的确利用了孙中山的这些思想的严重局限性，把“万能政府”的理想实现了，只不过这种政府的“万能”是残酷地压迫剥削人民的万能，至于人民的“四权”则只是成为一种装饰，一个骗局而已。这种历史事实是发人深思的。

总之，孙中山的民权主义就整个来讲，是属于资产阶级民主主义的范畴，但他却又以特殊的矛盾反映了中国近代社会历史发展的辩证过程。因此在民权主义的基地上，生长了若干具有通向社会主义的现实性的幼芽，但又孳生了一些可供封建主义隐藏的莠草。前者是中国民主革命同社会主义革命相互关联的必然历史趋势在孙中山头脑中的反映，后者则是中国封建专制主义的严重影响和传统势力在孙中山的身上所打下的烙印。这两者奇妙地并存于民权主义中，正构成了孙中山作为软弱的中国民族资产阶级的激进的革命民主主义者的特殊的历史性格。列宁曾经把托尔斯泰称作“俄国农民革命的一面镜子”，同样在一定的意义上，我们也可以把孙中山称作中国革命的一面镜子。在这面镜子中，我们既可以看到我们民族的伟大的理想和未来，同时也可以看到其所背上的沉重的历史包袱。毛泽东同志说：“现代中国人……都是孙中山革命事业的继承者。”今天，当我们在中国共产党的正确领导下，为巩固和加强社会主义民主制而斗争的时候，孙中山的民权主义作为一种历史的借鉴，它使我们充满了必胜的信心，同时也告诉我们应该继续做些什么。

（原载于《湖南师范大学学报》1981年第2期）